DIY
IM GARTEN

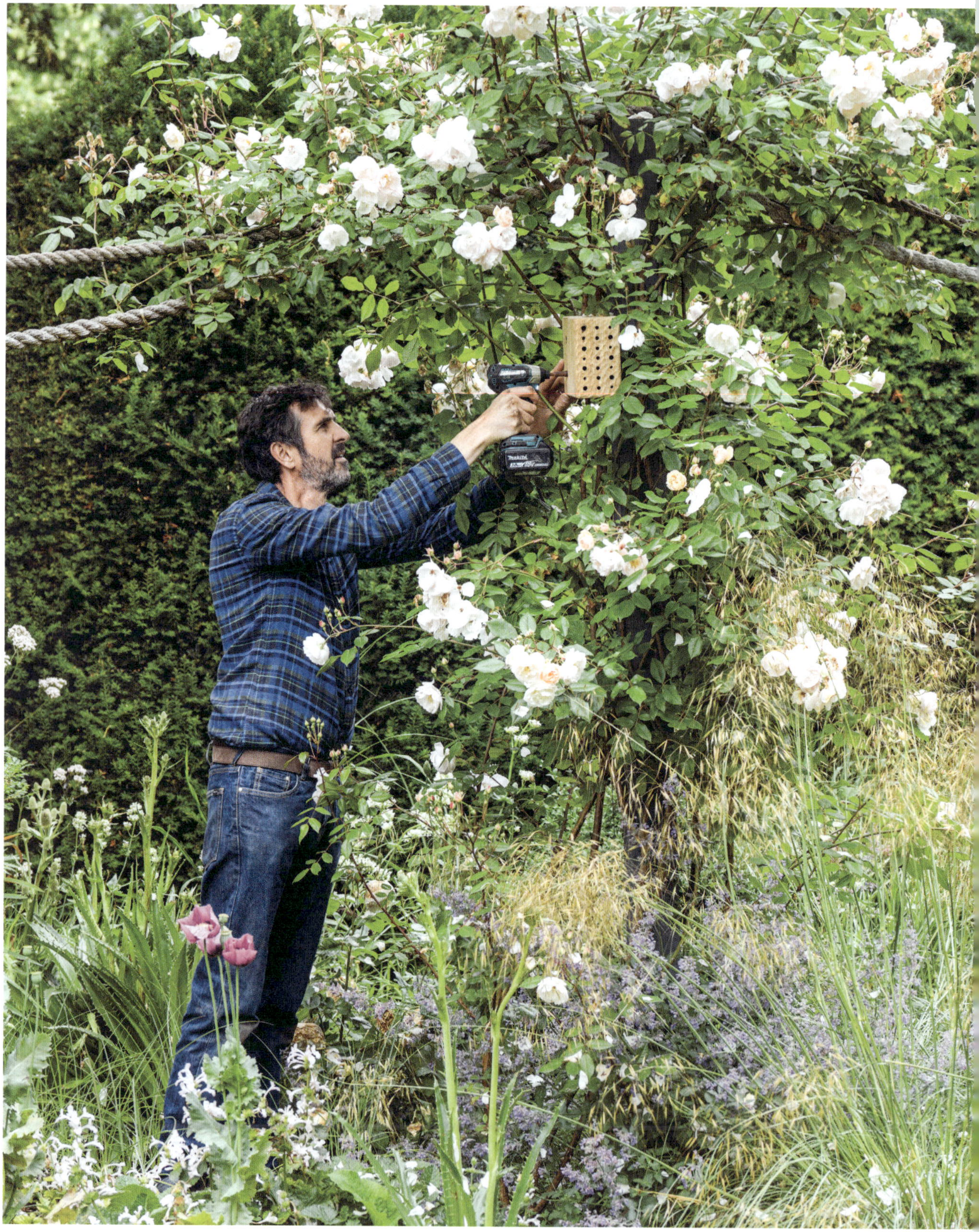

DK

DIY
IM GARTEN

25 originelle Projekte mit Pflanzen, Holz und Stein

ADAM FROST

FOTOS VON JASON INGRAM

INHALT

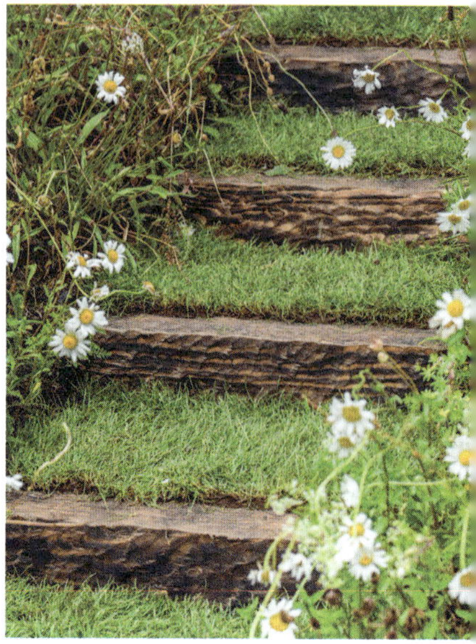

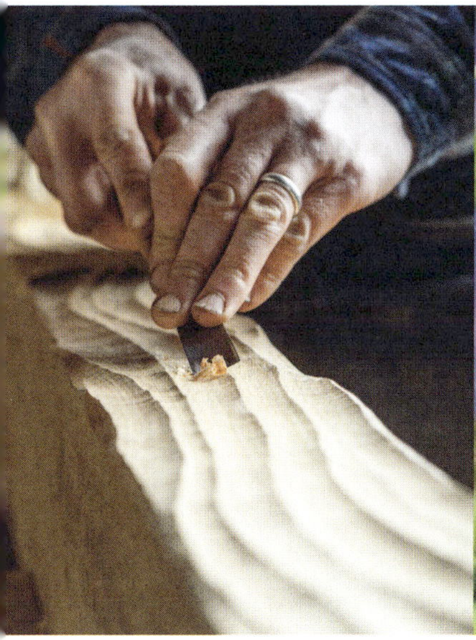
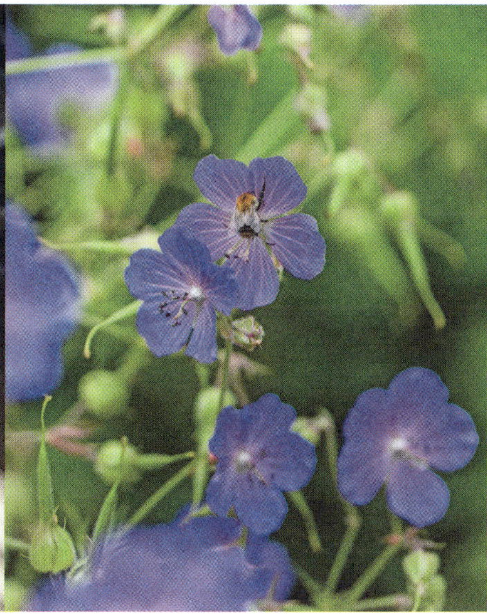
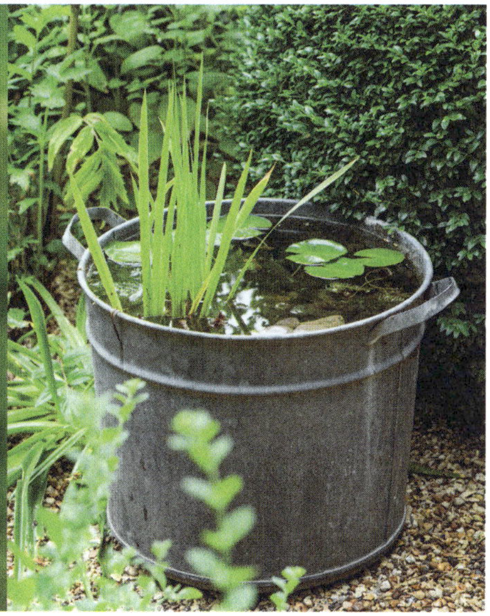

VORWORT

Beim Schreiben dieses Buchs habe ich etwas Wichtiges gelernt: Was du auch anpackst, ob groß oder klein, kompliziert oder leicht, der Weg zum Ziel macht ebenso viel Spaß wie das Endresultat.

Planen, sich informieren, Materialien zusammentragen, sich Fertigkeiten aneignen und dann alles zusammenbauen ... genau das ist der eigentliche Genuss. Zudem empfinde ich eine tiefe innere Ruhe und Befriedigung, wenn ich etwas mit den Händen schaffe.

Wir leben gerade in einer komplett ergebnisorientierten Welt. Ich möchte in diesem Buch für die Vorzüge des Weges werben. Nehmen Sie sich die Muße und finden Sie Zugang zu den einfachen Freuden: sich Neues anzueignen, die eigenen Hände einzusetzen und Zeit produktiv zu nutzen. Dabei ist es völlig egal, ob Sie ein Wochenende oder drei Jahre brauchen, bis etwas fertig ist. Denn wenn Sie etwas tun, schaffen Sie Erinnerungen. Und genau das gibt Ihrem Garten Charakter und eine Seele.

Mit Anfang zwanzig fing ich an, mit dem inzwischen verstorbenen, großartigen Gartenexperten und TV-Moderator Geoff Hamilton zusammenzuarbeiten. Seither nennt man mich Gärtner, Landschaftsarchitekt und Designer. Aber meine Arbeit besteht letztlich darin, eine Idee wahr werden zu lassen. Mein Großvater, mein Onkel und mein Vater haben immer etwas zuwege gebracht, und die Projekte in diesem Buch sind nichts weiter als die Fortführung einer langen Entwicklung. Ich sehe sie als Teil einer kunsthandwerklichen Tradition.

Seit ich im Schuppen meines Opas Holzstücke zusammennageln durfte, habe ich immer gern mit den Händen gearbeitet. Aber erst in letzter Zeit ist mir aufgefallen, dass ich dabei immer auch eine Verbindung zu meiner Vergangenheit knüpfe. Ich habe gemerkt, wie wichtig das für mein Selbstverständnis ist – es hilft mir, meinen Platz in der Welt zu verstehen.

Wer zum ersten Mal etwas für seinen Garten realisieren möchte, sollte einfach dieses Buch durchblättern und sich herauspicken, was er gern umsetzen möchte, ohne sich groß Gedanken darüber zu machen, ob er es schafft. Selbst wenn Sie irgendwann an einen Punkt gelangen, an dem Sie alles hinschmeißen

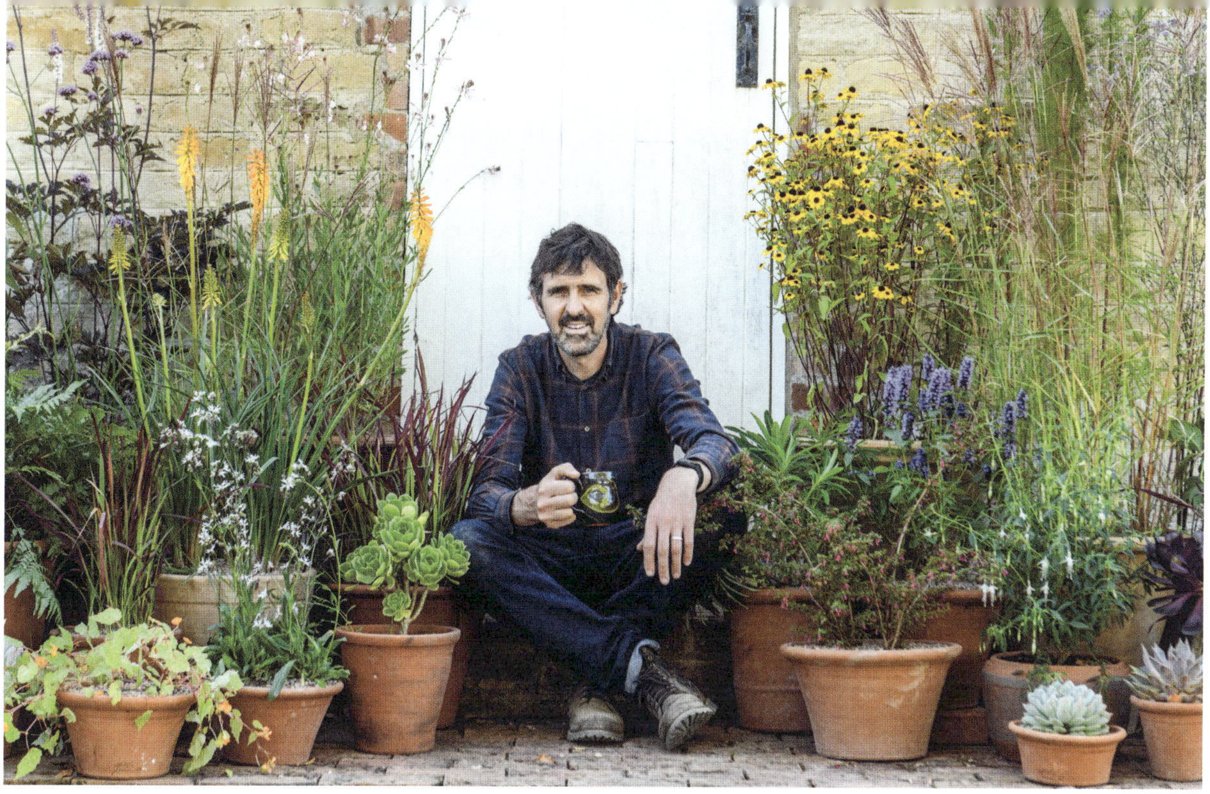

möchten, sollten Sie nicht aufgeben. Denn jedes Projekt hierin ist zu schaffen.

Ich traue mich fast nicht, es zu schreiben, aber ich bin mit den Projekten in diesem Buch sehr zufrieden. Sicher wird es Leute geben, die damit keinerlei Erfahrung haben und denken: »Ich habe noch nie eine Säge oder einen Meißel in der Hand gehabt. Ich kann das nicht!« Aber keines der Projekte ist sehr anspruchsvoll. Ich hätte keine Probleme, sie meinem 14-jährigen Sohn beizubringen. Vermutlich werden Sie sich ein paar Werkzeuge und andere Ausrüstung anschaffen müssen, vor allem aber müssen Sie ein bisschen Zeit investieren.

Statt allein zu arbeiten, können Sie sich auch mit Freunden oder Nachbarn – oder noch besser, Ihrer Familie – ans Werk machen. Oder jemanden beauftragen, es nach Ihren Vorgaben zu realisieren, und dabei zusehen. Wenn Sie dagegen schon etwas Erfahrung haben, sind meine Vorschläge womöglich die Inspiration zu etwas ganz Neuem.

In diesem Buch bekommen Sie von mir Einkaufslisten und klare Schritt-für-Schritt-Anleitungen. Ich hoffe, ich vermittle Ihnen neben dem Wissen und den nötigen Fertigkeiten auch das Vertrauen, dass Sie tatsächlich etwas zuwege bringen können. Nicht nur irgendetwas Banales, sondern etwas richtig Schönes und Nützliches.

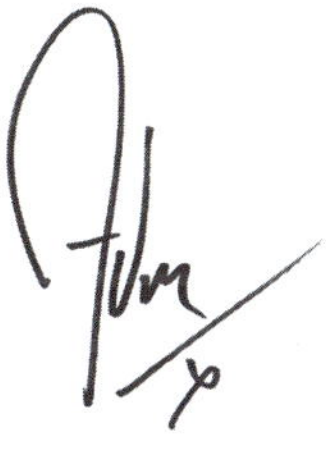

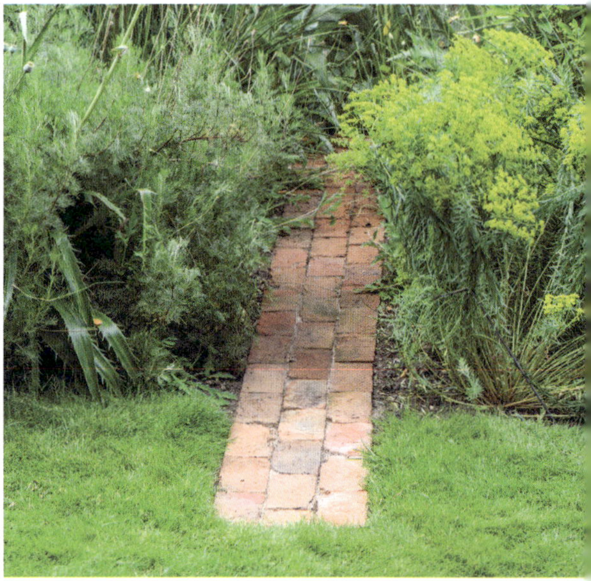

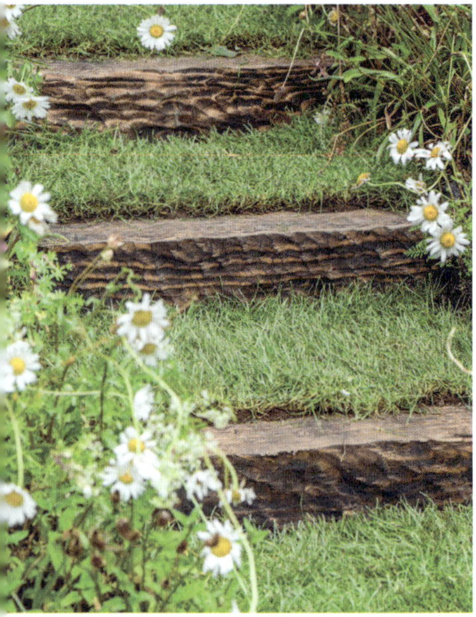

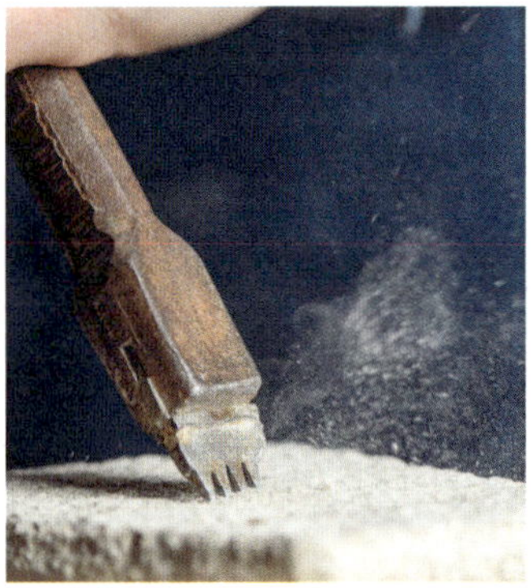

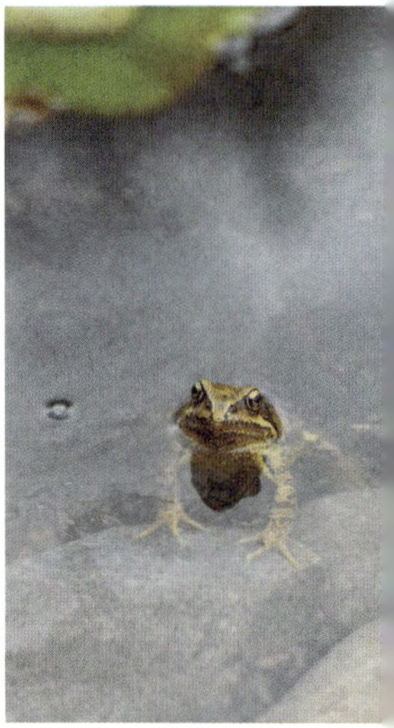

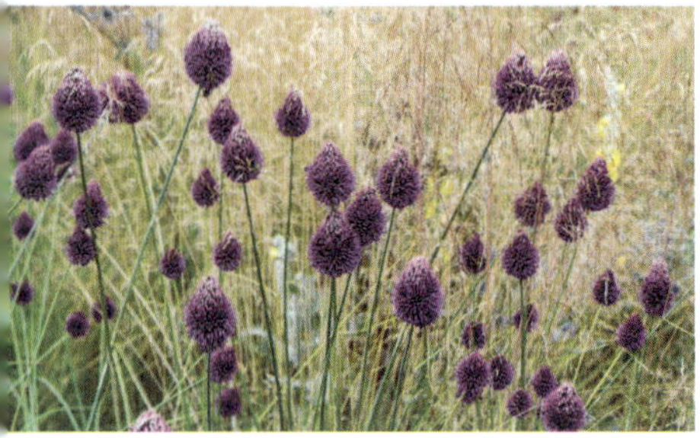

ATMOSPHÄRE SCHAFFEN

SICH ZEIT NEHMEN

RECYCLING UND UPCYCLING

INSPIRATION FINDEN

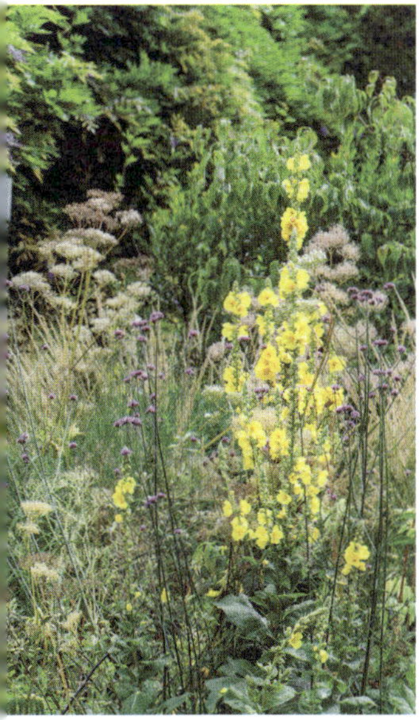

INSPIRATION

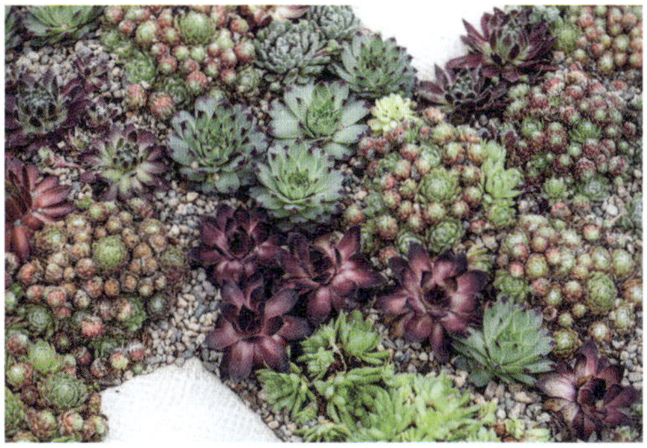

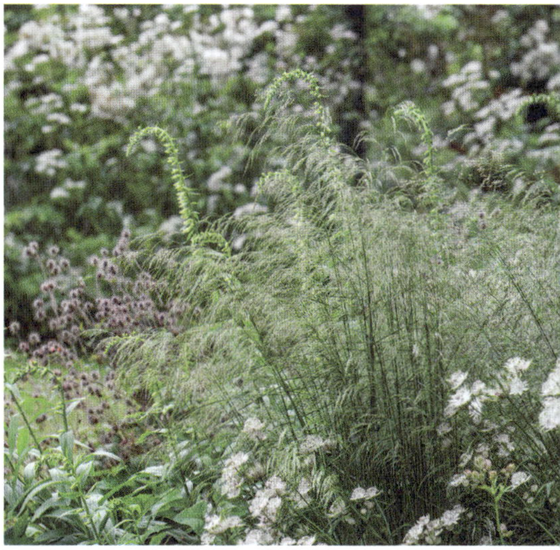

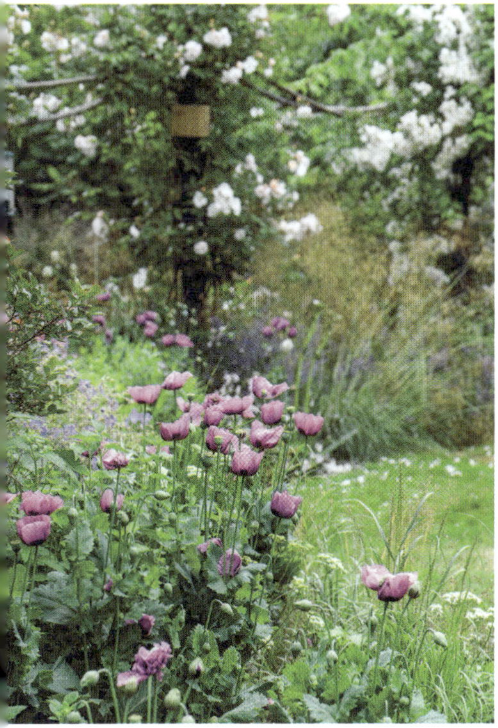

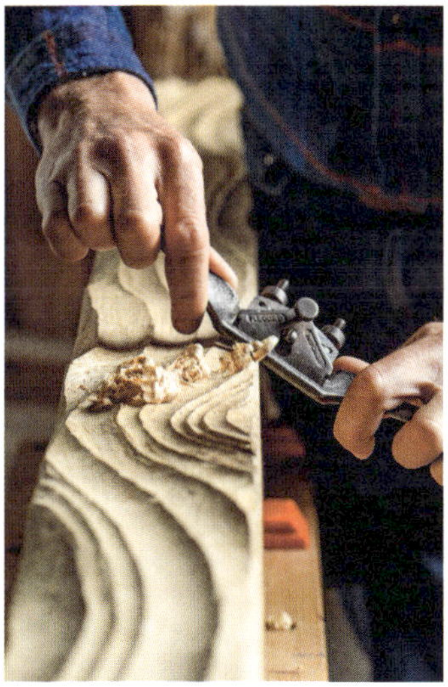

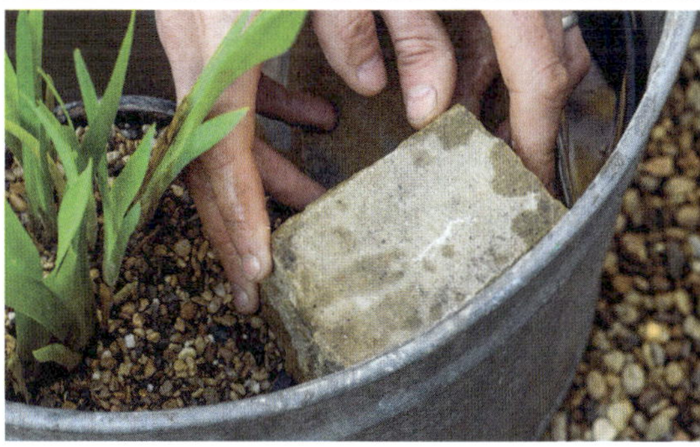

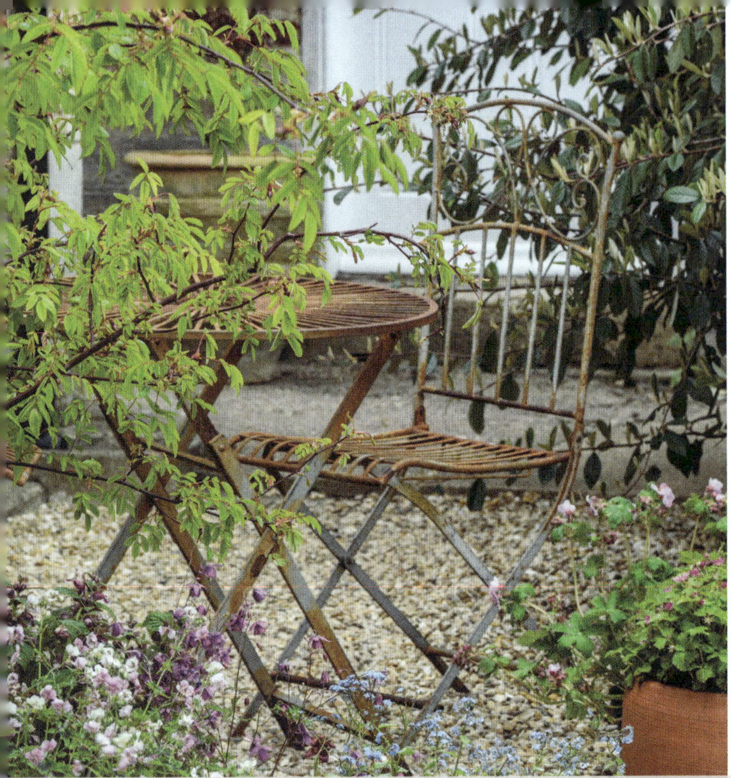

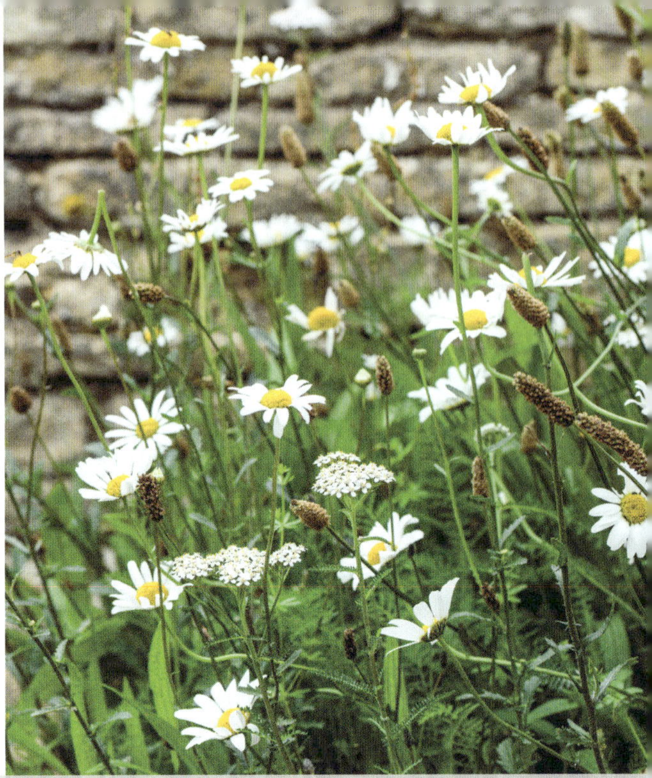

»Manchmal hilft es, die Dinge nicht als das zu sehen, was sie sind, sondern einfach nur als Formen.«

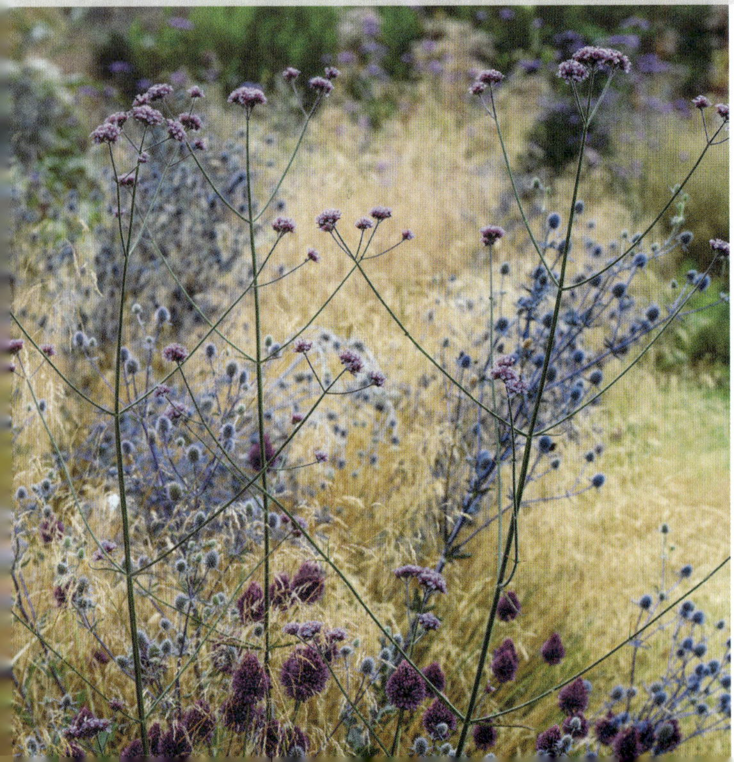

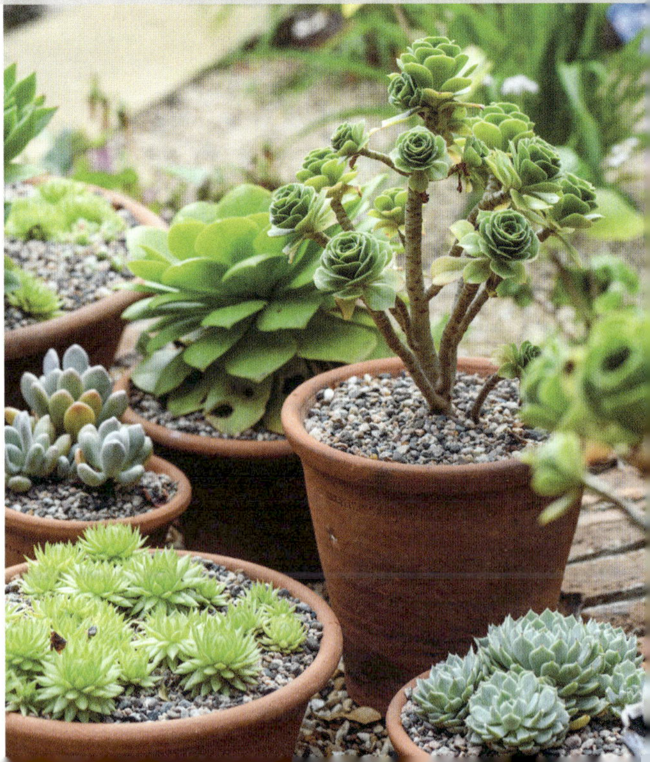

EINFÜHRUNG

Beim Anlegen eines Gartens überlege ich immer, wie sich mit ihm besondere Augenblicke und Erinnerungen schaffen lassen. Dabei geht es nicht nur um das Endergebnis, auch der Weg dorthin ist wichtig. Ein Garten bekommt eine besondere Atmosphäre und Bedeutung, wenn man bestimmte Elemente darin ganz neu macht oder aus Altmaterialien konstruiert.

Dafür muss man sich nur ein paar neue Fertigkeiten aneignen, etwas Werkzeug anschaffen und nach Inspiration Ausschau halten. Auf Anregungen stoßen Sie am ehesten, wenn Sie allem um sich herum mehr Aufmerksamkeit widmen. So sind auch die Ideen in diesem Buch entstanden.

Das Internet ist natürlich ein unerschöpflicher Quell der Inspiration. Aber auch Antiquitätenläden, Museen und Kunstgalerien, Mode und Autos liefern Anregungen. Wenn Ihnen etwas gefällt, fragen Sie sich, warum das so ist. Was ist Ihnen daran aufgefallen? Die Qualität? Die Farbe? Wie es sich anfühlt?

Wenn mir etwas ins Auge springt, ergibt oft eins das andere. Sehe ich zum Beispiel eine winzige Schraube oder Farbkombination, verwende ich sie oft für mein nächstes Projekt.

» *Nicht nur das Endergebnis ist wichtig, sondern auch der Weg dorthin.* «

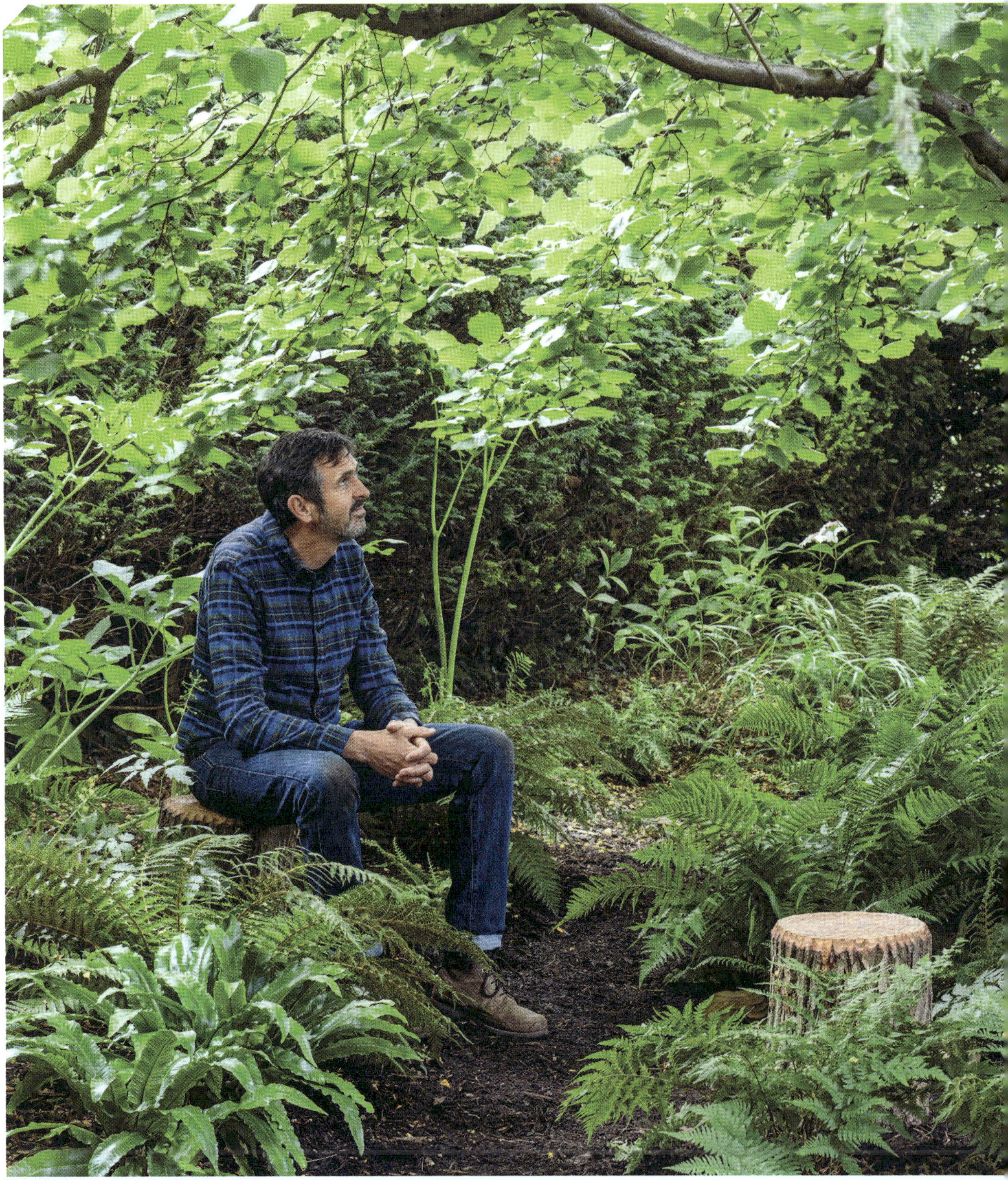

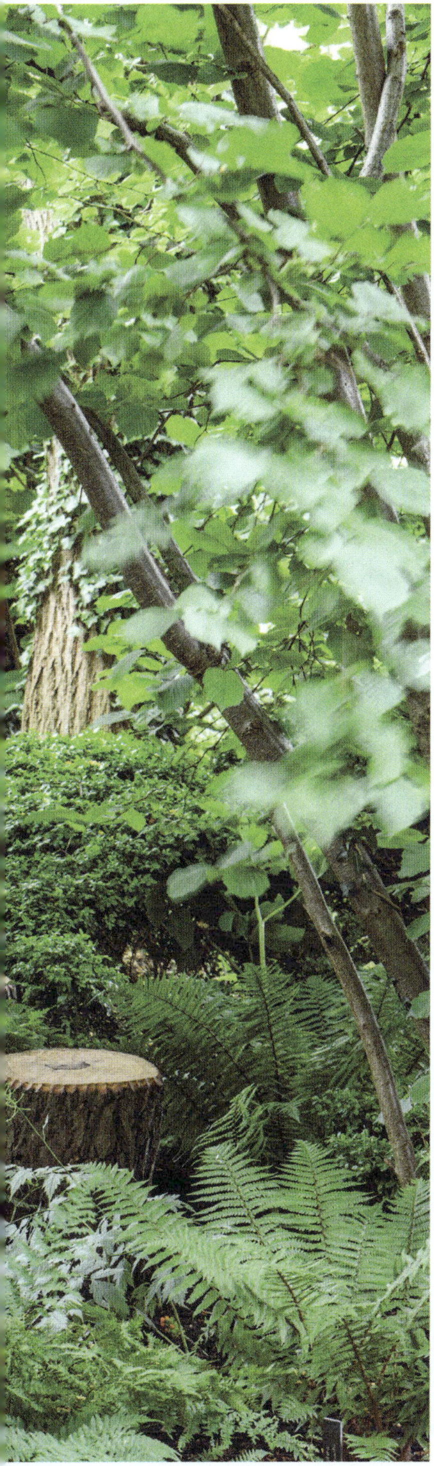

ATMOSPHÄRE SCHAFFEN

Alles im Garten kann zur Atmosphäre beitragen: die Qualität der Materialien ebenso wie Farben, Texturen und Formen. Das gilt für Gekauftes ebenso wie für Selbstgefertigtes und Recyceltes. Wichtig ist auch, wo man die Dinge platziert und wie das Licht sie beeinflusst, ob in der Sonne, im Streuschatten oder Schatten.

Atmosphäre entsteht meiner Meinung nach durch ein Zusammenwirken sehr vieler kleiner Elemente. Oft spielt dabei eine Rolle, wie wir die größere Umgebung begreifen und auf bestimmte Dinge reagieren. Soll etwas komplett sichtbar sein oder eher halb verborgen bleiben, sodass ein gewisses Überraschungsmoment ins Spiel kommt? Man kann einen noch so schönen Beistelltisch bauen, wenn er am falschen Ort steht, entfaltet er nicht die optimale Wirkung.

Nachdenken sollte man außerdem über die Art der Herstellung und den emotionalen Bezug dazu. Jeder reagiert anders auf bestimmte Dinge, aber in der Regel wird Handgemachtes und mit Liebe Gefertigtes positiver aufgenommen als Gekauftes bzw. Gegenstände aus Massenproduktion.

Nicht außer Acht lassen sollte man ferner die Geschichte von Dingen. Sie gibt ihnen eine Bedeutung, schafft Erinnerungen und verleiht Gärten Charakter. Eine besondere Stimmung entsteht, wenn einem beim Blick auf etwas durch den Kopf geht: »Wie schön war es, als wir das als Familie gemeinsam zustandegebracht haben.« Oder: »Ich habe das selbst gemacht.«

Eine besondere Atmosphäre entsteht im Garten, wenn man sämtliche Elemente zu einem harmonischen Ganzen kombiniert. Die Farben, das Licht und die Standorte von Objekten – all das spielt eine Rolle.

BESSER MASSGESCHNEIDERT

Generell finde ich, dass Maßgeschneidertes für den Garten die bessere Wahl ist. Man hat einen besonderen Bezug dazu und mehr Freude daran, wenn man die Farbe selbst ausgesucht, die Größe selbst vorgegeben oder dem Ganzen eine eigene Note verliehen hat. Denn all das trägt zur einzigartigen Atmosphäre eines Gartens bei.

Sämtliche hier beschriebene Projekte sind als Anregungen gedacht. Ich würde mich freuen, in den sozialen Medien Bilder von Variationen zu finden, bei denen jemand meine Idee aufgegriffen und neu interpretiert und das Design verändert oder ein Objekt komplett anders gestaltet hat. Zeigen Sie es mir auf Instagram unter @adamfrostdesign.

SICH ZEIT NEHMEN

Einen Gang zurückzuschalten und auf Ideensuche zu gehen, ist nicht immer einfach, aber eine Gelegenheit, die Welt in neuem Licht zu sehen. Richten Sie Ihre Aufmerksamkeit bewusst auf Details und überlegen Sie, wie Sie bestimmte Elemente in den Garten integrieren können.

Vielleicht haben Sie mehr Zeit, weil Sie nicht mehr pendeln, sich in den Ruhestand verabschiedet haben oder die Kinder aus dem Haus sind. Die gewonnene Zeit verbringen Sie womöglich im Garten oder indem Sie Dinge für Ihr grünes Reich fertigen.

Welche Vorteile es hat, wenn man einen Gang zurückschaltet, zeigt dieses Buch. Einen ähnlichen Effekt hat es, wenn man merkt, wie wichtig es ist, etwas selbst zu tun, statt andere dafür zu bezahlen. Wir leben in einer Welt, in der es so einfach ist, Dinge zu kaufen – man muss dafür nicht einmal mehr das Bett verlassen. Wenn Sie aber anfangen, etwas selbst herzustellen, beginnen Sie die Welt aus einer anderen Perspektive zu sehen.

DAS WARUM

Warum soll man seinem Garten überhaupt ein individuelles Gepräge geben? Gründe dafür gibt es genug, doch der wichtigste ist der, dass er zu etwas Besonderem wird, zu dem man eine ganz eigene Beziehung hat.

Um das zu erreichen, muss man manchmal ganz traditionell arbeiten und auf Strategien zurückgreifen, die schon unsere Großeltern und Eltern kannten. Wichtig ist außerdem, Erinnerungen zu schaffen. Je mehr wir uns einen Garten zu eigen machen und unsere Persönlichkeit damit zum Ausdruck bringen, desto mehr Erinnerungen verbinden wir mit ihm.

Dabei spielt es keine Rolle, wie viel Erfahrung man hat. Entscheidend ist, sich ans Werk zu machen und eine Beziehung zum Garten zu entwickeln. Dazu muss man sich allerdings aus seiner Komfortzone wagen und erkennen, dass man durchaus selbst ein Stück Holz zu schneiden und etwas daraus herzustellen vermag. Letzten Endes ist der Garten für Sie da. Mit diesem Buch möchte ich Ihnen zeigen, wie Sie ihn zu etwas ganz Besonderem machen.

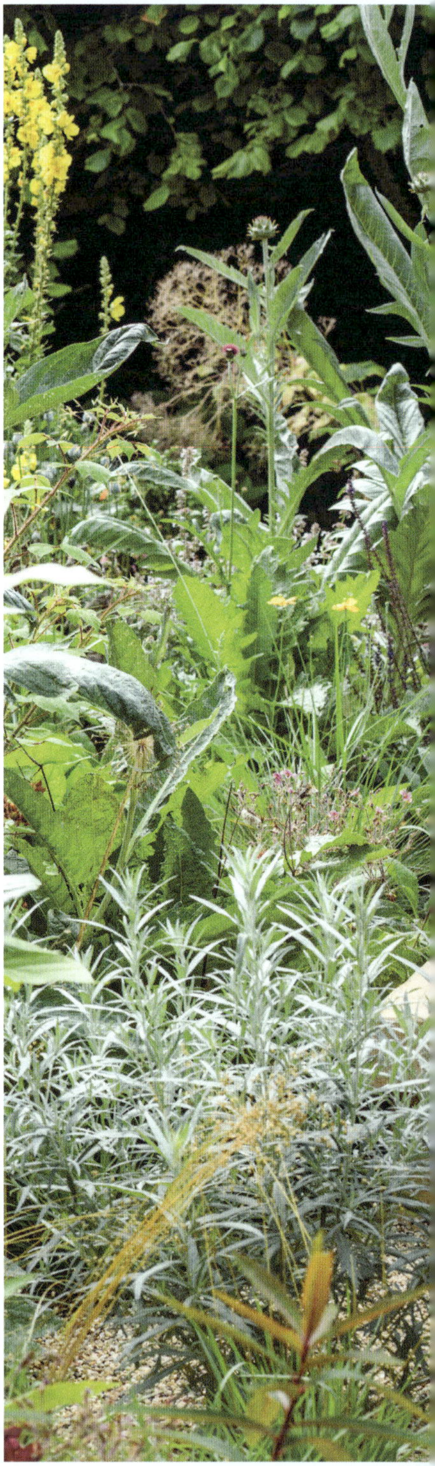

Dieses Buch soll Ihnen helfen, zu innerer Ruhe zu finden und Ihren Garten als individuelles Reich zu gestalten.

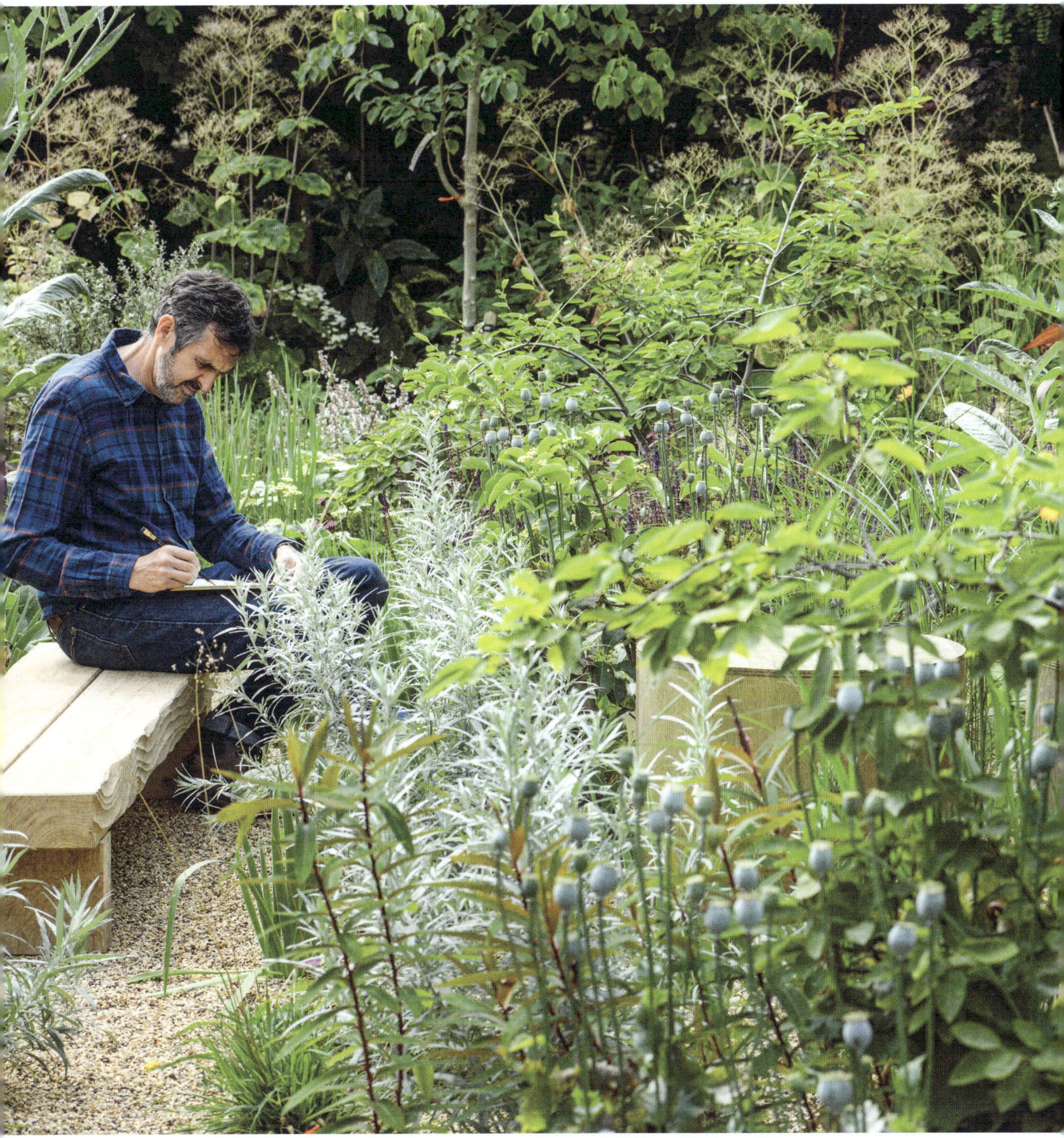

RECYCLING UND UPCYCLING

Um einem Garten eine persönliche Note zu geben, muss man nicht unbedingt etwas neu erschaffen. Auch das Recycling und Upcycling von Gegenständen mit Geschichte und Patina sind bewährte Strategien.

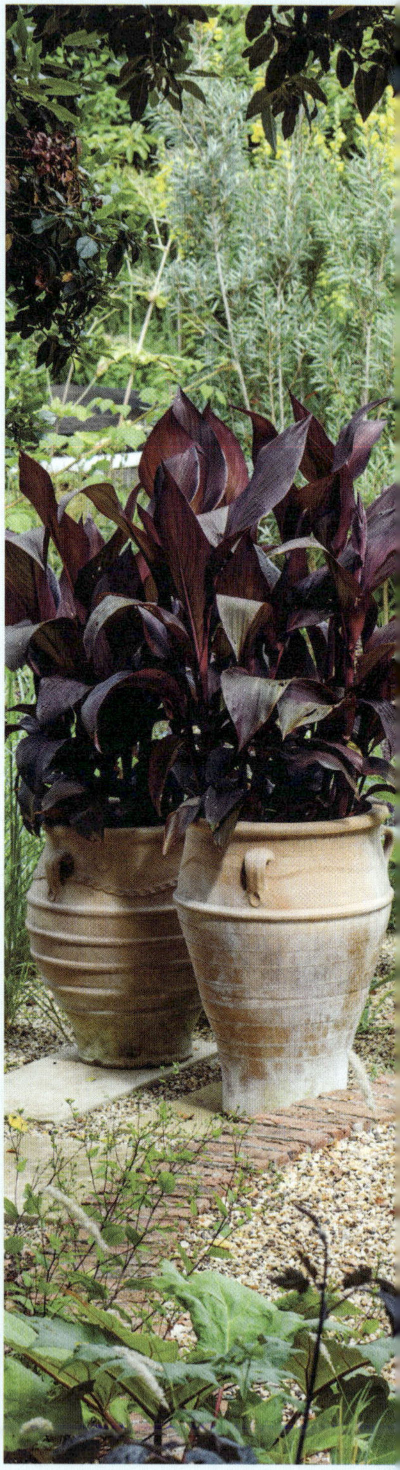

Ich werfe selten etwas weg und spüre gern in Containern und auf Schrottplätzen oder Wertstoffhöfen Sachen auf, die man wiederverwenden kann. Vielleicht liegt meine Vorliebe für Gebrauchtes in meiner Kindheit begründet. Meine Großmutter konnte auch nichts wegwerfen. Alte Spülbecken etwa funktionierte sie zu Wasserelementen um. Mein Vater wiederum hat mich immer auf Müllhalden mitgenommen, wo er nach alten Flaschen suchte. Im Abfall herumzuwühlen, das Gefundene zu säubern und in etwas Nützliches, Schönes zu verwandeln fasziniert mich. Noch heute hege ich eine Leidenschaft für alte viktorianische Flaschen und Tintenfässer!

WIEDERVERWERTEN

Hand aufs Herz: Nie war Upcycling einfacher. Es ist sogar vom Sofa aus möglich – man braucht dazu nur im Internet zu stöbern. Plattformen, auf denen Gebrauchtes verkauft oder verschenkt wird, sind keine Mangelware. Doch es gibt einen weiteren Grund, warum ich so gern recycle: Wir leben in einer Wegwerfgesellschaft und das ist nicht gut. Deshalb sollten wir uns fragen, ob wir manche Dinge nicht reparieren, upcyceln oder umfunktionieren sollten, statt sie in die Tonne zu werfen.

AUS ALT MACH NEU

Für einige Projekte in diesem Buch brauchen Sie neue Materialien, für viele aber auch Gebrauchtes. Der Komposter auf S. 222–227 etwa lässt sich aus alten Paletten oder Gerüstbrettern zimmern. Man muss nur ein bisschen findig und kreativ werden.

Mir macht das Recyceln viel Spaß – mehr als das Zücken meines Geldbeutels oder der Kreditkarte. Nichts ist erfüllender, als zurückzutreten und die Kids oder Mrs. Frost zu rufen, damit sie sich ansehen, was ich zustande gebracht habe – oder noch besser, sie selbst dazu zu bringen, etwas zu tun.

Diesen Tisch im Bistro-Stil mitsamt Stühlen haben wir online aufgetrieben. Mit etwas Farbe verhalfen wir ihm zu einem zweiten Frühling (S. 42–43).

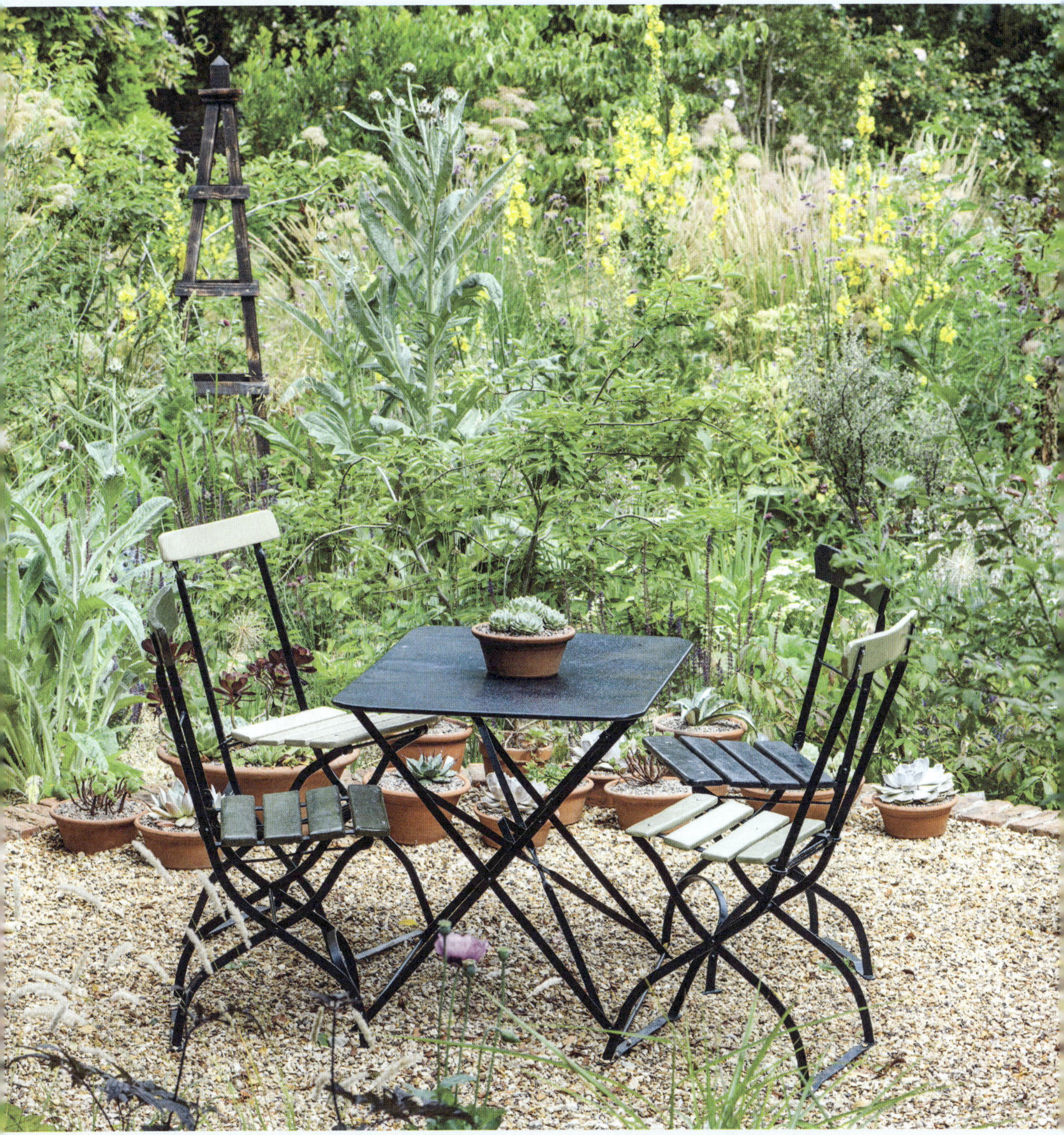

INSPIRATION FINDEN

Wer nach Inspiration sucht, findet sie überall. Versuchen Sie herauszufinden, warum Ihnen etwas gefällt. Ist es die Textur, das Material oder die Farbe? Was es auch ist, nehmen Sie es als Aufhänger und kombinieren Sie es mit anderen Ideen zu etwas Einzigartigem, das für Sie eine besondere Bedeutung hat.

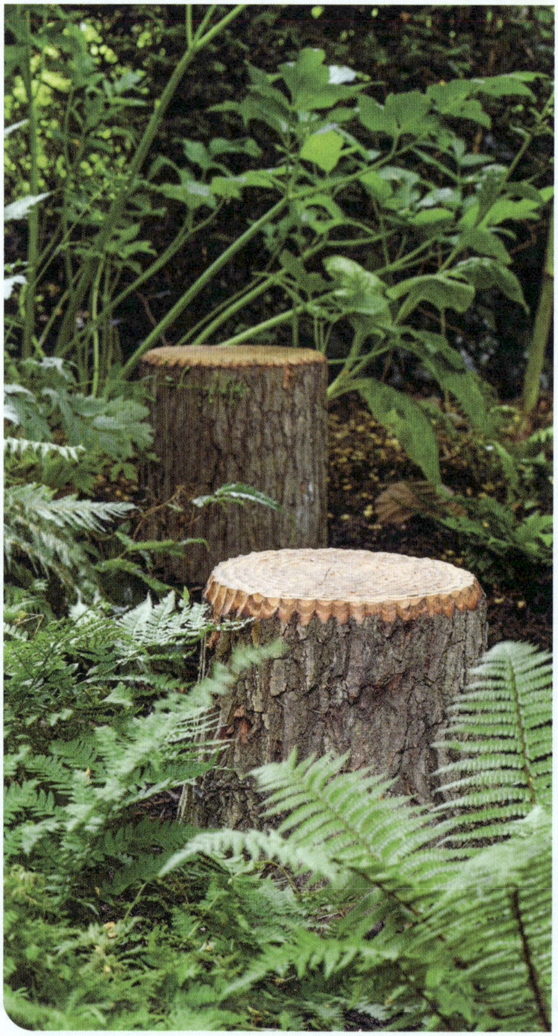

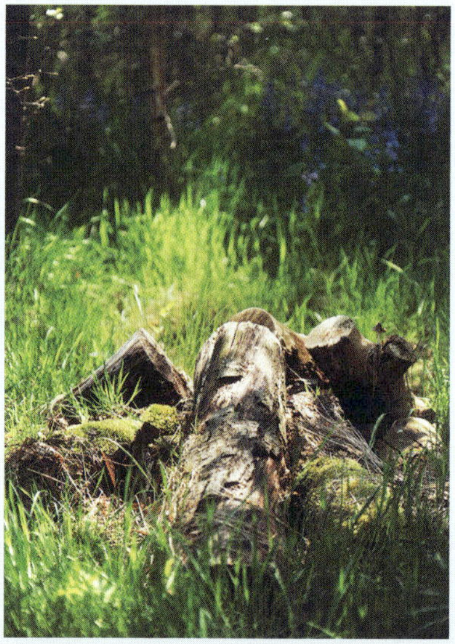

Diese einfachen Hocker aus Baumstämmen in einer waldähnlichen Pflanzung sind ideale Sitzgelegenheiten, von denen aus man die Umgebung auf sich wirken lassen kann. Pate stand die schlichte Schönheit von Rundhölzern oder umgestürzten Bäumen (links). Holz ist für sich schon ein hervorragendes Material, doch kann man es zusätzlich mit Beiteln bearbeiten und veredeln (unten).

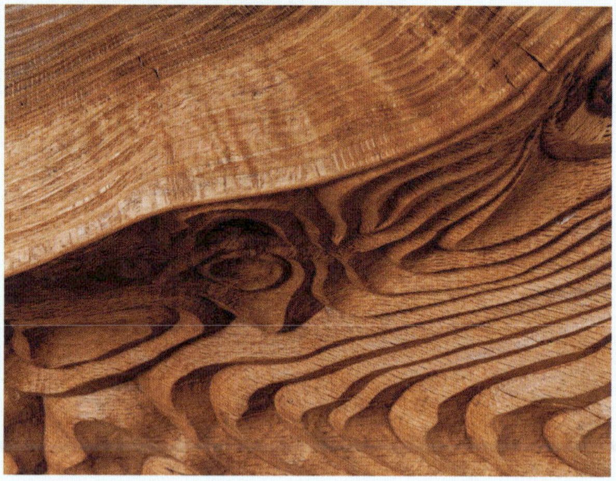

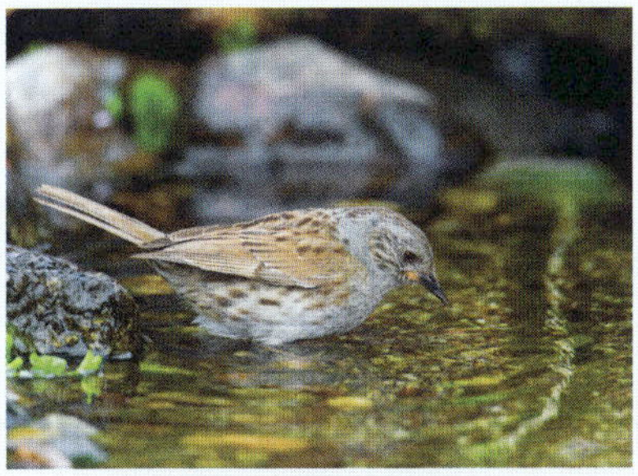

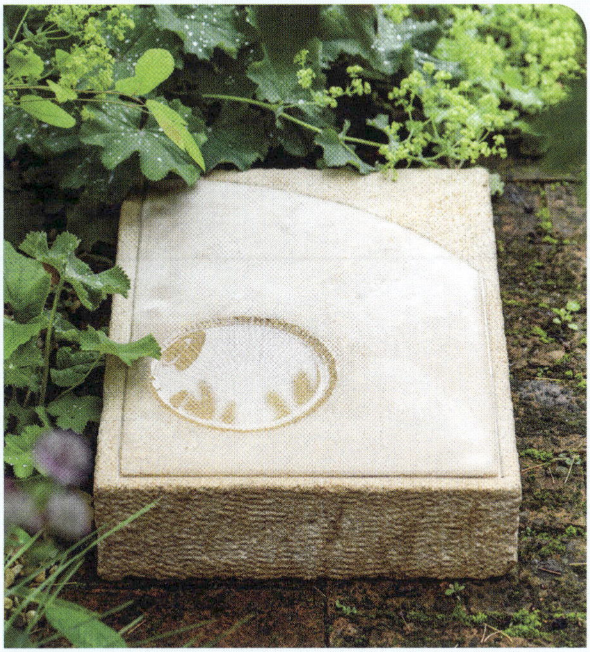

Die Biodiversität im Garten zu erhöhen hat einen großen Vorteil: Ich kann Vögeln beim Fressen, Trinken und Baden (oben) zusehen. Das gemeißelte Vogelbad (rechts) sollte schön und nützlich zugleich sein.

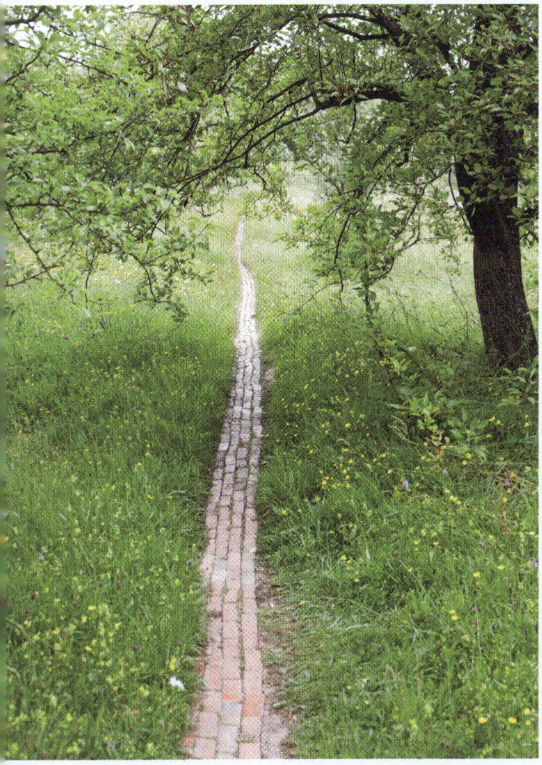

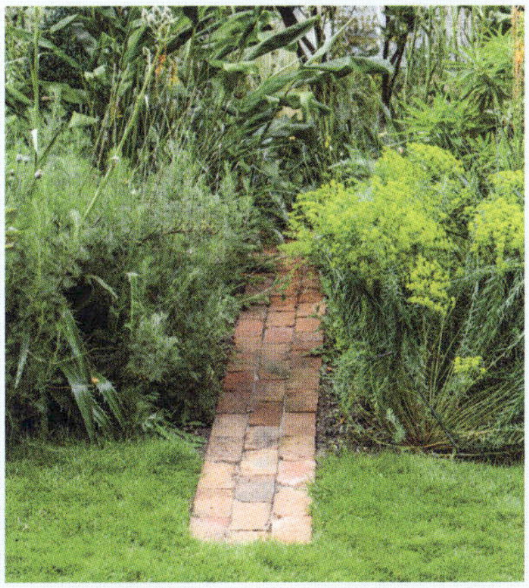

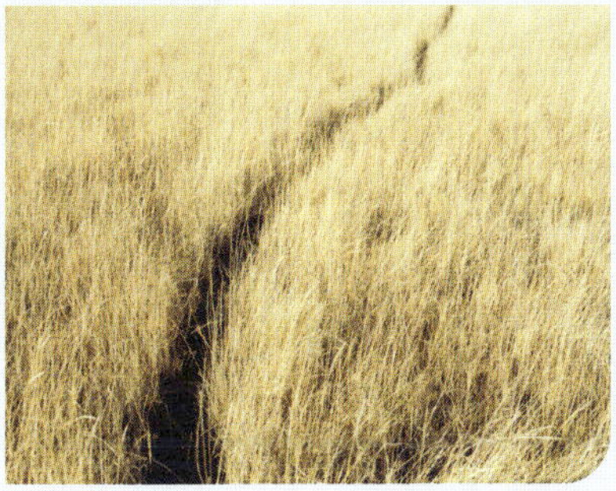

Schmale Wege (ganz links) bringen Besucher dazu, langsamer zu gehen und so den Garten mehr zu genießen. Mit »Erntepfaden« (links oben) lassen sich verschiedene Gartenbereiche miteinander verbinden. Außerdem sind sie Abkürzungen durch das Grün und bei Gartenarbeiten nützlich. Als Inspiration für meine Erntepfade dienten mir die Trampelpfade von Tieren, die man oft in Hecken und Feldern sieht (links).

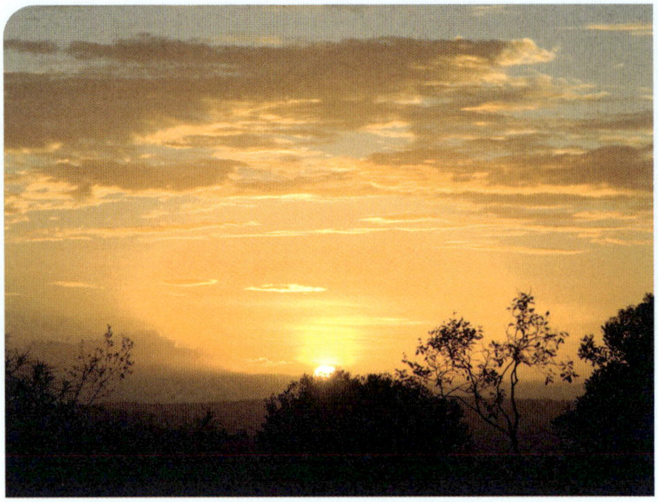

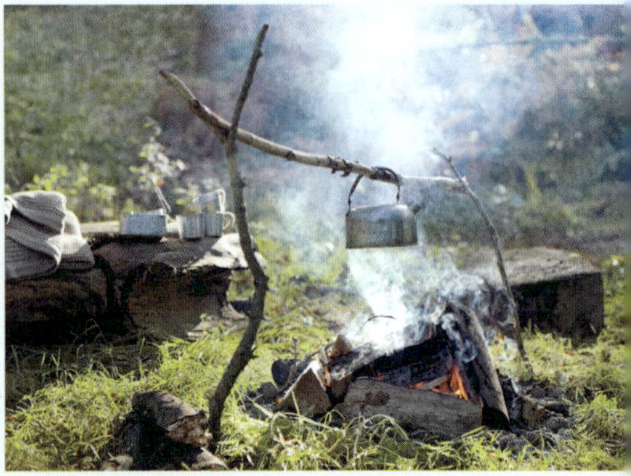

Die Feuerstelle (rechts) habe ich angelegt, weil ich mich gern spät abends noch draußen aufhalte und Sonnenuntergänge auf mich wirken lasse (oben). Zu den ursprünglichsten Freuden des Daseins gehört es, Feuer zu machen und etwas darauf zu kochen. Brennendes Holz hat eine hypnotische Wirkung, die man bis weit in die Nacht hinein genießen kann, wenn man eine Feuerstelle sein Eigen nennt.

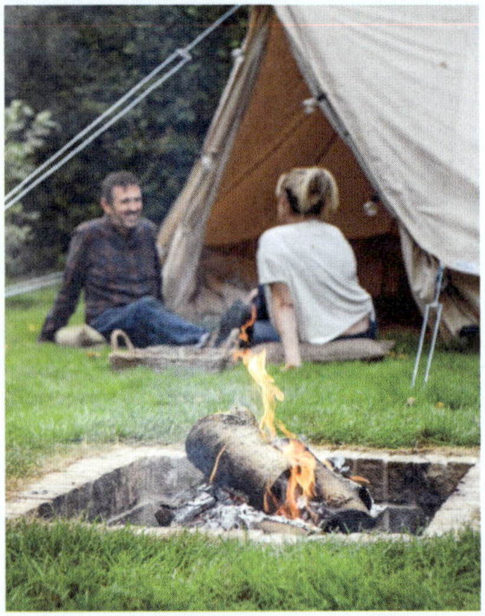

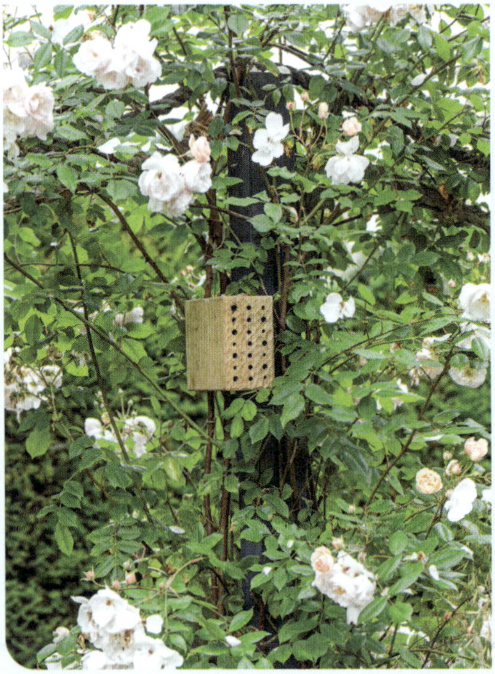

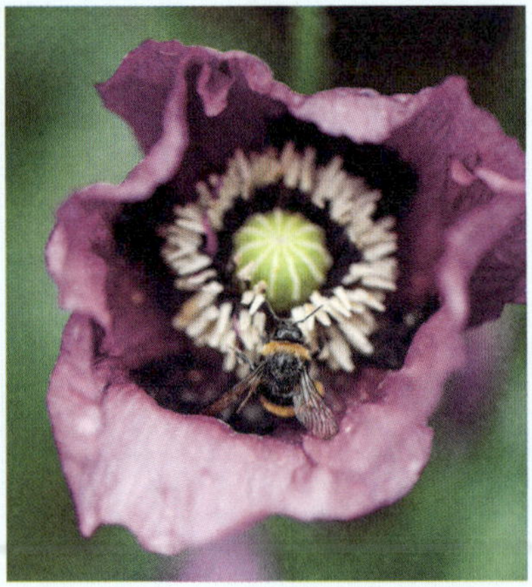

Lebensräume wie das Insektenhotel (ganz links) erhöhen die Zahl der tierischen Besucher im Garten. Mit pollenreichen Pflanzen wie diesem Mohn (links) können wir etwas gegen den Rückgang der Bienenpopulationen tun.

Die Anregung für diese Holzbank (rechts) habe ich mir in Japan geholt. Sie wirkt zwar zunächst etwas niedrig, ist aber überraschend bequem und bietet eine interessante neue Sicht auf den Garten. Die Natur ist ein unendlicher Quell der Inspiration, etwa die Wellen im Sand (ganz rechts), die ich im Sinn hatte, als ich die Seiten der Bank geschnitzt habe.

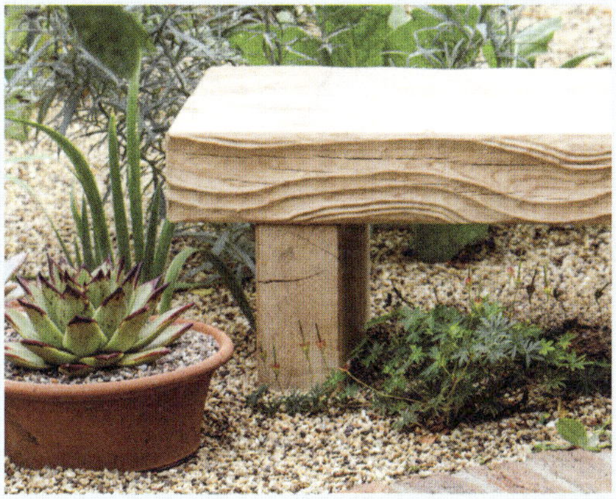

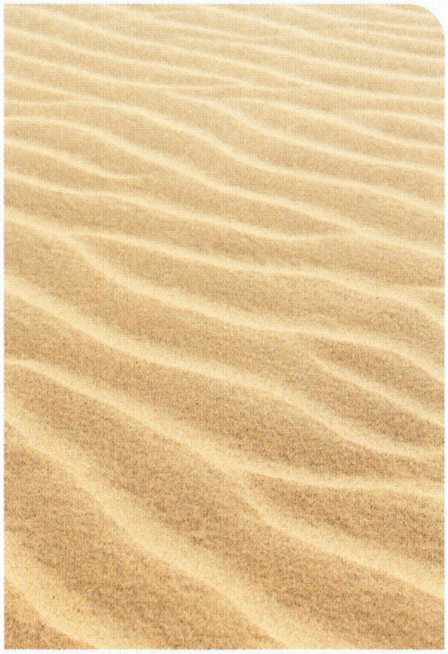

Meine Brennholzbox (ganz rechts) ist traditionellen isländischen Häusern mit Grasdach (unten) nachempfunden. Es hat obenauf eine Mini-Wildblumenwiese, die das Dach schützt und zugleich Nützlinge anlockt. Die japanische Methode der Holzankohlung heißt *shou sugi ban* (oder auch *yakisugi*). Dabei wird die Oberfläche angekokelt, was das Holz wasserdicht macht und außerdem konserviert.

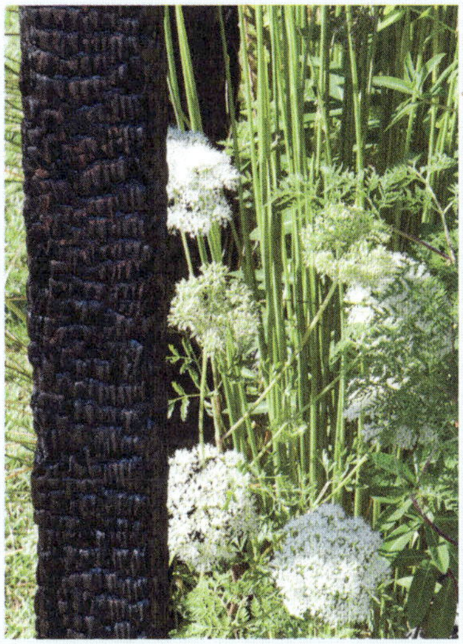

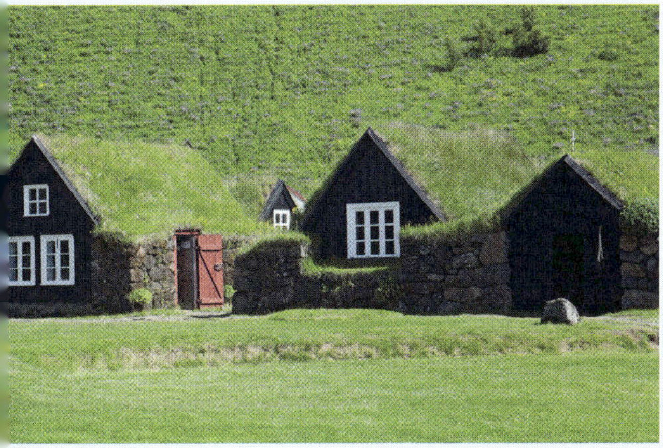

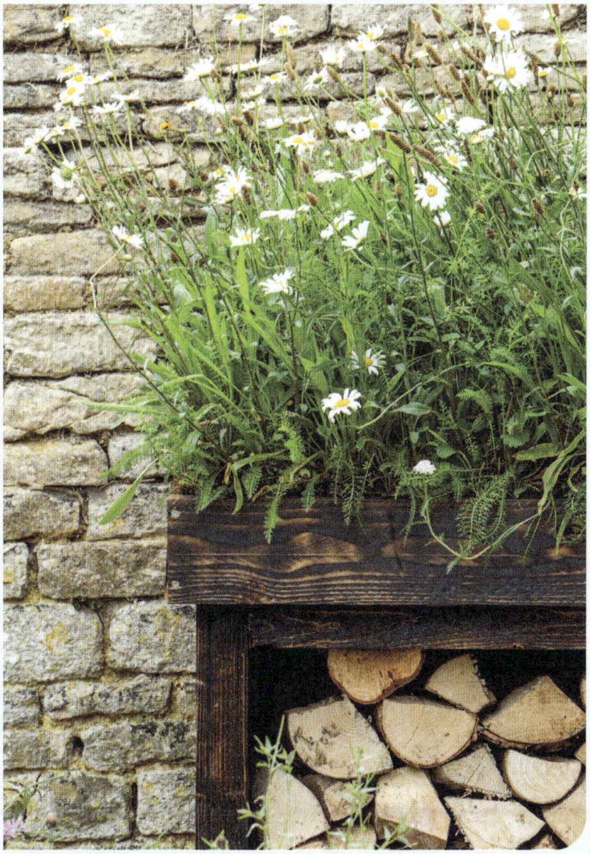

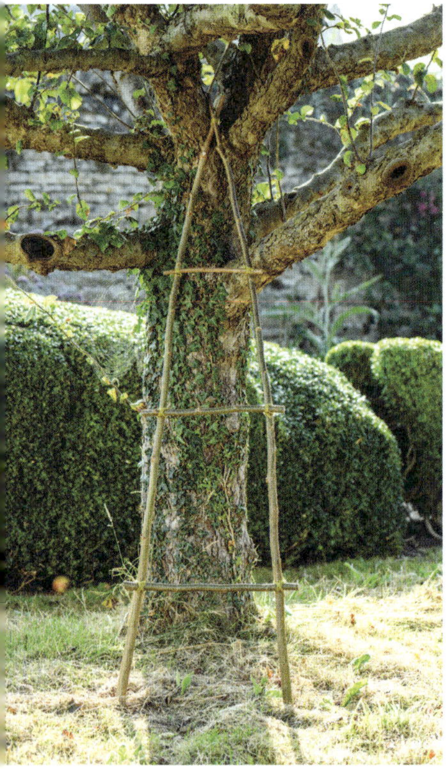
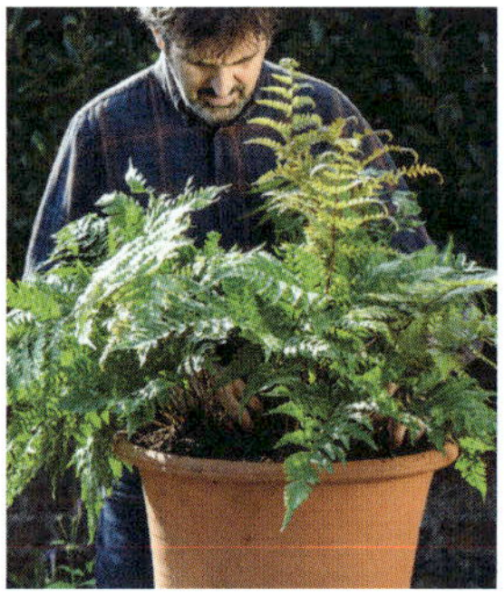
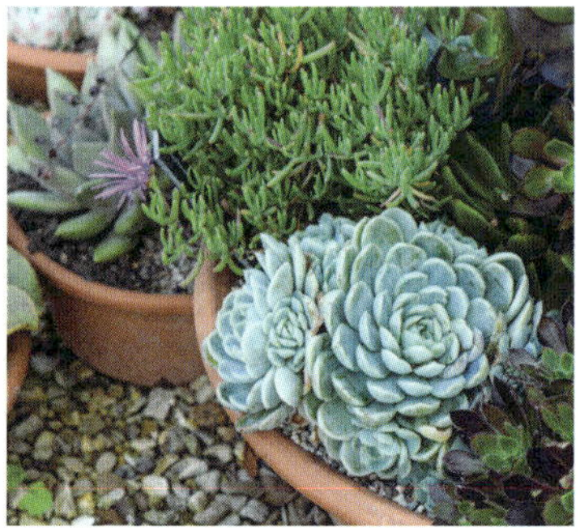
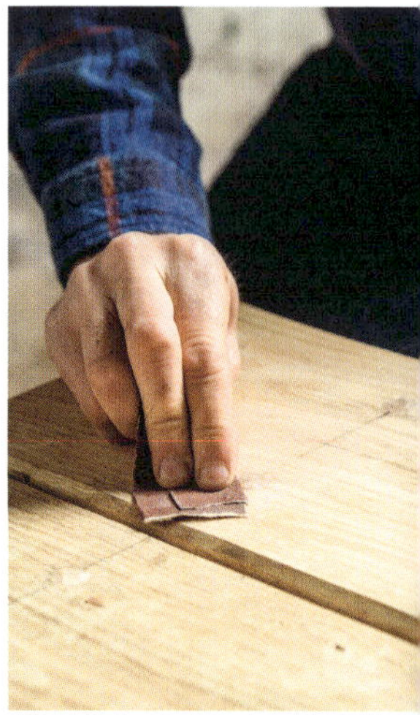

PFLANZENARRANGEMENTS UND -STÜTZEN

LEBENSRÄUME FÜR TIERE

MOBILIAR

WASSERELEMENTE

BAULICHE ELEMENTE

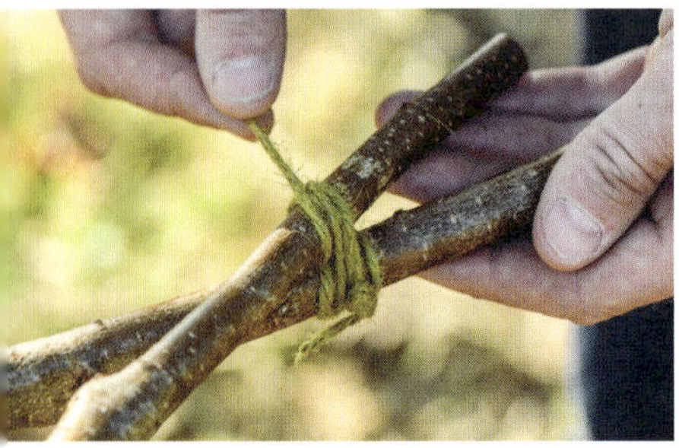
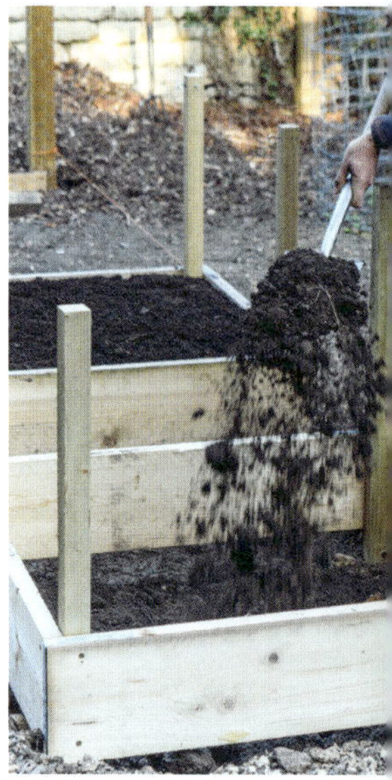

PROJEKTE

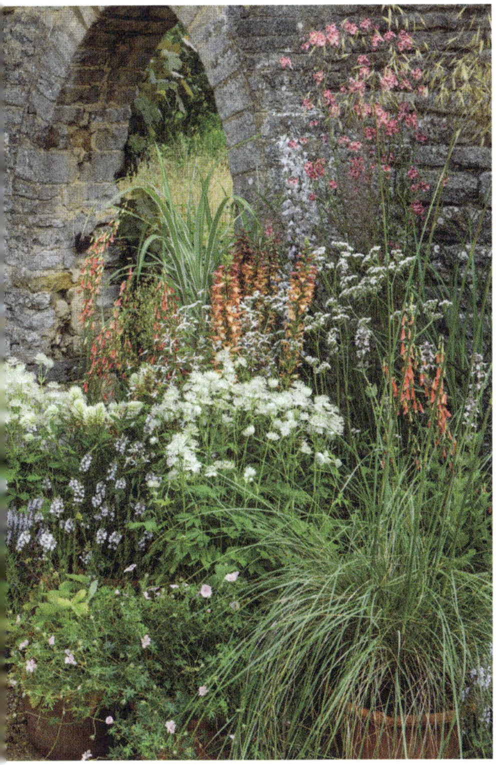

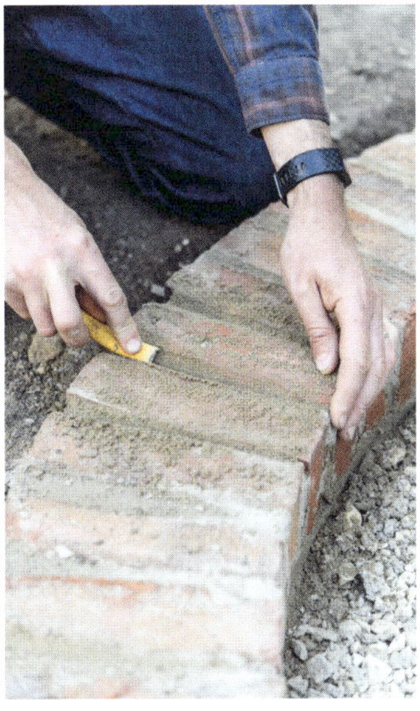

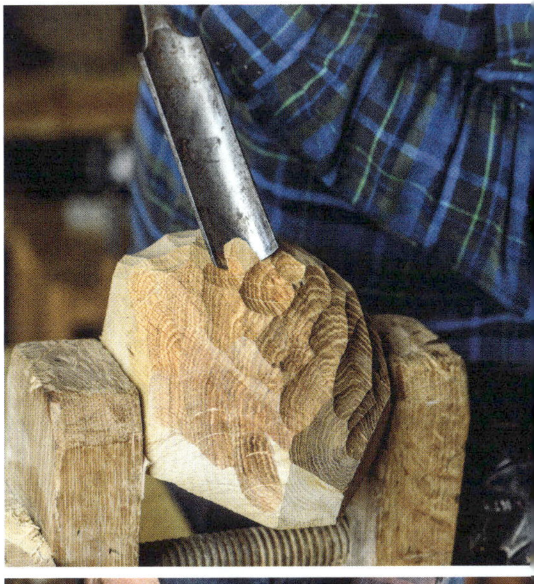

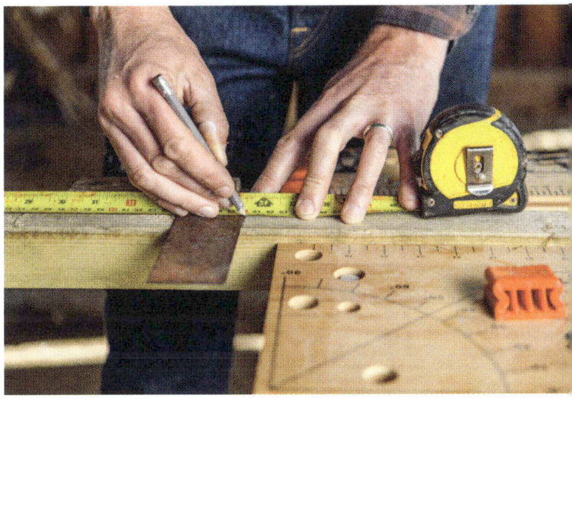

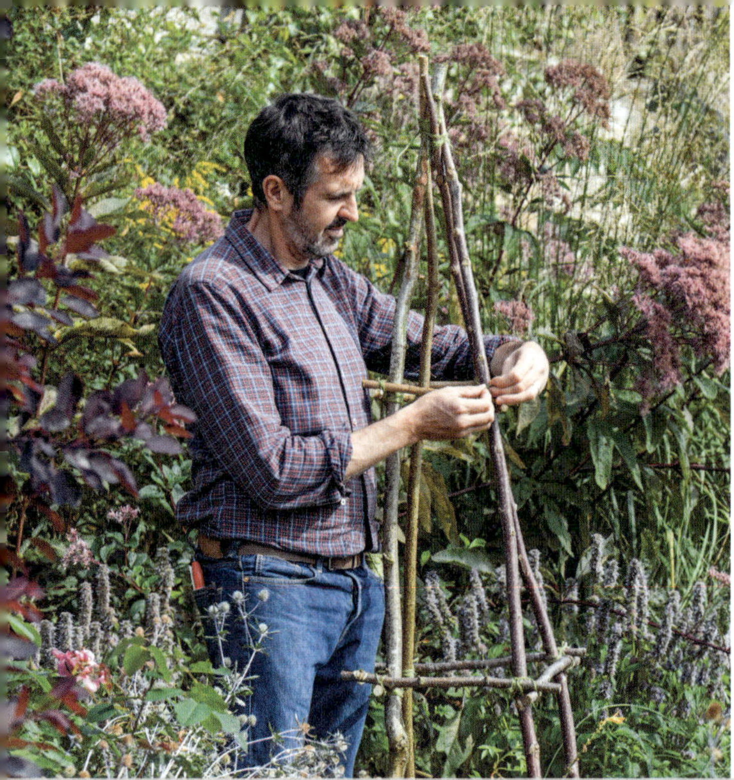

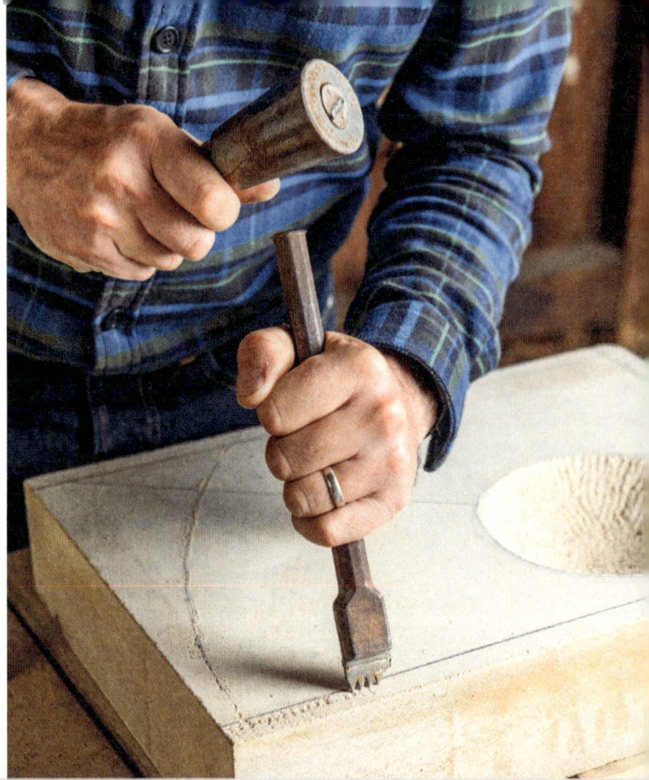

» Ein separater Arbeitsbereich hat immer Vorteile, ganz gleich, wie klein er ausfällt. «

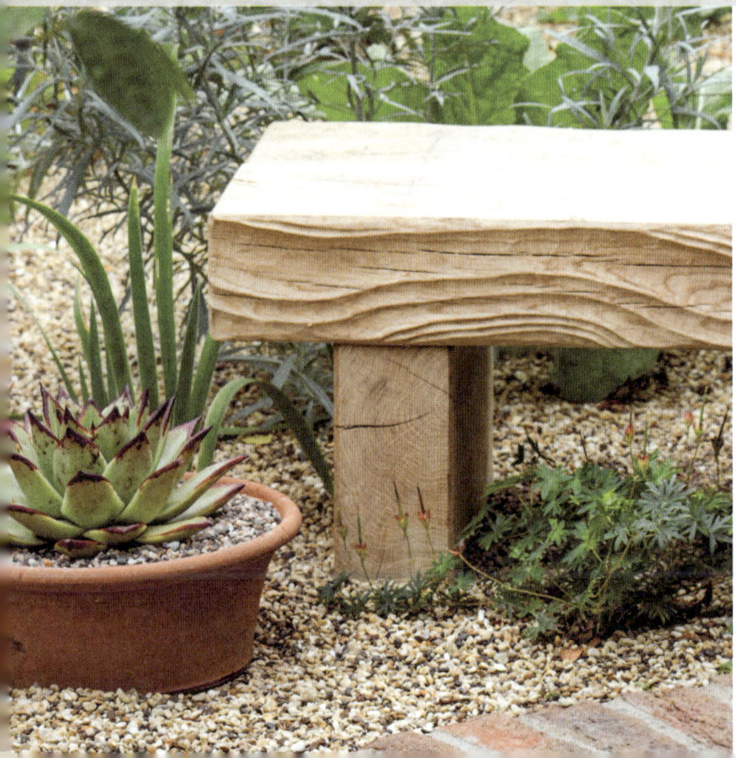

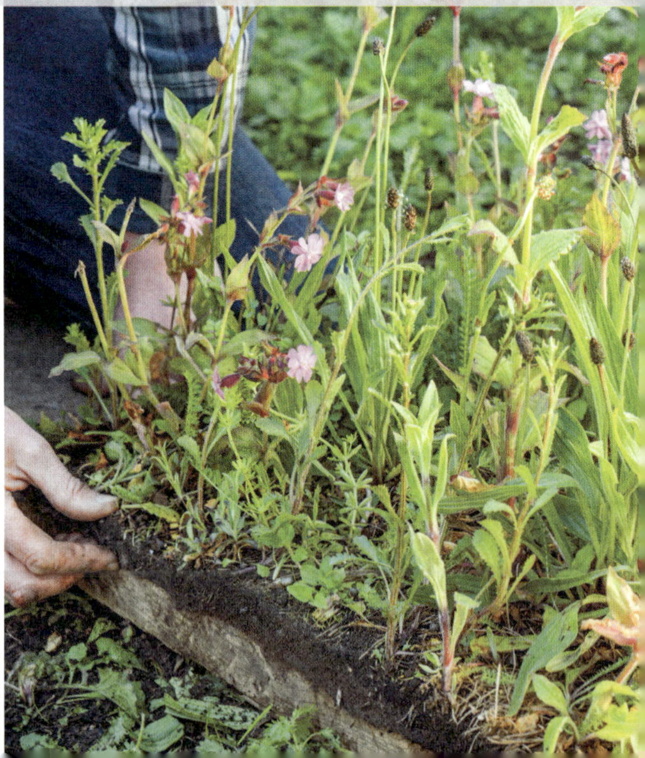

EINFÜHRUNG

Bevor Sie sich ans Werk machen, brauchen Sie ein Basisarsenal an Werkzeug für das Gärtnern, das Bauen und die Werkstatt. Bei vielen Projekten in diesem Buch verwende ich Meißel und Beitel. Wenn Sie sich den jeweiligen Projekten widmen möchten, rate ich Ihnen, sich ein kleines Set anzuschaffen.

Die Werkzeuge, die ich für sinnvoll halte, habe ich auf den nächsten Seiten aufgelistet. Sie müssen sich keine neuen Utensilien zulegen, wenn Sie die vorgeschlagenen bereits haben. Manches kann man sich auch von Freunden und Nachbarn oder Gartenbauvereinen ausleihen. Gelegentlich findet man außerdem online, bei Flohmärkten oder in Trödelläden anständiges gebrauchtes Werkzeug.

Selbst wer nicht das ganze Wochenende Zeit hat, an Projekten zu werkeln, sondern nur ein paar Stunden hie und da opfern kann, sollte sich eine Art Arbeitsecke mit einer Grundausstattung einrichten. So ist es wesentlich einfacher, etwas in Angriff zu nehmen oder zwischendurch ein paar Handgriffe zu tun, etwa wenn man früher aus der Arbeit kommt oder ein paar Stunden Zeit hat.

» *Mit einer ordentlichen Grundausstattung an Werkzeug sind Sie für jedes Projekt gut gerüstet.* «

WERKZEUG FÜR DAS GÄRTNERN

Soll Ihr Garten sich immer von seiner besten Seite zeigen, brauchen Sie eine Grundausstattung an Werkzeug für Schneide- und Grabarbeiten. Ich gehe meine Arbeitsutensilien in der Regel jeden Winter durch, säubere sie gründlich und öle sie ein.

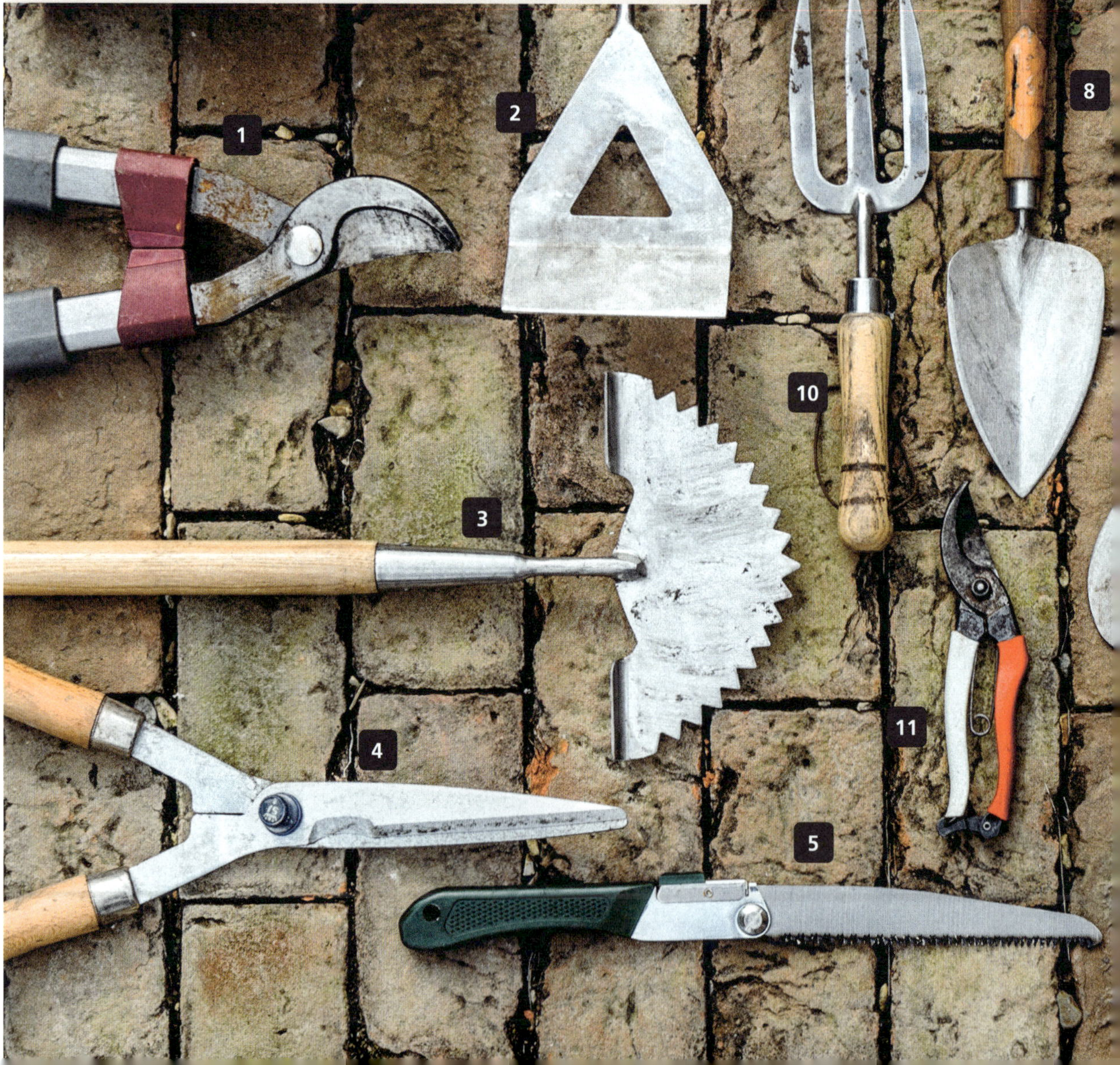

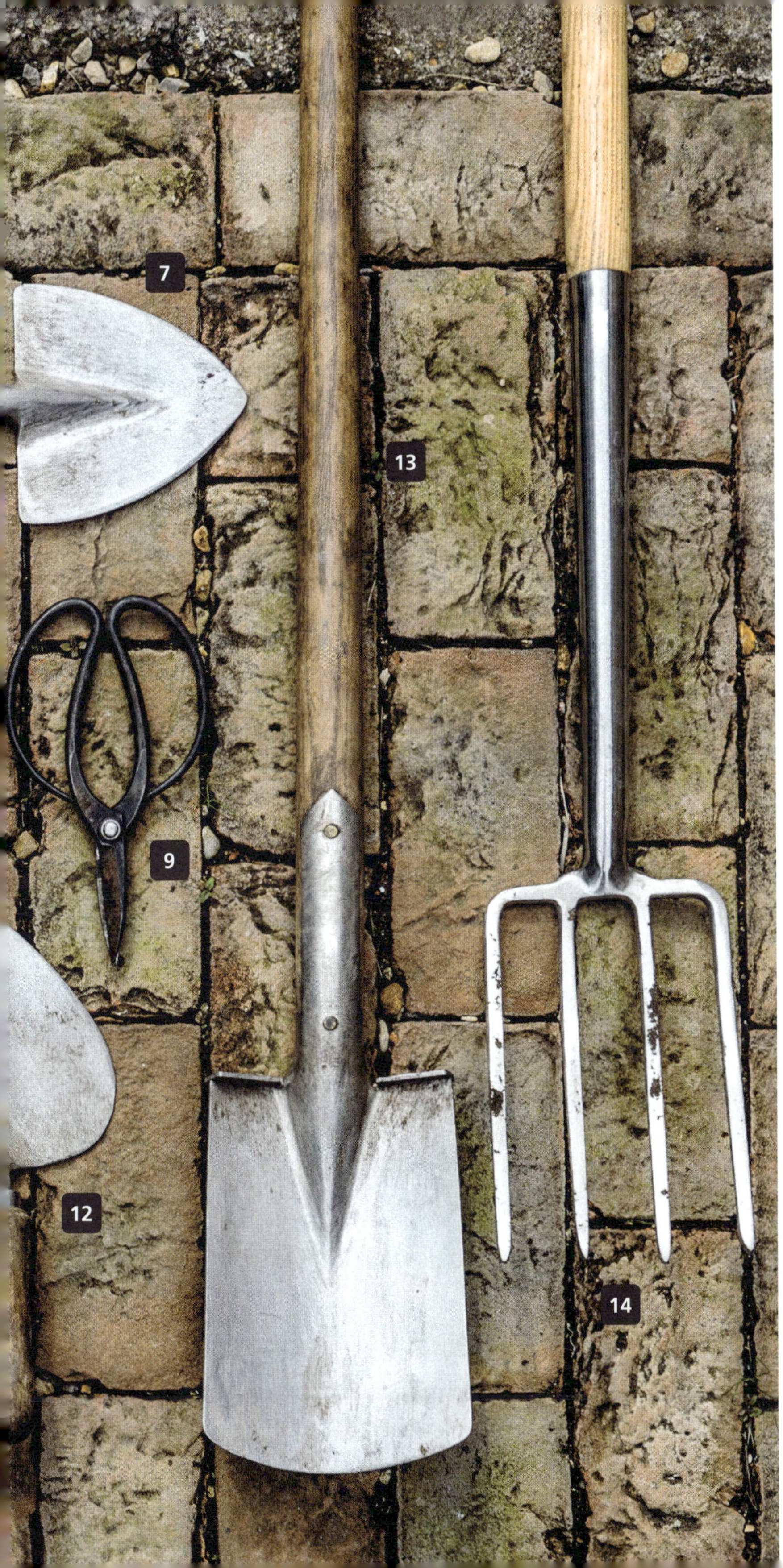

SCHNEIDEWERKZEUG
1. Astschere für den Schnitt **2. Hacke** zum Jäten und zur Bodenbearbeitung **3. Rasenkantenstecher** für saubere Ränder von Grasflächen **4. Heckenschere** zum Schneiden von Hecken und hohem Gras neben Baumstämmen
5. Astsäge zum Schneiden dicker Äste
6. Gartenmesser zum Schneiden dünner Zweige und von Stecklingen
9. Bonsaischere zum Abzwicken welker Blüten und Ernten von Schnittblumen
11. Gartenschere für unterschiedlichste Schnittarbeiten

GRABWERKZEUG
7. Kleiner Pflanzspaten zum Bearbeiten kleiner Flächen **8. Pflanzschaufel** für kleinere Pflanzarbeiten **10. Handgabel** zum Lockern von Erde beim Jäten
12. Stabile Pflanzkelle zum Einpflanzen und Lockern von Erdreich **13. Spaten** zum Umgraben; mit schuhschonender Auftrittkante **14. Grabegabel** für leichtere Grabarbeiten sowie zum Aufnehmen, Wenden und Belüften von Böden

SONSTIGES (nicht im Bild)
Rechen zum Ebnen und feinkrümeligen Harken von Oberflächen sowie zum Festdrücken von Rollrasen

WERKZEUG FÜR DAS BAUEN

Manche Gerätschaften und Utensilien sind unerlässlich, wenn man bestimmte bauliche Elemente im Garten errichten möchte. Wer nicht alle der vorgeschlagenen Werkzeuge besitzt, kann sie sich leihen oder gebraucht in guter Qualität kaufen.

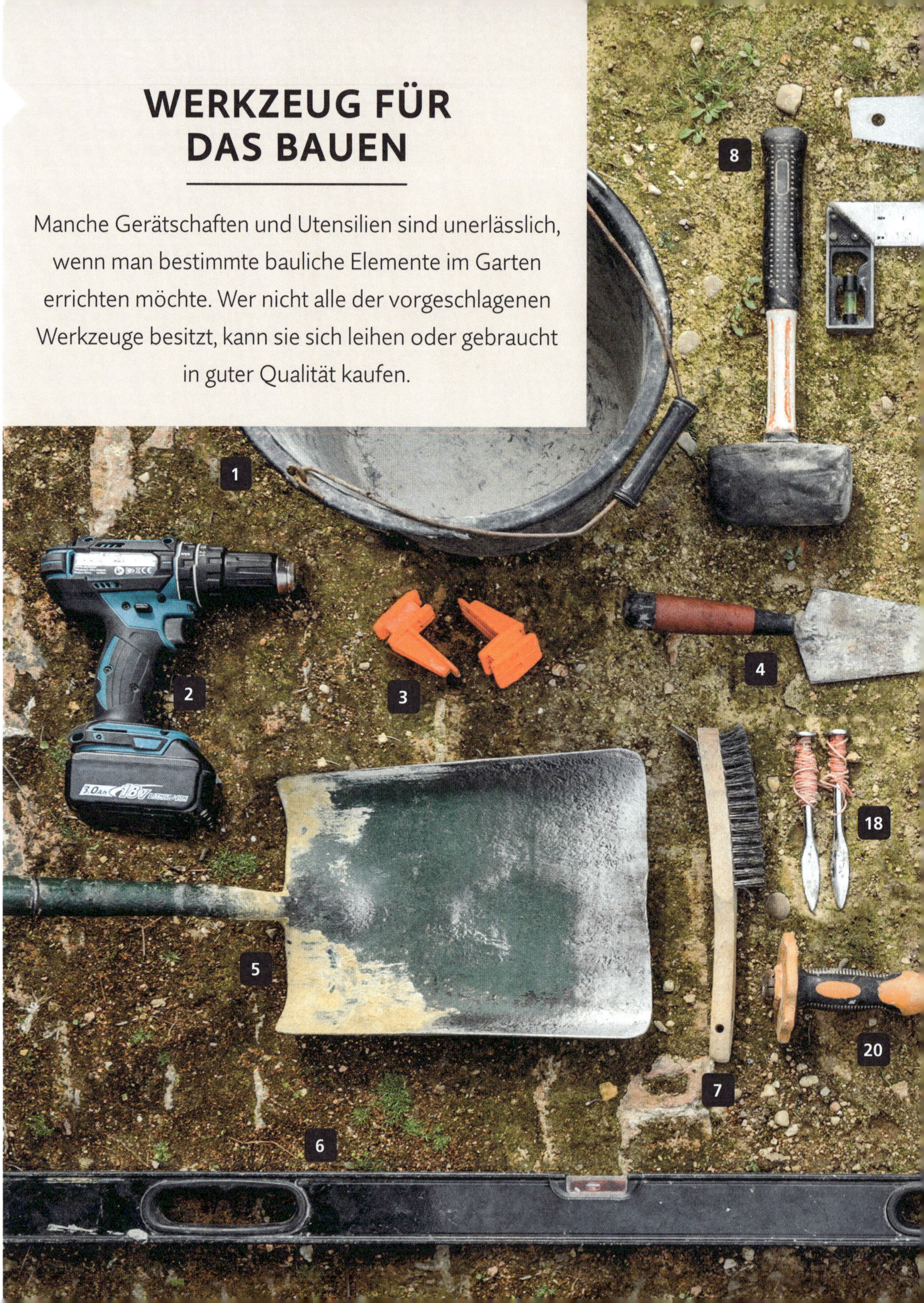

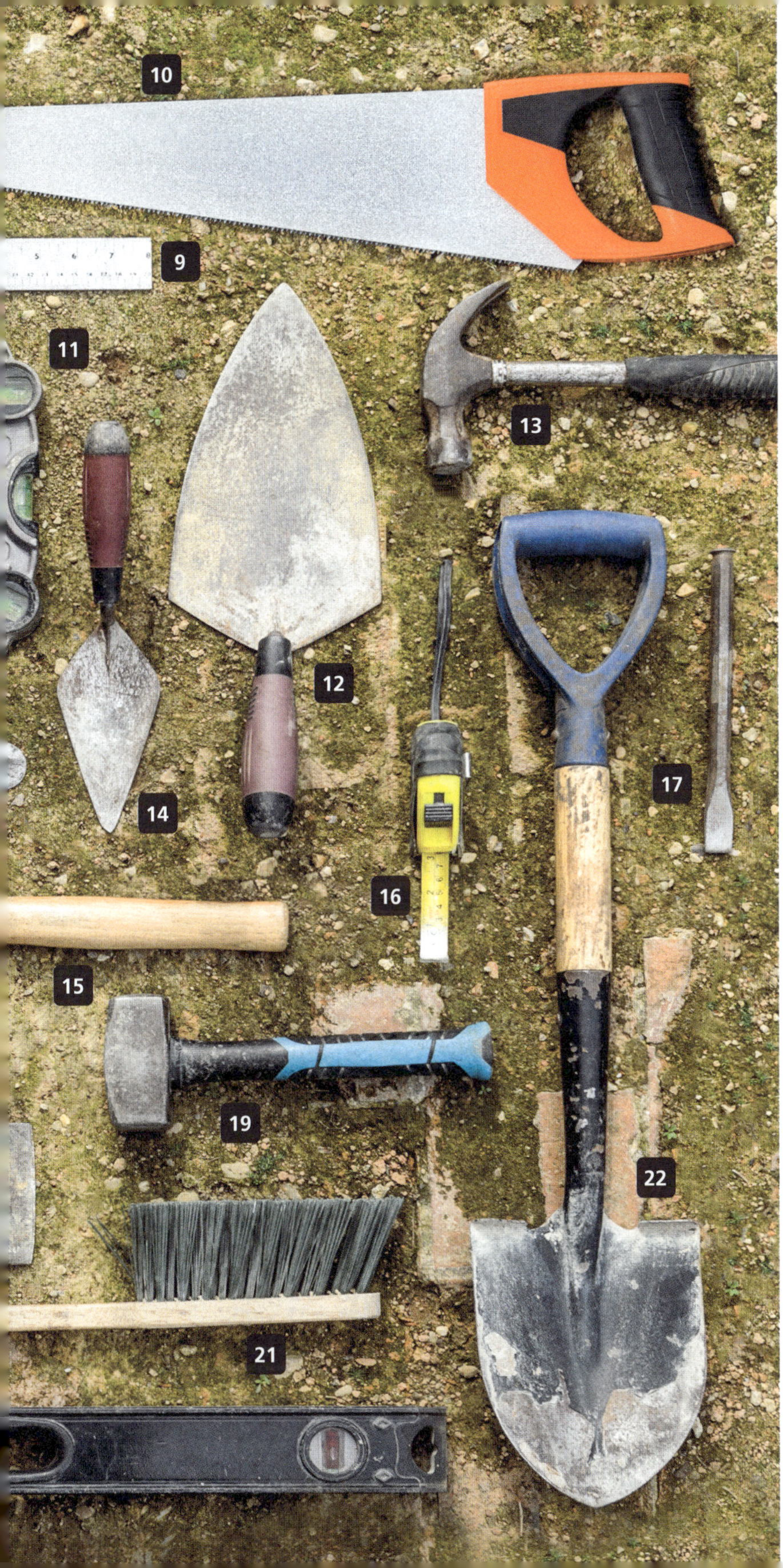

VERSCHIEDENES
1. Eimer zum Abmessen und Transportieren von Wasser sowie anderen Materialien
2. Akkubohrmaschine zum Bohren von Löchern in Holz und Stein (sinnvoll ist ein passender Satz Bohrer und Schraub-Bits)

MAUERN
3. Spannklötze zum Spannen von Maurerschnüren beim Verlegen von Ziegeln
12. Maurerkelle zum Verlegen von Ziegeln
14. Spitzkelle zum Verfugen

MESSEN UND NIVELLIEREN
4. Katzenzungenkelle zum Einfüllen von Mörtel in Lücken **6. Wasserwaage** zur horizontalen und vertikalen Ausrichtung größerer Flächen **9. Zimmermanns- und Maurerwinkel** zum Justieren von Holzverbindungen und Ecken **11. Taschenwasserwaage** zur Ausrichtung kleiner Flächen
16. Maßband **18. Schnur und Schnureisen** zum Abstecken und Ausrichten

SPATEN UND SCHAUFELN
5. Schaufel für Sand, Zement und andere Baustoffe **22. Kleiner Rundspaten** zum Graben auf engstem Raum

BÜRSTEN
7. Drahtbürste zum Säubern von Stein und Ziegeln **21. Handbürste** zum allgemeinen Säubern

HÄMMER UND FÄUSTEL
8. Gummihammer zum Festklopfen von Bodenplatten und Backsteinen
13. Zimmermannshammer zum Herausziehen von Nägeln **15. Maurerhammer** mit meißelförmigem Kopf zum Bearbeiten von Ziegeln und Steinen **19. Fäustel** zum Durchführen schwerer Hammerarbeiten

SÄGEN UND MEISSEL
10. Handsäge zum Holzschneiden
17. Flachmeißel zum Bearbeiten von Beton
20. Scharriereisen zum Schneiden von Backstein, Betonblöcken und Belägen

SONSTIGES (nicht im Bild)
Sprühkreide zum Markieren von Linien
Mörtelwanne zum Mischen von Mörtel
Rechen für Schotter und Kies

AUF NUMMER SICHER

Tragen Sie beim Umgang mit diesen Werkzeugen stets **eine Schutzbrille, Arbeitshandschuhe** und **Sicherheitsstiefel mit Stahlkappen**. Halten Sie immer einen **Erste-Hilfe-Kasten** bereit.

WERKZEUG FÜR DIE WERKSTATT

Die Projekte in diesem Buch lassen sich leichter realisieren, wenn man eine ordentliche Grundausstattung an Werkzeugen hat. Viele der Utensilien kann man für alle Holz- und Steinarbeiten brauchen. Mit gutem Werkzeug macht die Bearbeitung doppelt Spaß.

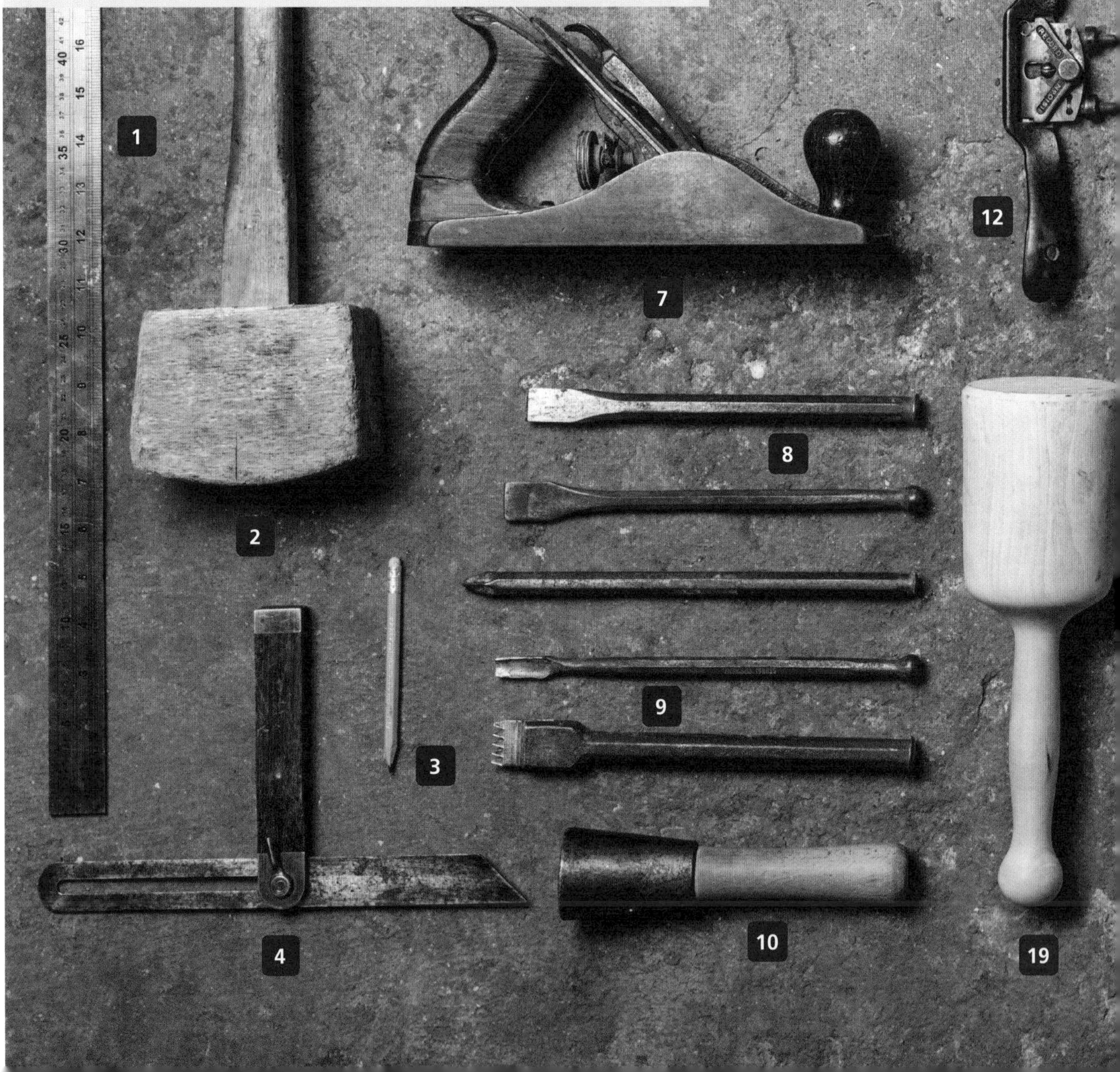

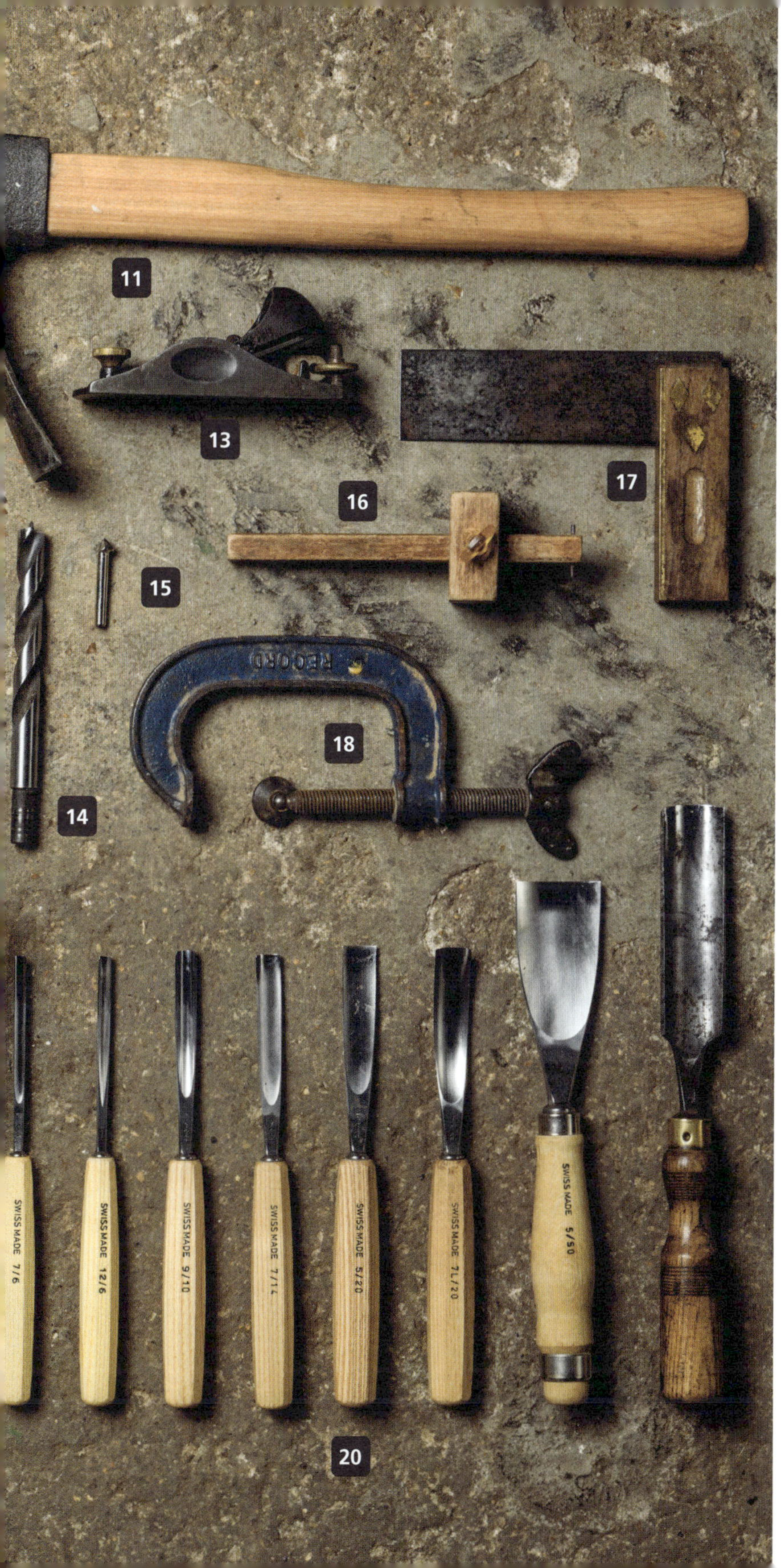

DIE WERKZEUGE
1. Metalllineal für exakte Messungen
2. Holzhammer zum Verbinden von Holzteilen oder Einschlagen von Dübeln
3. Stift zum Anzeichnen von Formen und Linien **4. Schmiege** zum Einstellen und Übertragen von Winkeln **5. Hammer** zum Einschlagen von Nägeln und Bearbeiten von Material **6. Farbschaber** zum Entfernen von Farbe und Rost **7. Handhobel** zum Abtragen dünner Holzschichten und Glätten von Holz **8. Steinmeißel** zum Formen und Bearbeiten von Stein
9. Zahneisen, um Stein zu ritzen und mit texturierten Oberflächen zu versehen
10. Stahlklüpfel zum Schlagen von Steinmeißeln **11. Dechsel (Krummhaue)** zum Abschlagen von Holzstücken, Schnitzen, Formen und Aushöhlen von Holzstücken
12. Schabhobel zum Formen und Glätten, besonders von geschwungenen bzw. komplexen Holzformen **13. Minihobel** zum Glätten von Holzflächen, Formen von Holz und Reduzieren der Dicke von Holzstücken
14. Holzbohrer zum sauberen Bohren von Löchern in Holz **15. Kegelsenker** zum Bohren konischer Vertiefungen für Schrauben oder Bolzen, damit sie eben mit der Holzoberfläche abschließen **16. Streichmaß** zum Zeichnen von Markierungslinien auf Holz **17. Zimmermannswinkel** zum exakten Bestimmen von rechten Winkeln
18. Schraubzwinge zum Zusammenpressen und Fixieren von Werkstücken
19. Holzklüpfel zum Schlagen von Beiteln und Meißeln **20. Beitel** zum Bearbeiten von Holz

BEITEL

Das Bearbeiten von Holz und Stein mit Beiteln und Meißeln erfordert eine gewisse Übung. Deshalb sollte man vorher ein bisschen experimentieren, um herauszufinden, welche Modelle sich wofür eignen.

Sobald man diese Art von Werkzeug einmal in der Hand gehabt hat, kann man nicht mehr davon lassen und verbringt Stunden damit. Die Bilder hier sollen zeigen, was mit verschiedenen Ausführungen möglich ist. Ich nutze einen Holzklüpfel für Holzbeitel und einen Stahlklüpfel für Steinmeißel. Um Meißel und Beitel – und überhaupt jedes Werkzeug – optimal nutzen zu können, brauchen Sie Geräte zum Schärfen, etwa eine Schleifführung, mit der Sie den passenden Winkel einstellen, und einen Schleifstein.

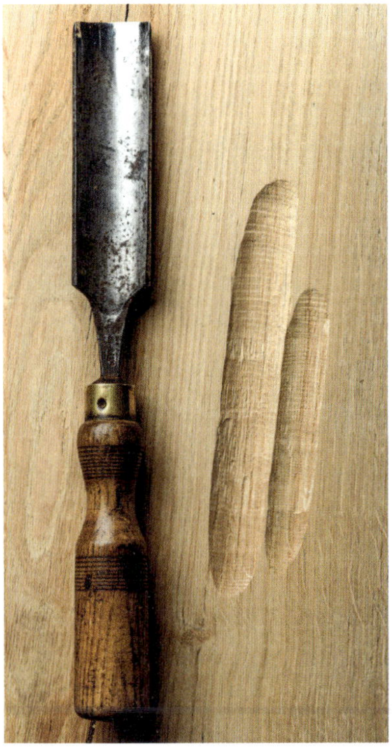

Dieser Hohlbeitel ist der mit der breitesten Klinge, die ich finden konnte. Er eignet sich gut zum Ausarbeiten der Hauptform oder Stechen breiter Vertiefungen in Holz. Ich habe ihn für das Krötenhaus (S. 112–115) und die niedrige Bank (S. 146–153) verwendet.

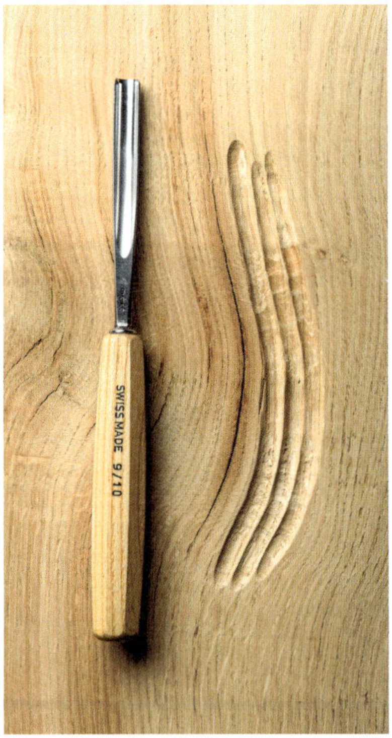

Dieser Bastlerbeitel D 9/10 hat eine leichte Krümmung und gehört zu den Beiteln mit der einfachsten Handhabung. Die flacheren Beitel müssen schräg angesetzt werden. Das Muster im Rand der niedrigen Bank (S. 146–153) habe ich mit diesem Beitel geschnitzt.

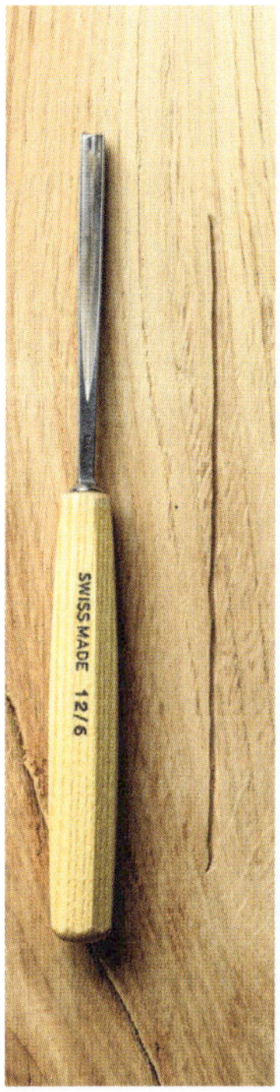

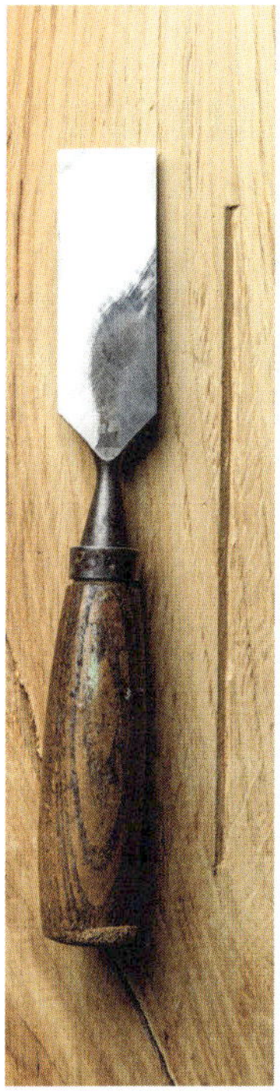

Diese beiden Beitel habe ich für den Spatzenbalkon (S. 102–111) gebraucht. Der Beitel mit V-förmiger Klinge (ganz links) eignet sich gut, um Linien ins Holz zu gravieren. Beim Spatzenbalkon habe ich damit tiefere Kerben vormarkiert. Der breite Stechbeitel (links) ist vielseitig einsetzbar. Ich habe mit ihm die Linien, die ich mit dem V-Beitel gezogen habe, verbreitert und schöner ausgeformt.

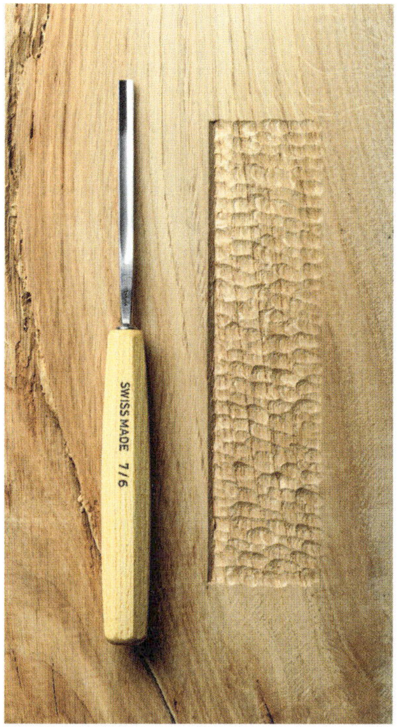

Mit diesem schmalen Hohlbeitel kann man Holz detaillierter bearbeiten. Er hat mir beim Spatzenbalkon (S. 102–111) gute Dienste geleistet.

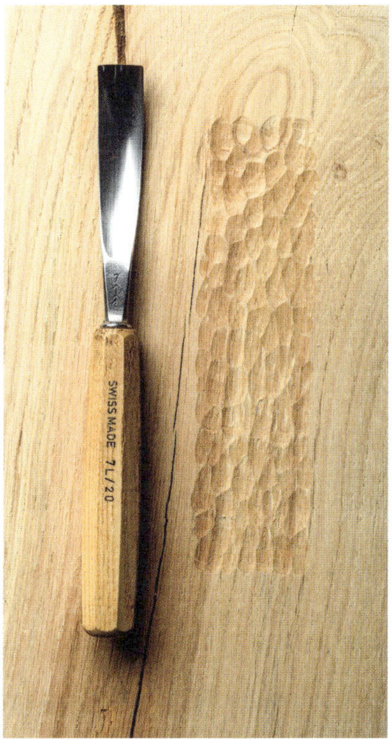

Dieser gebogene Hohlbeitel hat eine breitere Klinge als der 9/10-Bastlerbeitel (gegenüber). Deshalb eignet er sich für das Einarbeiten breiterer Vertiefungen. Mit ihm habe ich dem Krötenhaus (S. 112–115) den Feinschliff gegeben, die Front des Bienenhauses (S. 116–119) verziert und das Muster in den Stammhocker (S. 138–141) geschnitzt.

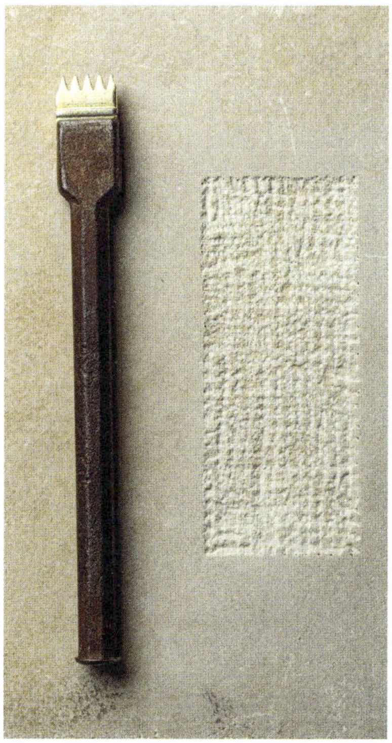

Dieses Zahneisen besteht aus einem Halter und einer austauschbaren Schneide. Man kann es mit einem Stahlklüpfel gerade oder schräg auf die zu bearbeitende Fläche schlagen und so unterschiedliche Muster erzeugen. Hier habe ich es aus verschiedenen Richtungen in einem rechten Winkel angesetzt, sodass eine Art Stoffmuster entstanden ist. Zum Einsatz kam das Zahneisen beim Vogelbad (S. 96–101) und dem grünen Kaffeetisch (S. 132–137).

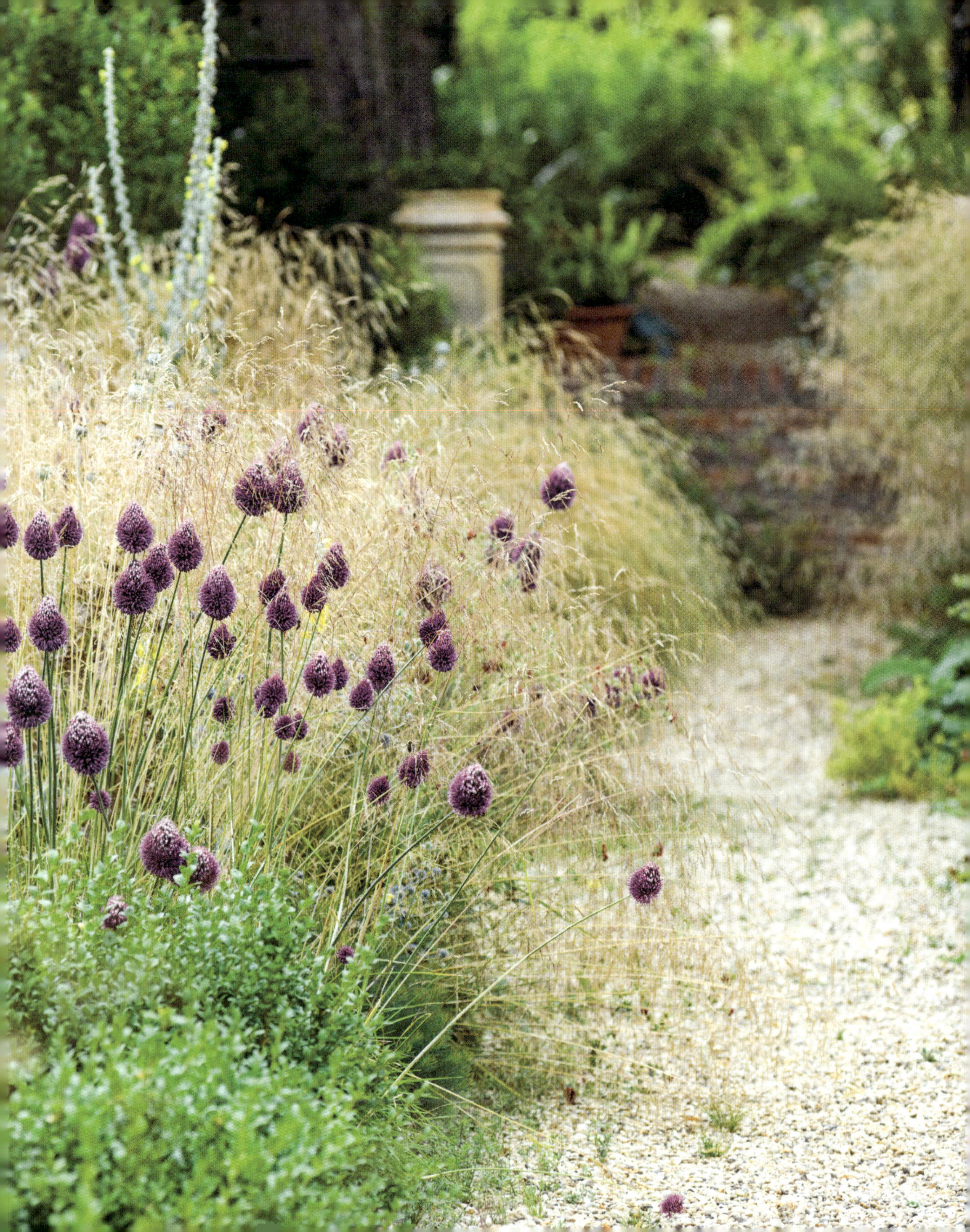

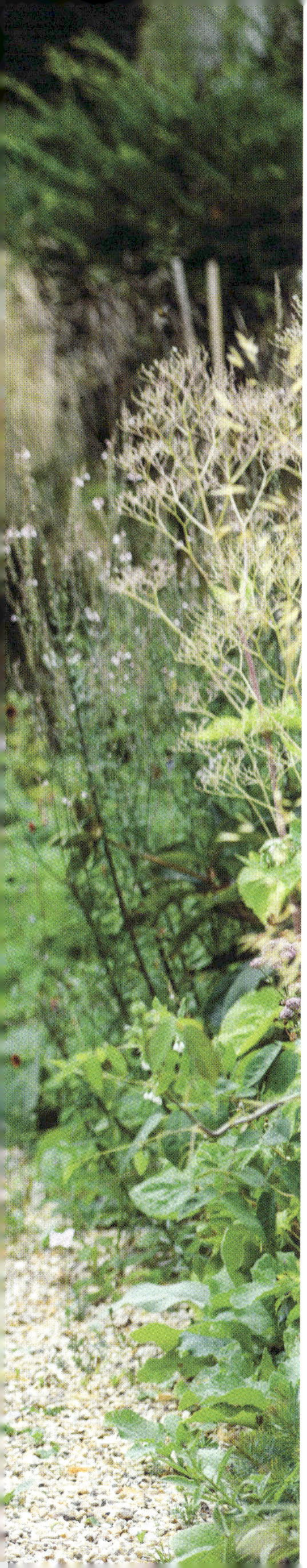

PROJEKTE

PFLANZEN-ARRANGEMENTS UND -STÜTZEN

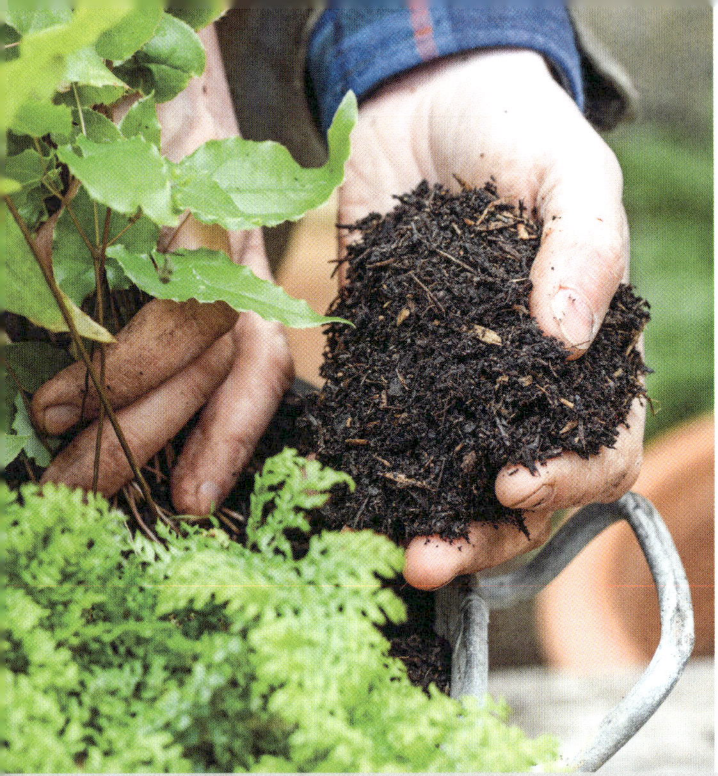

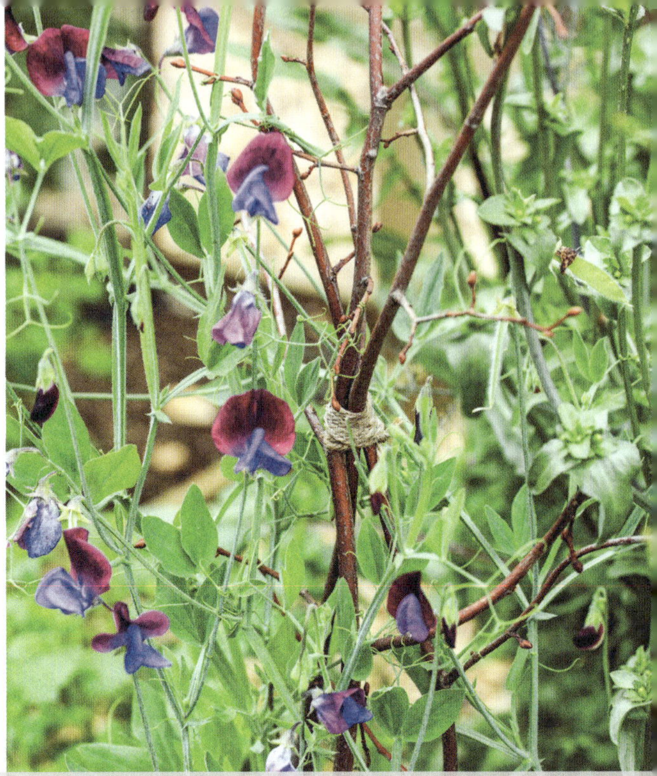

» Die Kultur in Gefäßen bietet Einsteigern die Möglichkeit, in der Gestaltung mit Pflanzen sicherer zu werden. «

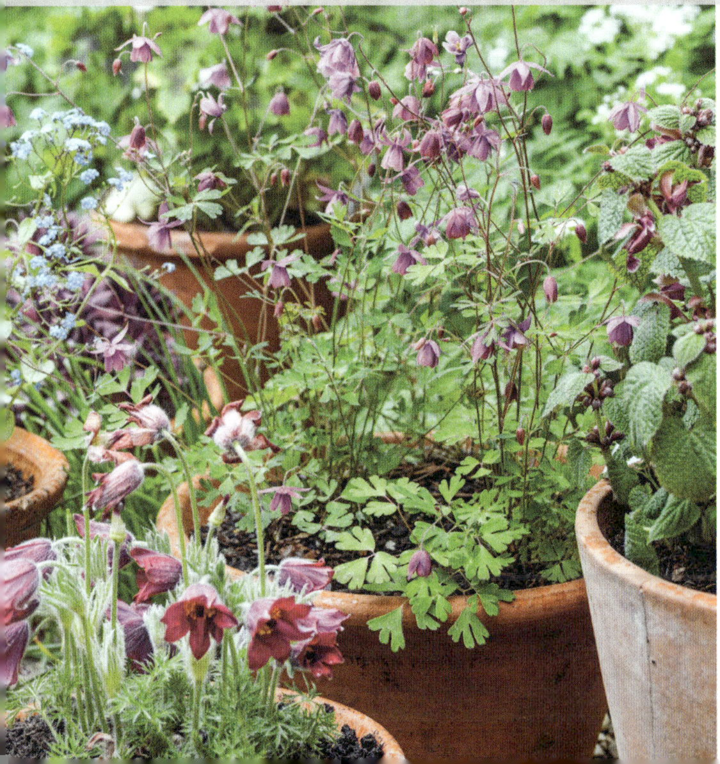

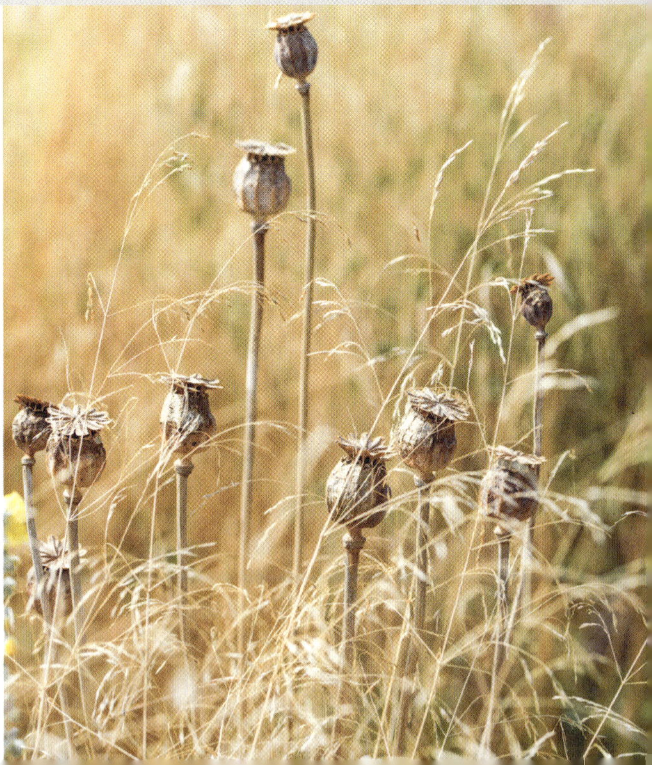

EINFÜHRUNG

Wer etwas über Pflanzungen und das Gestalten mit Pflanzen lernen möchte, begibt sich auf eine lebenslange Reise. Ich habe mich hier auf das Bepflanzen von Gefäßen konzentriert, da man damit hervorragend experimentieren kann, Pflanzen im Lauf der Jahreszeiten kennenlernt und sich damit als Gärtner weiterentwickelt. Die gezeigten Projekte geben Ihrem Garten Stil und Charakter.

Bei der Topfkultur legt man sich nicht für lange fest. Deshalb spielt es auch keine Rolle, wenn einmal etwas schiefgeht. So kann man nach Lust und Laune Gewächse und Kombinationen ausprobieren. Gerade für Mieter hat das Vorteile: Sie nehmen ihren Garten beim Umzug einfach mit.

Eine ganz persönliche Note gibt man seinem Garten mit Pflanzenstützen. Leider sind mir schon viele hässliche Exemplare untergekommen. Die meisten im Handel erhältlichen Stützen sehen alle ähnlich aus. Zudem gehören sie zu den Gartenelementen, bei denen man auch mal danebenliegen kann. Die hier vorgeschlagenen Stützen sind alle aus natürlichen Materialien und fügen sich sofort harmonisch in einen Garten ein. Sie können sie nach Ihrem Gusto variieren, zum Beispiel den Obelisken (S. 80–87) so lackieren, dass er zur Farbpalette im Garten passt.

» *Je besser wir Pflanzen verstehen, desto individueller können wir unseren Garten gestalten. Und mit der Topfkultur lernen wir Pflanzen zu begreifen.* «

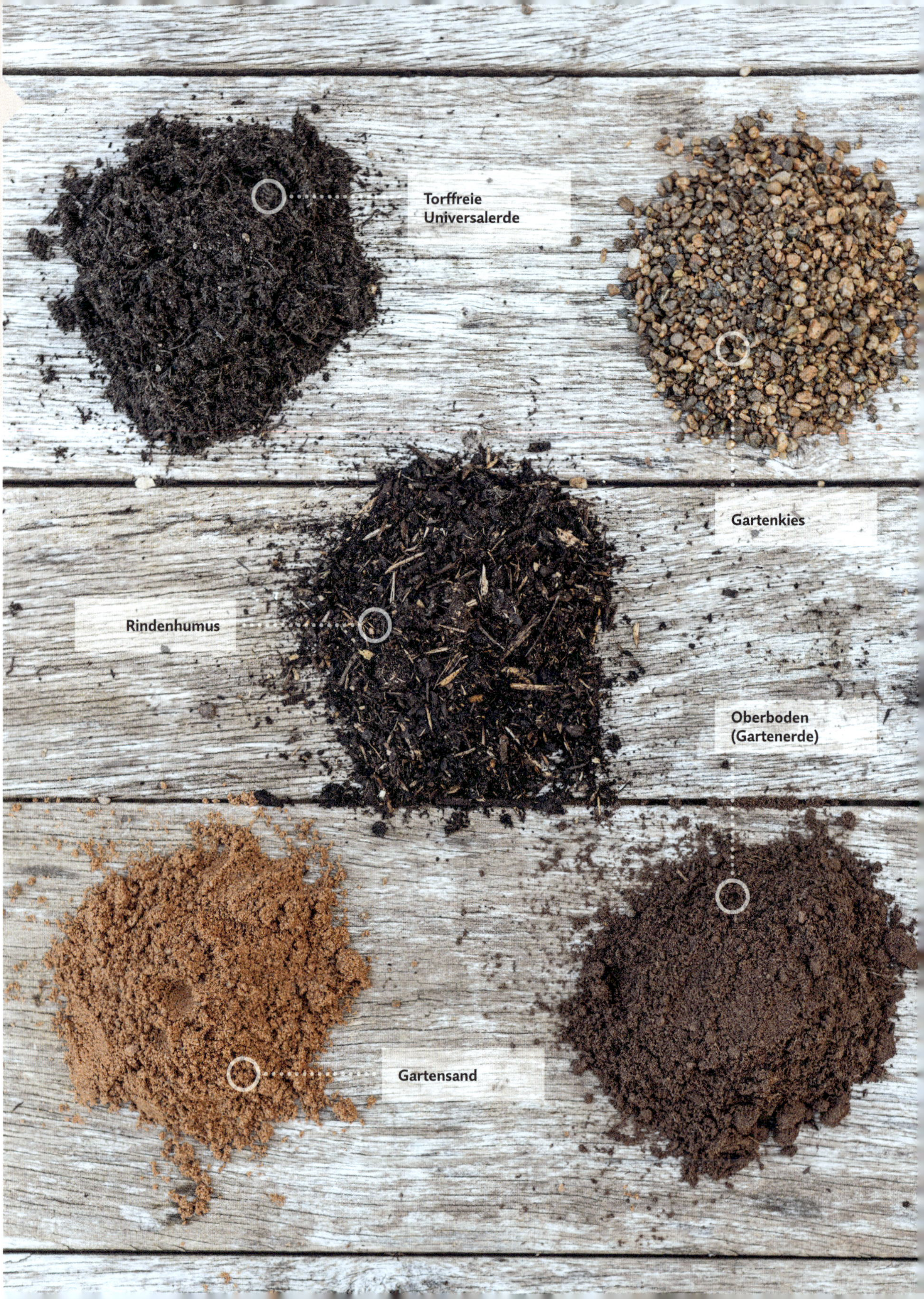
Torffreie
Universalerde
Gartenkies
Rindenhumus
Oberboden
(Gartenerde)
Gartensand

ERDMISCHUNGEN FÜR TÖPFE

Beim Einpflanzen orientiere ich mich stets an der Natur und wähle die Erde, die das jeweilige Gewächs braucht. Es lohnt sich also, ein bisschen zu recherchieren, wo die Art in freier Natur wächst, und die Bodenbedingungen dort nachzuempfinden.

Von den auf der Seite gegenüber abgebildeten Materialien habe ich immer etwas vorrätig. So kann ich mir stets das optimale Substrat mischen. Was eine Pflanze braucht, erfährt man am besten durch Versuch und Irrtum.

ALLZWECKERDE

Ich mixe sie aus 3 Teilen Oberboden, 5 Teilen torffreier Universalerde und 2 Teilen Gartensand.

WALDPFLANZENSUBSTRAT

Für Pflanzen, die es eher schattig mögen, versuche ich einen Waldboden mit viel Laub- und Rindenhumus nachzuempfinden. Das heißt, ich mische 2 Teile Universalerde, 1 Teil Rindenhumus und 1 Teil Oberboden. Soll das Substrat außerdem sehr durchlässig sein, können Sie noch einen ½ Teil Gartenkies dazugeben.

DURCHLÄSSIGES SUBSTRAT

Brauchen die Pflanzen sehr durchlässiges Substrat, geben Sie ihnen 2 Teile Universalerde, 1 Teil Oberboden und 1 Teil Gartenkies.

LANGFRISTIGE PFLANZUNGEN

Wenn die Topfbepflanzung ein paar Monate oder die ganze Saison Bestand haben soll, erhöhe ich den Anteil von Gartenboden, damit der Mix mehr Substanz hat.

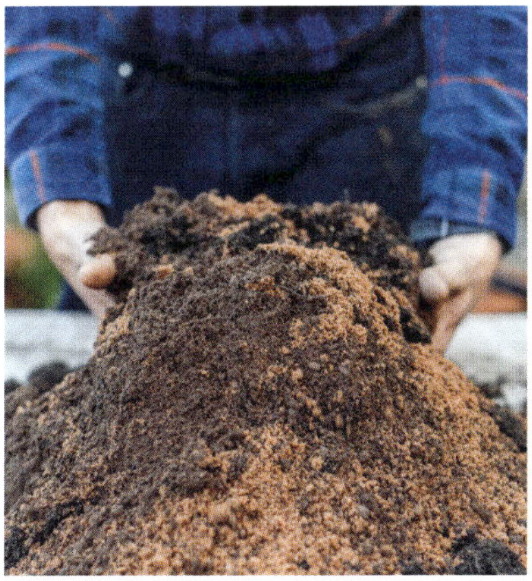

1 Auf einer sauberen Arbeitsfläche die Anteile an Gartenerde, torffreiem Substrat und Gartensand abmessen.

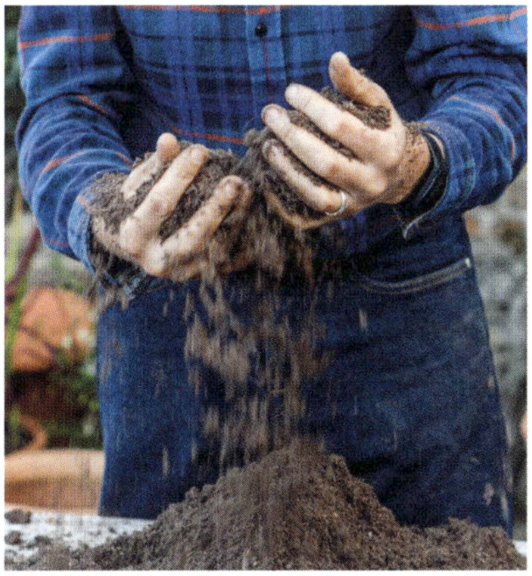

2 Alle Teile mit den Händen oder einer Handschaufel zu einem gleichmäßigen, krümeligen Substrat mischen.

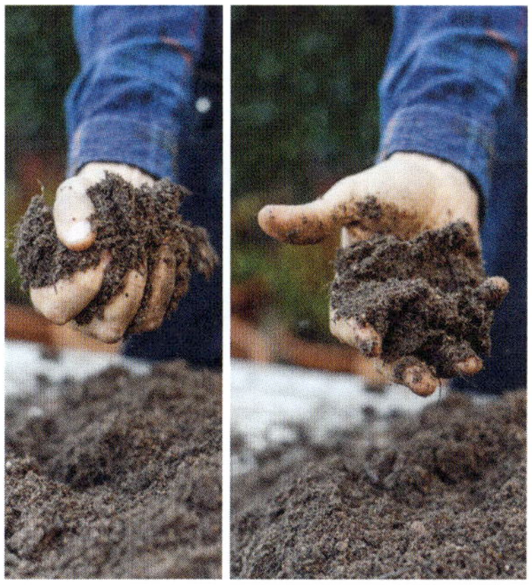

3 Eine Handvoll der Mischung nehmen und zusammenpressen, um die Konsistenz zu prüfen. Evtl. nachbessern.

PFLANZGEFÄSSE

Töpfe haben einen großen Vorteil: Neue Pflanzen lassen sich damit erst einmal ausprobieren, bevor man sie in den Garten umsiedelt. Ich setze gern viele verschiedene Einzelpflanzen in Töpfe. So kann ich im Lauf der Saison immer neue Kombinationen testen.

SIE BRAUCHEN

- selbst gemischtes Substrat (3 Teile Gartenboden, 5 Teile torffreie Pflanzerde, 2 Teile Gartensand)
- Tontöpfe/-gefäße
- Pflanzen
- Mulch, z. B. Gartenkies oder Rinde

Werkzeug

- Handschaufel
- Erdschaufel
- Gartensieb (zum Heraussieben großer Klumpen)
- Gießkanne/Gartenschlauch

Ich verwende ein selbst gemischtes, torffreies Substrat mit Gartenerde als Basis. Es ist relativ schwer, was den Vorteil hat, dass die Gefäße stabil stehen. Zudem wachsen die Gewächse beim Umsiedeln ins Freiland ausnahmslos leichter ein. Je nach Pflanze gebe ich Laubhumus zur Verbesserung der Wasserspeicherfähigkeit oder Kies zur Erhöhung der Durchlässigkeit hinzu. Bei der Wahl der Pflanzen für ein bestimmtes Gefäß berücksichtige ich vertikale und horizontale Linien, Formen und Umrisse, Farbe, Texturen, Bewegung, Geräusche und Düfte. Legen Sie sich einen Vorrat an Töpfen mit unterschiedlichen Formen zu, aber verwenden Sie nicht zu viele Materialien. Ich finde, mit Ton fährt man immer gut.

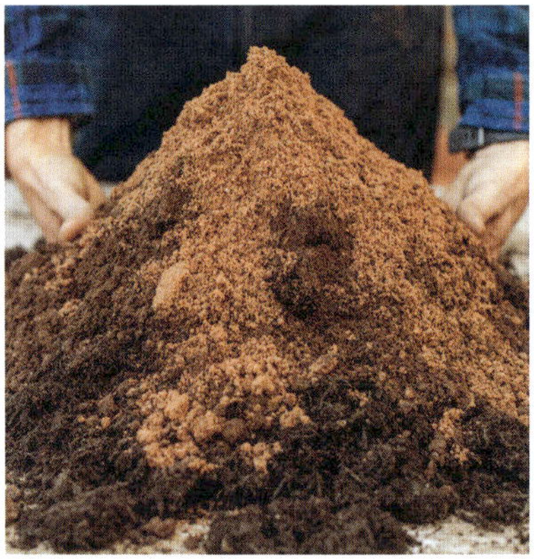

1 Auf einer sauberen Arbeitsfläche die jeweiligen Substratanteile abmessen und mit der Hand mischen.

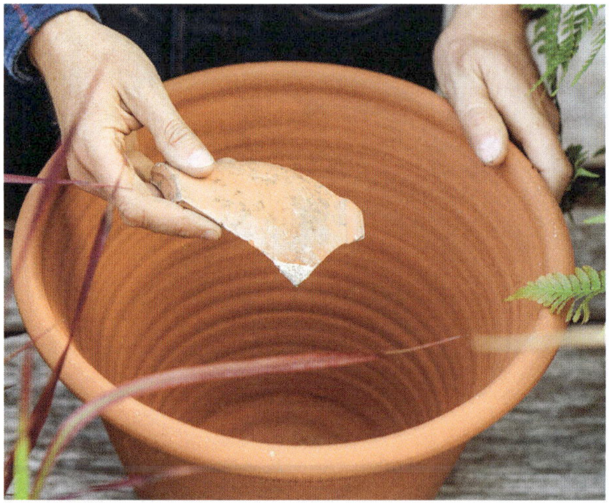

2 Wenn das Gefäß ein großes Abzugsloch hat, kann man ein paar Tonscherben oder feinen Maschendraht darüberlegen, damit das Substrat nicht herausgeschwemmt wird.

3 Substratmischung in den Topf füllen. Das Mischungsverhältnis evtl. etwas an die Pflanze anpassen. Zunächst nur so viel Erde einfüllen, dass der Ballen der Pflanze darauf so positioniert werden kann, dass der Wurzelansatz der Pflanze sich noch ein kleines Stück unterhalb des Topfrands befindet.

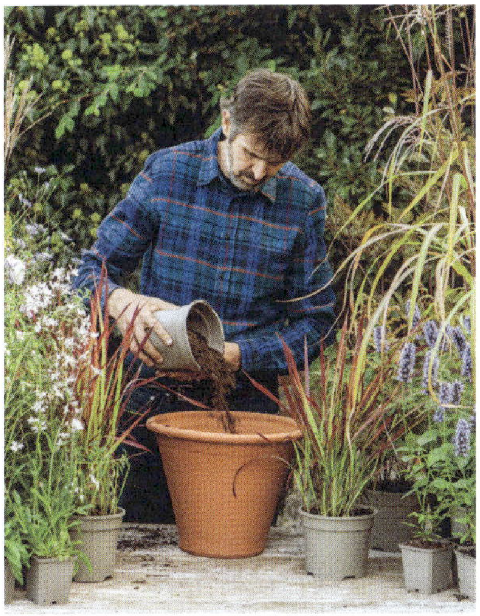

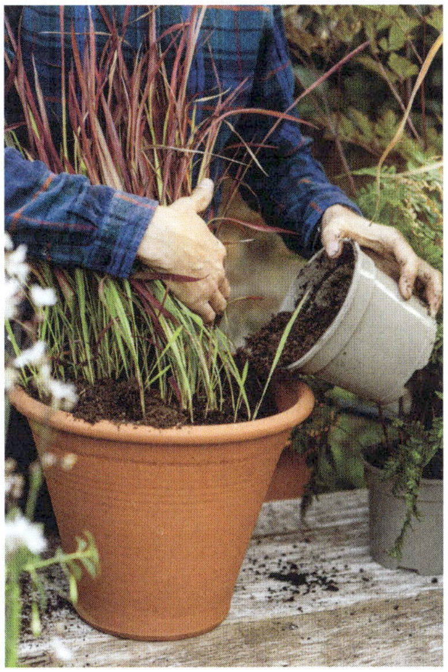

6 Um den Ballen herum mehr Substratmischung einfüllen und leicht andrücken, um eventuelle Lufteinschlüsse herauszupressen.

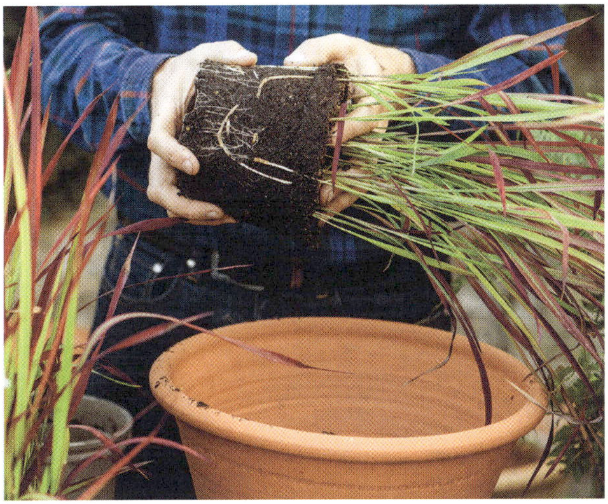

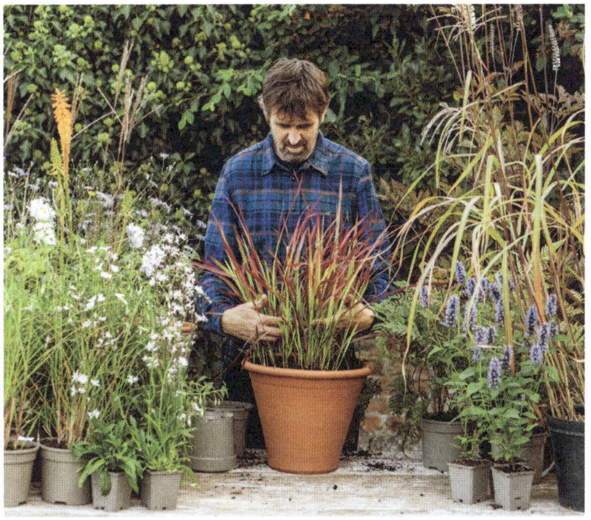

4 Pflanze aus dem alten Topf nehmen und den Ballen lockern, falls er stark durchwurzelt ist. Hier pflanze ich das auffällige Japanische Blutgras (*Imperata cylindrica* 'Rubra').

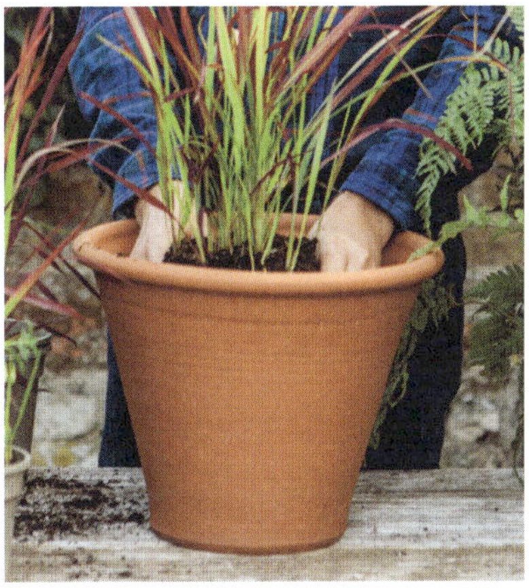

5 Den Pflanzenballen in die Topfmitte stellen.

7 Auf der Substratoberfläche eine Mulchschicht verteilen, etwa Gartenkies oder Rindenmulch. Das verringert den Feuchtigkeitsverlust durch Verdunsten, unterdrückt Unkraut und sieht gut aus. Zum Schluss den Topf an seinen endgültigen Platz zwischen die anderen Pflanzen des Arrangements stellen und gut wässern.

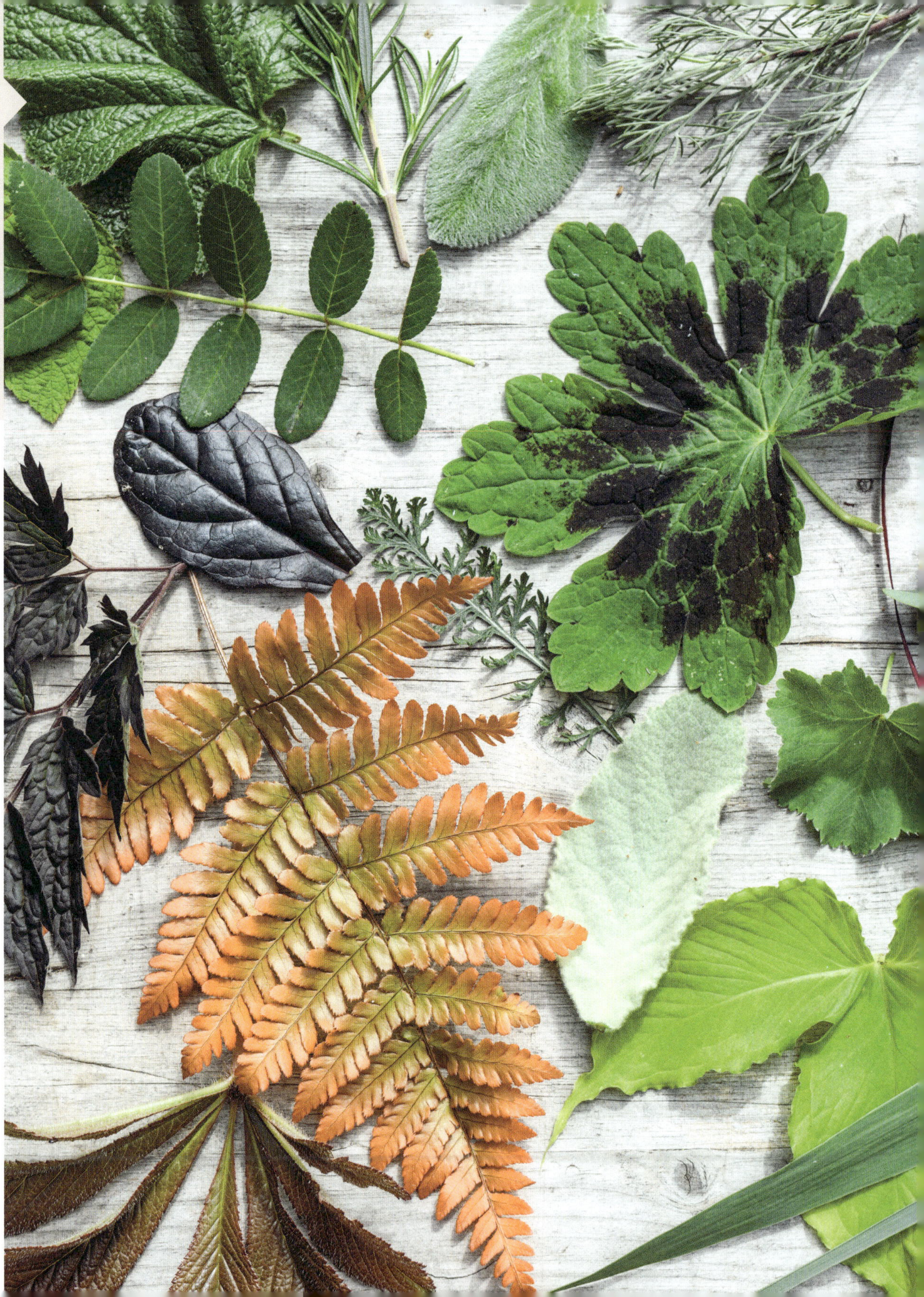

FARBE, TEXTUR UND FORM

Ich möchte Sie darin bestärken, beim Gestalten mit Pflanzen zu lernen, zu experimentieren und sich generell die Freiheit zu nehmen, kreativ das umzusetzen, was Ihnen vorschwebt, ohne mit der Herde zu laufen. Wir haben alle unseren eigenen Geschmack und das ist auch gut so.

Sie sollten nicht nur Arten pflanzen, die ins Auge fallen, sondern sich auch überlegen, wie sie in der Gruppe harmonieren, wie horizontale und vertikale Linien im Zusammenspiel wirken und welchen Beitrag Farben und Texturen leisten. Es ist ein großer Vorteil von Pflanzen in Einzeltöpfen, wie hier in diesem Buch favorisiert, dass man nach Belieben experimentieren und kombinieren und dabei einzelne Gewächse hinzufügen oder entfernen kann. So finden Sie Ihren eigenen Stil und kreieren Pflanzenarrangements, die viel Freude machen, ganz gleich, ob Sie blutiger Anfänger oder erfahrener Hobbygärtner sind.

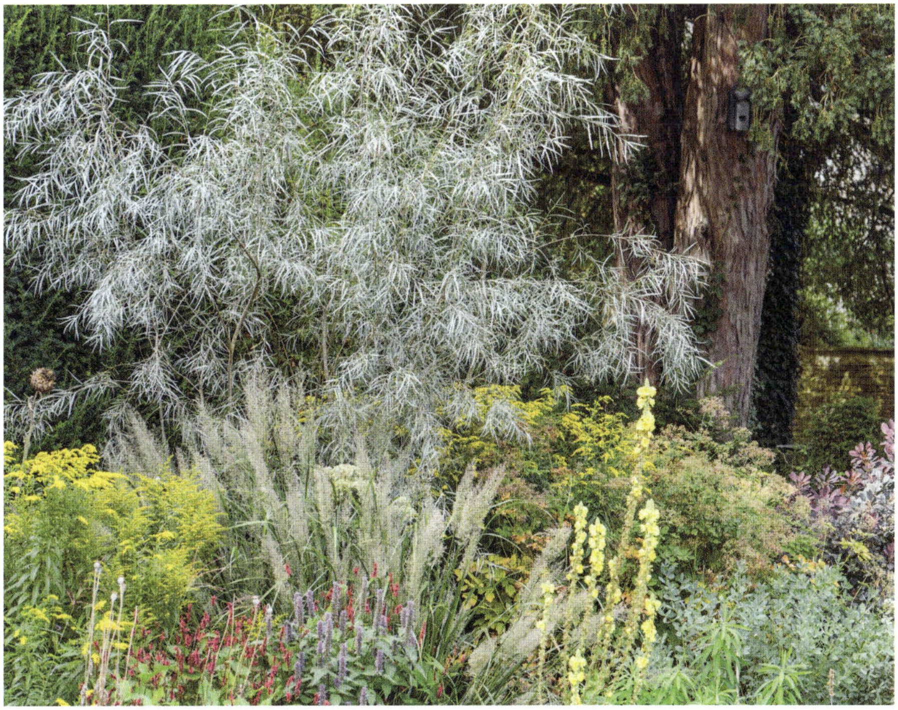

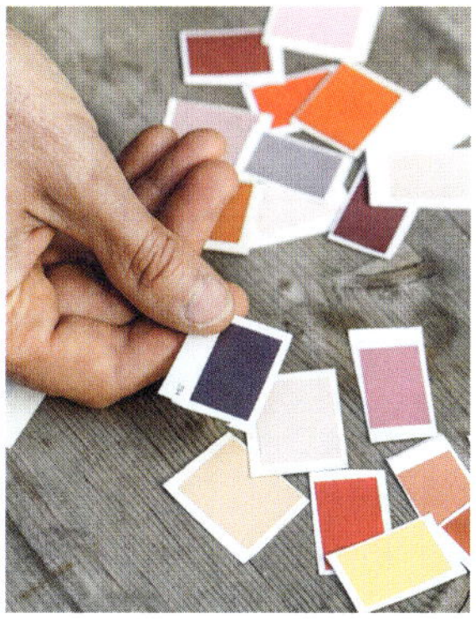

Wenn Sie mit Farbe experimentieren möchten, sollten Sie sich Farbtafeln anschaffen (oben). So bekommen Sie allmählich ein Gefühl dafür, was harmoniert. Betrachtet man Pflanzungen als Kombination aus Formen, Texturen und Farben (links), beginnt man zu verstehen, wie sie zusammenwirken. Sie können Ihre Pflanzung mit zahlreichen Blattformen bereichern (gegenüber).

TOPFWÄLDCHEN

In diesem Pflanzgefäß stehen Texturen, Pflanzen- sowie Laubformen und ihr Zusammenspiel im Mittelpunkt. Die Scheinakelei (*Semiaquilegia*) setzt inmitten der frischen Grüntöne Farbakzente, doch bleibt das Arrangement auch dann noch interessant, wenn nichts mehr blüht.

SIE BRAUCHEN

- verzinktes Pflanzgefäß
- Substrat für Waldpflanzen: Ich habe es aus 2 Teilen Universalerde, 1 Teil Oberboden, 1 Teil Rindenhumus und ½ Teil Gartenkies gemixt
- Erdschaufel
- Gießkanne/Gartenschlauch

Pflanzen

- *Epimedium* 'Amber Queen'
- *Dryopteris stewartii*
- *Semiaquilegia ecalcarata*
- *Thalictrum* 'Purple Marble'
- *Polystichum setiferum*
- *Dryopteris sieboldii*

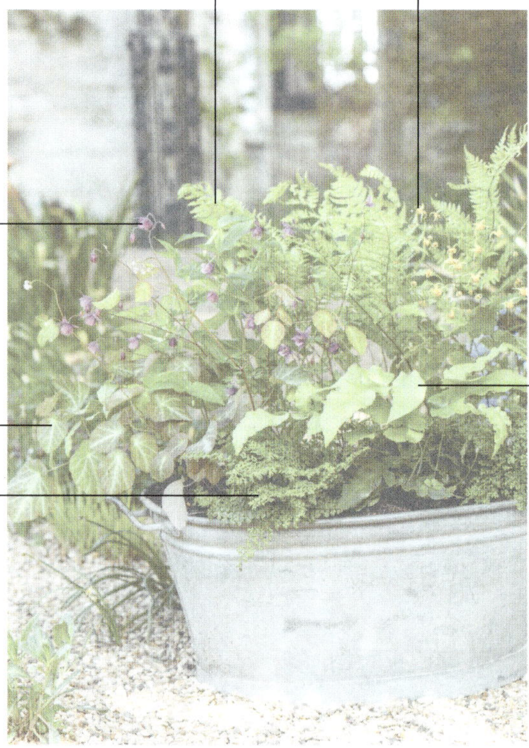

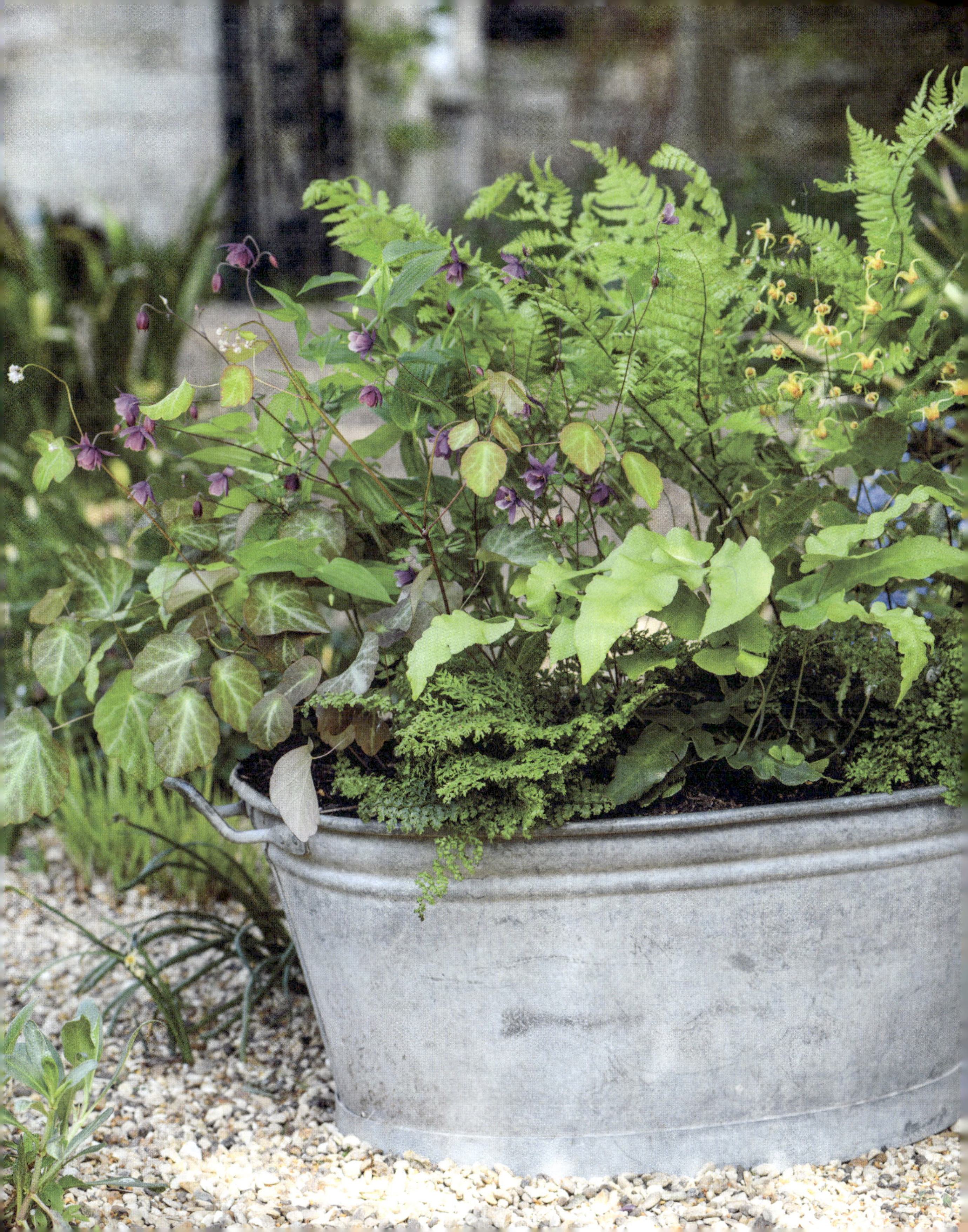

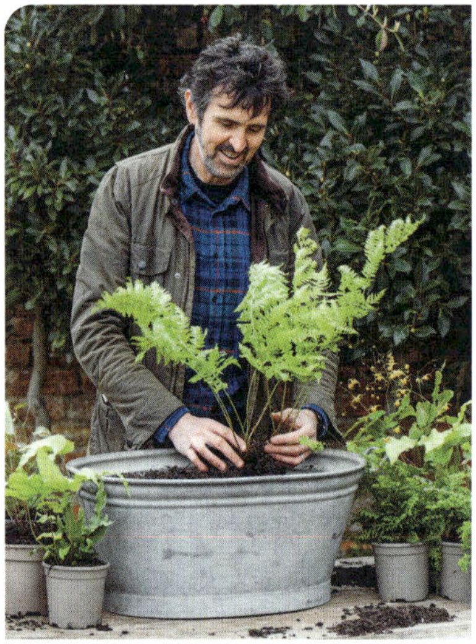

1 Als Erstes pflanze ich die Leitpflanze. An ihr werden alle weiteren Gewächse ausgerichtet. In meinem Topfwäldchen ist die Leitpflanze ein Farn. Farne sind sehr vielseitig und bringen interessante Texturen ins Spiel.

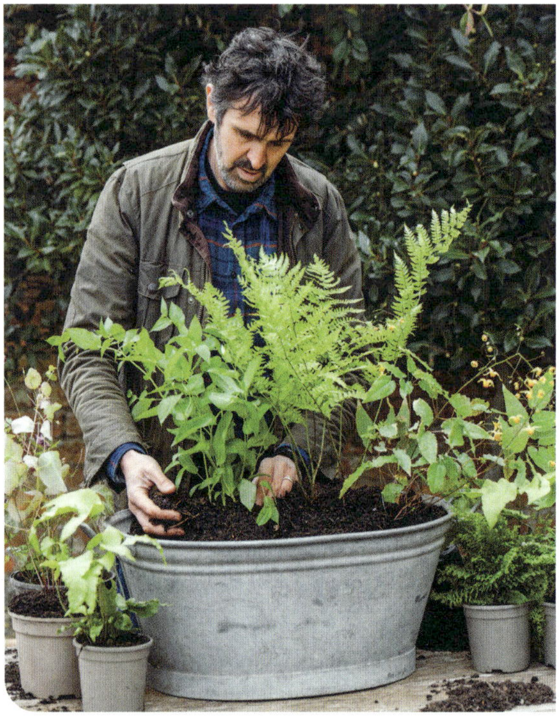

2 Als Nächstes denke ich über Blattformen nach und suche nach einem guten Kontrast zu meiner Leitpflanze. Hier pflanze ich die Kulisse für die restlichen Gewächse. Die Erde wird nach und nach auf die Wurzeln gestreut.

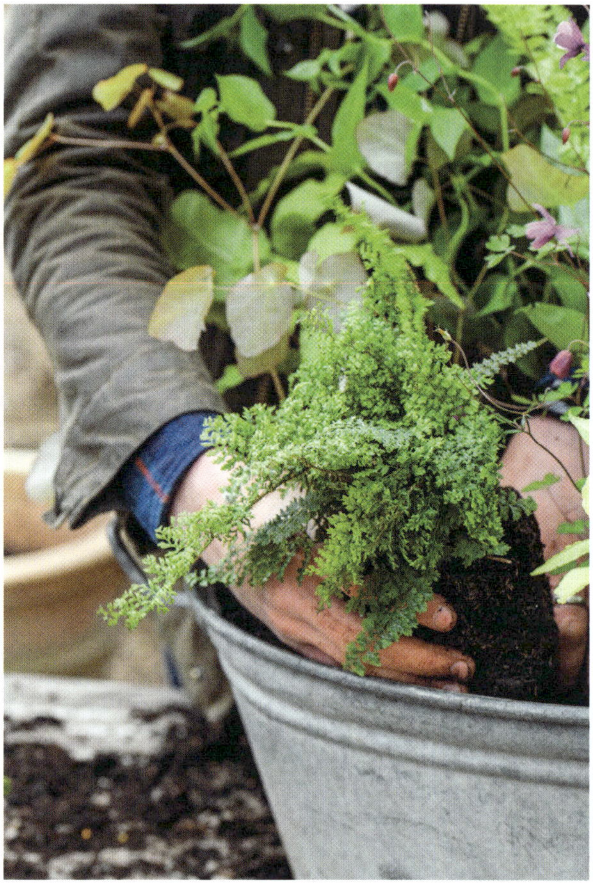

3 Steht die Kulisse, arbeitet man sich zuerst von einer, dann von der anderen Seite zum vorderen Rand vor. Sehen Sie sich das Arrangement immer wieder von vorne an. Versuchen Sie eine optische Verbindung zwischen allen Pflanzen im ganzen Gefäß zu schaffen, damit ein Rhythmus entsteht und das Auge gelenkt wird.

4 Sobald alle Pflanzen ihren Platz haben, überprüfen Sie, ob sie fest in der Erde sitzen. Dazu gehen Sie das Gefäß noch einmal durch und füllen Substrat nach, wo es nötig ist. Drücken Sie die Erde um die Pflanzen herum leicht an. Beim ersten Wässern setzt sich die Erde und die Wurzeln werden von ihr umschlossen.

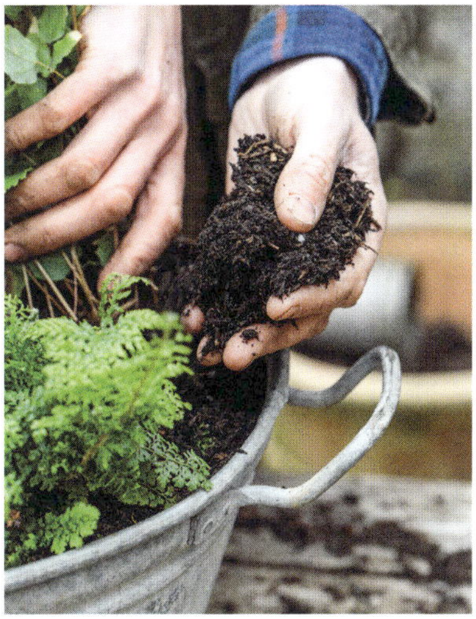

» Im Gegensatz zu den anderen Topfarrangements wollte ich mit der Pflanzung in dieser Schüssel nur einen besonderen Augenblick, eine bestimmte Emotion vermitteln. «

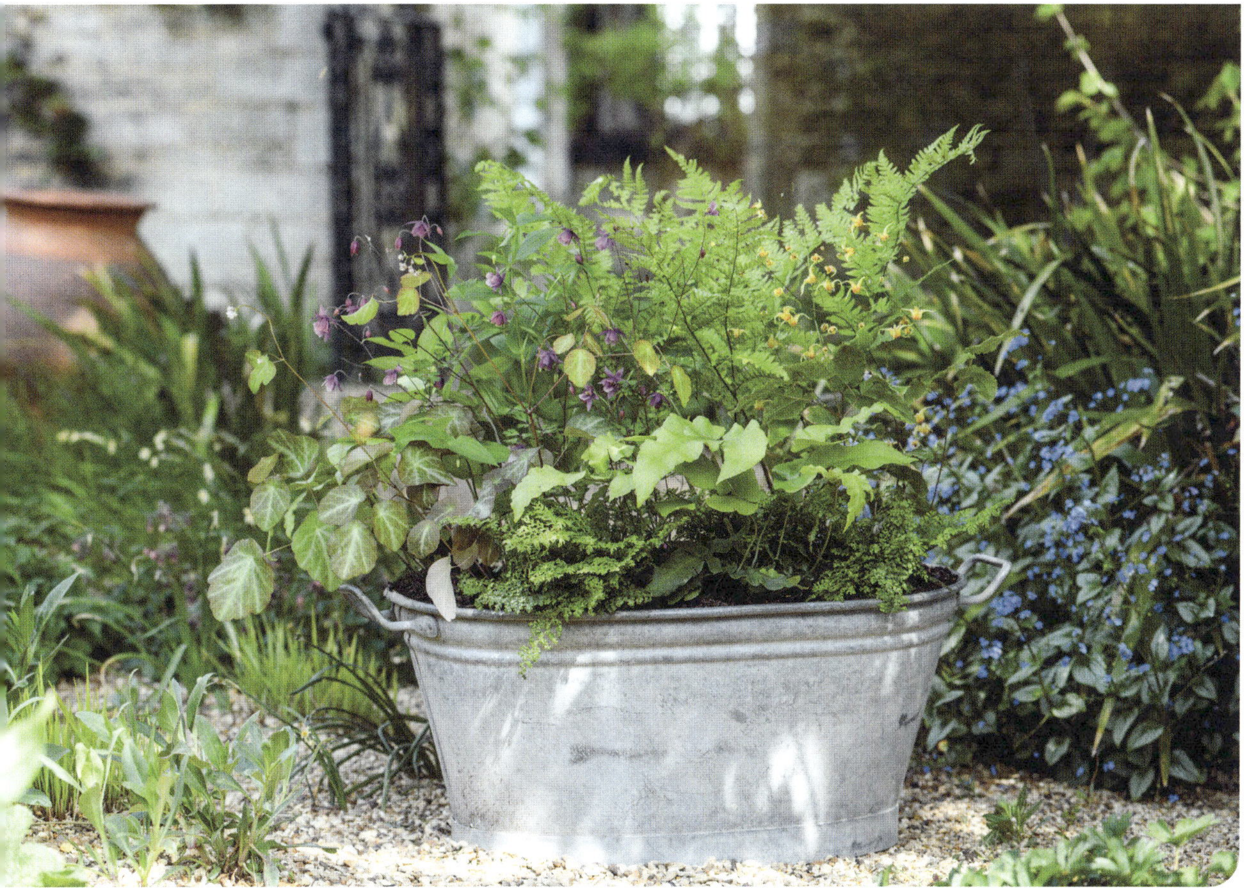

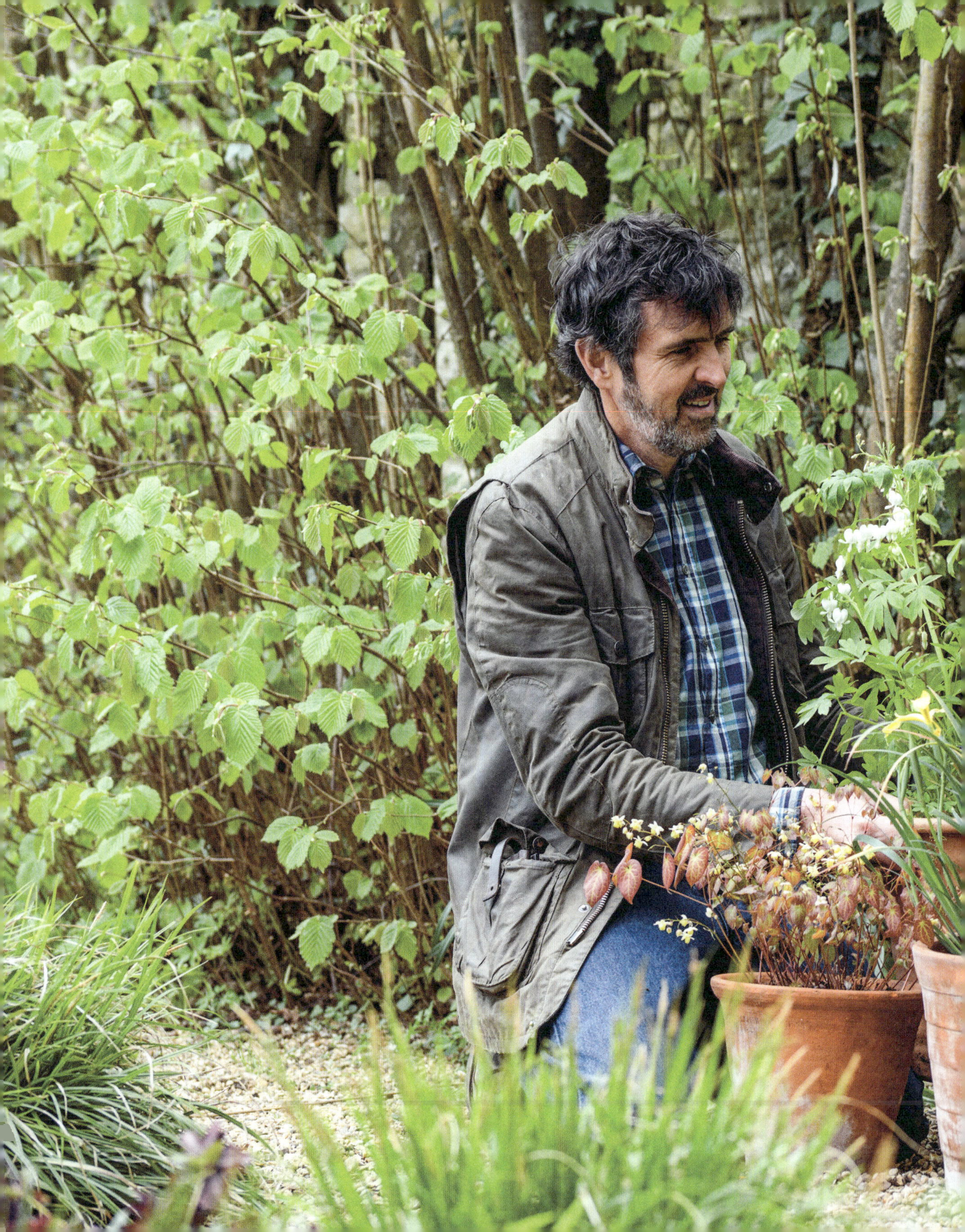

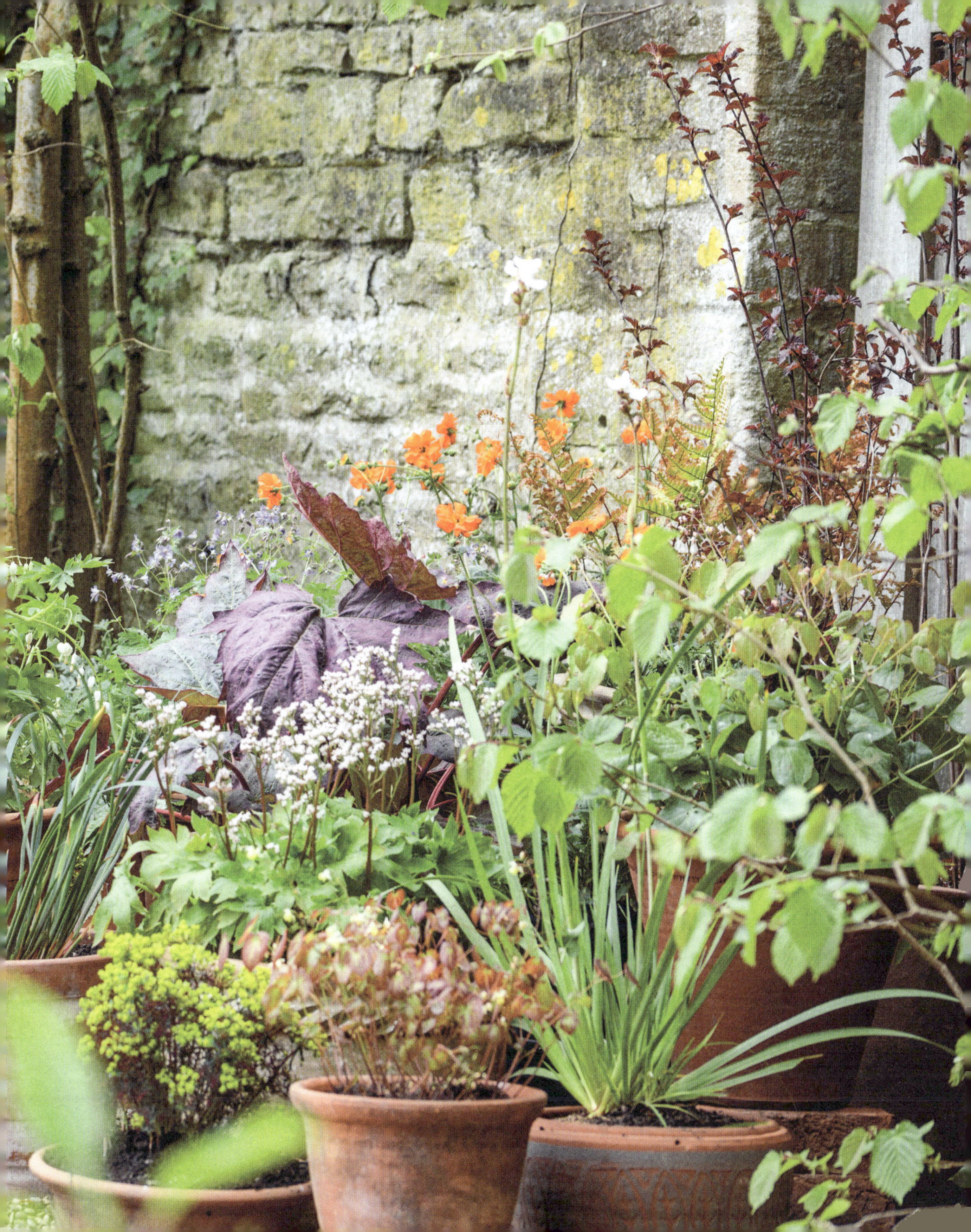

FRÜHLINGS-ARRANGEMENT

Die kräftigen, auffallenden Farben dieser Topfgruppe habe ich gewählt, weil sie vor dem Hintergrund der alten Steinmauer mit Holztür gut zur Geltung kommen. Die Szenerie fällt ins Auge, weshalb man unwillkürlich stehen bleibt und sie genauer betrachtet.

SIE BRAUCHEN

- Töpfe
- torffreie Substrate
- Erdschaufel
- Gießkanne/Gartenschlauch

Pflanzen

- *Epimedium pubigerum*
- *Physocarpus opulifolius* 'Lady in Red'
- *Rheum palmatum* 'Atrosanguineum'
- *Dryopteris erythrosora*
- *Geum* 'Prinses Juliana'
- *Geranium phaeum* 'Lilacina'
- *Lamprocapnos spectabilis* 'Alba'
- *Epimedium × versicolor* 'Sulphureum'
- *Iris* Californicae-Serie (Pacific-Coast-Hybride)
- *Mukdenia rossii* 'Karasuba'
- *Euphorbia cyparissias* 'Fens Ruby'
- *Libertia chilensis*

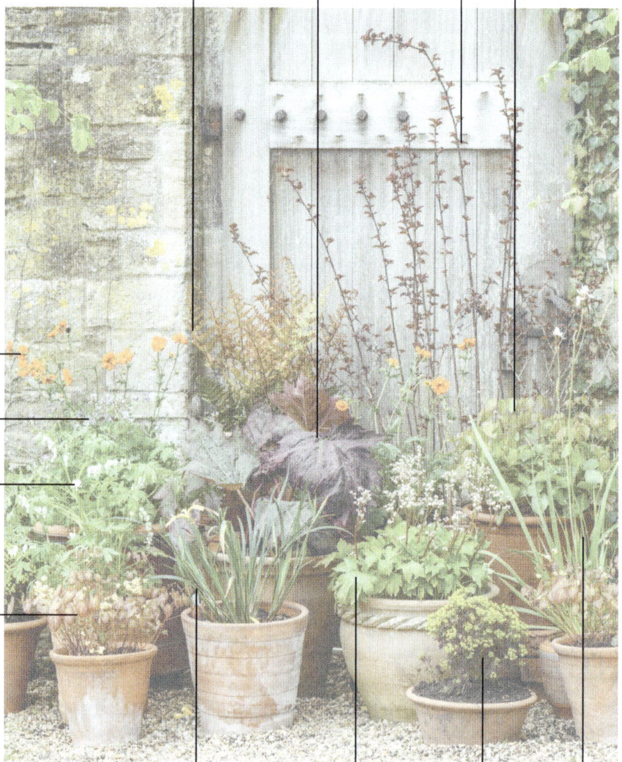

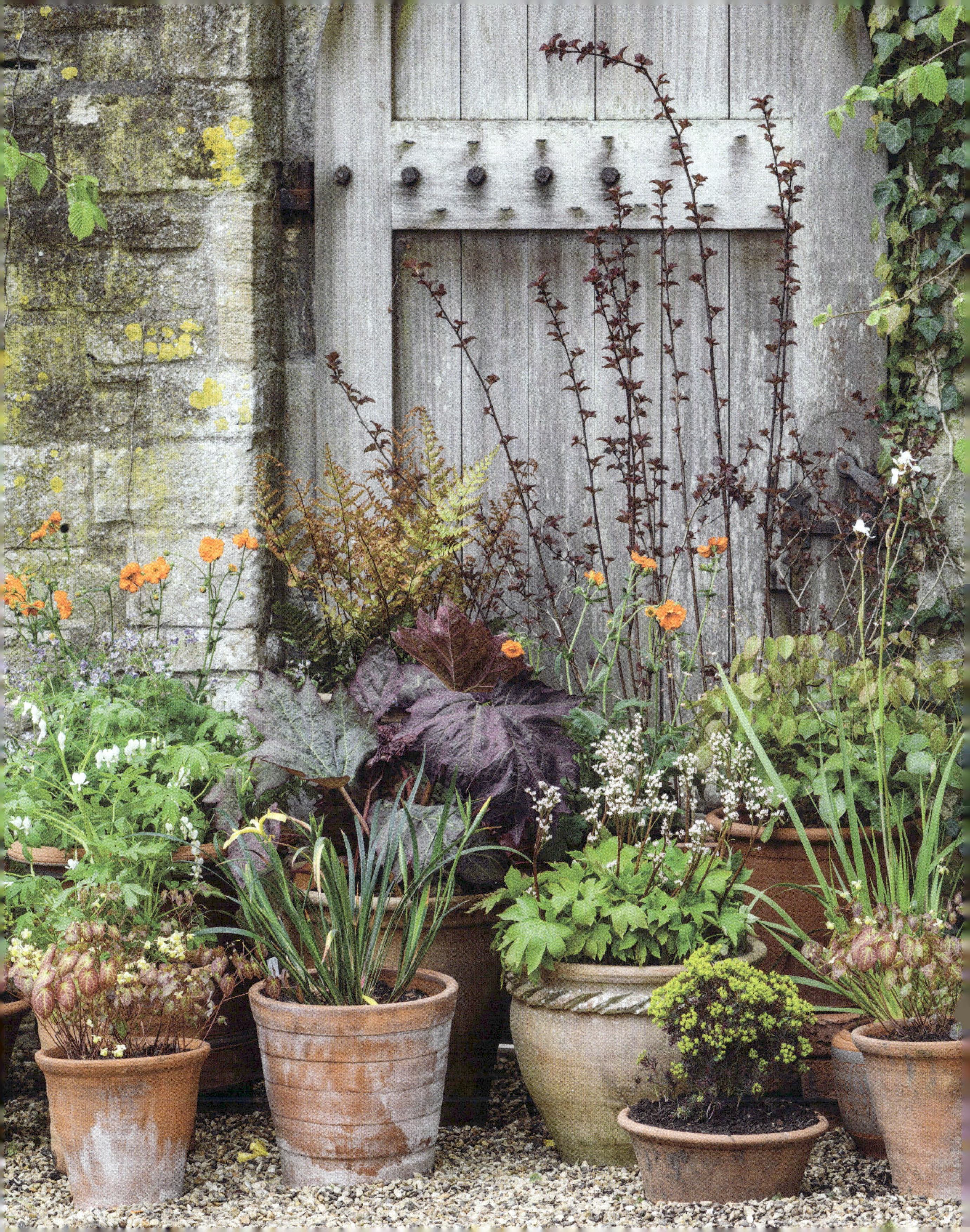

Beim Zusammenstellen dieser Gruppe für den Spätfrühling habe ich zuerst die dunklen Pflanzen – also *Rheum*, dann *Physocarpus* und schließlich den *Dryopteris*-Farn – als optische Anker platziert. Erst danach kamen die übrigen Gewächse dazu, um einen weicheren Gesamteindruck zu erreichen und die dunklen Farben mit hellen aufzulockern. Machen Sie sich Gedanken über die Hierarchie der Pflanzen und überlegen Sie, wie der Blick wandert. Dann können Sie die Pflanzung entsprechend gliedern.

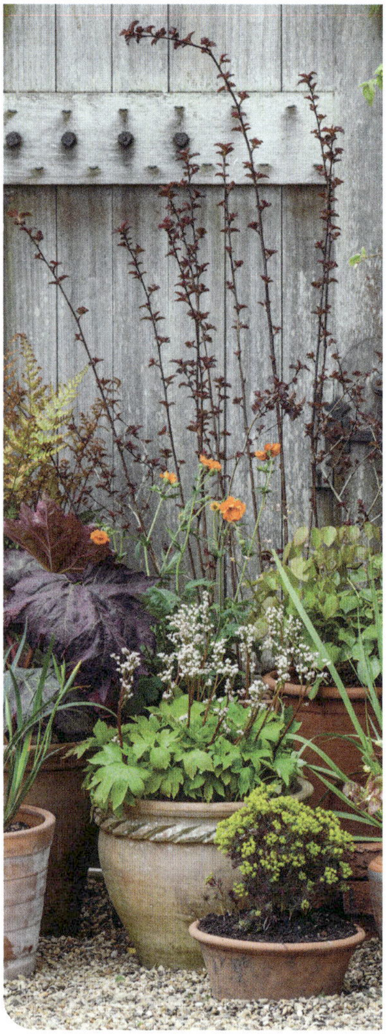

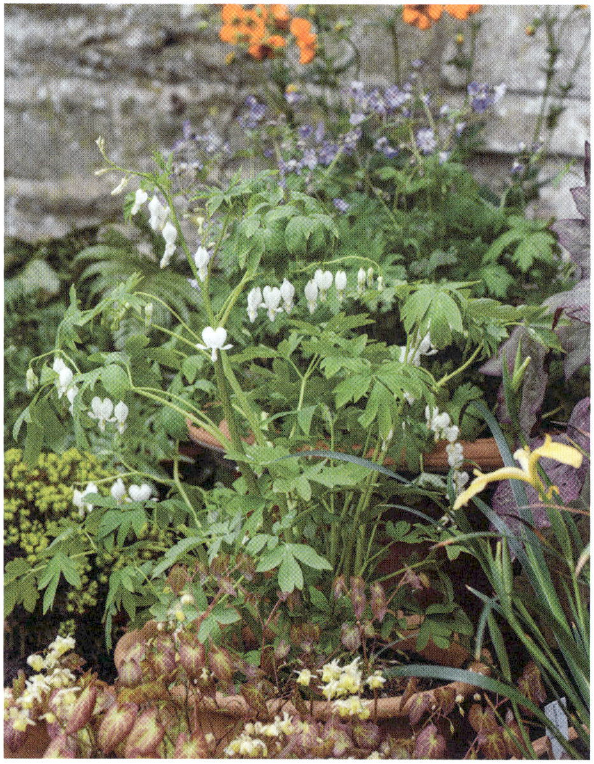

Das dunkle Laub von *Rheum* und *Physocarpus* (links) hebt das kräftige Orange der Nelkenwurz (*Geum*) hervor. Dagegen lenken die weißen, herzförmigen Blüten des Tränenden Herzens (*Lamprocapnos spectabilis* 'Alba', oben) den Blick und werten die dunkleren Pflanzen auf.

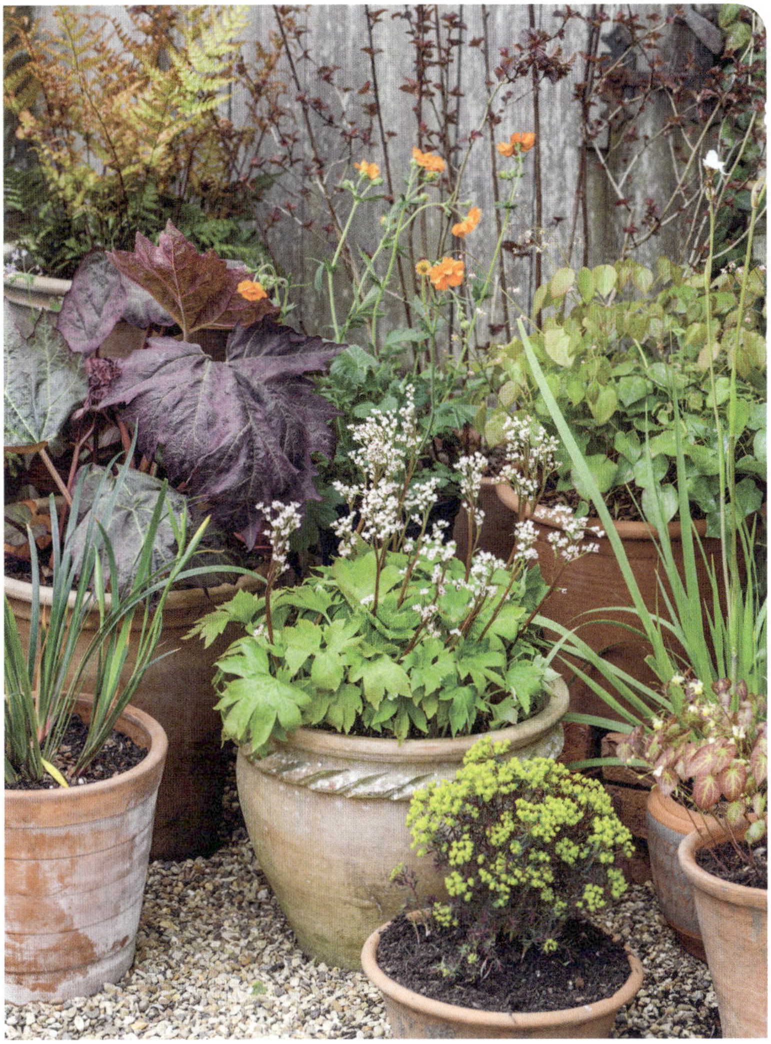

Kombiniert man Tontöpfe verschiedener Größen, Stile und Oberflächenstrukturen (links und unten), konzentriert sich das Auge eher auf die Pflanzen und die Interaktion der verschiedenen Farben, Formen und Texturen.

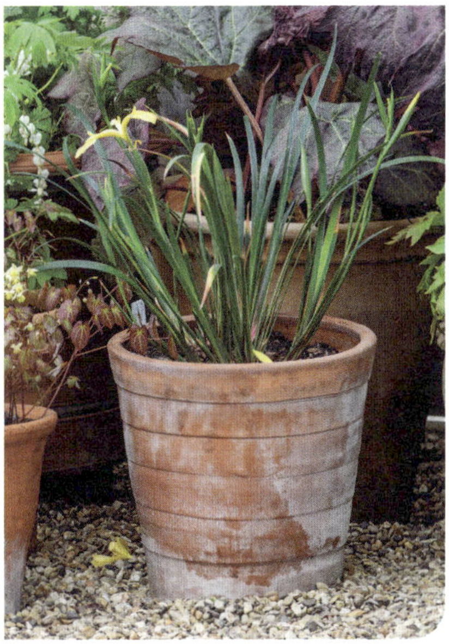

Diese Gruppe spielt mit den etwas satteren, wärmeren Farben des Frühlings anstelle der sonst üblichen blauen, weißen und smaragdgrünen Töne.

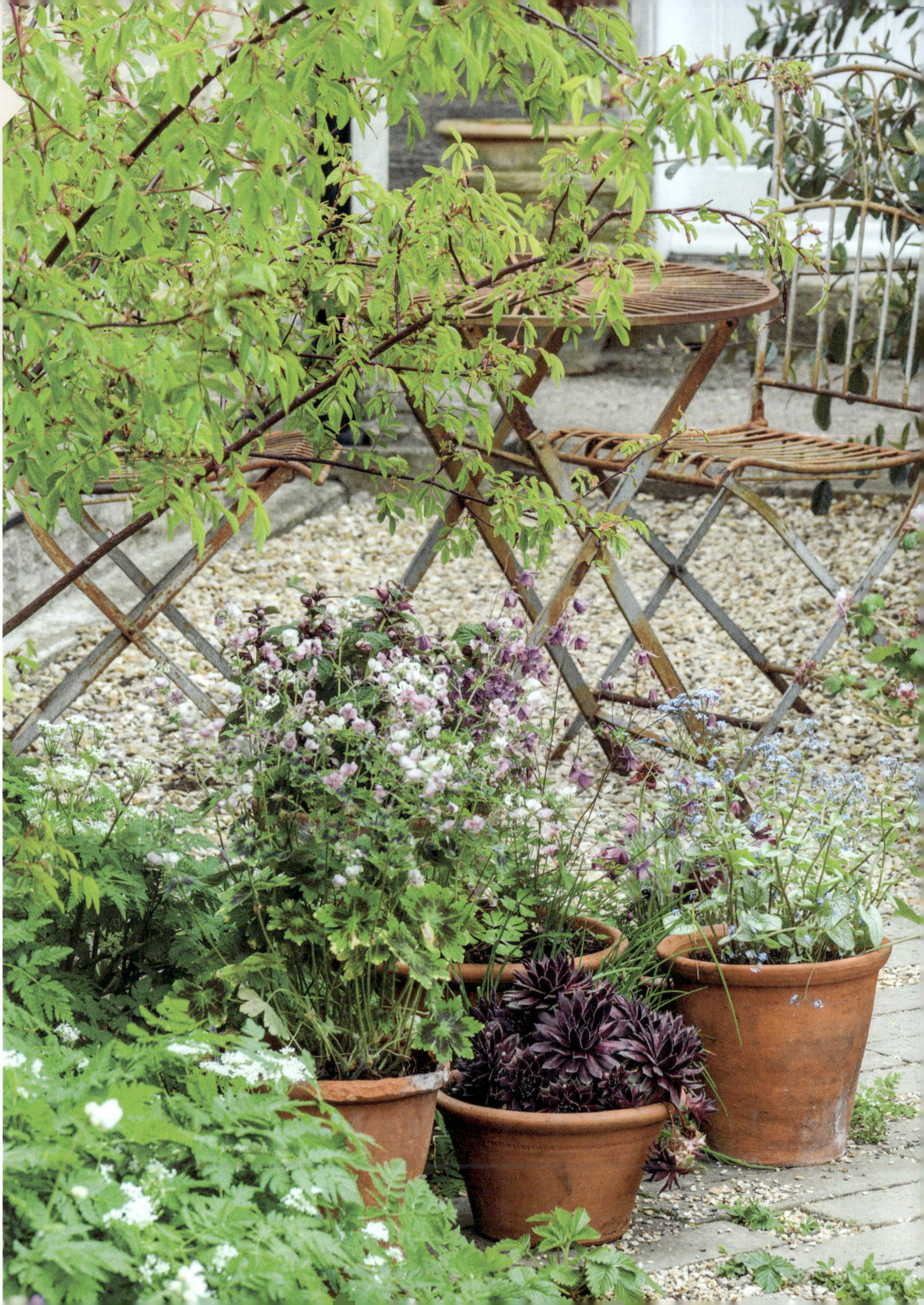

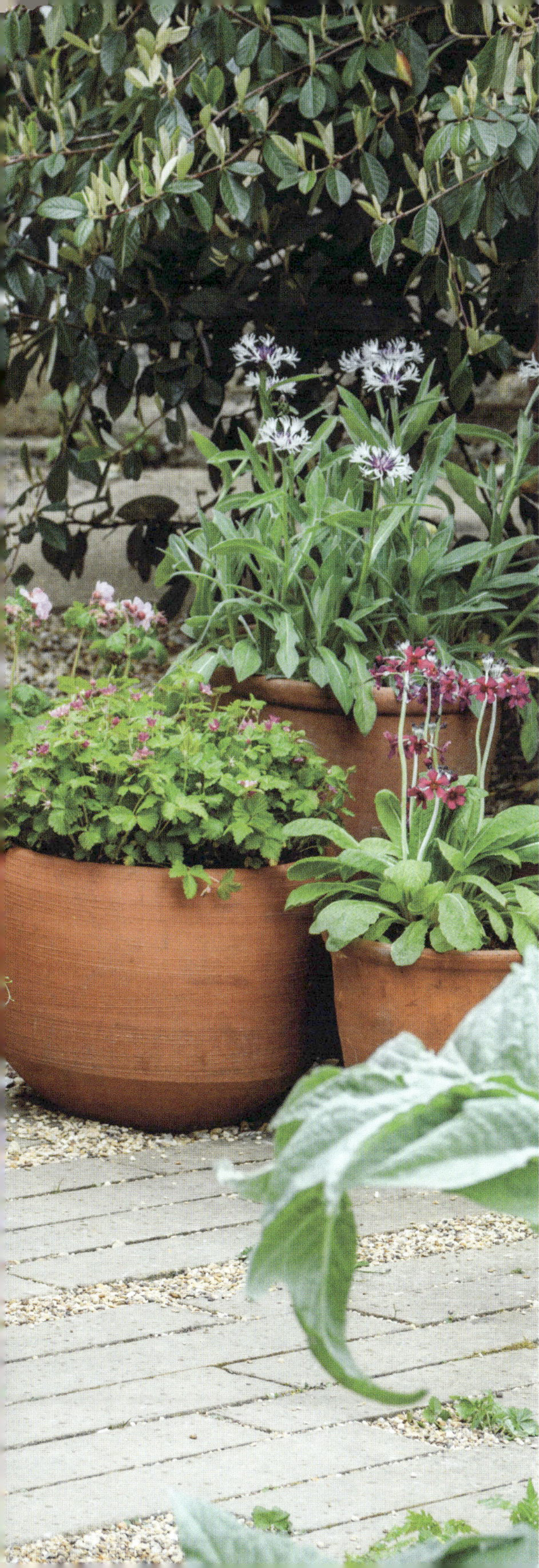

TÖPFE FÜR SONNIGE PLÄTZE

Ich habe diese Töpfe so arrangiert, dass sie den Sitzbereich einrahmen und zum Verweilen einladen. Wenn man neben ihnen sitzt und auf die Pflanzen hinuntersieht, entdeckt man viele interessante Farben und Formen.

SIE BRAUCHEN

- Töpfe
- torffreie Substratmischungen
- Erdschaufel
- Gießkanne/Gartenschlauch

Pflanzen

- *Lamium orvala*
- *Semiaquilegia ecalcarata*
- *Geranium phaeum* 'Misty Samobor'
- *Sempervivum* 'Pacific Purple Shadows'
- *Brunnera macrophylla* 'Jack Frost'
- *Primula pulverulenta*
- *Rubus arcticus*
- *Centaurea montana* 'Purple Heart'

PASSEND ZUM AMBIENTE

Dieses Arrangement habe ich so komponiert, dass es im Frühjahr gut aussieht. Allerdings ist kein Pflanzgefäß allzu schwer, weshalb man es problemlos herausnehmen und ersetzen kann. Beim Gestalten mit Pflanzen geht es nicht nur darum, Arten zu verwenden, die Ihnen am besten gefallen. Die Pflanzen müssen auch zueinander und zum Ambiente passen. Hätte ich hier beispielsweise Exoten verwendet, hätte das seltsam ausgesehen und den Gesamteindruck ruiniert.

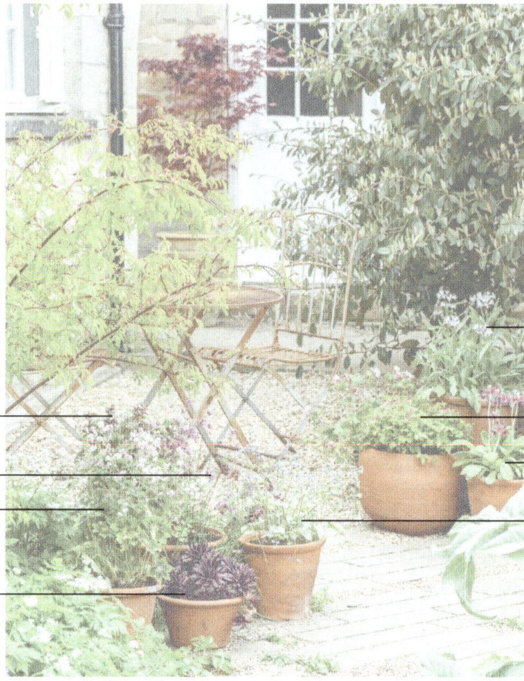

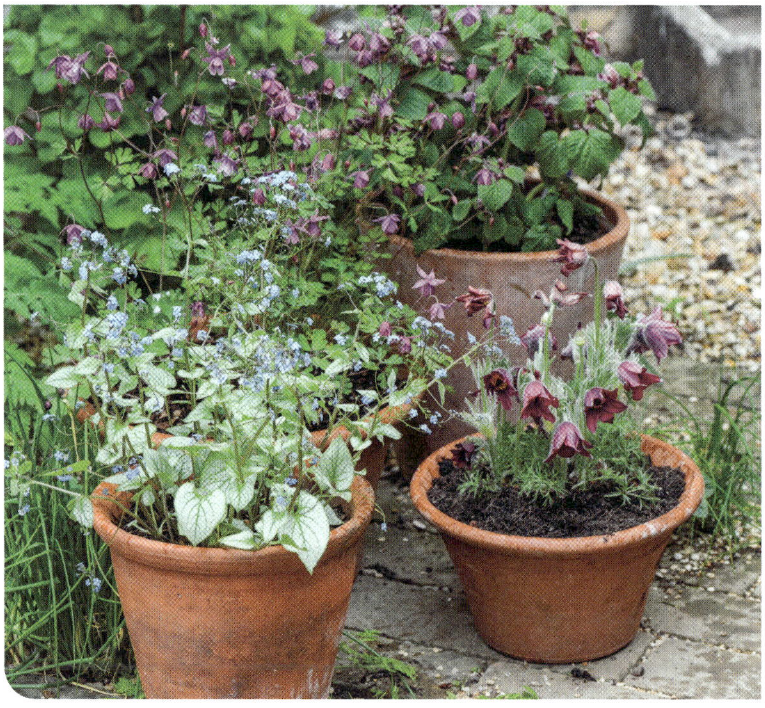

Die Anordnung der Pflanzen verleitet zum Innehalten. Ihr filigraner Wuchs, die feinen Details und satten Farben machen das Vorbeigehen zum Vergnügen.

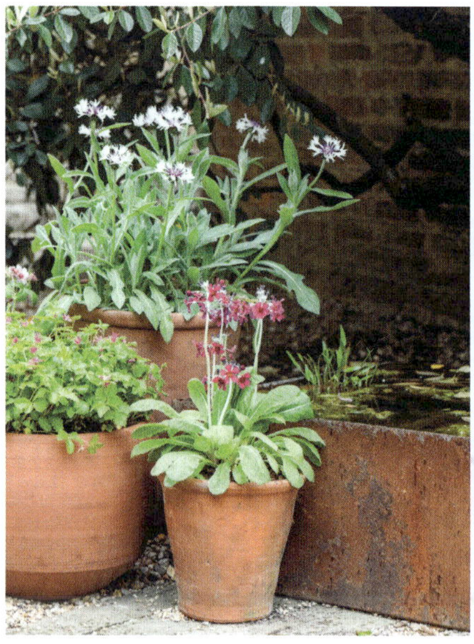

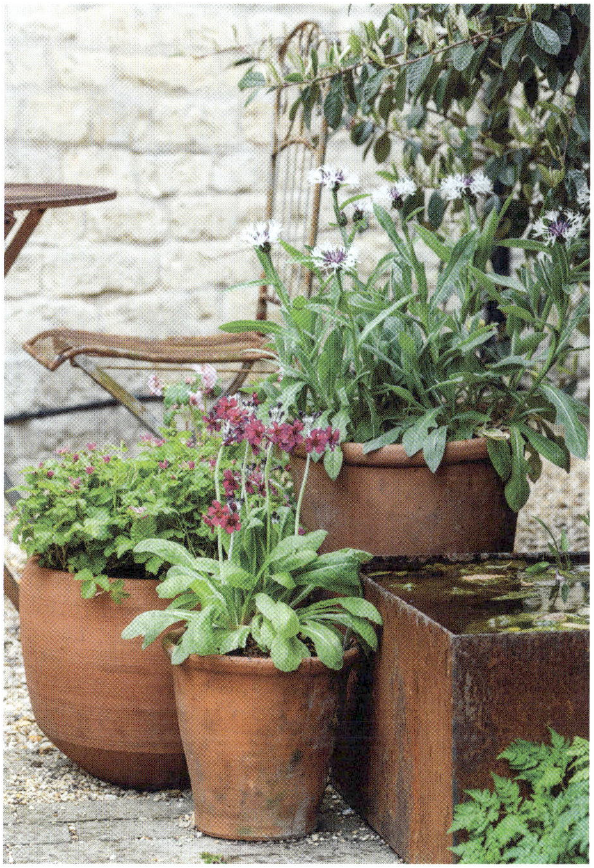

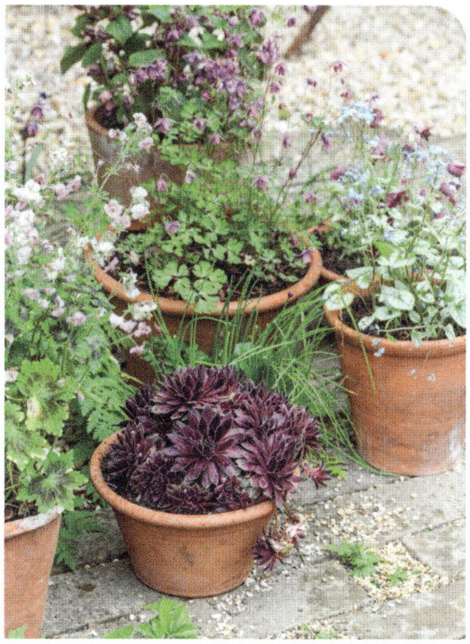

Die satte, dunkle Farbe der Hauswurz (*Sempervivum*) und das Weinrot von *Primula* sowie *Semiaquilegia* verbinden das Arrangement thematisch. Unterschiedliche Laubformen und Texturen wiederum sorgen für Abwechslung.

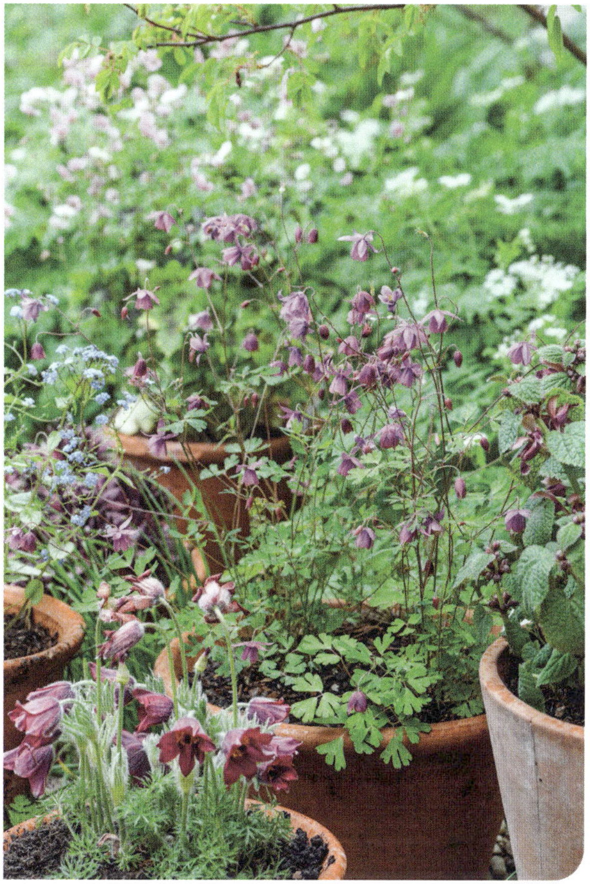

» Bei der Gestaltung des Arrangements sollte man immer auch überlegen, wie man damit eine Verbindung zum nächsten Gartenbereich knüpft. «

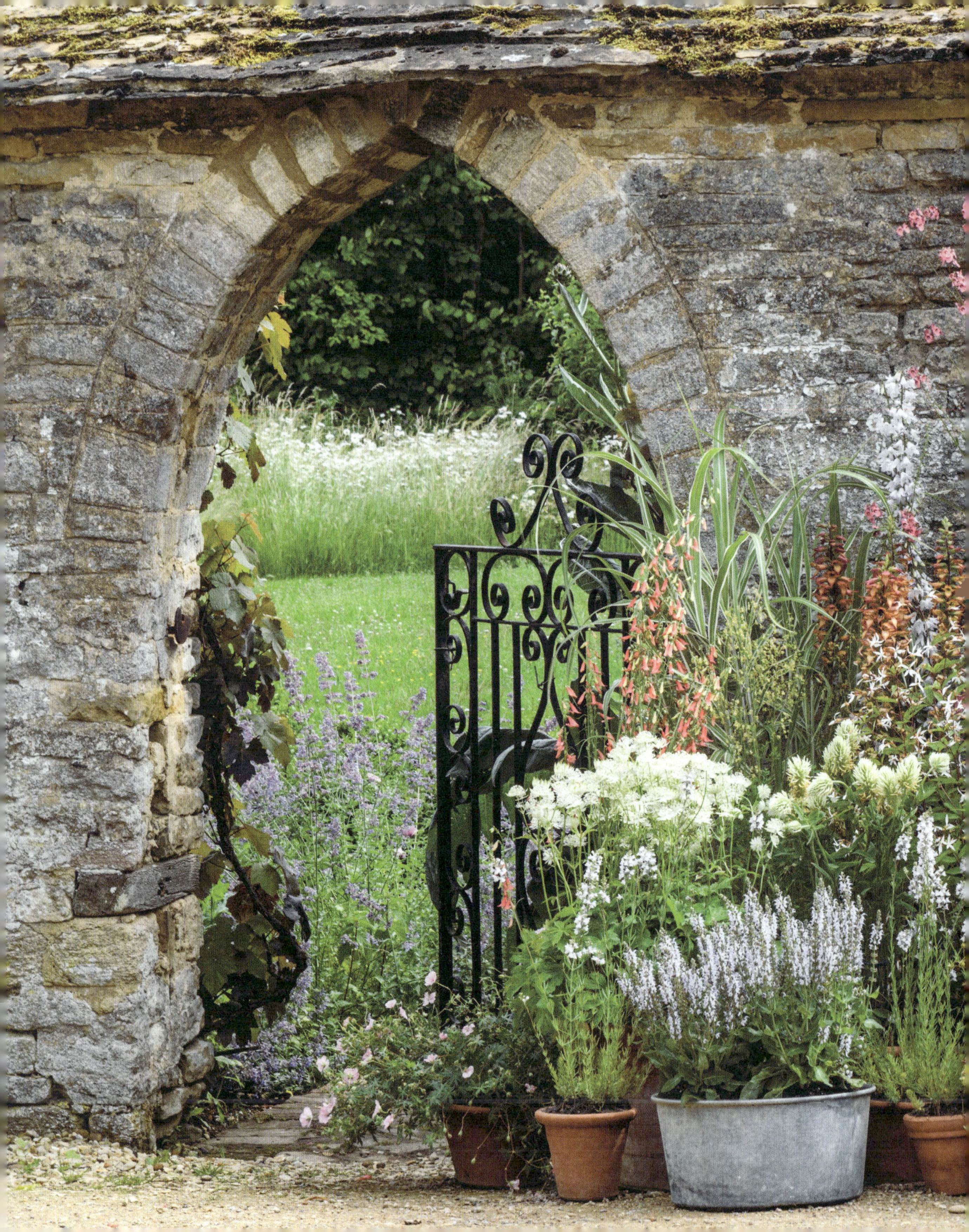

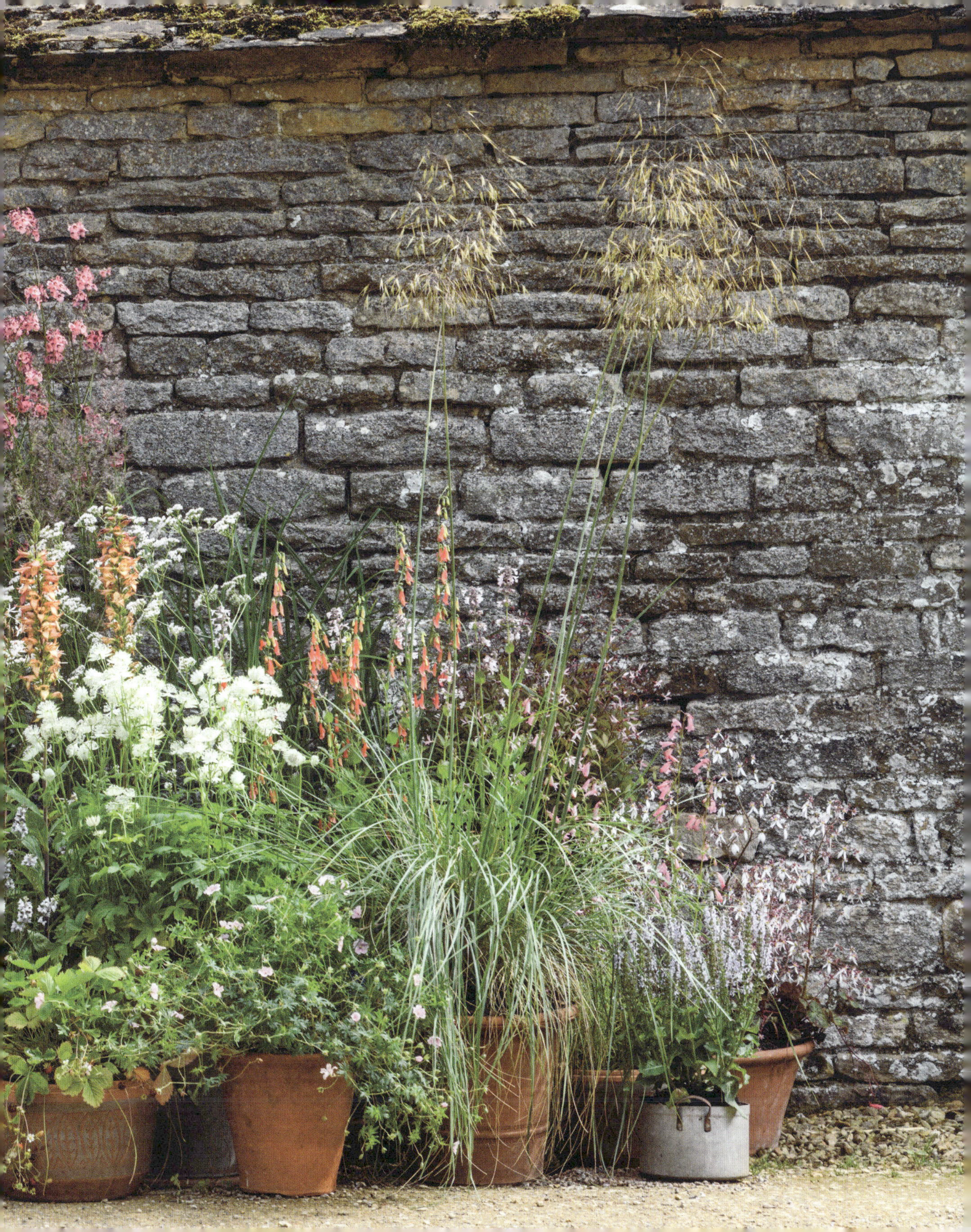

SOMMERTÖPFE

Diese Kombination aus Stauden und Gräsern macht im Hochsommer am meisten her. Die weiche Farbpalette und das sanfte Wiegen der Gräser und des Elfensporns (*Diascia*) verbreiten eine romantische Stimmung, die perfekt zur Umgebung passt.

SIE BRAUCHEN

- Töpfe
- torffreie Substratmischungen
- Erdschaufel
- Gießkanne/Gartenschlauch

Pflanzen

- *Gillenia trifoliata*
- *Adenophora pereskiifolia* 'White Blaze'
- *Miscanthus sinensis* var. *condensatus* 'Cosmopolitan'
- *Digitalis × valinii* 'Firebird'
- *Thalictrum minus* 'Adiantifolium'
- *Penstemon barbatus* 'Roseus'
- *Astrantia major* 'Alba'
- *Geranium sanguineum* var. *striatum*
- *Linaria × dominii* 'Carnforth'
- *Salvia nemorosa* 'Bumblesky'
- *Trifolium ochroleucon*
- *Fragaria vesca*
- *Diascia* 'Hopleys'
- *Valeriana sambucifolia*
- *Stipa gigantea*
- *Calamagrostis × acutiflora* 'Karl Foerster'
- *Penstemon* 'Hidcote Pink'
- *Saxifraga* 'Kinki Purple' (*stolonifera*)

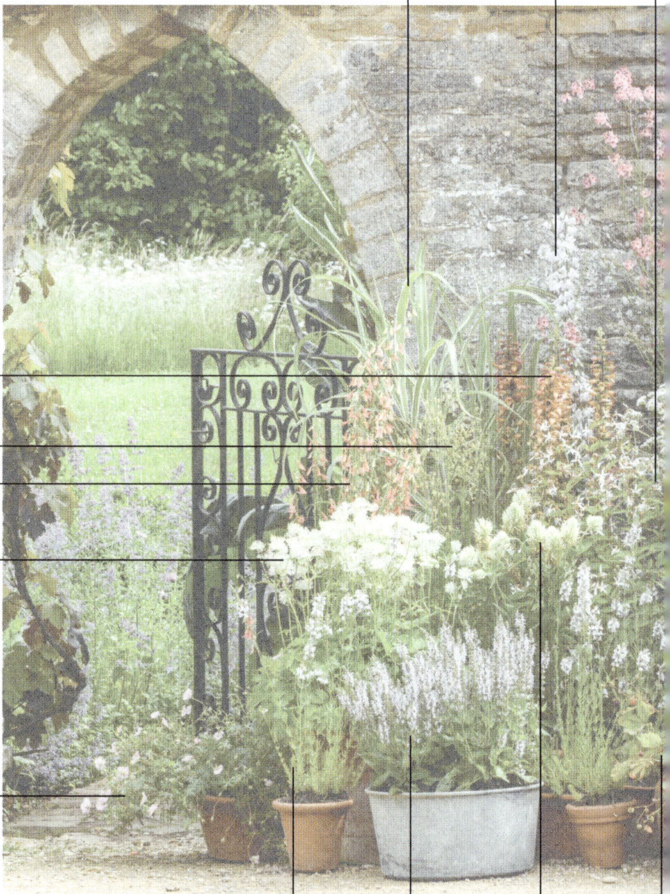

Ich habe diesen Mix aus Ton- und verzinkten Metalltöpfen neben einem Durchgang aufgestellt und Farben gewählt, die gut zum Kies und den Steinmauern, aber auch zu den Pflanzen auf der anderen Seite des Tores passen. Pflanzgefäße in der Nähe eines Durchgangs oder eines Ruhepunkts sorgen bei einem Rundgang durch den Garten für Vielfalt und Abwechslung. Gruppen wie diese kann man statt als Untermalung auch als eigenständigen Blickfang einsetzen – oder aufteilen und zu beiden Seiten eines Wegs platzieren.

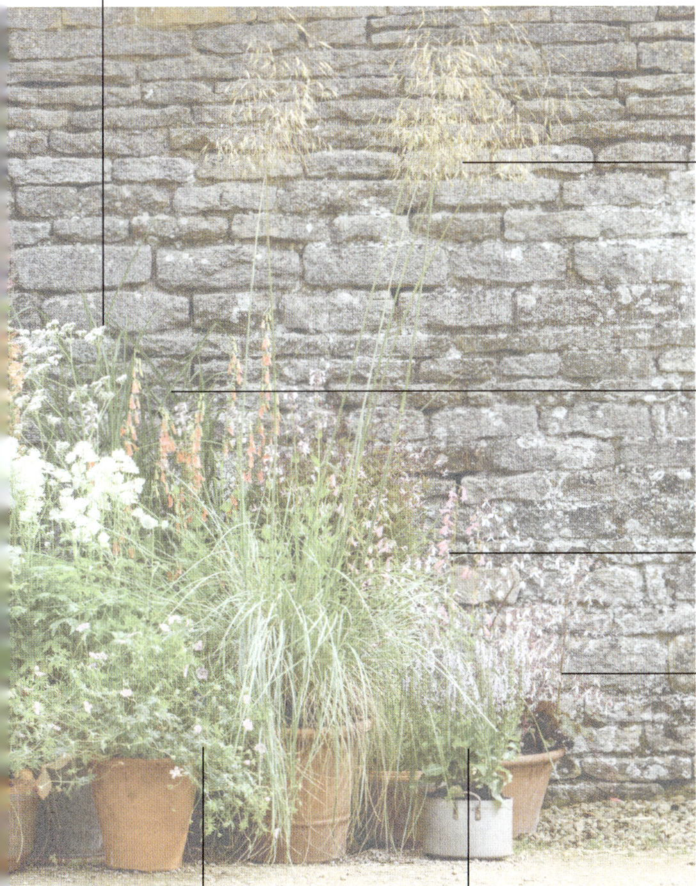

Diascia 'Hopleys'

Valeriana sambucifolia

Stipa gigantea

Calamagrostis x *acutiflora* 'Karl Foerster'

Penstemon 'Hidcote Pink'

Saxifraga 'Kinki Purple' (*stolonifera*)

Geranium sanguineum var. *striatum*

Salvia nemorosa 'Bumblesky'

Arrangements von Topfpflanzen haben einen großen Vorteil: Ist ein Gewächs nicht mehr schön, kann man es herausnehmen und ersetzen. So bleibt das Ganze immer makellos.

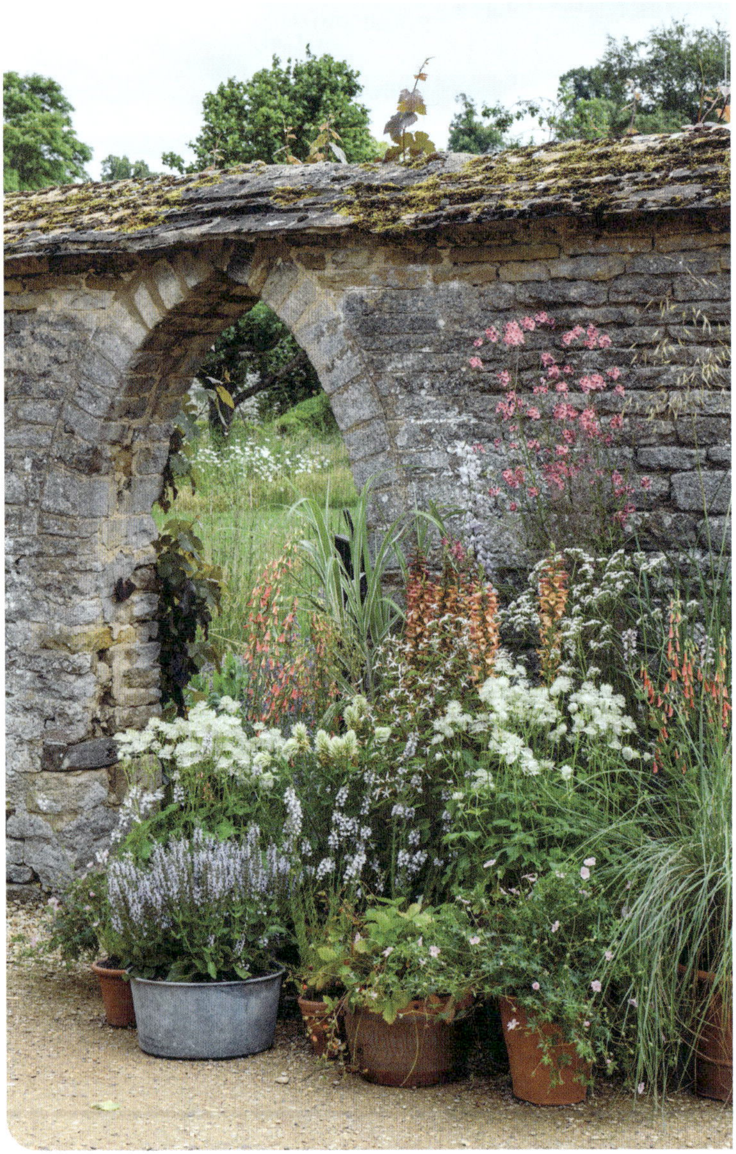

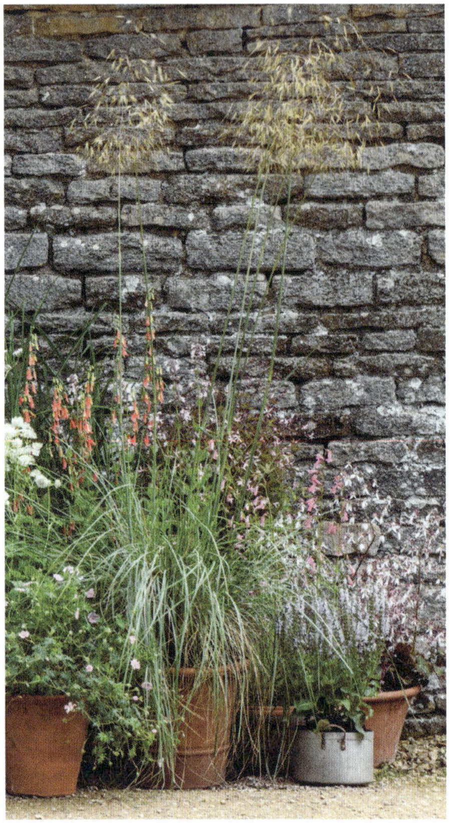

Überlegen Sie gut, wo Sie Ihr Topfarrangement aufstellen. Denn oft haucht erst der Hintergrund den Pflanzen Leben ein. Hier entsteht durch das Zusammenspiel aus Mauer und Pflanzen eine Landhausatmosphäre (oben). Viel Wert sollten Sie auf die gekonnte Kombination aus kontrastreichen Umrissen und Formen legen. Sich wiederholende Farben dagegen erzeugen einen Rhythmus (links).

Bei der Pflanzenwahl sollte man berücksichtigen, wie verschiedene Umrisse und Stärken harmonieren. So können Sie massive, runde Formen mit leichten, durchscheinenden Rispen kombinieren oder eine dichte Blütenmasse neben hohen, bandförmigen Blättern platzieren. Wichtig ist auch die Balance zwischen vertikalen und horizontalen Elementen. Eine Rolle spielt ferner das Zusammenspiel der Blüten- und Laubfarben und wie sie sich im Lauf der Saison verändern. Selbst die Beziehung zwischen Details im Gesamteindruck ist wichtig.

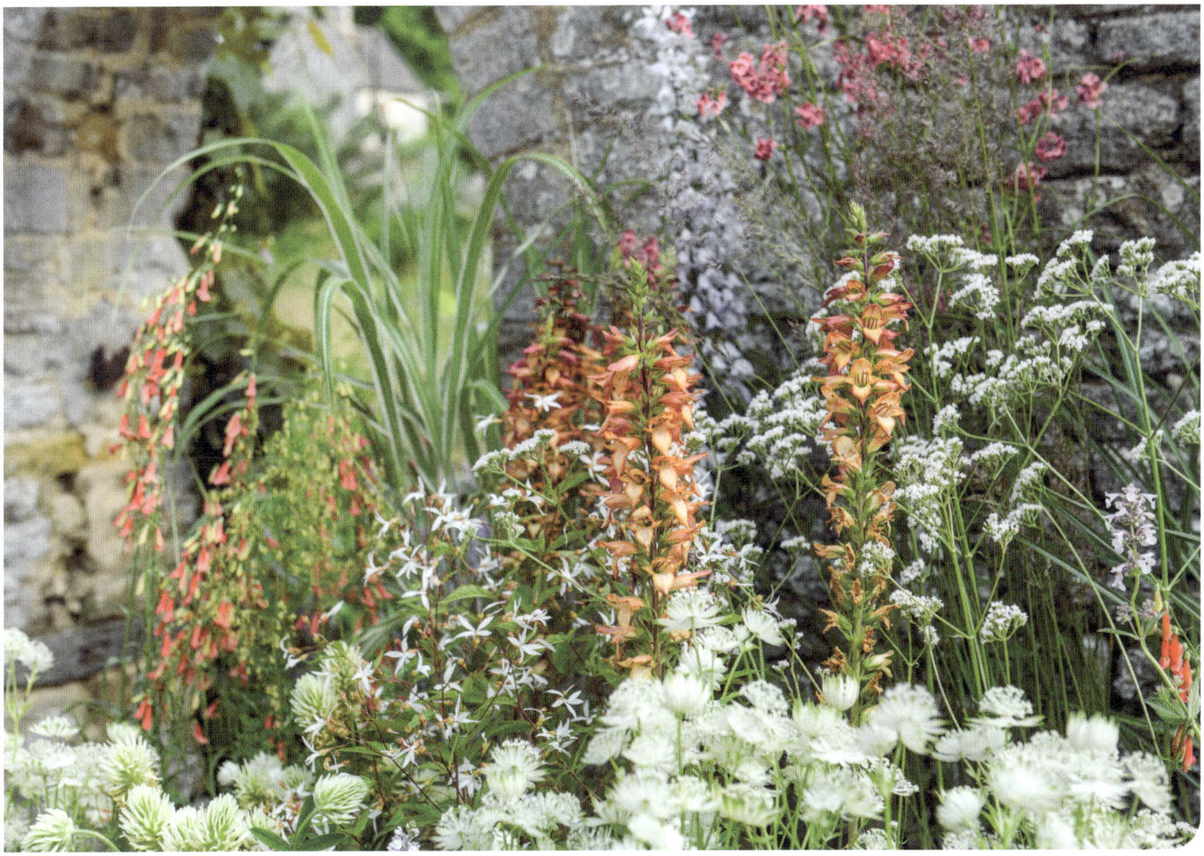

Die hellen Farben von *Trifolium ochroleucon*, *Astrantia major* 'Alba', *Gillenia trifoliata* und *Valeriana sambucifolia* geben dem Arrangement Leichtigkeit, während das Terrakottabraun von *Digitalis* × *valinii* 'Firebird' und das Rosa von *Penstemon barbatus* 'Roseus' für Wärme sorgen.

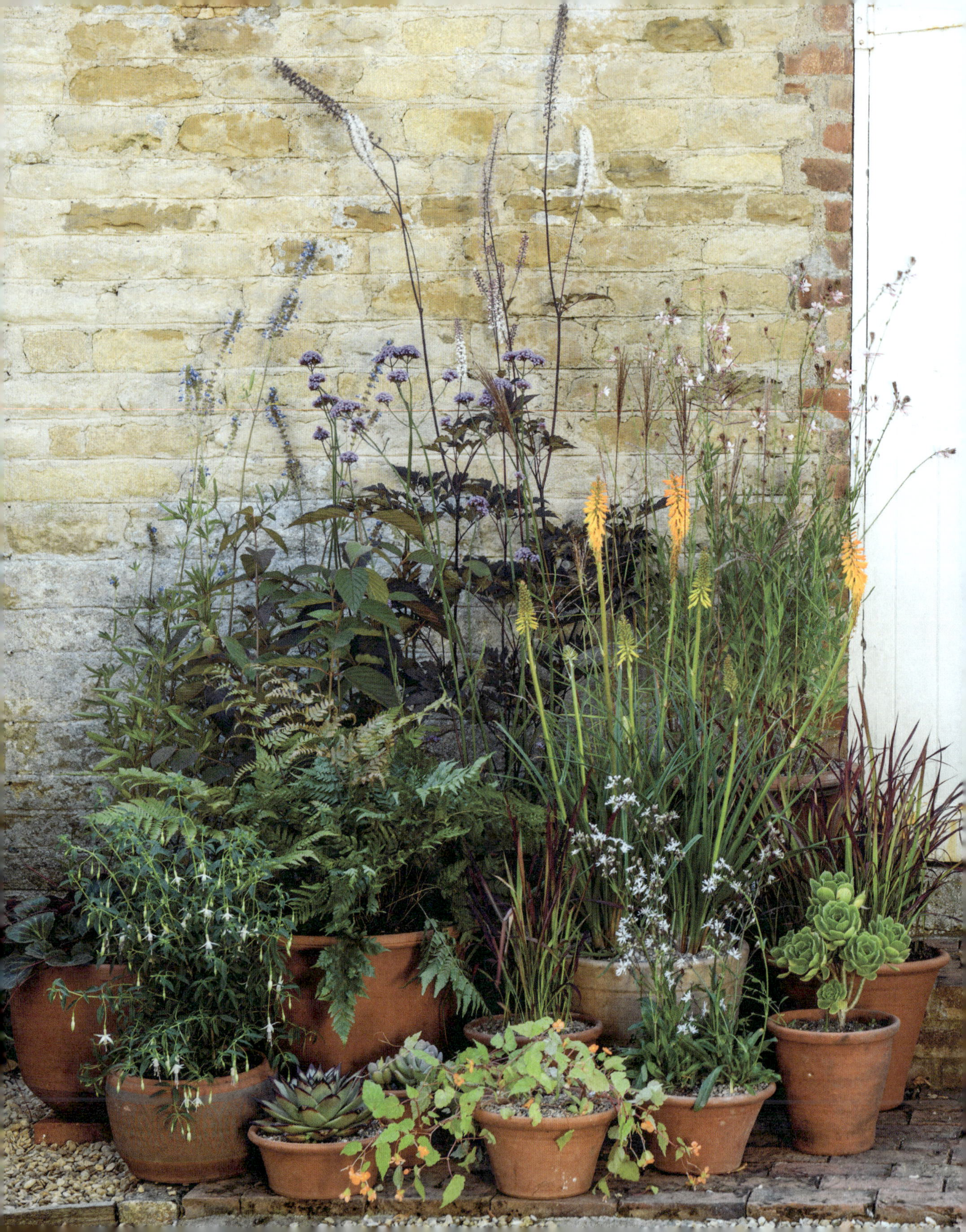

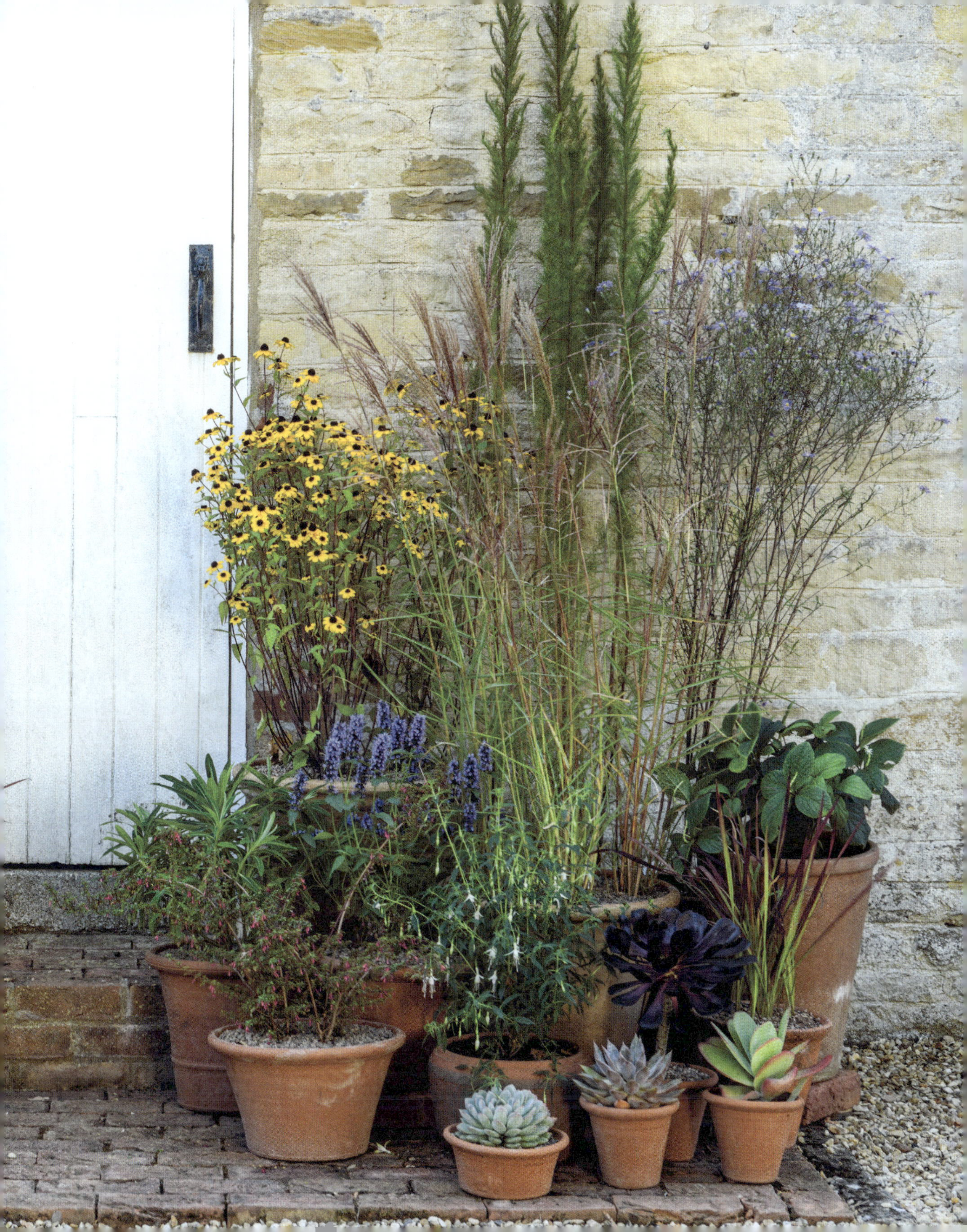

SPÄTSOMMERLICHE TOPFLANDSCHAFT

Ich habe dieses Arrangement für das Saisonende an meiner Bürotür platziert, damit ich es jeden Tag genießen kann. Beim Spätsommeraspekt geht es nicht allein um Blüten, sondern auch um Laub, Beeren und Samenstände.

SIE BRAUCHEN

- Töpfe
- torffreie Substratmischungen
- Erdschaufel
- Gießkanne/Gartenschlauch

Pflanzen

- *Imperata cylindrica* 'Rubra'
- *Gaura lindheimeri* 'Rose Fan'
- *Miscanthus sinensis* 'China'
- *Kniphofia* 'Fiery Fred'
- *Actaea simplex* (Atropurpurea-Gruppe) 'Brunette'
- *Verbena bonariensis*
- *Viburnum plicatum* fo. *tomentosum* 'Mariesii'
- *Dryopteris filix-mas*
- *Pachyphytum glutinicaule*
- *Fuchsia* 'Hawkshead'
- *Echeveria agavoides* 'Ebony'
- *Begonia sutherlandii*
- *Lychnis flos-cuculi* 'White Robin'
- *Aeonium balsamiferum*

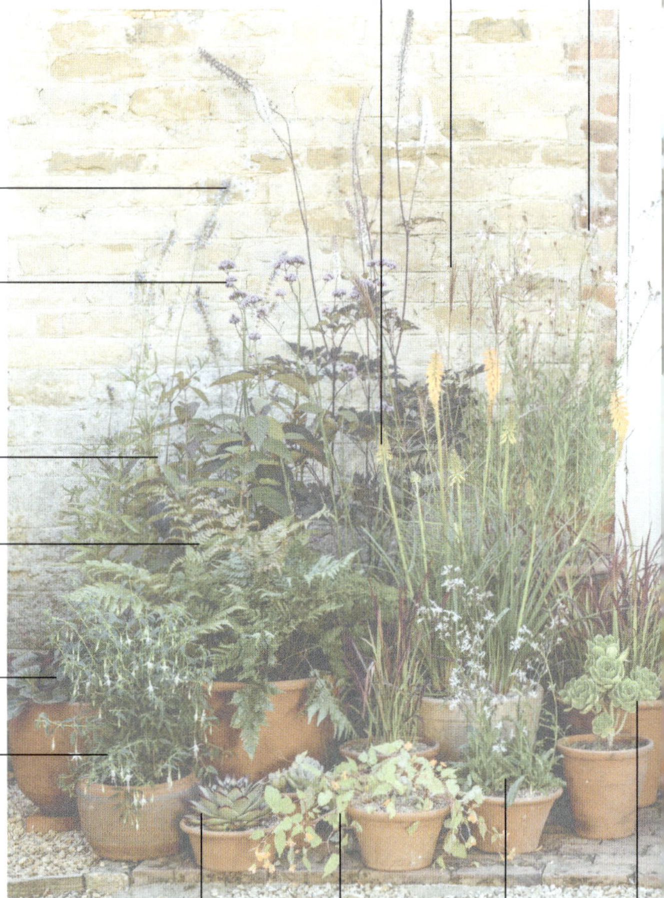

Dieses Arrangement besteht aus rund 25 Pflanzen, darunter Gräser, Sukkulenten, Sträucher, Farne und Stauden. Zu den Stars des Ensembles gehören das feuerlich aus dem Topf lodernde rote Gras *Imperata* und *Miscanthus sinensis* 'China', das rund 1,2 m hoch wird und gut zu *Kniphofia*, *Gaura* sowie *Verbena bonariensis* passt. Diese Gräser sehen gut aus und machen selbst dann noch etwas her, wenn sie bereits vertrocknet sind. Überhaupt ist das Aussehen von Pflanzen nach dem Absterben ein Aspekt, den man nicht vernachlässigen sollte.

Rudbeckia triloba

Agastache 'Black Adder'

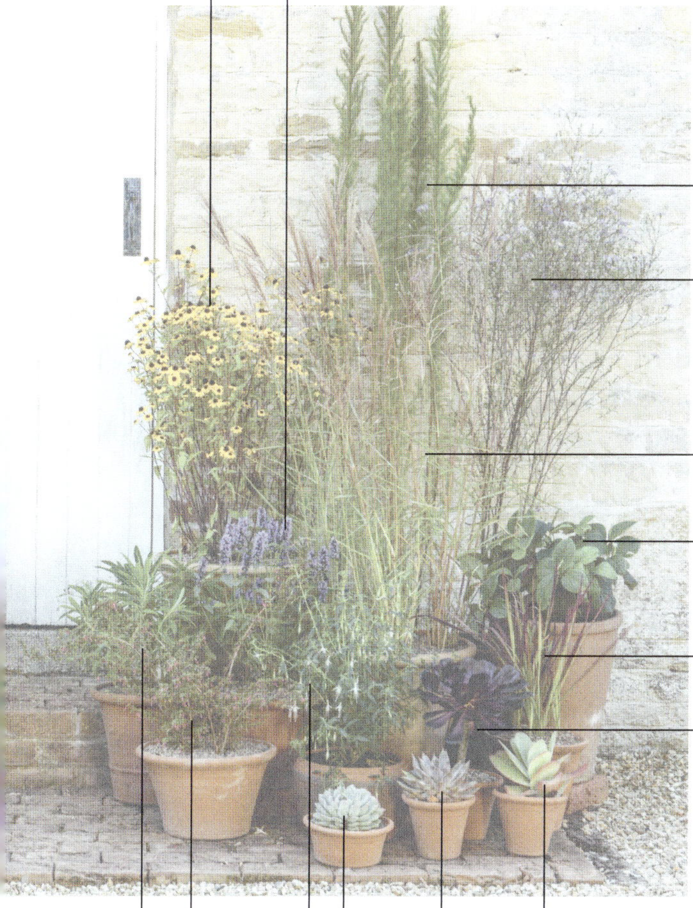

Eupatorium capillifolium

Symphyotrichum novi-belgii × turbinellum

Miscanthus sinensis 'Nippon'

Chloranthus japonicus

Imperata cylindrica 'Rubra'

Aeonium 'Velour'

Euphorbia mellifera

Fuchsia microphylla

Echeveria 'Apus'

Echeveria 'Mexican Giant'

Kalanchoe thyrsiflora 'Bronze Sculpture'

Fuchsia 'Hawkshead'

Pflanzen (Forts.)

- *Rudbeckia triloba*
- *Agastache* 'Black Adder'
- *Eupatorium capillifolium*
- *Symphyotrichum novi-belgii* × *turbinellum*
- *Miscanthus sinensis* 'Nippon'
- *Chloranthus japonicus*
- *Aeonium* 'Velour'
- *Kalanchoe thyrsiflora* 'Bronze Sculpture'
- *Echeveria* 'Mexican Giant'
- *Echeveria* 'Apus'
- *Fuchsia microphylla*
- *Euphorbia mellifera*

Manche Pflanzen sind das ganze Jahr schön anzusehen, andere vergehen rasch und müssen ersetzt werden. Was heute als Star auftritt, dient morgen womöglich als interessante Kulisse. Genießen Sie Pflanzen nicht nur während ihrer Blüte, denn sie können auch später noch etwas beisteuern, zum Beispiel Samenstände, Beeren oder Laub. Wichtig ist, dass ein Arrangement möglichst lang ansehnlich bleibt.

Die ledrigen Blätter von *Aeonium balsamiferum* setzen schöne Kontrapunkte zum feingliedrigen Laub von *Imperata cylindrica* 'Rubra' (unten). Die rhythmische Wiederholung von Farben und Formen wie den aufrechten Grashalmen, den fleischigen Sukkulentenblättern sowie den Gelbtönen von *Kniphofia* 'Fiery Fred' und *Rudbeckia triloba* (rechts) macht Arrangements stimmig.

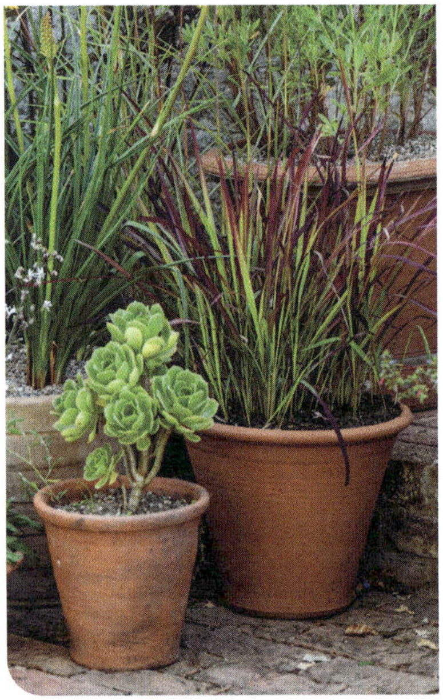

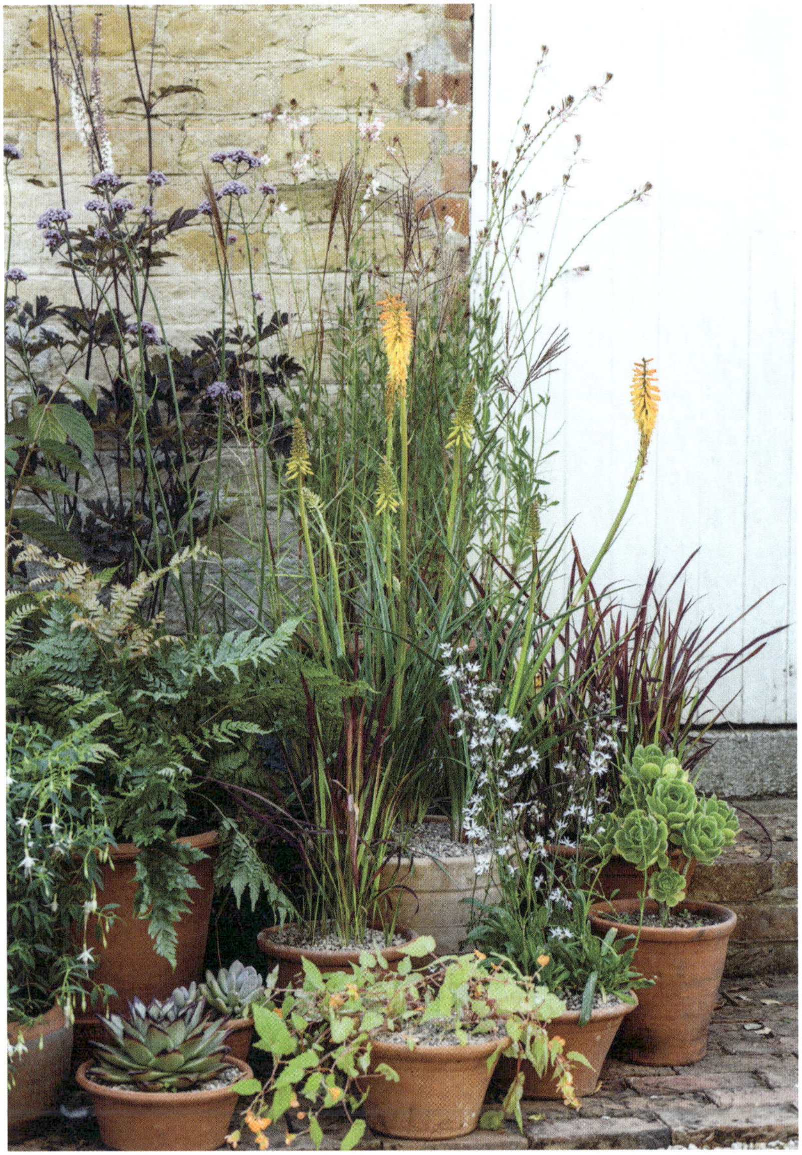

Die Kultur von Pflanzen in Töpfen hat einen großen Vorteil: Man erfährt, welche Wirkung sie entfalten, bevor man sich durch das Auspflanzen in den Garten endgültig festlegt.

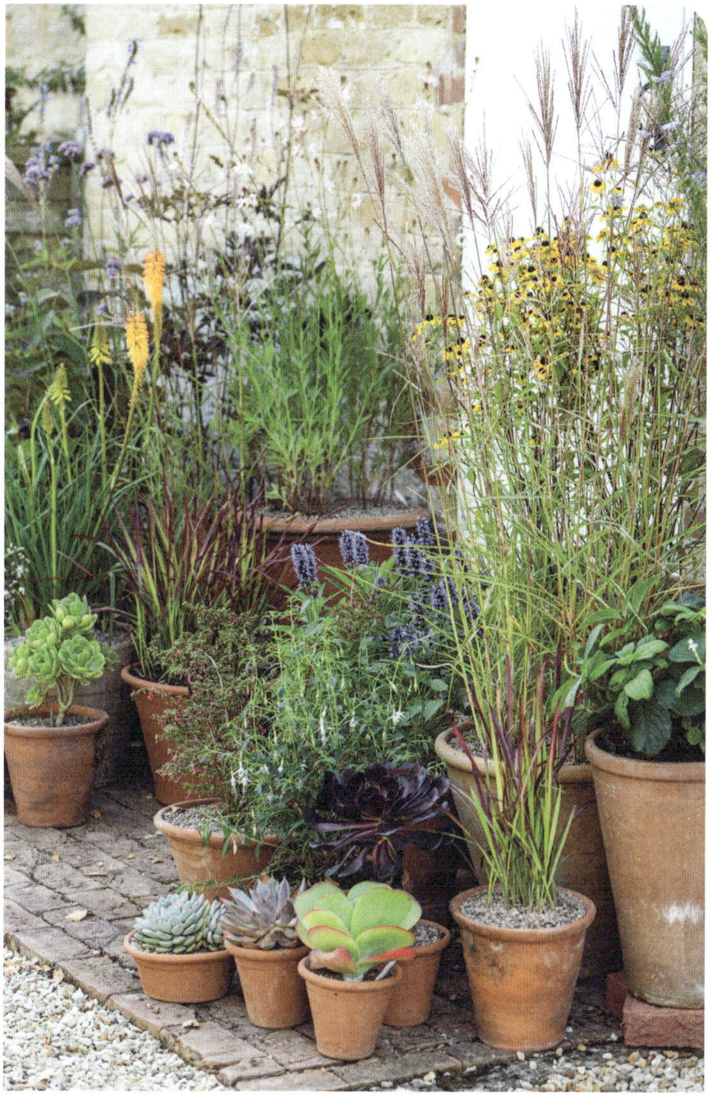

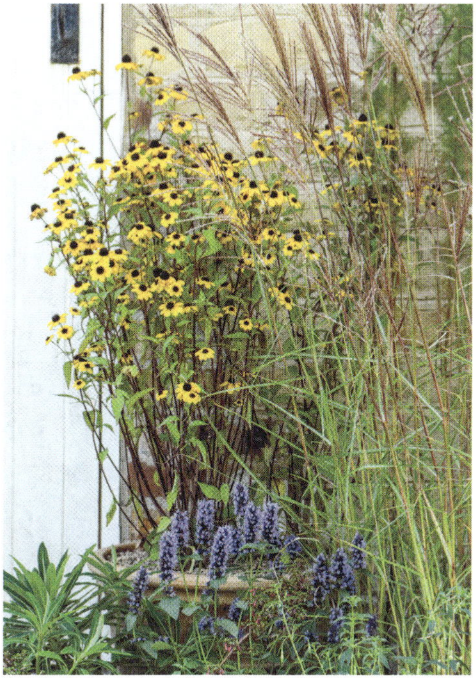

Rudbeckia triloba **und** *Agastache* 'Black Adder' (links) blühen beide vom Hochsommer bis zum Spätherbst. Sie sind Musterbeispiele für Pflanzen, die über einen sehr langen Zeitraum hinweg interessant bleiben. Bei der Zusammenstellung eines Arrangements sollte man nicht nur die Frontalansicht berücksichtigen (oben), sondern auch überlegen, wie das Ganze aus unterschiedlichen Blickwinkeln und vor allem beim Vorübergehen aussieht.

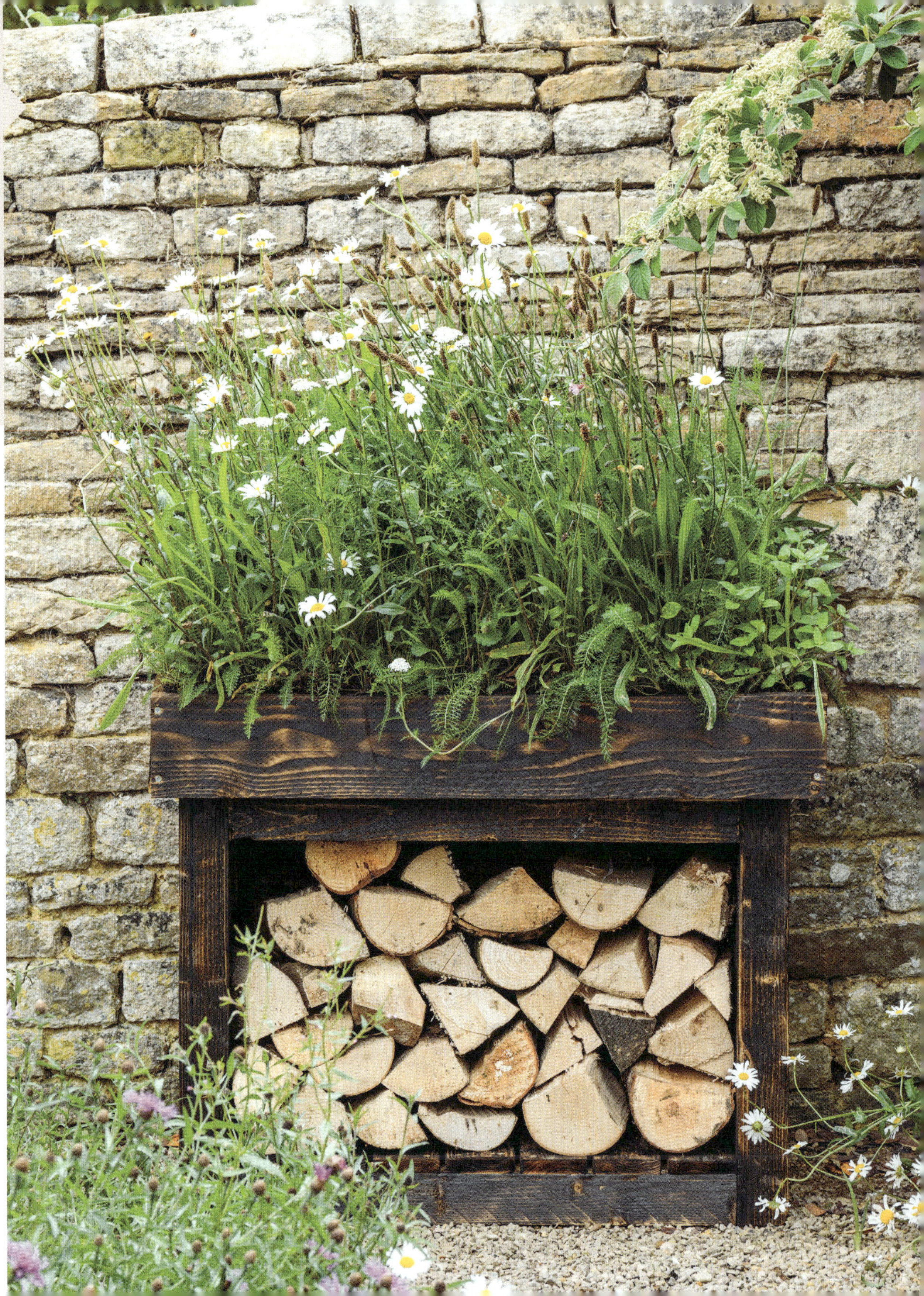

BRENNHOLZBOX MIT GRÜNDACH

Diese rechteckige Box besteht aus einem einfachen Bretterrahmen. Ich habe ihr Holz mit der japanischen Technik der Verkohlung, *shou sugi ban* oder auch *yakisugi* genannt, angekokelt, um die Oberfläche zu schwärzen und zu schützen.

SIE BRAUCHEN

Holzzuschnitt und Maße siehe S. 72

- 40-mm-, 50-mm-, 70-mm- und 100-mm-Schrauben
- Gummi- oder Kunststoffteichfolie, 1,5 × 1,2 m
- Dachabdeckung 1 × 0,6 m (bestehend aus Filtervlies, Drainageschicht und Schutzschicht)
- Gründachsubstrat (leichter Zuschlagstoff und Oberboden) für eine 7,5–10 cm hohe Schicht (erhältlich bei Spezialanbietern und online)
- Wildblumenmatte für Gründächer

Werkzeug

- Winkel
- Metalllineal
- Säge
- Stift
- Bandmaß
- Akkubohrer/-schrauber
- Bohrer, 6 mm
- Lötlampe
- Teppichmesser und Schere
- Richtlatte
- Stück Holz (zum Feststampfen)
- Handschaufel
- Gießkanne/Gartenschlauch

Wir alle brauchen im Garten ein bisschen Stauraum wie diesen. Die Holzbox sieht nicht nur gut aus, auch Tiere nutzen sie als Unterschlupf. Meine Version ist etwa 1 m breit und 60 cm tief. Die Gesamthöhe beträgt vorn 78 cm und hinten 83 cm. Das Dach ist also leicht nach vorn abgeschrägt, damit Regenwasser ablaufen kann. Als Dachaufsatz dient mir eine Kiste, die ich mit einem leichten Substrat gefüllt und mit einer Wildblumenmatte bepflanzt habe. So entsteht eine Miniwiese, die nicht nur gut für die Biodiversität ist, sondern den Garten als farbenfroher Blickfang monatelang bereichert (in der Regel von April bis September).

NÜTZLICHE TIPPS

- Die Maße der Box lassen sich nach Belieben verändern. Möglich ist sogar, mit der gleichen Methode etwas ganz anderes zu zimmern, etwa eine Werkzeugkiste, ein Müllhäuschen oder eine Fahrradgarage.
- Brennholzboxen mit begrünten Dächern lassen sich auch zur Untergliederung des Gartens in verschiedene Bereiche bzw. »Räume« nutzen.
- Wer das Dach eines bestehenden Gebäudes, etwa eines Schuppens, begrünen will, muss vorher sicherstellen, dass es das Gewicht trägt.
- Wenn Sie die Holzbox auf Kies oder eine befestigte Fläche stellen, brauchen Sie kein Fundament. Ansonsten kann man ein Fundament aus Bauholz konstruieren.

EXPERTEN*WISSEN*

- **Die einzelnen Elemente für die Dachschicht sind als Komplettsatz erhältlich.**
- **Schneiden Sie die Hölzer für den Rahmen auf einmal statt Stück für Stück zu und legen Sie sie anschließend auf einer ebenen Fläche aus.**
- **Das Dach kann mit allerlei Pflanzen begrünt werden, etwa Dachwurz, Fetthenne, Rasen oder Kamille. Ich habe eine Pflanzenmatte mit Wildblumen, Kräutern und Stauden verwendet.**
- **Verwenden Sie ein Substrat passend zu den Pflanzen. Für Wildblumen brauchen Sie einen nährstoffarmen Mix.**

BAUELEMENTE FÜR DIE HOLZBOX

Verwenden Sie haltbares Holz und schneiden Sie es nach den Maßangaben unten zu. Die Teile für den Rahmen werden etwas länger geschnitten und später passend zugesägt. Schneiden Sie die Front- und Seitenblenden erst nach dem Messen (Schritt 13).

QUERSCHNITT DES DACHAUFBAUS

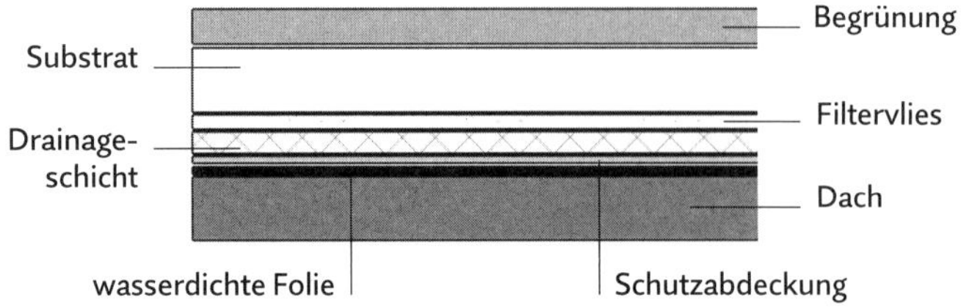

INNENGERÜST
5 × 5 cm dick

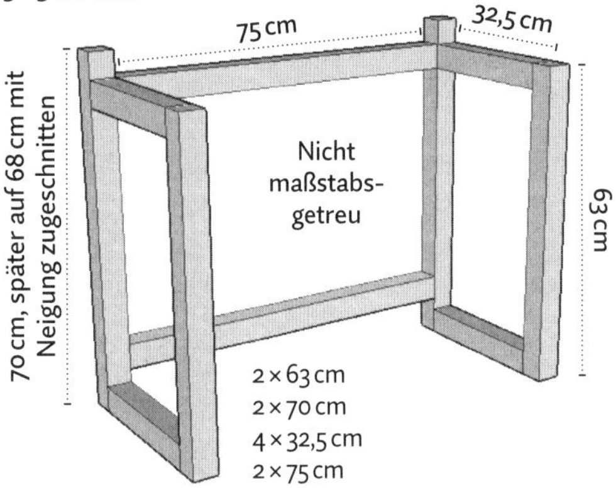

SEITE DES INNENGERÜSTS MIT VORDERPFOSTEN

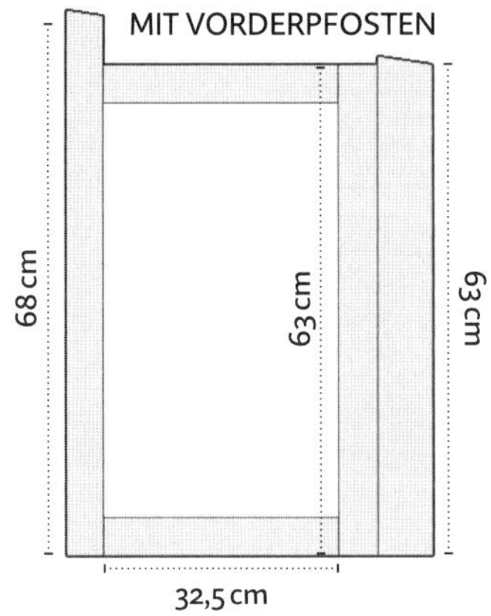

2 VORDERPFOSTEN
7,5 cm dick

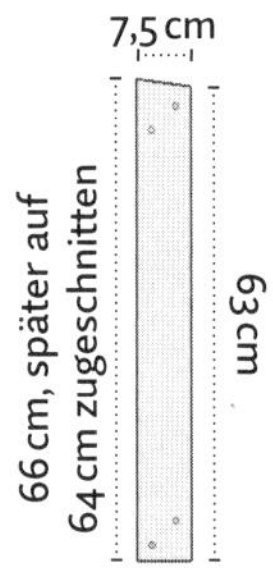

2 VORDERE QUERBALKEN
7,5 cm dick

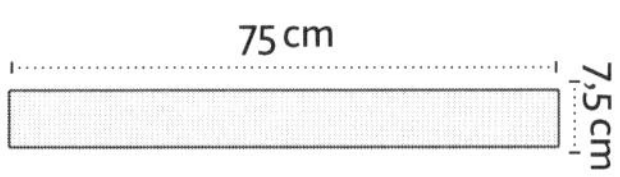

7 RÜCKWANDBRETTER
20 cm dick

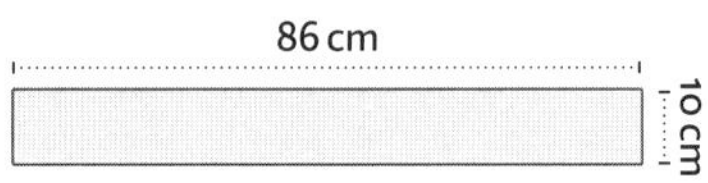

7 BODENBRETTER
2 cm dick

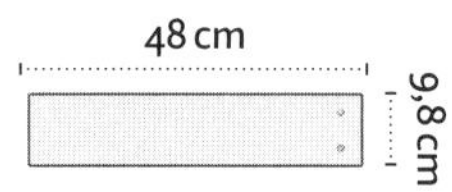

14 SEITENBRETTER
20 cm dick

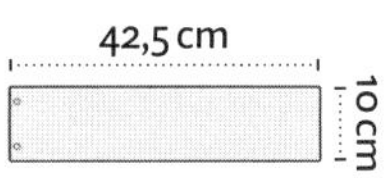

7 DACHBRETTER
2 cm dick

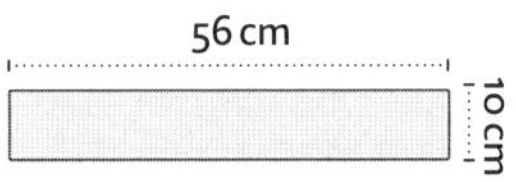

2 SEITLICHE DACHBLENDEN
2 cm dick

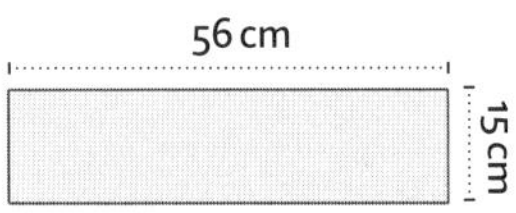

2 DACHBLENDEN
20 cm dick

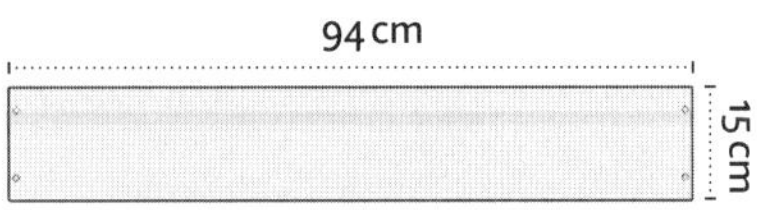

VORDERER RAHMEN
7,5 × 7,5 cm dick

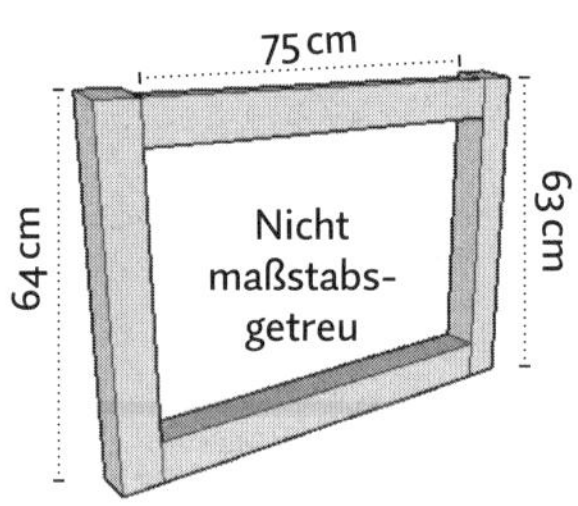

INNENGERÜST MIT BEFESTIGTEM VORDEREM RAHMEN

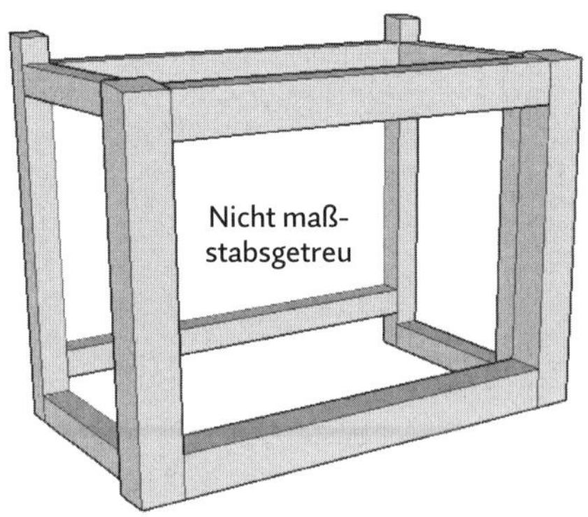

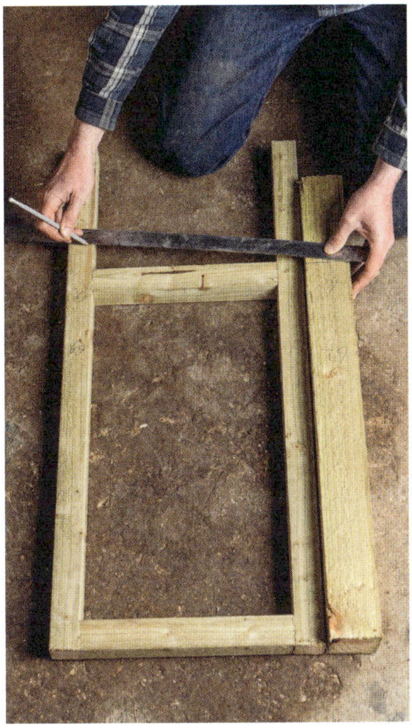

1 Das Holz für das Innengerüst wie gegenüber gezeigt zuschneiden. Für die Dachneigung eine Seite des Innengerüsts wie hier und im Schema gegenüber gezeigt bereitlegen. Dann einen der Vorderpfosten an die Vorderseite des Gerüsts legen. An der vorderen Außenseite des Vorderpfostens 63 cm und an der Rückseite des Innengerüsts 68 cm abmessen und anzeichnen. Mit Stift und Lineal die Dachneigung auf dem Holz markieren.

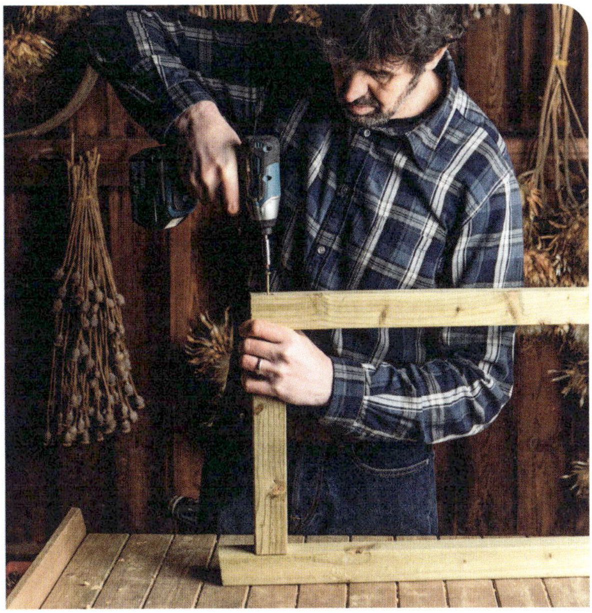

3 Nach dem Zusägen der Pfosten für die Dachneigung das Innengerüst mit 70-mm-Schrauben zusammenschrauben. Zunächst die linke Seite zusammenschrauben. Darauf achten, dass die schräg zugesägten Enden oben sind. Dann rechte Seite ebenso montieren.

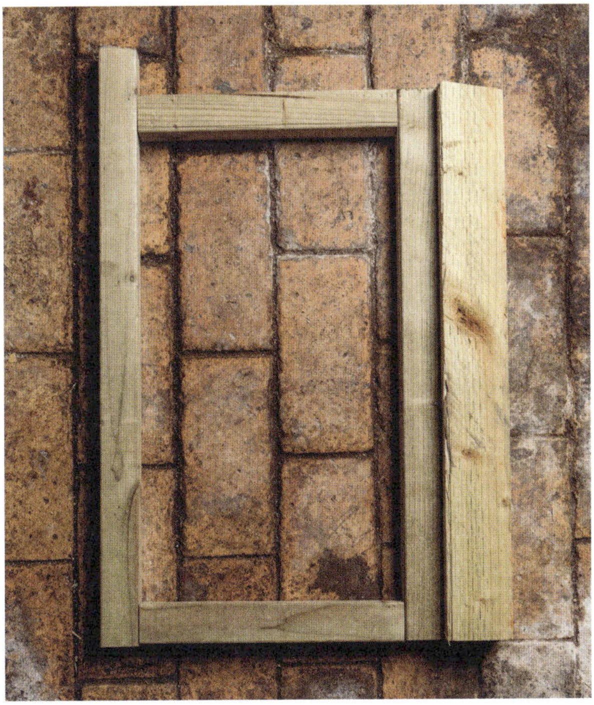

2 Mit einer Säge entlang der angezeichneten Linien sägen. Die zweite Seite des Innengerüsts ebenso vorbereiten.

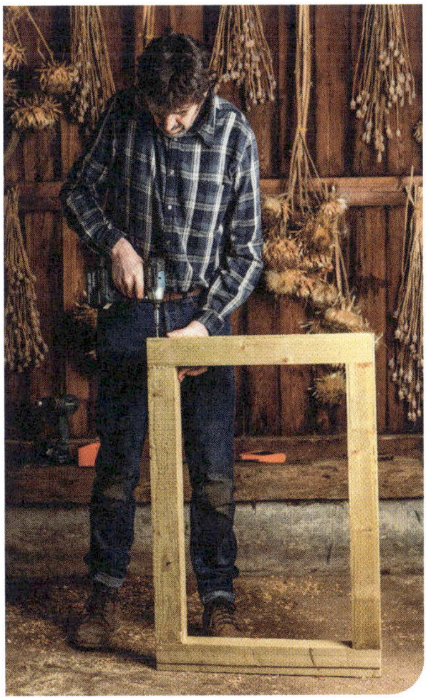

4 Als Nächstes aus den 7,5 × 7,5 cm dicken Pfosten den vorderen Rahmen zusammenschrauben. Die beiden Vorderpfosten und die vorderen Querbalken mit 70-mm-Schrauben zusammenschrauben.

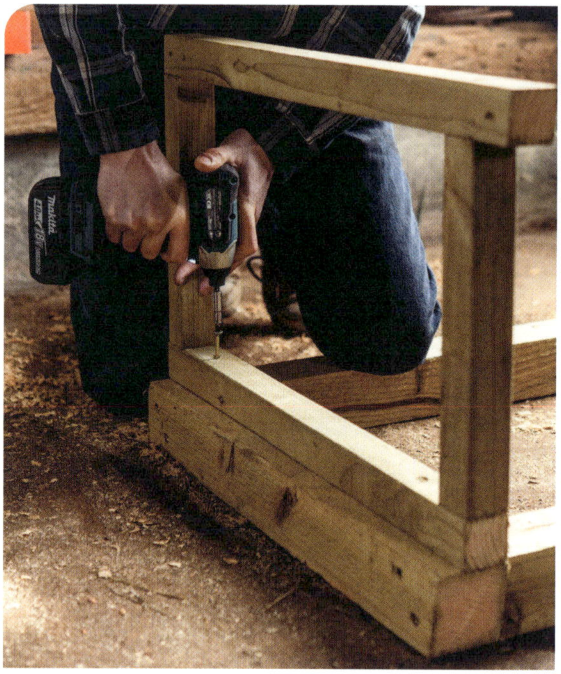

5 Den vorderen Rahmen mit der Vorderseite nach unten auf den Boden legen. Die Seiten des Innengerüsts mit 70-mm-Schrauben an die Innenkante der horizontalen Pfosten des vorderen Rahmens schrauben. So bleibt außen Platz für die Bretter.

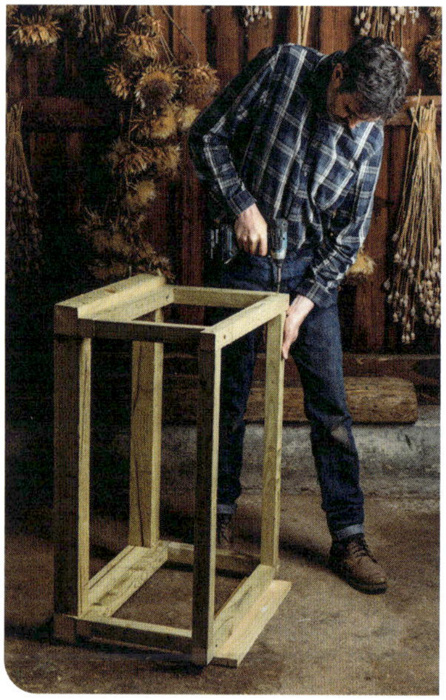

6 Die langen Rückenstreben oben und unten anschrauben. Das Gerüst hochkant stellen. Eines der Holzstücke für die Seiten unterlegen, damit das Gerüst gerade steht. Die Rückwandbretter mit 70-mm-Schrauben anschrauben.

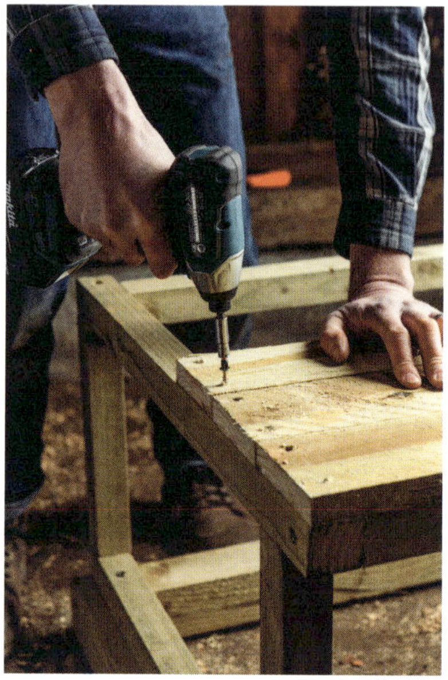

7 Die Rückwandbretter ausmessen, zuschneiden, und an den Rahmen schrauben. Die Enden müssen mit den Rahmenpfosten abschließen. Jedes Rückwandbrett an jedem Ende mit 2 40-mm-Schrauben anschrauben, damit sich das Holz nicht verzieht. Wenn Sie später die Seitenbretter anschrauben, verdecken sie die Schnittflächen der Rückwandbretter.

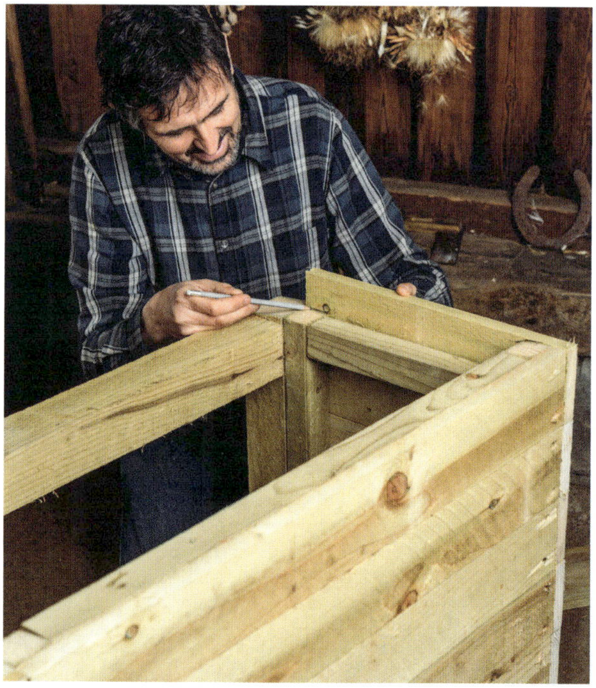

8 Von unten beginnend die Seitenbretter mit jeweils zwei 40-mm-Schrauben an jedem Ende anschrauben. Das oberste Seitenbrett muss schräg vom (höheren) hinteren bis zum (niedrigeren) vorderen Ende zugeschnitten werden. Dazu das Seitenbrett an den Rahmen halten und mit dem Stift die vordere und hintere Höhe bündig mit den aufrechten Pfosten anzeichnen.

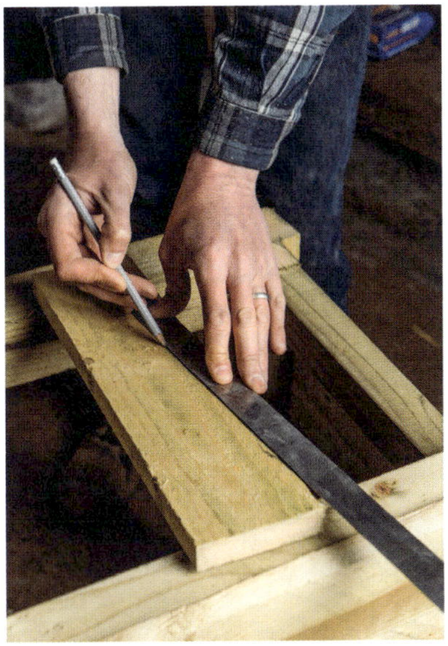

9 Mit dem Lineal eine Linie zwischen der vorderen und hinteren angezeichneten Höhe ziehen. Brett entlang der Linie schneiden und mit 40-mm-Schrauben an das Gerüst anschrauben.

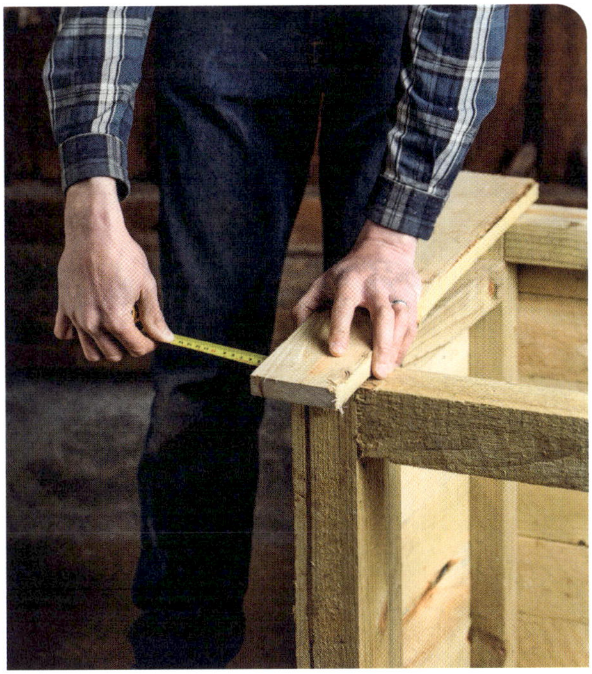

11 Als Nächstes die Dachbox für die Begrünung zimmern. Je ein Dachbrett an jedem Seitenende des Rahmens befestigen. Jedes Dachbrett seitlich 5 cm, vorn 7 cm und hinten 4 cm überstehen lassen. Mit jeweils zwei 40-mm-Schrauben auf jeder Seite anschrauben.

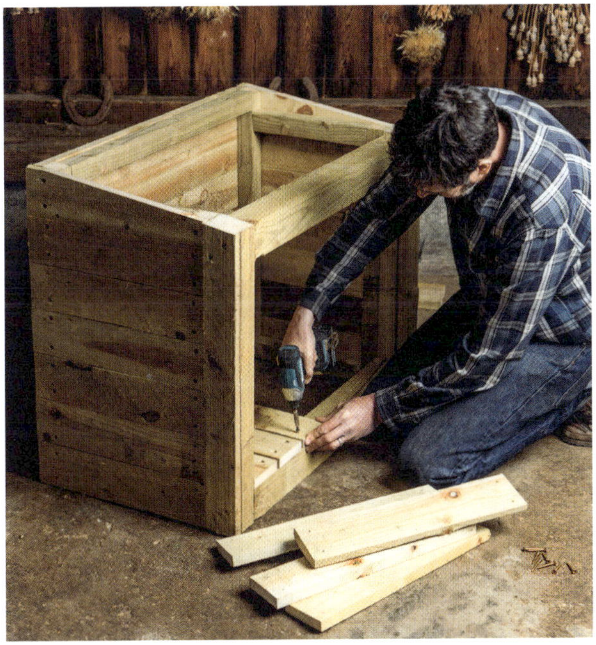

10 Die Bodenbretter mit jeweils zwei 40-mm-Schrauben an jedem Ende festschrauben. Sie müssen exakt lotrecht zum vorderen Pfosten verlaufen. Einen kleinen Spalt zwischen den Brettern lassen, damit Luft zirkulieren kann.

Dieses Prinzip lässt sich auch bei ähnlichen Konstruktionen unterschiedlicher Form und Größe anwenden, etwa einem Mülltonnenhäuschen oder einer Fahrradgarage.

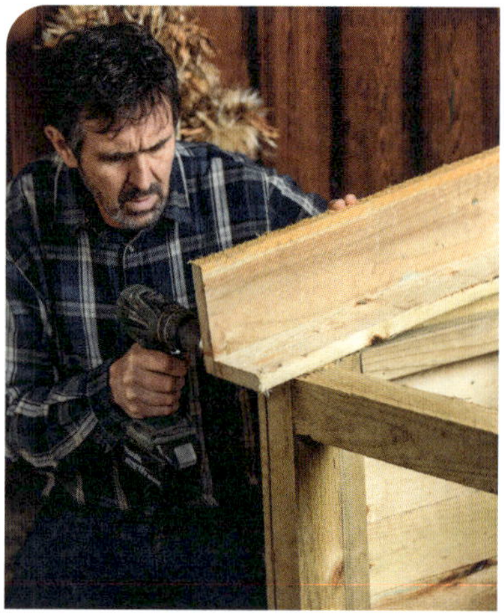

12 Die beiden seitlichen Dachblenden mit 40-mm-Schrauben so befestigen, dass sie bündig mit den zuvor angeschraubten Dachbrettern abschließen.

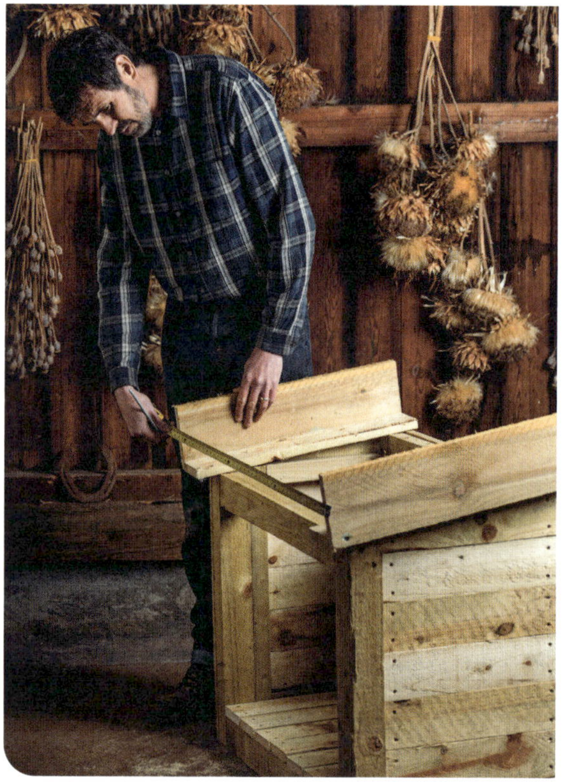

13 Nach dem Befestigen der seitlichen Dachblenden vom äußeren Ende der einen Blende zum äußeren Ende der anderen messen, um die Länge der vorderen und hinteren Dachblende zu erfassen. Nach dem Zuschneiden die vordere Blende mit 40-mm-Schrauben an die Vorderenden der seitlichen Dachblenden schrauben. So sind die Schnittflächen verdeckt, was schöner aussieht.

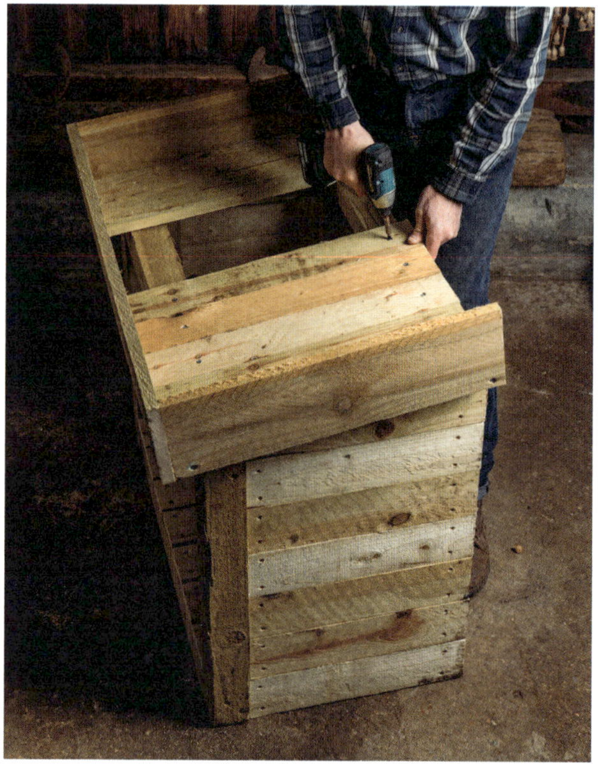

14 Nach dem Anschrauben der vorderen Dachblende die restlichen Dachbretter anschrauben. Von den Seiten zur Mitte hin arbeiten. Die Dachbretter auf jeder Seite mit zwei 40-mm-Schrauben befestigen. Gegebenenfalls muss das letzte Stück zugeschnitten werden, falls es nicht als Ganzes in die Lücke passt. Wenn alle Dachbretter befestigt sind, die hintere Dachblende genauso wie die vordere anschrauben.

Standort-
wahl

Günstig platziert ist die Holzbox neben einem Grill, einer Feuerstelle oder einem Pizzaofen. So hat man die Holzscheite griffbereit neben sich, wenn man sie braucht.

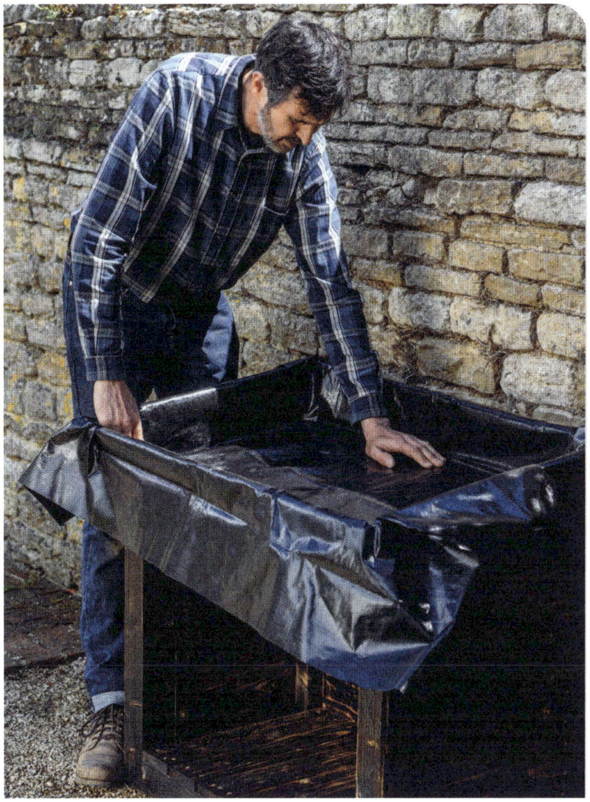

16 Die Holzbox an ihrem endgültigen Standort aufstellen, bevor das Dach begrünt wird, da das ganze Element nach dem Befüllen recht schwer wird. Dach so mit der Teichfolie ausschlagen, dass sie gut anliegt und an den Seiten etwas übersteht.

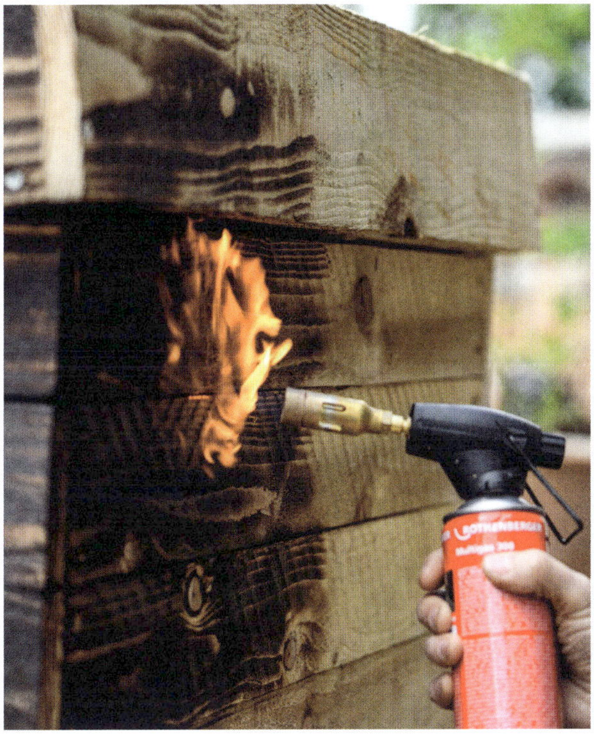

15 Mit der Lötlampe das Holz ankohlen. Es lassen sich verschiedene dekorative Effekte erzielen. Holz nur im Freien und bei guter Luftzirkulation ankohlen.

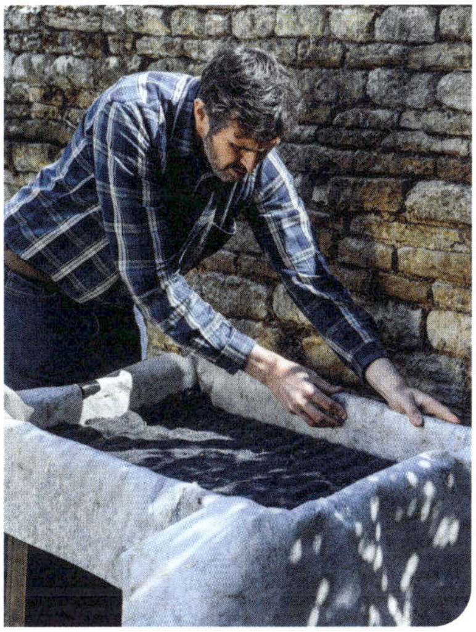

17 Der Dachaufbau besteht aus mehreren Schichten. Nach dem Auslegen der wasserdichten Folie die Bahnen für die Drainage verlegen. Sie setzt sich aus einer Schutzabdeckung, einer Drainageschicht und einem Filtervlies zusammen (siehe Diagramm auf S. 72).

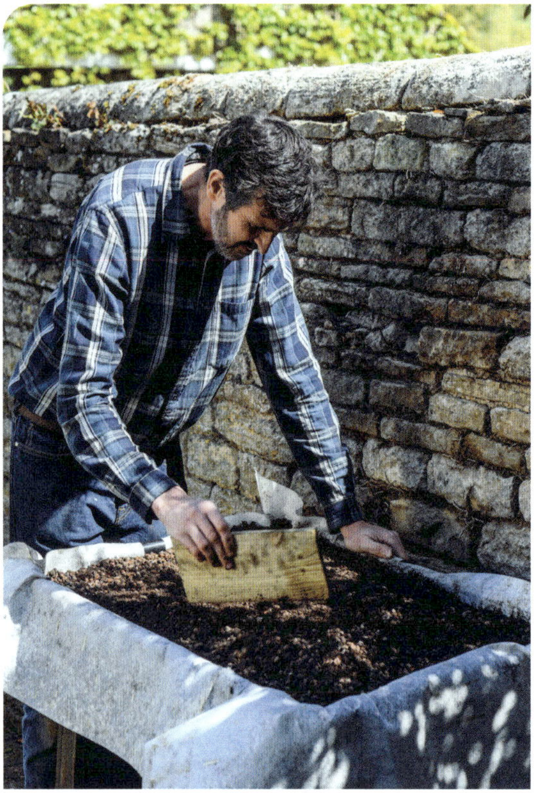

18 Nach dem Verlegen aller Lagen die Dachbox mit Gründachsubstrat füllen und mit einem Stück Brett einebnen. Die Box muss bis zum Rand gefüllt sein.

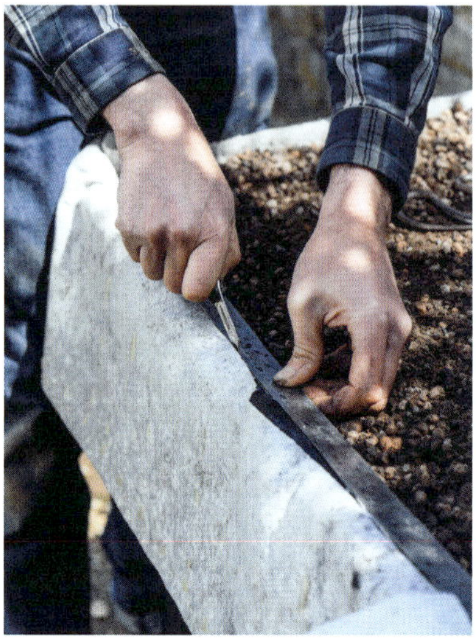

19 Alle Folien und anderen Lagen der Drainageschicht mit einem scharfen Messer entlang der Bretterkanten abschneiden. Es macht nichts, wenn der Schnitt zunächst nicht exakt verläuft, denn nach dem Fertigstellen des Dachs kann man immer noch sauber nachschneiden.

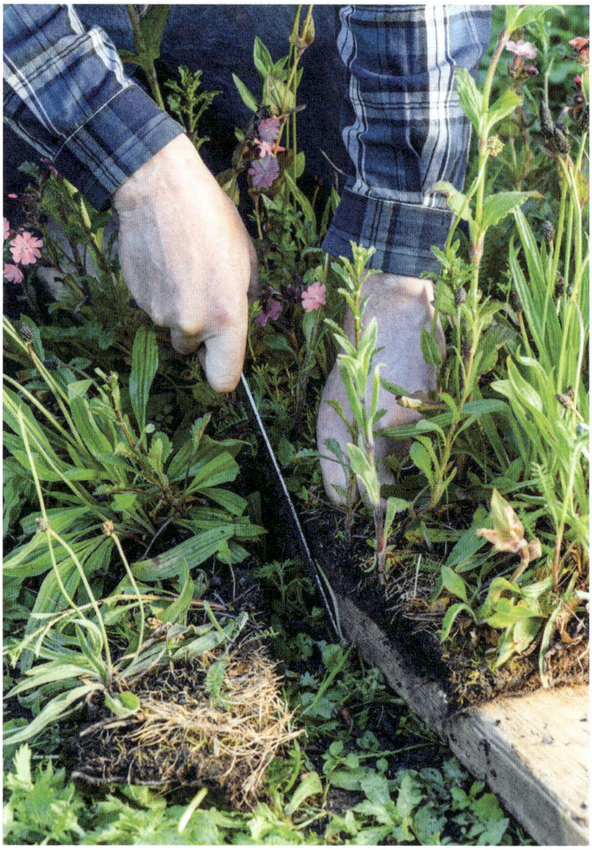

20 Die Dachfläche ausmessen und die Wildblumenmatte zuschneiden. Ich verwende ein Brett als Führung.

Laufende Pflege

Das Gründach gut im Auge behalten und besonders bei Trockenheit wässern, falls nötig. Ich schneide die Wiese im zeitigen Frühjahr, damit sie frisch nachwachsen kann.

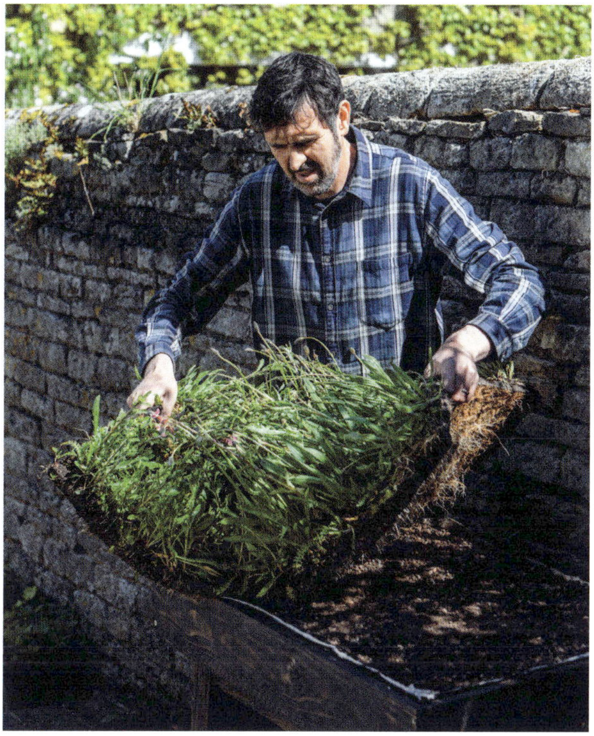

21 Die Wildblumenmatte auf das Dach heben und bündig auf dem Substrat verlegen.

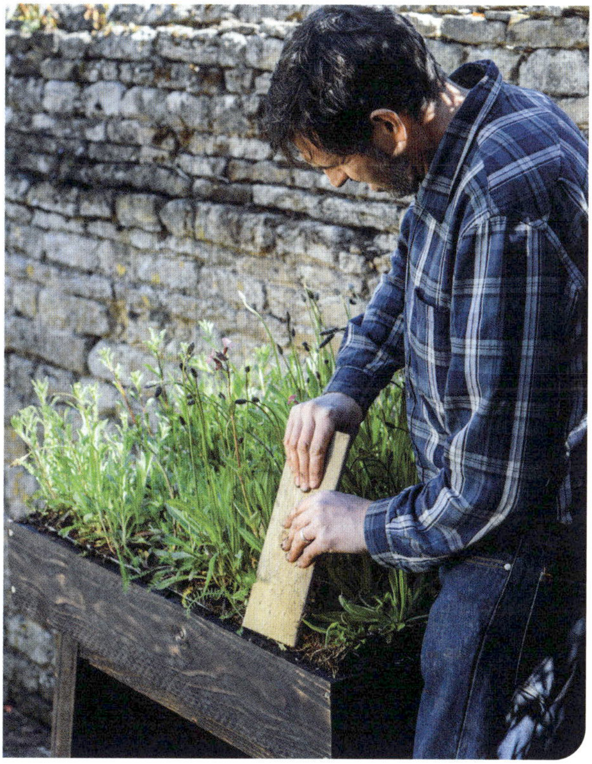

22 Matte mit einem Holzstück festdrücken. Bei trockener Witterung die Matte regelmäßig wässern, bis die Wurzeln in das Dachsubstrat eingewachsen sind.

OBELISK

Dieser Obelisk ist ein ausgezeichnetes Klettergerüst für Pflanzen, aber schon allein für sich ein dekoratives Gestaltungselement, ob einzeln oder in Reihen. Er dient als Blickfang und Rhythmusgeber. Ich habe eine Zierspitze obenauf gesetzt, damit er dynamischer wirkt und die Befestigungen kaschiert sind.

SIE BRAUCHEN

Holzbedarf und Maße siehe S. 82

- 50- und 70-mm-Messing-schrauben

Werkzeug

- Arbeitsbank oder Tisch
- Säge
- Winkelmaß oder Zimmermannswinkel
- Maßband
- Stift
- Schmiege
- Akkubohrer/-schrauber
- Metalllineal
- Bohrer 4 mm
- Trittleiter
- Lötlampe

Dieser Obelisk ist im Nu gezimmert, denn man bereitet alle Teile vor und muss sie dann nur noch zusammenfügen. Am kompliziertesten ist die Zierspitze, doch das Diagramm auf S. 82 erleichtert die Montage. Das Holz des Obelisken habe ich leicht angekohlt; dadurch harmoniert es mit den meisten Farbkompositionen und sieht von Pflanzen überwuchert besonders gut aus. Man kann den Obelisken aber auch mit einer zum Garten passenden Leinölfarbe streichen.

NÜTZLICHE TIPPS

- Obelisken eignen sich hervorragend als Blickfänge. Sie schaffen sofort Höhe. Wenn man zwei oder drei zusammen in einen Gemüse- oder Kräutergarten stellt, führt die rhythmische Wiederholung das Auge und lenkt es durch den Raum.
- Ideal sind Obelisken auch als Klettergerüst für Rosen, Duftwicken oder Clematis. Sie sollten jedoch nicht mit allzu wüchsigen Gewächsen begrünt werden, da diese sie komplett überwuchern können.

EXPERTENWISSEN

- **Ich hoble oft die Kanten ab, damit das Holz weicher und abgegriffener wirkt.**
- **Man kann an der Zierspitze ein paar Haken befestigen, um dort Meisenknödel aufzuhängen.**
- **Leinölfarbe eignet sich für Außengerüste, denn sie pflegt das Holz und macht es witterungsbeständiger.**
- **Wer den Obelisken lackieren möchte, sollte eine Farbe wählen, die gut zu den anderen Materialien in der Umgebung und zum Gesamteindruck des Gartens passt.**

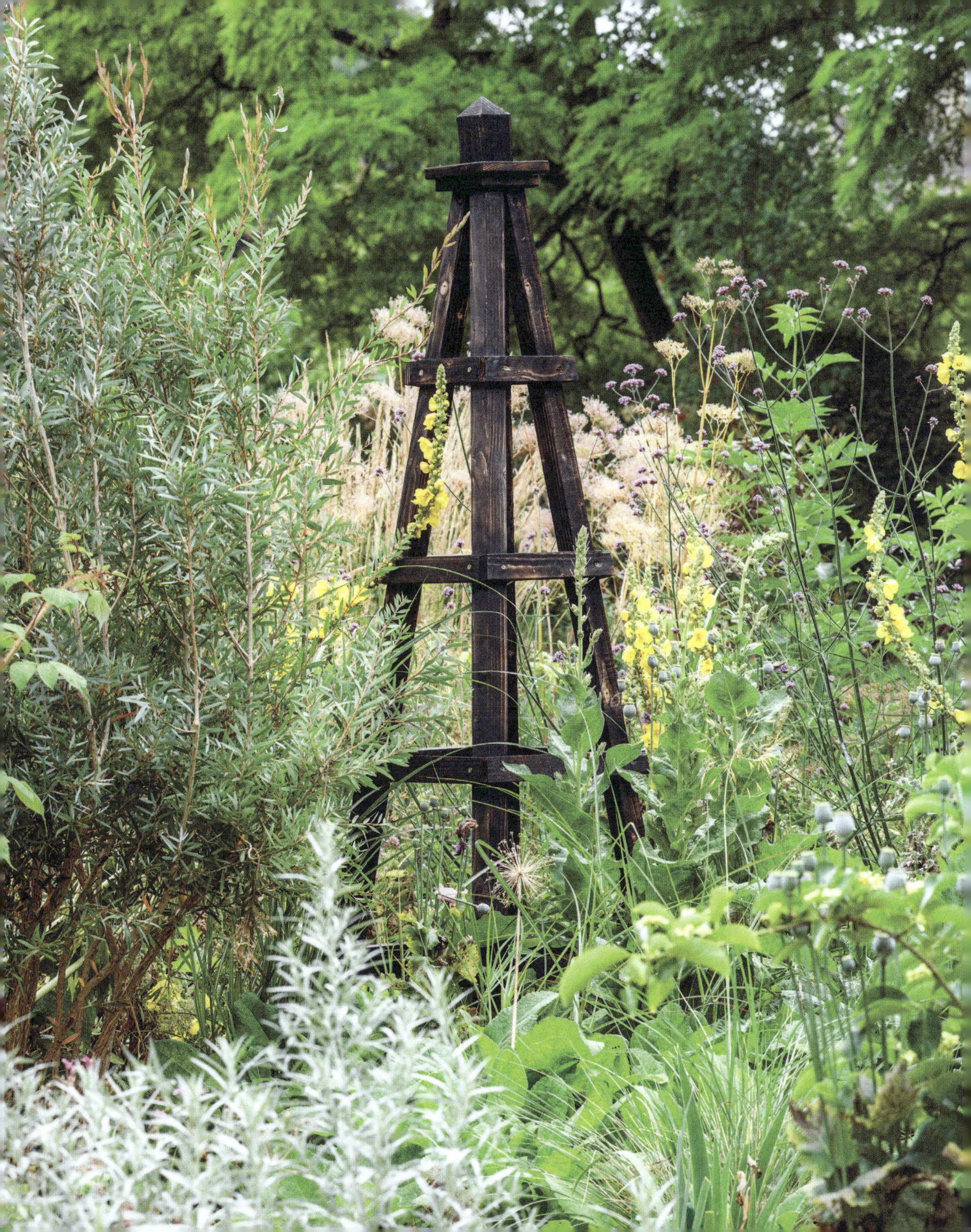

HOLZTEILE FÜR DEN OBELISKEN

Schneiden Sie zuerst alle Holzteile nach den unten angegebenen Maßen zurecht. Anschließend können Sie den Obelisken wie einen Bausatz auf einmal zusammenbauen:

4 Hartholz-Balken, ggf. behandelt, 1,8 m lang, Querschnitt 5 × 5 cm; sie dienen als senkrechte Pfosten
16 Hartholz-Latten, ggf. behandelt, Querschnitt 1,5 × 3 cm; sie sind die Querstreben und werden wie folgt zugeschnitten:
4 à 33 cm; endgültige Länge 23 cm
4 à 42 cm; endgültige Länge 32 cm
4 à 51 cm; endgültige Länge 41 cm
4 à 60 cm; endgültige Länge 50 cm
große Hartholz-Kopfplatte, ggf. behandelt, 2 cm dick, auf 17 × 17 cm zugeschnitten
kleine Hartholz-Kopfplatte, ggf. behandelt, 2 cm dick, auf 14 × 14 cm zugeschnitten
Hartholz-Klotz, ggf. behandelt, 12 × 10 × 10 cm, als Zierspitze

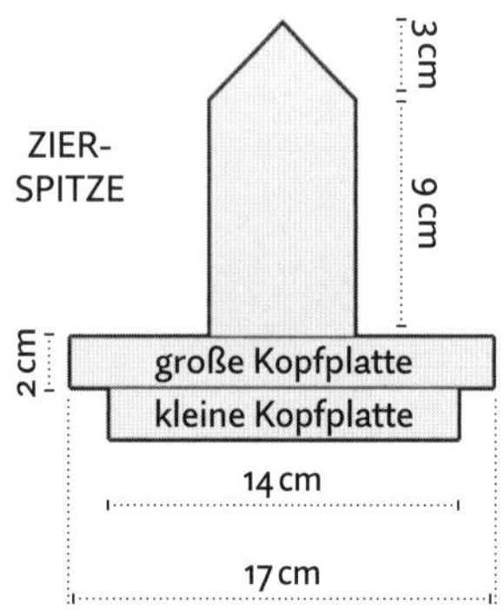

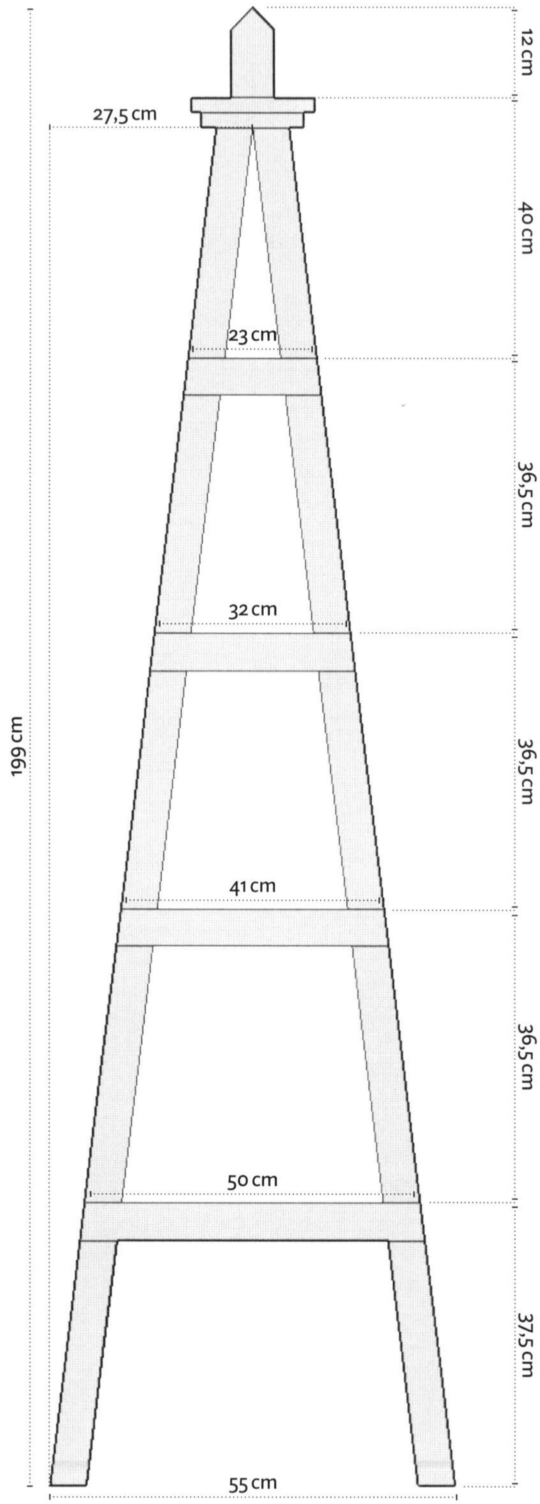

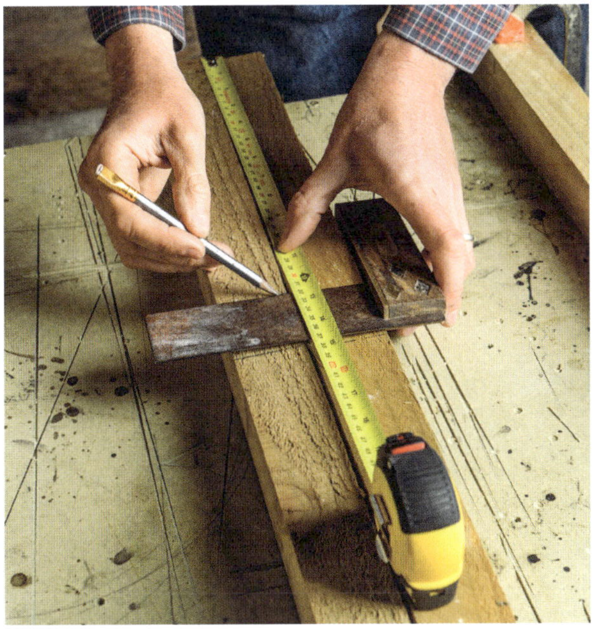

1 Die 4 senkrechten Pfosten auf 180 cm zuschneiden. Auf die Arbeitsplatte legen und mit Winkel und Stift die Position aller Querstreben markieren (siehe Schema links). Es fällt evtl. leichter, zwei auf einmal zu kennzeichnen, indem man sie nebeneinanderlegt. Als Nächstes die Querstreben zuschneiden; sie sind anfangs zu lang, werden aber in Schritt 5 und 11 zugeschnitten.

2 Einen der Pfosten mit Schraubzwingen am Rand der Arbeitsplatte fixieren – er dient als Maß für die Festlegung des Winkels, in dem die senkrechten Pfosten zueinander stehen. Zwei Pfosten so auf den Tisch legen, dass ihre oberen Enden aneinanderstoßen. Die unteren Enden so legen, dass sie, von den äußeren Kanten gemessen, 55 cm Abstand zueinander haben.

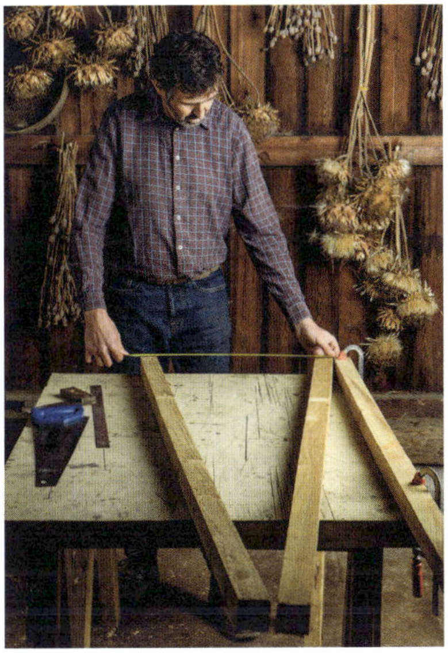

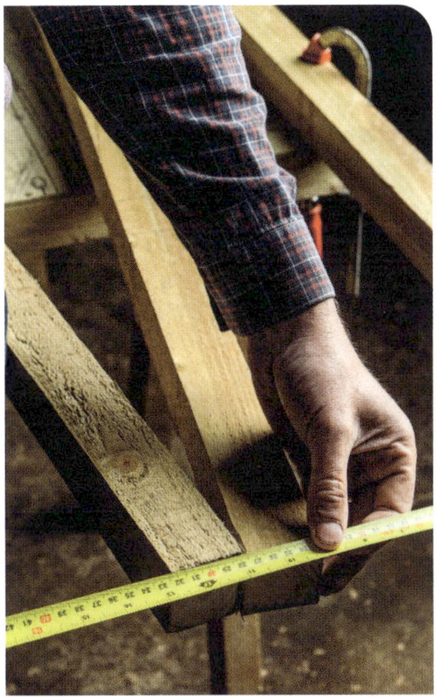

3 Den Winkel am oberen Ende festlegen. Dazu vom befestigten Pfosten am Rand der Arbeitsfläche bis zur Mitte, an der sich die beiden Pfosten treffen, 27,5 cm abmessen. Sobald die beiden Pfosten richtig liegen, ihre Position mit einem Stift anzeichnen. So kann man sie wieder daran ausrichten, falls sie sich verschieben.

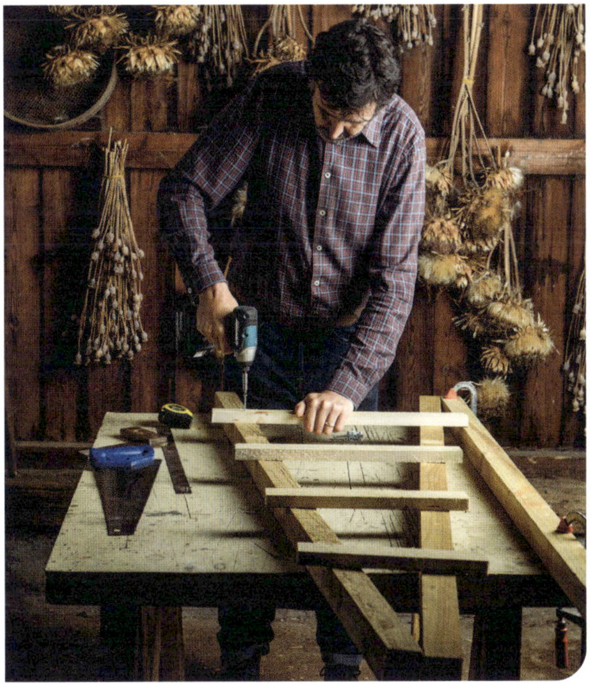

4 Sobald der Winkel feststeht, die Querstreben anschrauben. An den zuvor angezeichneten Markierungen ausrichten. Darauf achten, dass die Pfosten ihre Position nicht mehr verändern. An jedem Ende der Querstreben Löcher vorbohren. Die Löcher exakt in die Mitte der Pfosten bohren. Mit 50-mm-Schrauben befestigen.

5 Sobald alle Querstreben befestigt sind, das gesamte Gerüst umdrehen und die überstehenden Enden der Querstreben absägen. Ggf. den senkrechten Pfosten als Führung benutzen. Die Enden der Querstreben sollten mit den Pfosten abschließen.

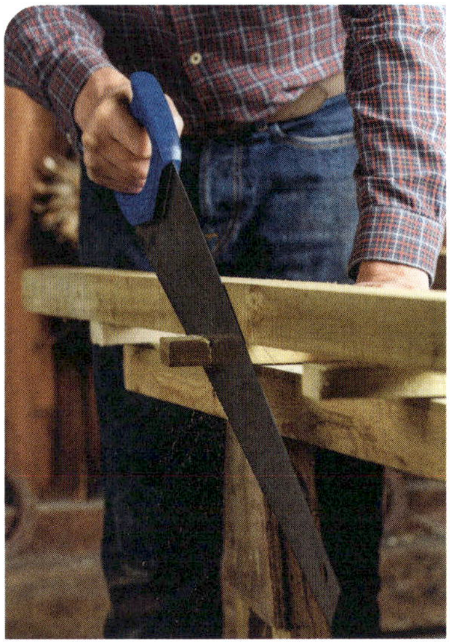

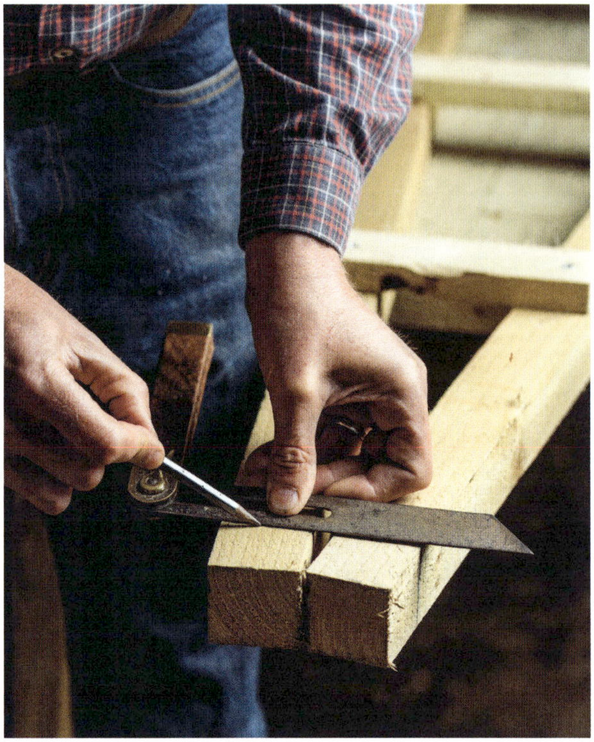

7 Die Schmiege mit dem in Schritt 6 ermittelten Winkel 5 cm unterhalb der oberen Enden der senkrechten Pfosten anlegen und mit einem Stift eine Linie ziehen. So entsteht eine ebene Fläche, auf der die Kopfplatten befestigt werden können.

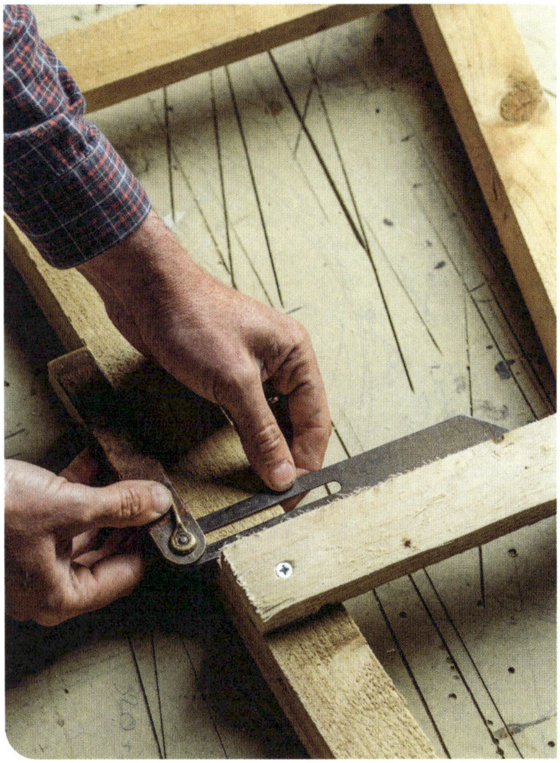

6 Mit der Schmiege den Winkel zwischen Querstrebe und Pfosten messen. Dieser Winkel wird für das obere Ende der Pfosten gebraucht, das einmal die Spitze tragen wird.

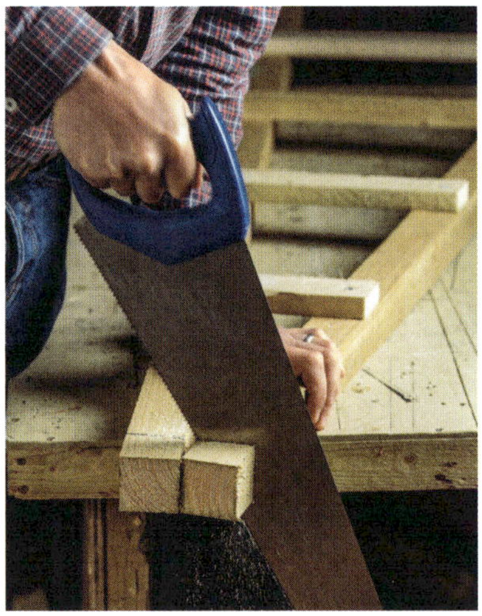

8 Das obere Ende der Pfosten entlang der markierten Linie kürzen, sodass eine gerade Fläche entsteht.

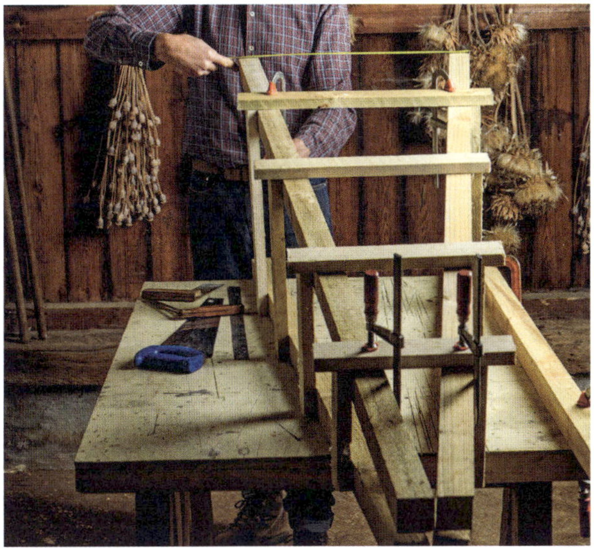

9 Für die beiden anderen Pfosten mit Querstreben die Arbeitsschritte 2 bis 8 wiederholen. Die beiden Hälften hochkant stellen und die oberen Enden aneinanderlegen. Die unteren Enden müssen wie in Schritt 2 einen Abstand von 55 cm zueinander haben. Die restlichen Querstreben an den zuvor gezeichneten Linien anlegen und mit den Schraubzwingen an den senkrechten Pfosten fixieren, um das Gerüst zusammenzuhalten. Alle Maße und Winkel noch einmal auf allen vier Seiten prüfen und ggf. justieren.

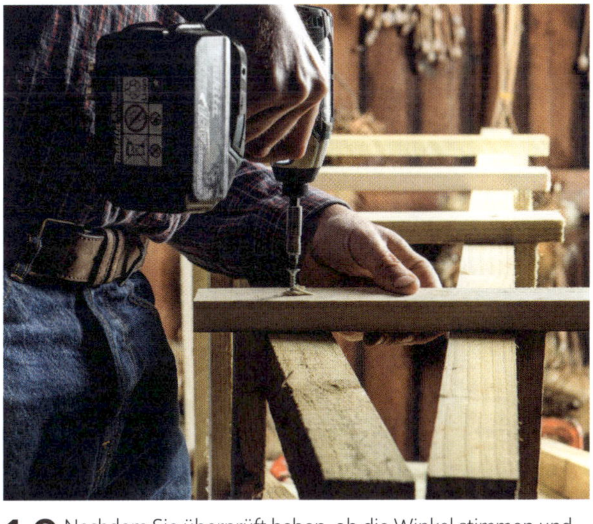

10 Nachdem Sie überprüft haben, ob die Winkel stimmen und die Querstreben an den Linien anliegen, die Schraubenlöcher bohren, um die Querstreben an den Pfosten zu befestigen (siehe Schritt 4). Zunächst die oberen und unteren Querstreben befestigen, dann die restlichen. Zum Schluss das Gerüst umdrehen und die Querstreben auf der anderen Seite ebenso befestigen.

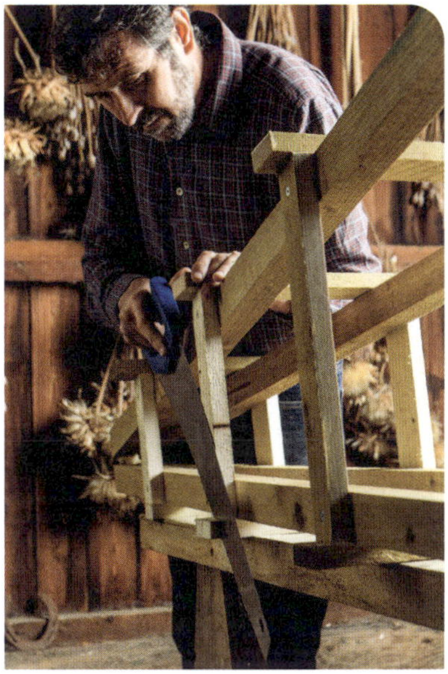

11 Wie in Schritt 5 die überstehenden Enden der Querstreben mit den Pfosten als Führung absägen, sodass die Enden bündig mit den Pfostenkanten abschließen.

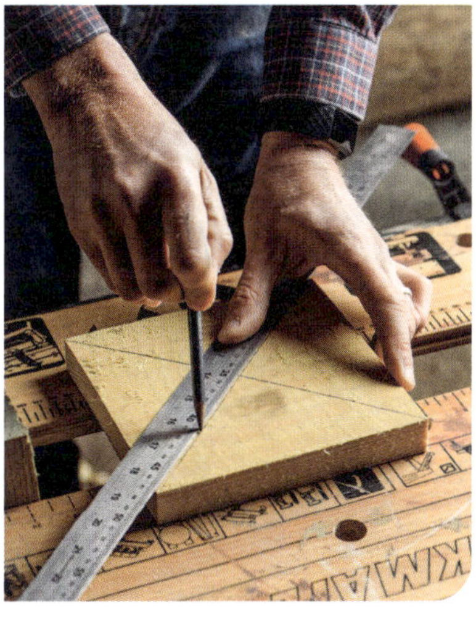

12 Auf der 17 × 17 cm großen Holzplatte die Diagonalen einzeichnen, um die exakte Mitte zu ermitteln. Mit der 14 × 14 cm großen Platte genauso verfahren.

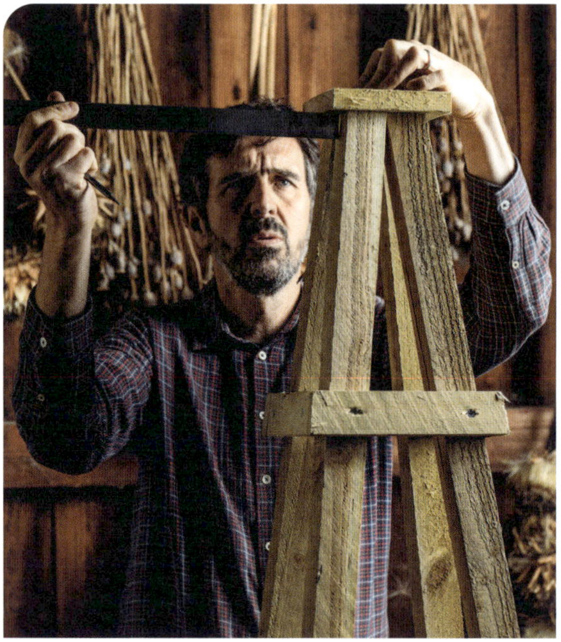

13 Die 14 × 14 cm große Kopfplatte exakt mittig und parallel zu den Pfostenkanten auf das obere Ende legen.

14 Die oberen Enden der Pfosten mit Schraubzwingen zusammenklammern, damit sie eng aneinanderstehen. Dann die kleine der Kopfplatten mit vier Schrauben befestigen.

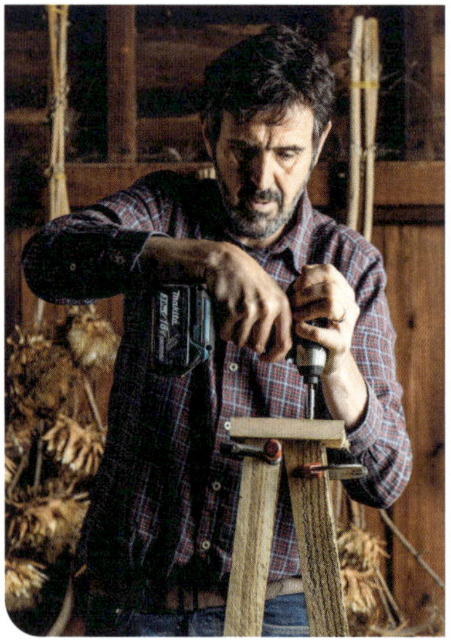

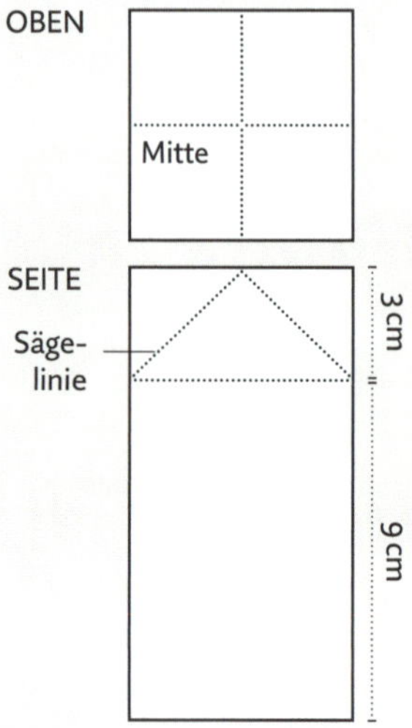

15 Den Klotz für die Zierspitze bereitlegen. Durch Einzeichnen zweier mittiger Linien parallel zu den Rändern die Mitte der Stirnfläche ermitteln. Auf einer Längsseite 3 cm unterhalb des oberen Endes eine horizontale Linie ziehen. Dann zwei diagonale Linien von der Mitte der oberen Kante zu den Enden der horizontalen Linie ziehen. Hier wird die Säge angesetzt.

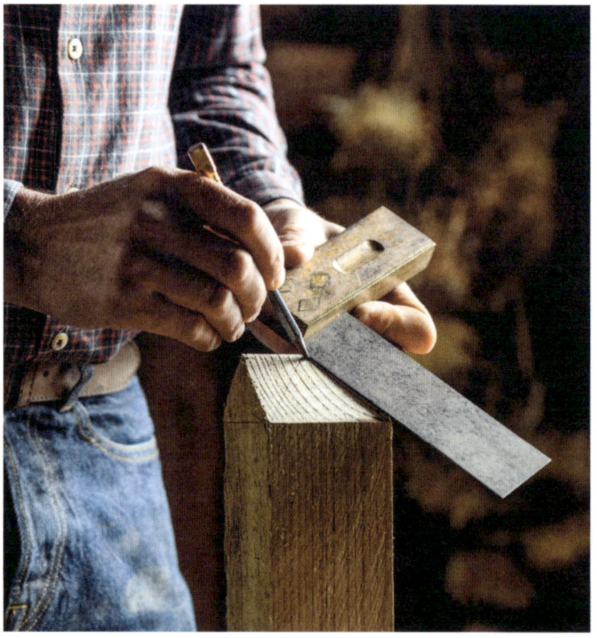

16 Wie in Schritt 15 beschrieben zwei gegenüberliegende Seiten markieren. Den Klotz auf der Arbeitsfläche fixieren, um entlang der Linien sägen zu können. Möglich ist das Sägen mit einer Handsäge, leichter geht es jedoch mit einer Kappsäge. Zunächst die beiden gegenüberliegenden »Dachschrägen« sägen. Klotz lösen und die Linien für die beiden anderen »Schrägen« von der Mitte des »Firsts« zu den äußeren Ecken auf beiden Seiten anzeichnen.

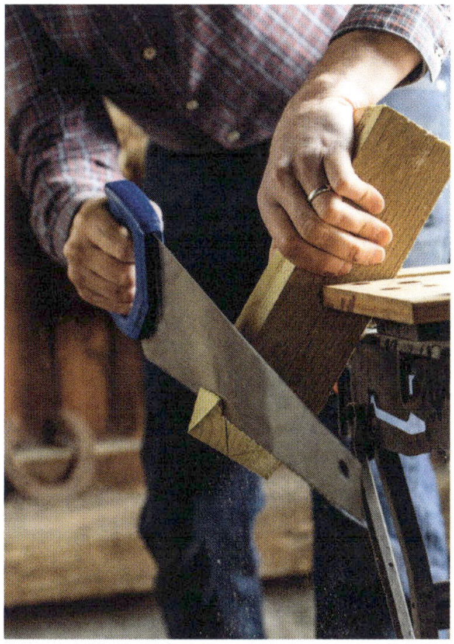

17 Klotz so fixieren, dass man einen vertikalen Schnitt durchführen kann. Die beiden Dreiecke wegsägen, damit der Klotz eine pyramidenförmige Spitze bekommt.

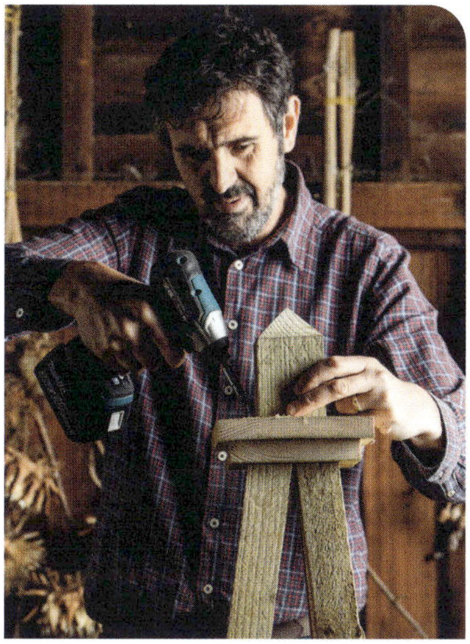

19 Die große Kopfplatte mit der Zierspitze darauf mittig auf die kleine Kopfplatte legen. Zwei Löcher vorbohren und die beiden Kopfplatten mit 70-mm-Schrauben zusammenschrauben.

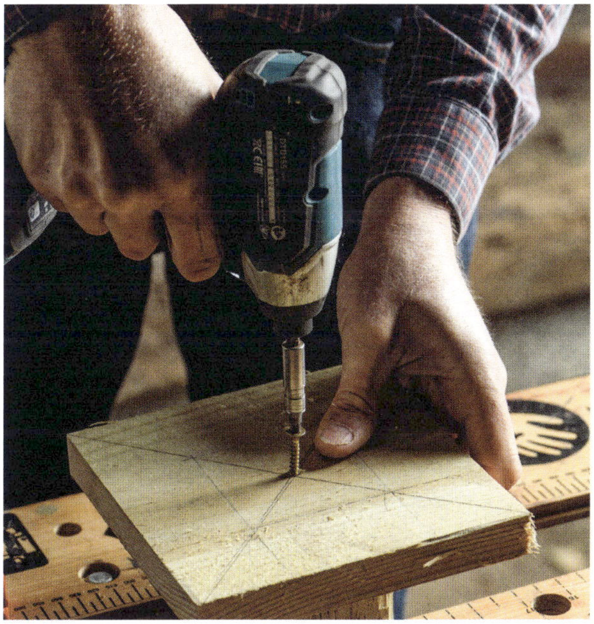

18 Am unteren Ende der Zierspitze die exakte Mitte ermitteln und ein Loch vorbohren. Ein weiteres Loch in die Mitte der großen Kopfplatte (17 × 17 cm) bohren. Die Zierspitze mit dem unteren Ende nach oben befestigen, Löcher exakt übereinanderlegen und die Kopfplatte mittig unten an die Zierspitze anschrauben.

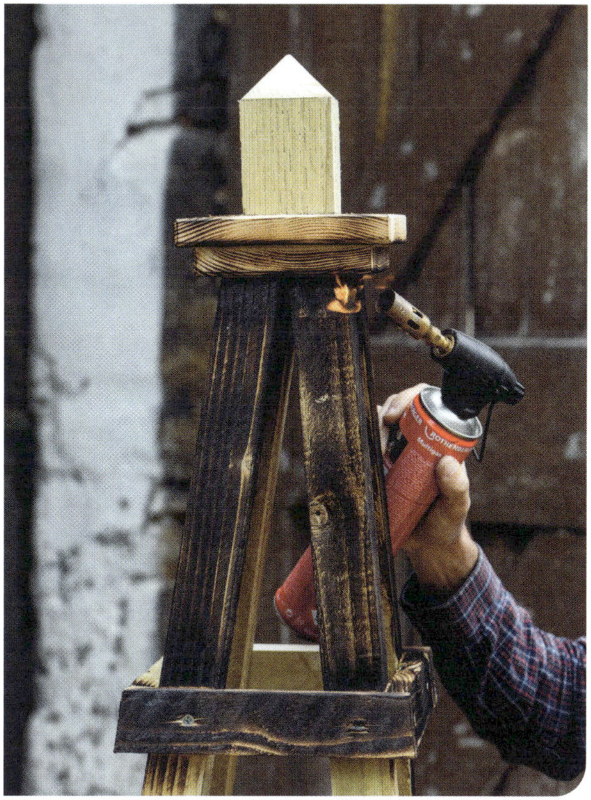

20 Obelisk aufstellen, wo man viel Platz hat, am besten im Freien. Mit der Lötlampe die Oberfläche des Holzes beliebig stark ankohlen. Langsam arbeiten und immer wieder prüfen, ob das Ergebnis gut aussieht.

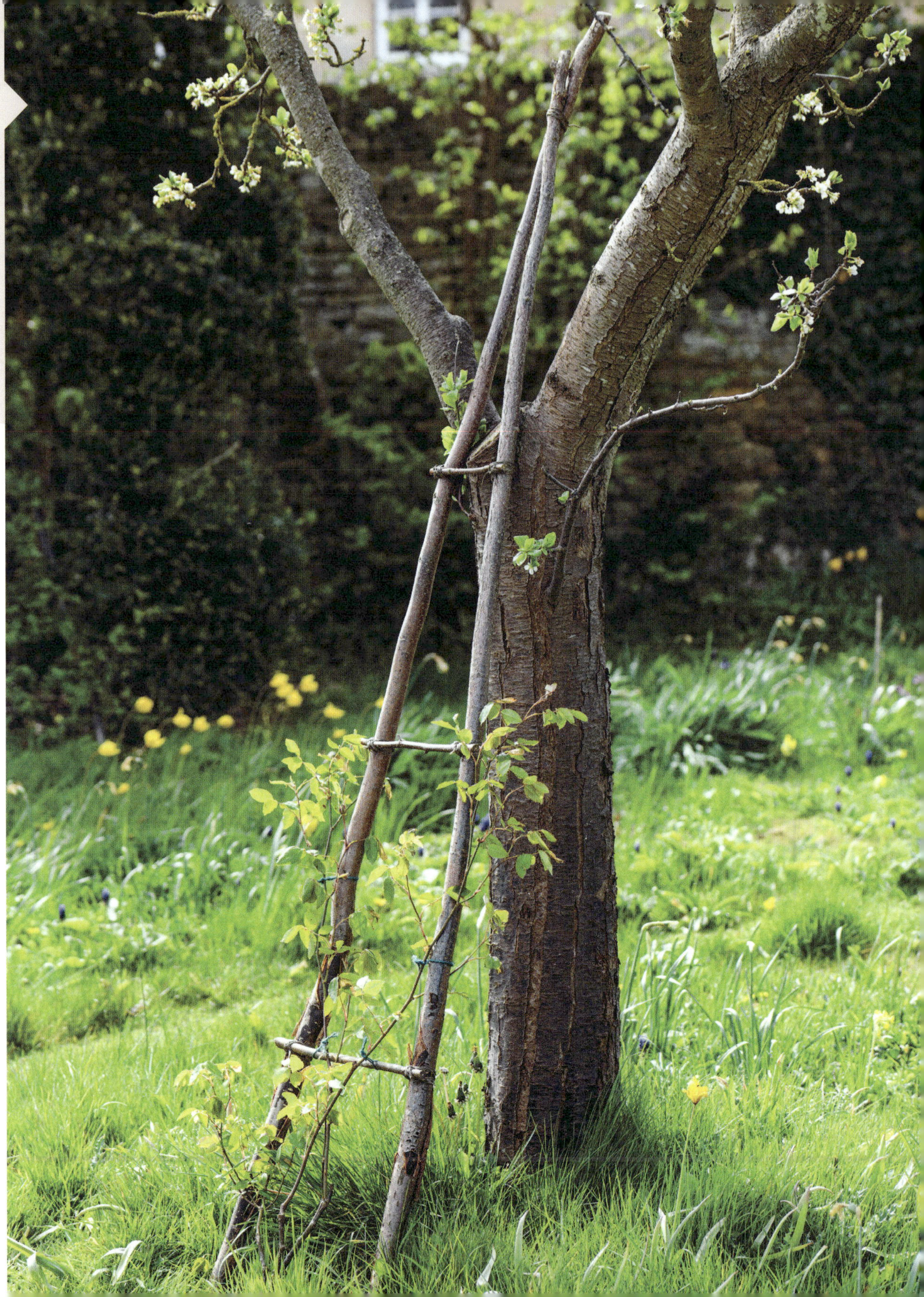

RUTENLEITER

Bei dieser Leiter aus Haselruten habe ich mich an den hohen Leitern orientiert, die man in alten Büchereien und Buchläden findet. Damit lassen sich Rosen ausgezeichnet in Bäume führen. Wer zwei Exemplare aneinanderlehnt, bekommt sogar ein frei stehendes Klettergerüst für Bohnen oder Clematis.

SIE BRAUCHEN

- Haselnussruten: 2 aufrechte Stangen, 1,8–2 m lang und 2,5 cm breit,für die Holme sowie Ruten, aus denen 10–13 mm dicke Sprossen geschnitten werden können
- Gartenschnur

Werkzeug

- Maßband
- Stift
- Gartenschere, Säge oder Astschere (zum Schneiden)
- Arbeitsfläche
- 20-mm-Beitel, wahlweise kleine Axt oder Messer
- Holzhammer
- Messer oder Schere
- Spaten

Ich verwende in der Regel Haselnussruten, da sie meist gerade wachsen und relativ hart sind. Sie halten im Freien vier bis fünf Jahre und bekommen mit der Zeit eine schöne Patina. Die Sprossen binde ich mit normaler Gartenschnur an die Holme, doch kann man auch mit Seilen und Stricken arbeiten und diese sogar als zusätzliches Dekoelement einsetzen. Ich lasse meine Leitern nach oben zu schmaler werden: Sie sind unten 45–60 cm breit und auf der Höhe der obersten Sprosse etwa 30 cm breit. Der Abstand zwischen den Sprossen beträgt ca. 30 cm.

NÜTZLICHE TIPPS

- Haselnussruten sind für dieses Projekt gut geeignet, doch kann man auch Metallstäbe, Bambusruten oder Dachlatten verwenden. Sie müssen nur gerade und lang genug sein und sich zu Sprossen schneiden lassen.
- Am besten eignen sich diese Leitern für ältere, relativ lichte Bäume, zum Beispiel Pflaumen- oder Apfelbäume, da man jene zu einer offenen Kelchform schneiden kann.
- Ich lasse meistens Rambler-Rosen an den Leitern hochwachsen, denn wenn sie einmal eingewachsen sind, kommen sie mit Wurzelkonkurrenz zurecht und müssen nicht groß geschnitten werden, um gut auszusehen. Anfangs sollte man sie mulchen, um Feuchtigkeit im Boden zu halten und Unkraut zu unterdrücken.

EXPERTEN*WISSEN*

- **Wenn Sie mit der Leiter Rosen in einen Baum führen möchten, sollte das untere Ende etwa 50 cm weit vom Stamm entfernt stehen. Braucht die Rose einen Schnitt, kappt man sie am Fuß der Leiter und holt die Triebe aus dem Baum.**
- **Zu meinen Lieblings-Rambler-Rosen gehört 'Rambling Rector'. Sie ist wüchsig, doch gefällt mir auch ihr Name!**
- **Lehnen Sie einen Holm gegen den Baum, um zu prüfen, wie die Leiter aussehen könnte. Lassen Sie sie lieber etwas zu lang – kürzen ist kein Problem.**

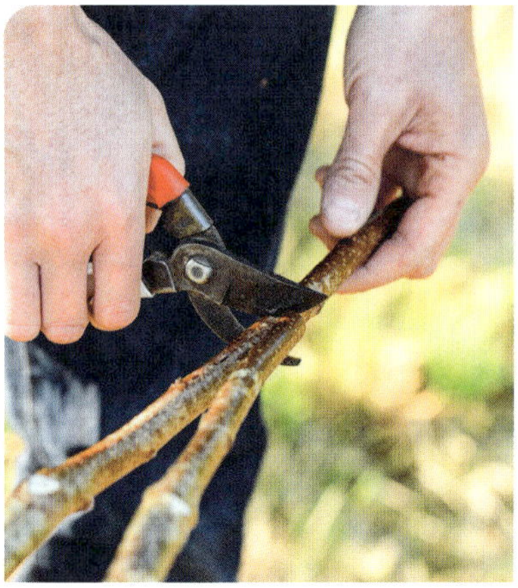

1 Vor Ort ausmessen, wie lang die Leiterholme sein sollen, damit sie exakt in die ihnen zugedachte Position passen. Dann zwei Holme je nach Rutendicke mit einer scharfen Gartenschere, einer Säge oder einer Astschere zuschneiden.

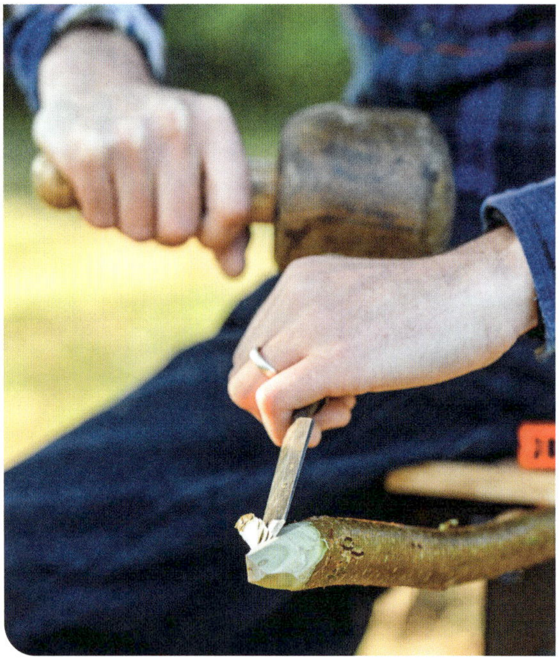

2 Die Ruten, die später die Holme bilden, an einer Arbeitsfläche fixieren oder von jemandem gut auf einer ebenen Fläche festhalten lassen. Mit Hammer und Beitel das untere Ende jeder Rute zuspitzen. So lassen sich die Ruten besser in die Erde stecken.

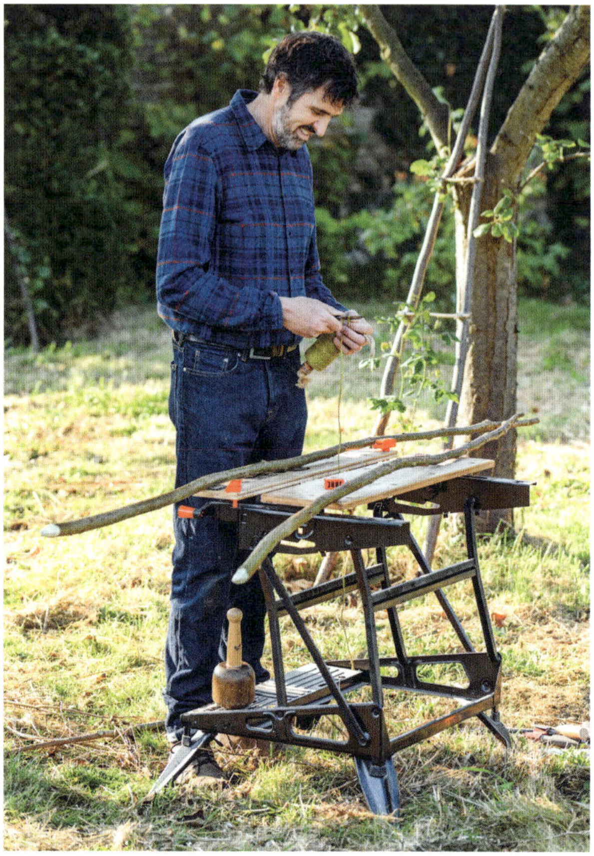

3 Die Ruten im gewünschten Abstand und Winkel zueinander auf eine Arbeitsfläche oder auf den Boden legen. Oberes und unteres Ende müssen sich auf gleicher Höhe befinden.

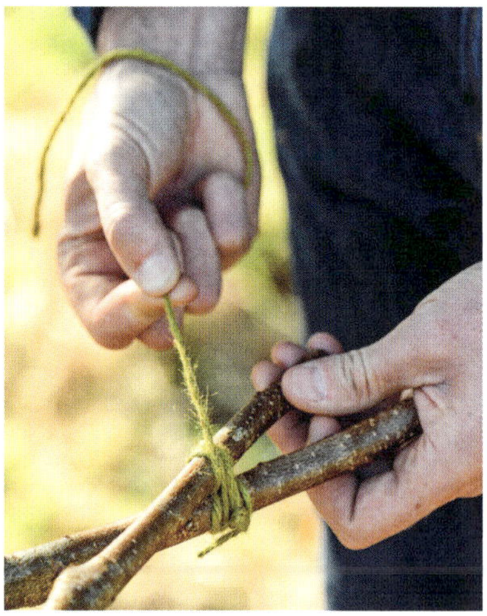

4 Ein Stück Schnur zurechtschneiden und die oberen Enden der Ruten zusammenbinden. Eine Knotenschlinge binden und über eine Rute streifen, dann die Schnur in Achterform um die gekreuzte Verbindung schlingen. Sobald sie fest und stabil wirkt, mit einem einfachen Doppelknoten fixieren.

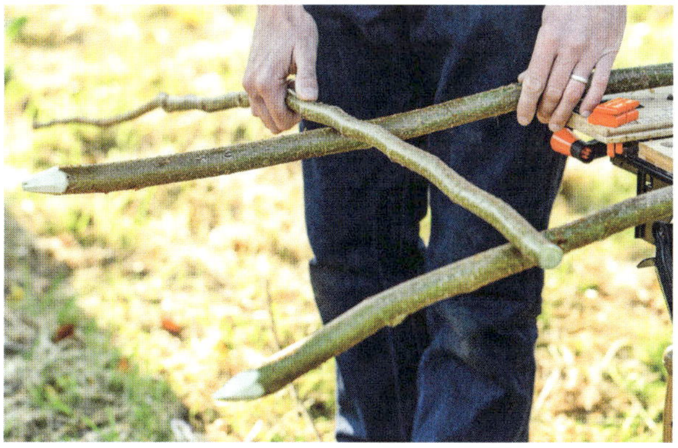

5 Zuerst die unterste Sprosse anbinden. Zu beiden Seiten etwa 4–5 cm überstehen lassen. Festlegen, wie groß die Abstände zwischen den einzelnen Sprossen sein sollen, und die übrigen Sprossen zuschneiden. Hier ist die unterste Sprosse 30 cm lang.

6 Die unterste Sprosse auf die Ruten legen und mit Gartenschnur festbinden. Die Schnur in Achterform um die Ruten schlingen und mit einem Knoten befestigen. Alle übrigen Sprossen ebenso festbinden; dabei darauf achten, dass sie parallel zueinander sind.

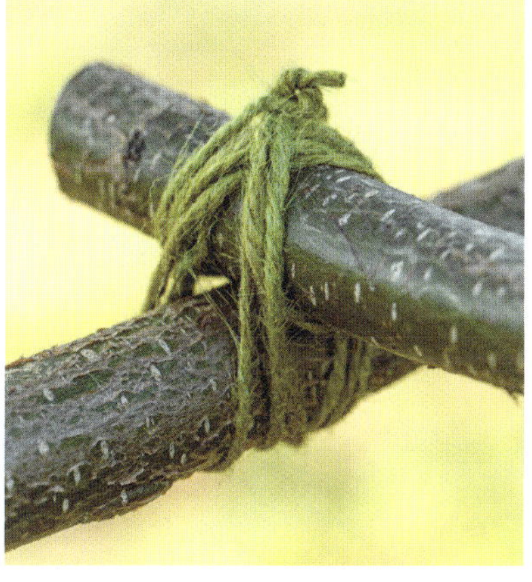

Diese einfache Leiter ist in 30 bis 40 Minuten fertig und gibt Ihrem Garten eine ganz eigene Note.

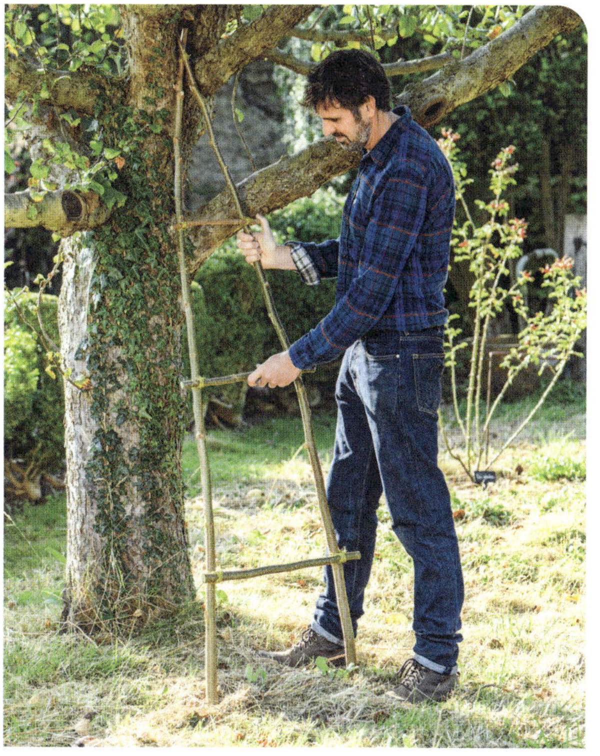

7 Die fertige Leiter leicht geneigt an ihrem endgültigen Standort an den Baum lehnen. Die zugespitzten unteren Enden in den Boden drücken, damit die Leiter stabil steht.

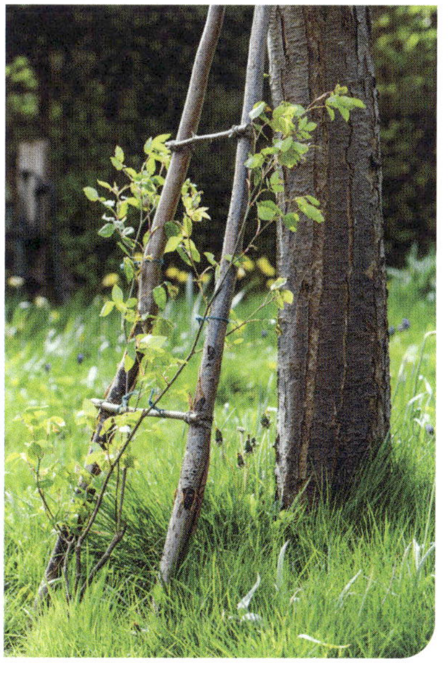

8 Ich habe meine Rambler-Rose neben den Fuß der Leiter gepflanzt, damit sie an ihr hochranken und in den Baum wachsen kann. Wer will, kann sie auch schon vor dem Aufstellen der Leiter einpflanzen.

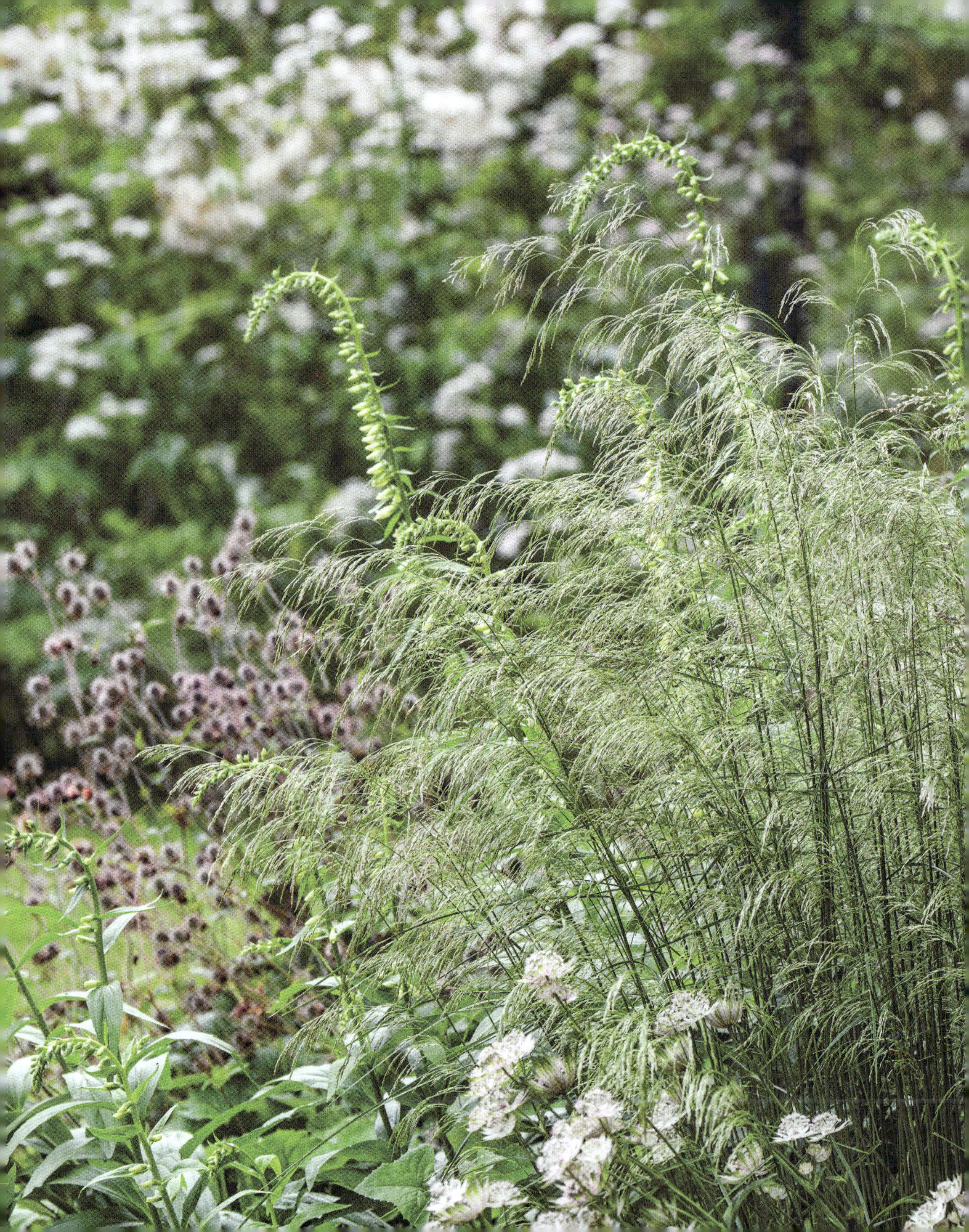

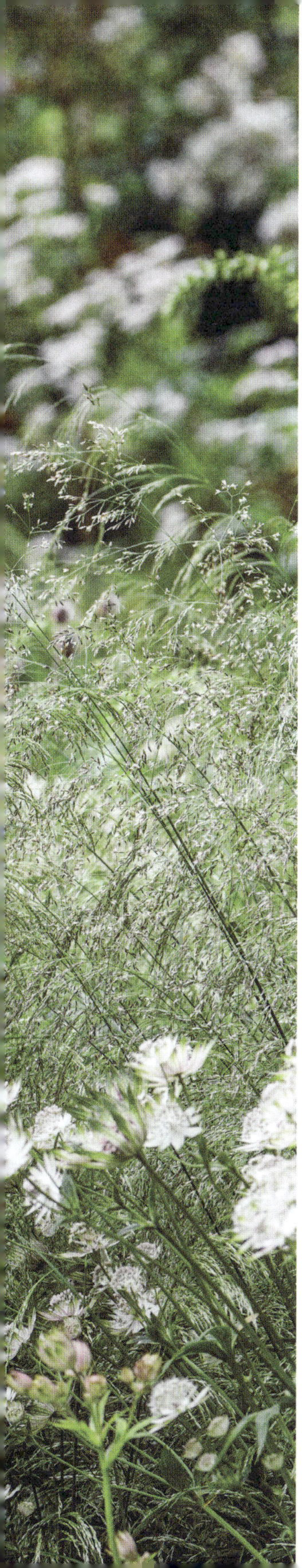

PROJEKTE

LEBENSRÄUME FÜR TIERE

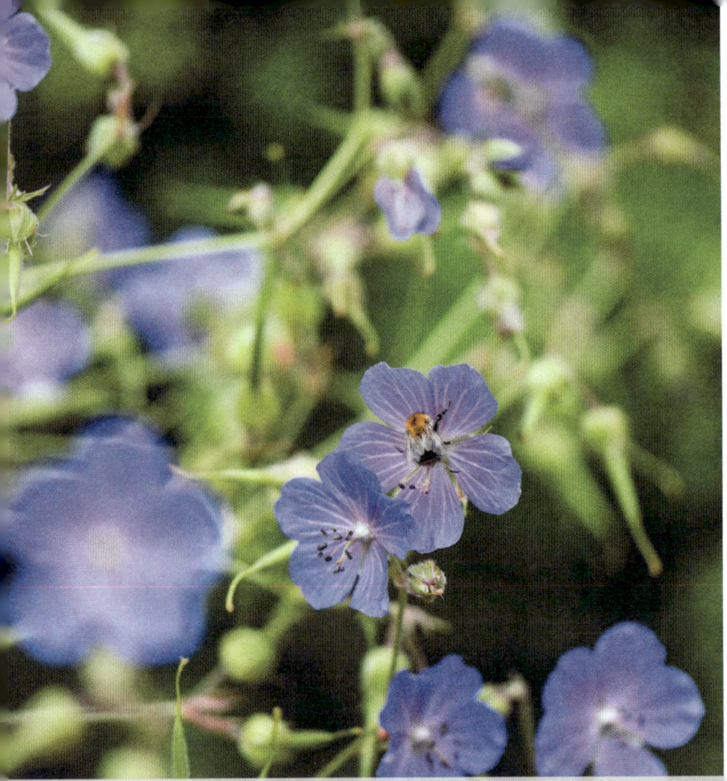

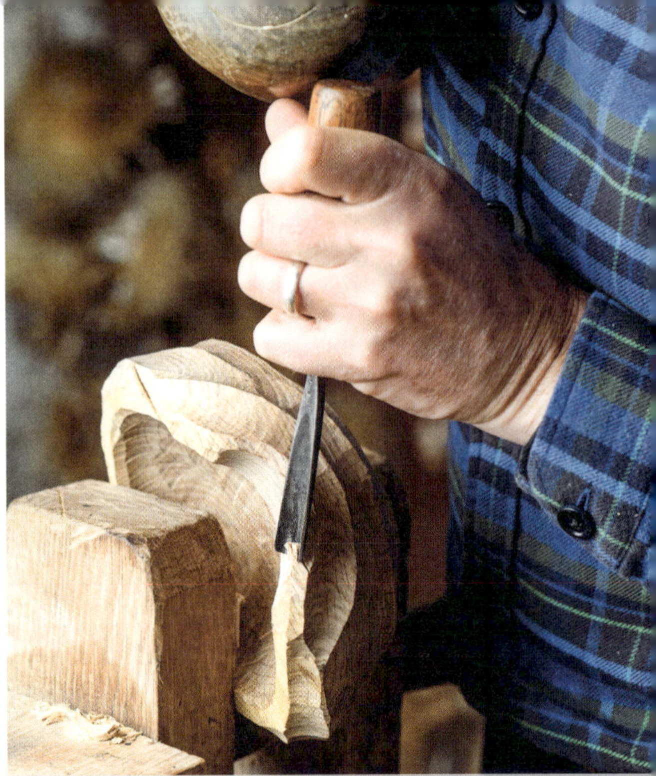

Viele bevorzugen aufgeräumte Gärten. Dabei ist ein bisschen Unordnung für Tiere meist besser.

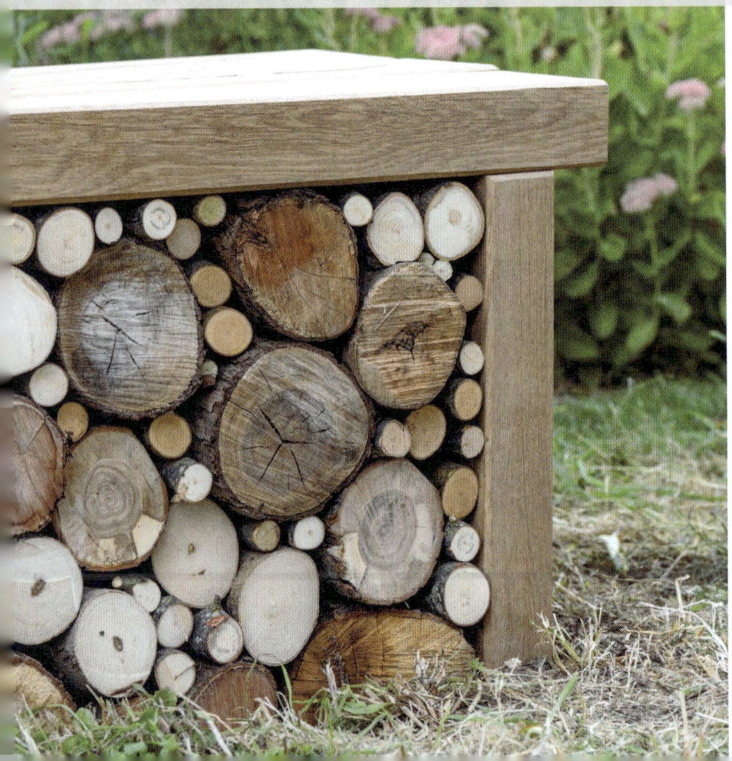

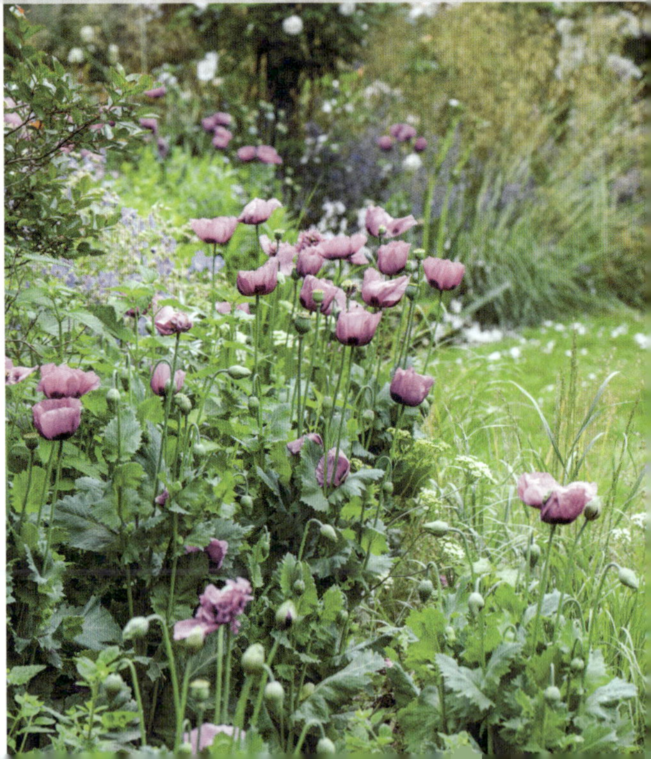

EINFÜHRUNG

Derzeit gehen immer mehr Lebensräume verloren und die Populationen von Insekten, Vögeln und anderen Tieren schrumpfen. Je mehr Habitate wir der Fauna bieten, desto besser ist es – nicht nur für die Umwelt und die Biodiversität, sondern auch für uns. Denn es hilft uns, einen Gang herunterzuschalten, die Natur schätzen zu lernen und achtsamer durchs Leben zu gehen.

Diese Lebensräume einzurichten macht mir viel Spaß, aber am schönsten ist es, wenn ich sehe, dass sie auch benutzt werden. In diesem Kapitel zeige ich, wie man ein Vogelbad herstellt, einen Spatzenbalkon zimmert, ein Kröten- und Bienenhaus baut und eine Insektenbank mit vielen kleinen Nischen konstruiert. Alle Projekte entstanden aus meiner Liebe zu bestimmten Tieren – entweder weil ich gelesen habe, dass ihre Populationen zurückgehen, oder einfach nur, weil ich sie gern beobachte. Gartenbesitzer neigen dazu, ihr grünes Reich etwas zu sehr zu pflegen, da ihnen tierfreundliche Gärten zu unaufgeräumt und schmuddelig erscheinen. Deshalb habe ich versucht, mit diesen Projekten Tiere auf eine nützliche und zugleich ästhetische Art anzulocken. Es ist erstaunlich, wie man damit Räume verändern kann – für die Tiere wie für sich selbst.

»Diese Elemente sind als Lebensräume für Tiere gedacht. Sie machen den Garten jedoch auch interessanter.«

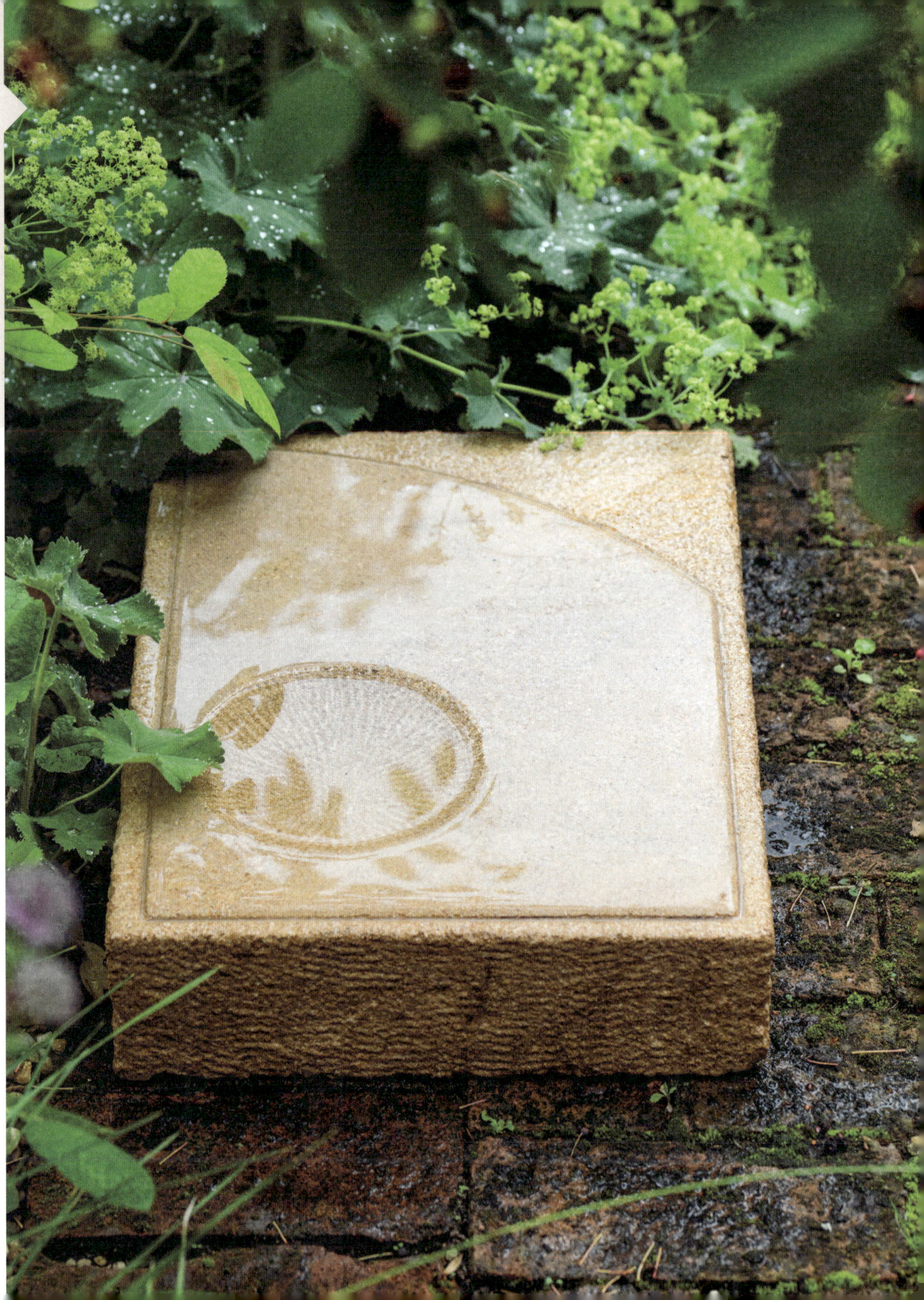

VOGELBAD AUS STEIN

Beim Gärtnern habe ich immer den Nutzen für Tiere im Hinterkopf und versuche so viele wie möglich anzulocken. Aber Tiere brauchen Wasser und wenn man kein Wasserelement in seinen Garten integrieren kann, tut es auch ein Vogelbad. Außerdem macht es Spaß, Vögeln beim Baden und anderen Tieren beim Trinken zuzusehen.

SIE BRAUCHEN

- Block aus Kalkstein oder einer anderen Gesteinsart, 43 × 32 × 9 cm

Werkzeug

- Arbeitsbank, Schraubstock oder Schraubzwingen
- Lineal oder gerades Holzstück
- Stift
- Stangenzirkel
- verschiedene Meißel, etwa ein Zahneisen mit 25-mm-Schneide oder ein 12-mm-Hohlmeißel
- Klüpfel
- Maßband
- evtl. Handschuhe
- Staubmaske
- Schutzbrille
- Winkelschleifer
- Diamantsägeblatt für Naturstein
- Diamanthandrutscher
- evtl. Bohrmaschine mit Polierscheibe

Dieses Vogelbad besteht aus einem Kalksteinblock. Die Mulde in der Ecke habe ich mit einem Meißel herausgeschlagen, für die Texturierung der Seiten dagegen ein Zahneisen verwendet. Das lockert den Stein nicht nur optisch auf, sondern lässt ihn auch schön altern. Ihn zu bearbeiten ist keine große Kunst – man braucht nur etwas Zeit und Übung. Die »Badewanne« hat einen Durchmesser von 15 cm und ist 3,5 cm tief.

NÜTZLICHE TIPPS

- Das Vogelbad sollte sorgfältig positioniert werden, idealerweise dort, wo man es gut sehen und mit Wasser füllen kann. Am besten ist ein Platz, an dem man es von einem Fenster aus im Blick hat.
- Bearbeiten Sie den Stein am besten im Freien und bei guter Luftzirkulation. Tragen Sie eine Staubmaske, damit Sie beim Schneiden des Steins keine Staubpartikel einatmen.
- In einem Steingarten kann man das Vogelbad eventuell sogar in einen der bestehenden Steine hauen.

EXPERTENWISSEN

- **Sie können verschiedene Meißel ausprobieren, sogar geschwungene, sodass der Stein eine interessante Textur bekommt. Man kann auch nur das Bad heraushauen und den restlichen Stein unbearbeitet lassen oder den Rand mit Mustern verzieren.**
- **Ich habe Kalkstein verwendet, doch auch Sandstein, Granit, Alabaster oder Speckstein sind möglich. Allerdings lassen sich weiche Gesteinsarten leichter bearbeiten. Versuchen Sie heimisches Gestein zu bekommen, damit es sich gut in den Garten einfügt.**

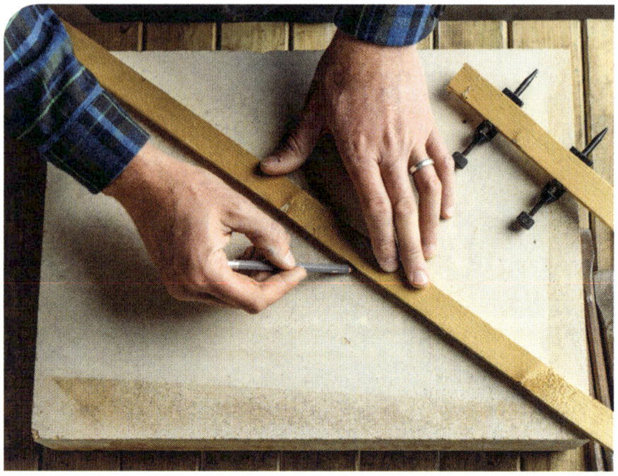

1 Den Stein in einer Höhe, in der er bequem bearbeitet werden kann, auf eine ebene Fläche legen. Falls er beim Bearbeiten verrutscht, sollte er fixiert werden. Mit einem Lineal oder einer Latte eine Linie zwischen zwei Ecken ziehen.

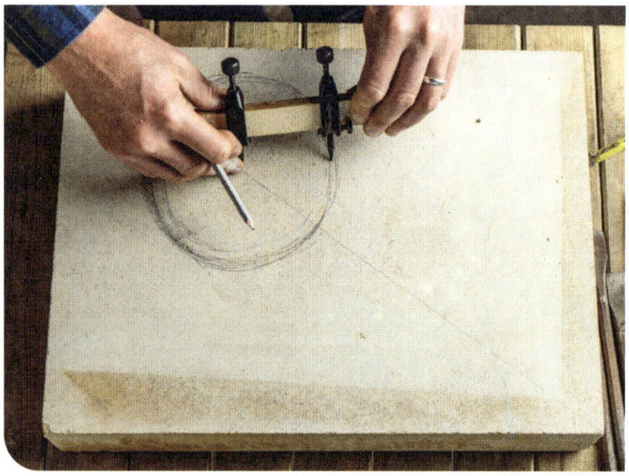

2 Mit einem Stangenzirkel die Umrisse des Bades markieren. Es kann sich an einer beliebigen Stelle auf dem Stein befinden, sollte aber mindestens 2,5 cm vom Rand entfernt sein. So lassen sich die Ränder detaillierter ausarbeiten und es sieht nicht so aus, als sei das Bad zu sehr in eine Ecke gezwängt worden. Ich habe die Mitte des Bads auf der diagonalen Linie platziert.

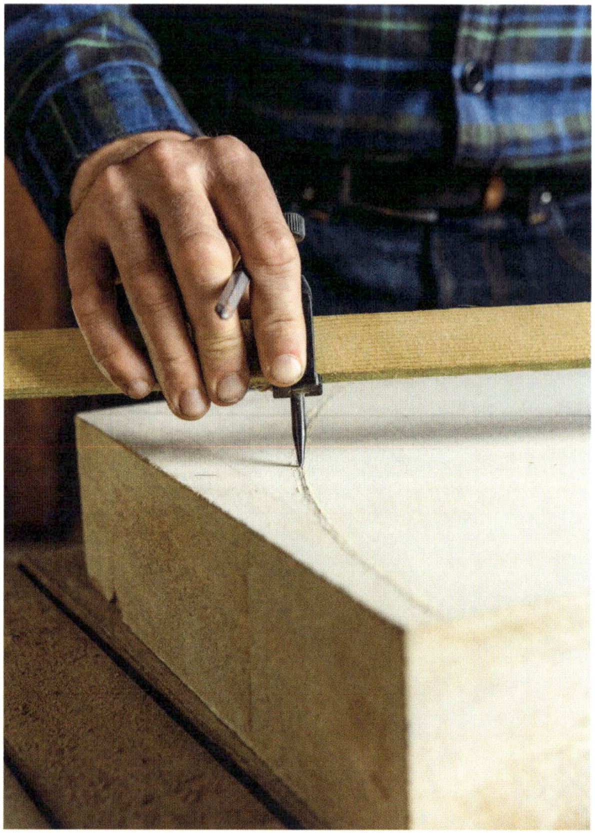

3 In der Ecke, die der Vertiefung für das Bad gegenüberliegt, mit dem Zirkel eine runde Linie vom Ende einer Kante bis zu einem Drittel unterhalb der anderen Kante ziehen. Sie bildet die Grenze, bis zu der die strukturierte Fläche verlaufen soll (die aber auch unbearbeitet bleiben kann).

Kleine Meißel

Wenn Sie kleinere Meißel verwenden, brauchen Sie zwar länger für die Bearbeitung, dafür ist aber die Gefahr geringer, dass sich große Stücke lösen. Deshalb kann detaillierter gearbeitet werden.

Ich bevorzuge im Garten Elemente mit interessanten Details, die den Blick lenken oder als Überraschungsmoment neben Sitzgelegenheiten ins Auge fallen.

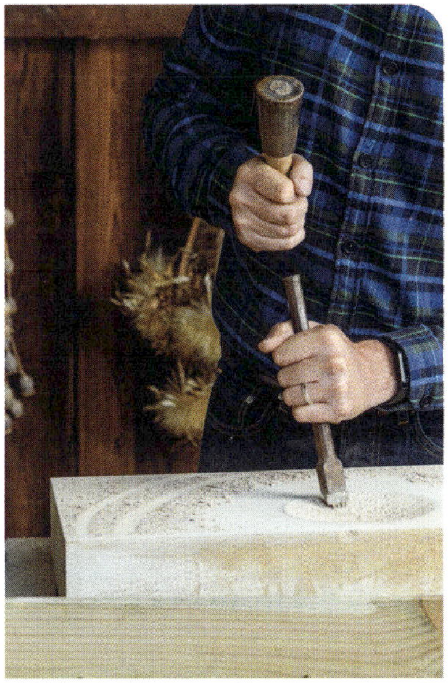

5 Sobald das Bad grob ausgehöhlt ist, auf das Zahneisen umsteigen und damit die Feinbearbeitung übernehmen. Nach Möglichkeit stets nach innen arbeiten, damit sich keine großen Steinstücke lösen und der gerade Rand nicht ruiniert wird.

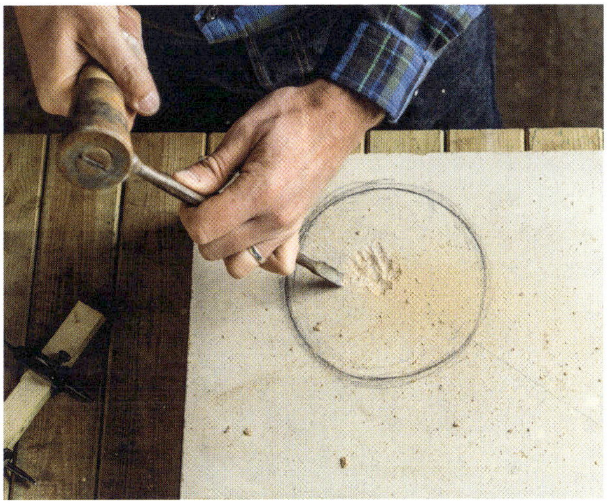

4 Mit dem Hohlmeißel eine schalenförmige Vertiefung innerhalb der runden Form aushöhlen. Dabei kleine Kerben hineinmeißeln, um ein schönes Muster zu erreichen. Ich versuche, eine möglichst schlichte Form zu bewahren. Hier arbeite ich mit einem 12-mm-Hohlmeißel und einem Klüpfel, um eine texturierte Vertiefung einzuarbeiten.

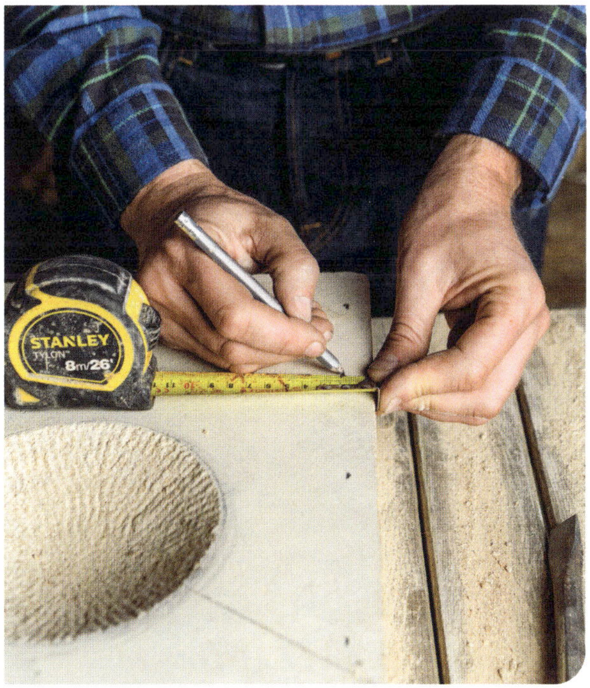

6 Sobald Sie mit der Gestaltung des Bads zufrieden sind, 1,5 cm vom Rand des Steins entfernt auf jeder Seite eine Linie ziehen. Diese Linie dient als Grenze, bis zu der die Oberfläche des Steins dekorativ texturiert werden kann.

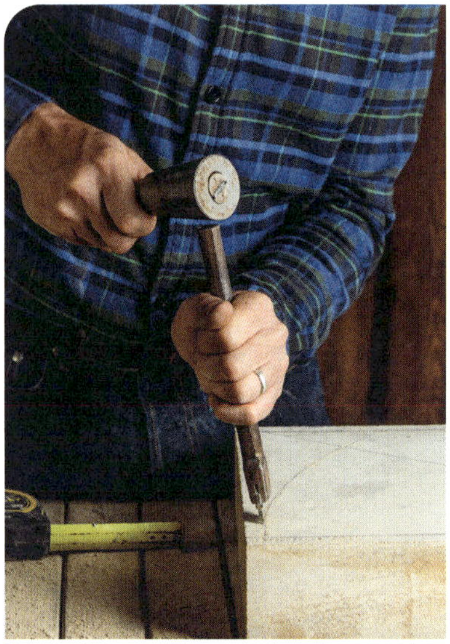

7 Den Stein vorsichtig am Rand entlang mit dem Zahneisen bearbeiten. Zeit lassen, nicht zu stark mit dem Klüpfel schlagen und das Zahneisen leicht schräg ansetzen.

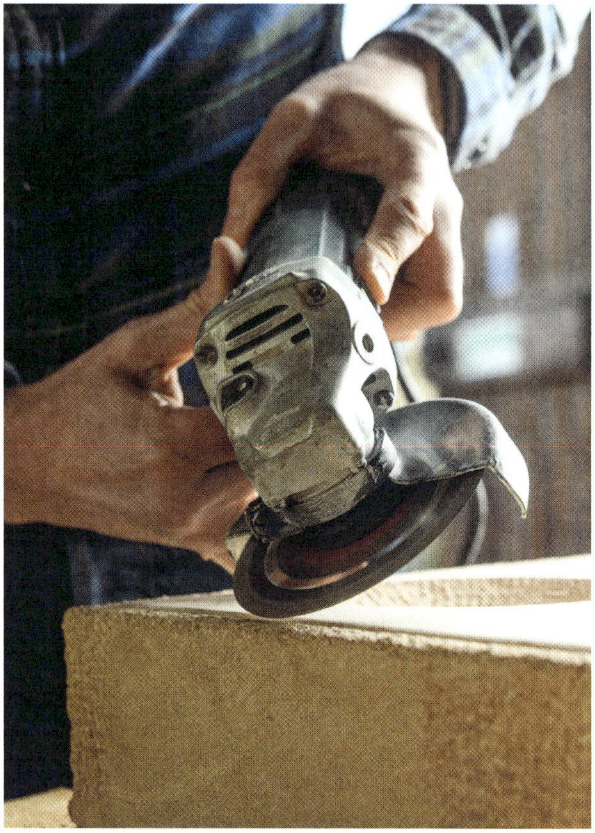

9 Mit dem Winkelschleifer entlang der angezeichneten Linie schräg schleifen, um einen schönen Abschluss zu bekommen. Das erfordert eine ruhige Hand. Es kann auch ein Lineal als Führung am Stein festgeklemmt werden.

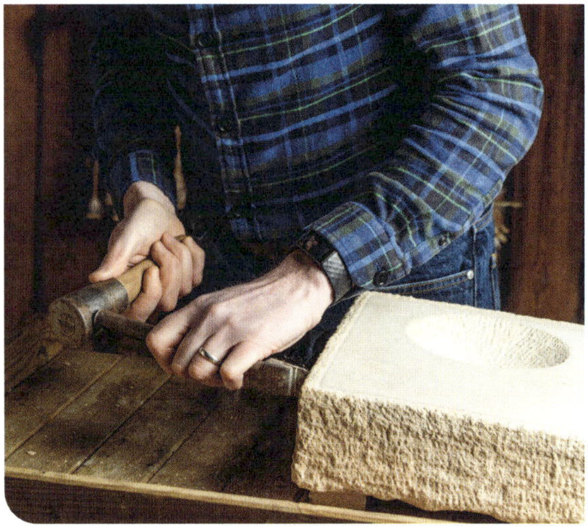

8 Als Nächstes die senkrechten Kanten des Steins mit Zahneisen und Klüpfel texturieren. Immer nur eine kleine Fläche auf einmal bearbeiten; dabei das Zahneisen rechtwinkeliger zum Stein halten als in Schritt 4. So wird die Oberfläche dekorativer und altert schöner.

» Das Bearbeiten des Steins mit einem Meißel ist nicht schwer. Sie brauchen nur Zeit, Übung und Geduld. «

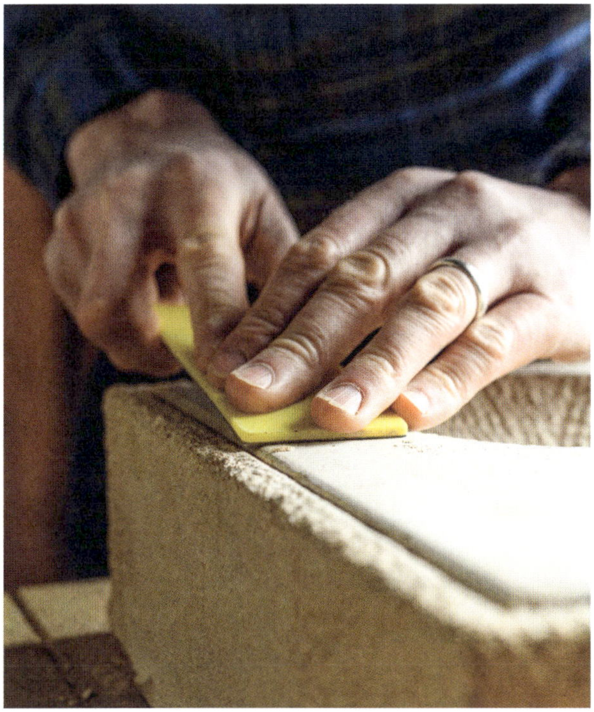

10 Den Rand mit einem Diamanthandrutscher glätten.

11 Wer will, kann die Oberfläche auch mit einer Bohrmaschine mit Polierscheibe glattschleifen.

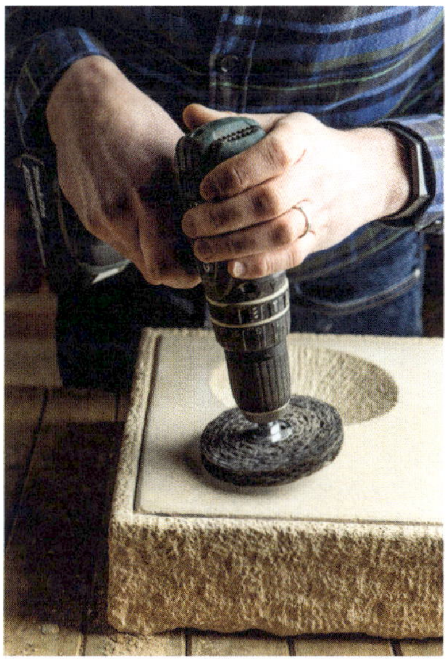

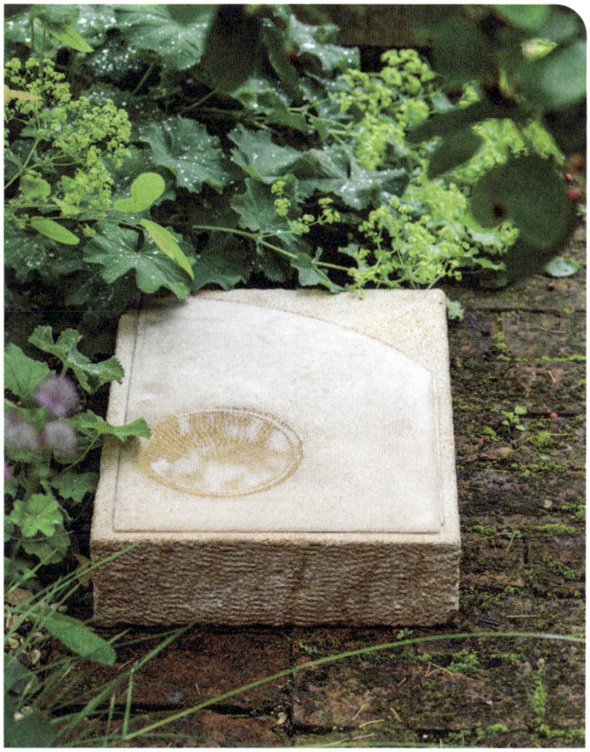

12 Das Vogelbad so positionieren, dass Sie möglichst viel davon haben – also dort, wo Sie es am besten sehen oder oft vorbeigehen und wo das Licht sich tagsüber am schönsten im Wasser spiegelt.

SPATZENBALKON

Die Idee zu diesem Nistkasten kam mir, weil ich Spatzen mag und sie schon als Kind mit Vorliebe im Garten beobachtet habe. Man sieht derzeit nicht mehr so viele wie früher, deshalb wollte ich ihnen ein Angebot machen, das sie nicht ablehnen können – eben diesen Spatzenbalkon.

SIE BRAUCHEN

Holzbedarf und Maße siehe S. 104

- 40-mm-Messingschrauben
- 30-mm-Nägel, verzinkt
- Leinöl oder ein anderes natürliches, für Tiere unschädliches Holzschutzmittel
- 60-mm-Schrauben mit Dübeln

Werkzeug

- Arbeitsbank, Schraubstock oder Schraubzwingen
- Maßband
- Stift
- Winkelmaß
- Säge
- Akkubohrer/-schrauber
- 4-mm-Bohrer und 10-mm-Senkbohrer
- 28-mm-Kernlochbohrer (Flachfräs-/Schlangen-/Forstnerbohrer)
- 6-mm-V-Beitel, Stechbeitel und 8-mm-Hohlbeitel
- Holzhammer
- kleiner Hammer
- Bürsten oder Tuch
- Wasserwaage

Statt einen für alle Vögel geeigneten Nistkasten zu basteln, ist es wesentlich interessanter, herauszufinden, was für Vogelarten es in der Gegend gibt und welche Lebensräume sie bevorzugen. Mit artgerechten Nistkästen lockt man genau die Vögel an, die man im Garten haben möchte. Spatzen werden seit Jahrzehnten immer seltener. Da sie normalerweise in Kolonien nisten, habe ich diesen Spatzenbalkon mit vier separaten Einfluglöchern gezimmert, um sie davon zu überzeugen, sich bei mir häuslich niederzulassen. Die Kästen habe ich aus Eiche gezimmert. Das Dach kann aus Zedernholzschindeln, Holz oder Kupfer sein, je nachdem, welches Material Ihnen lieber ist.

NÜTZLICHE TIPPS

- Das Einflugloch sollte sich mindestens 13 cm über dem Kastenboden befinden, damit Jungvögel nicht versehentlich herausfallen.
- Die Innenwand unter dem Einflugloch sollte aus rohem, nicht gehobeltem Holz bestehen. So können Jungvögel besser daran hochklettern, wenn sie flügge werden.
- Behandelt man das Holz nicht, wird es mit der Zeit grau und verschmilzt mit der Umgebung. Nadelholz kann man aber auch mit einem für Tiere unbedenklichen Holzschutzmittel auf Wasserbasis behandeln, allerdings nur auf der Außenseite der Box und nicht direkt am Einflugloch.

EXPERTENWISSEN

- **Lassen Sie das Dach an der Vorderseite als Regenschutz überstehen.**
- **Das Einflugloch sollte weder zur Wetterseite zeigen noch sich tagsüber längere Zeit in der Sonne befinden. Befestigen Sie den Kasten in 2–4 m Höhe an einer Wand oder einem Baum.**
- **Hängen Sie Nistkästen am besten im Frühherbst auf, denn viele Vögel suchen in dieser Zeit nach Schlafplätzen und kehren im Frühjahr zum Nisten zu ihnen zurück.**

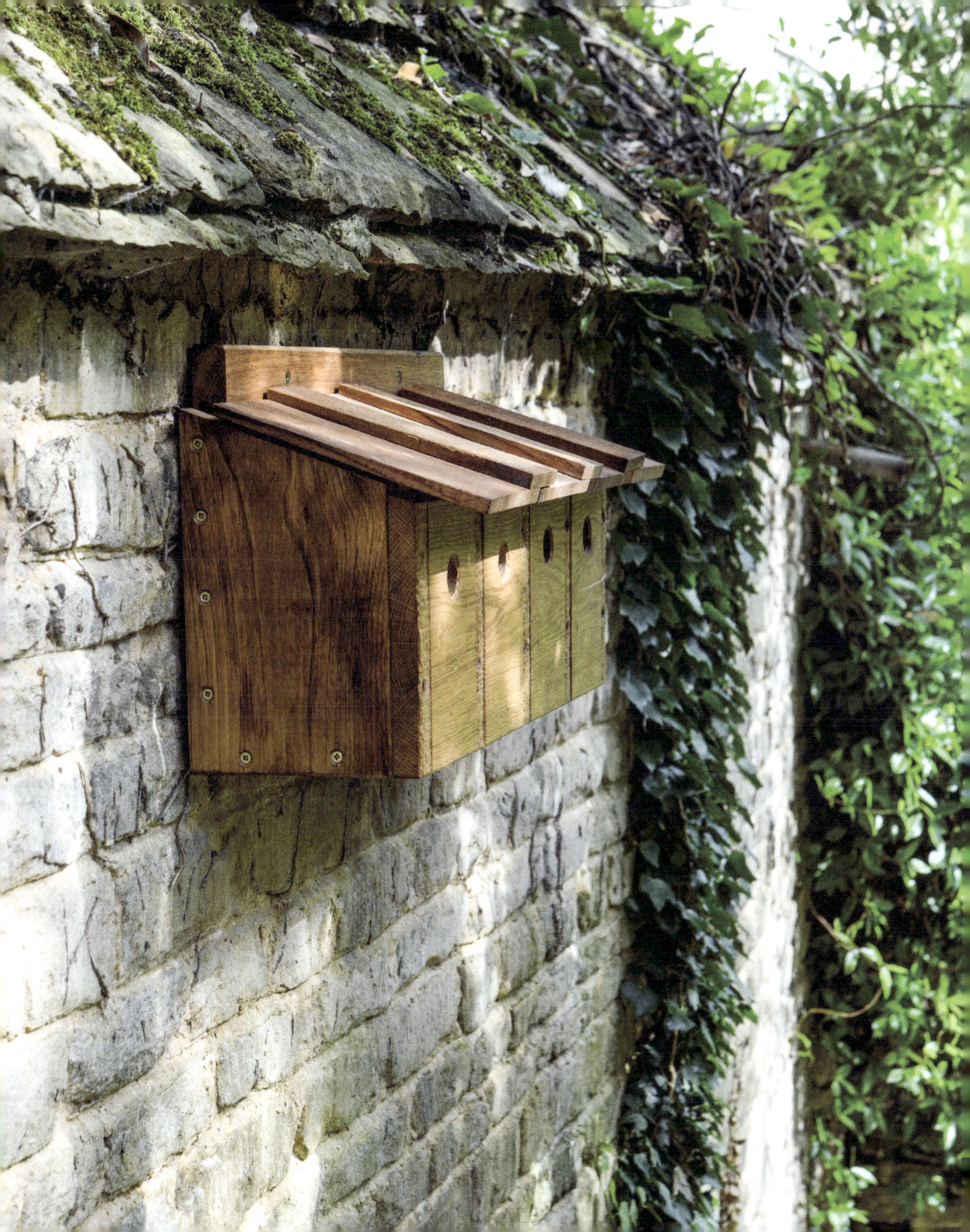

BAUTEILE

Mithilfe dieser Schemazeichnungen können Sie die Bauteile vorbereiten. Sie brauchen 2,5 cm dicke Bretter, etwa aus Eiche.

2 SEITENTEILE

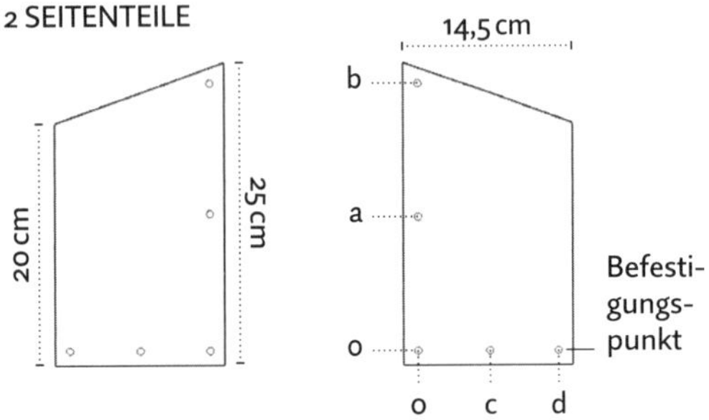

o–a = 11 cm
o–b = 22 cm

o–c = 6 cm
o–d = 12 cm

7 ZEDERNSCHINDELN FÜR DAS DACH
1,5 cm dick

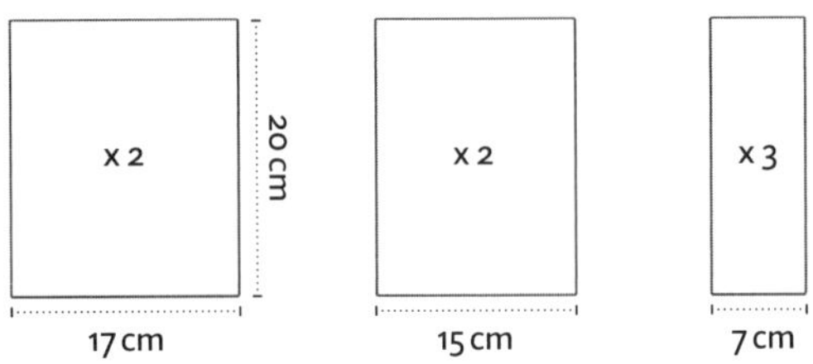

3 INNENWÄNDE

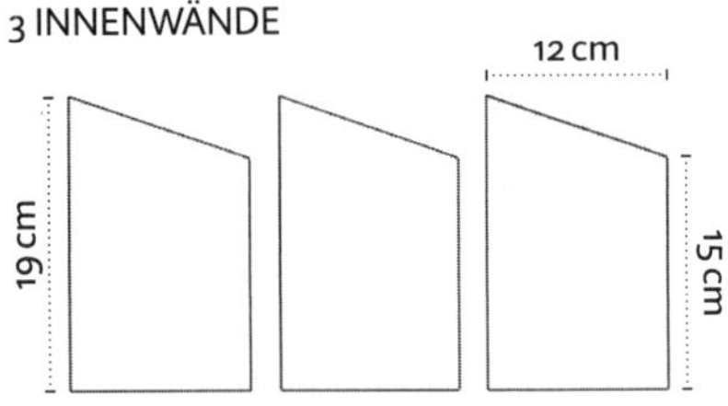

DACHPLATTE

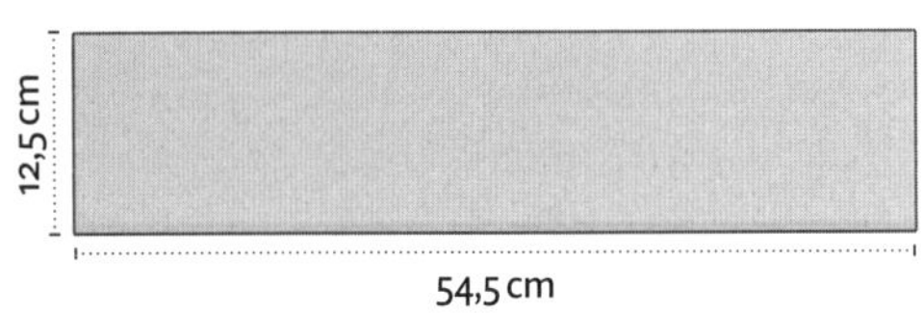

VORDERANSICHT

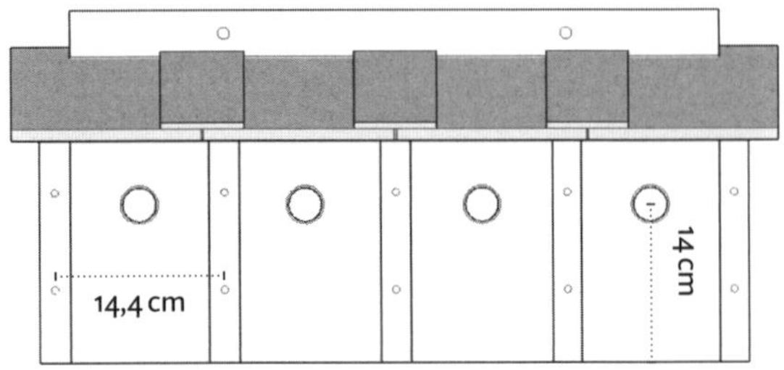

VORDERWAND

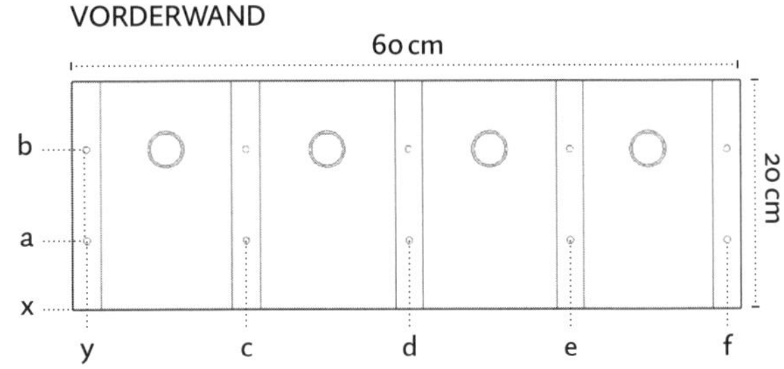

y–a = 6 cm
y–b = 14 cm
x–y = 12,5 mm

x–c = 156,5 mm
x–d = 300,5 mm
x–e = 444,5 mm
x–f = 588,5 mm

2 RÜCKWÄNDE

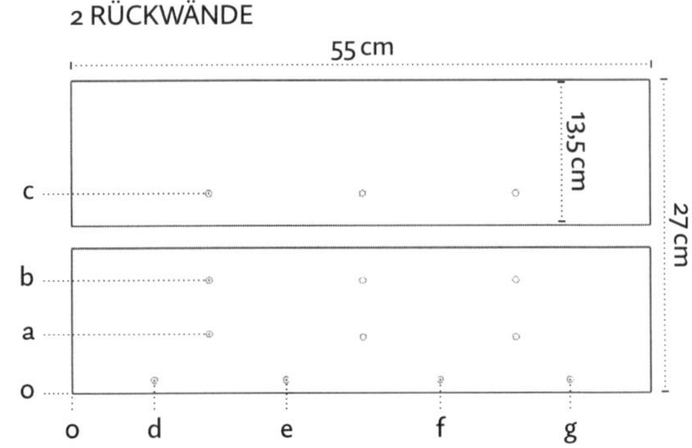

o–a = 5,5 cm
o–b = 10,5 cm
o–c = 18,5 cm
o–d = 7,5 cm

o–e = 20 cm
o–f = 35 cm
o–g = 47,5 cm

BODENPLATTE

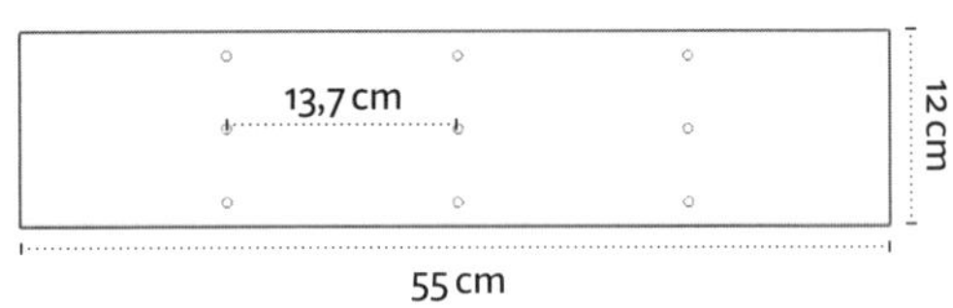

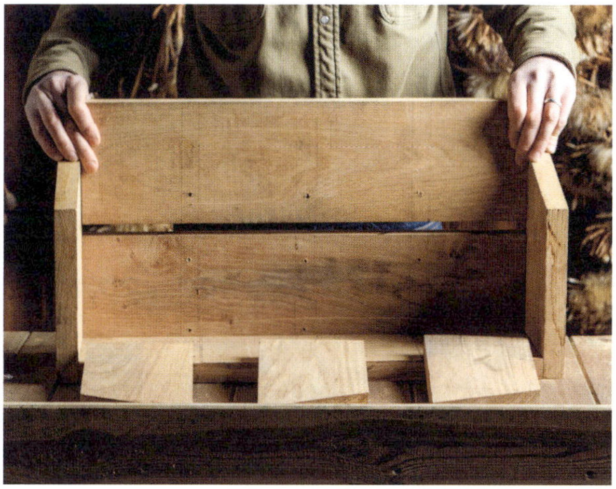

1 Nach dem Zuschneiden alle Stücke lose arrangieren, damit man sieht, wie sie zusammengefügt werden müssen. Alle Maße noch einmal überprüfen und ggf. mit einem Stift markieren.

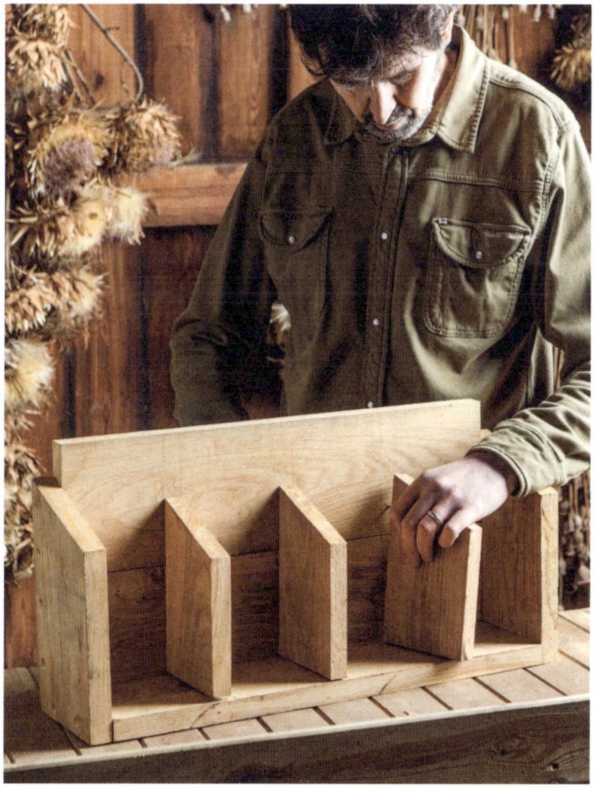

2 Danach alle Befestigungspunkte und einzelnen Fächer mit Stift und Winkelmaß ausmessen und anzeichnen. Als Vorlage die Schemazeichnungen von gegenüber verwenden.

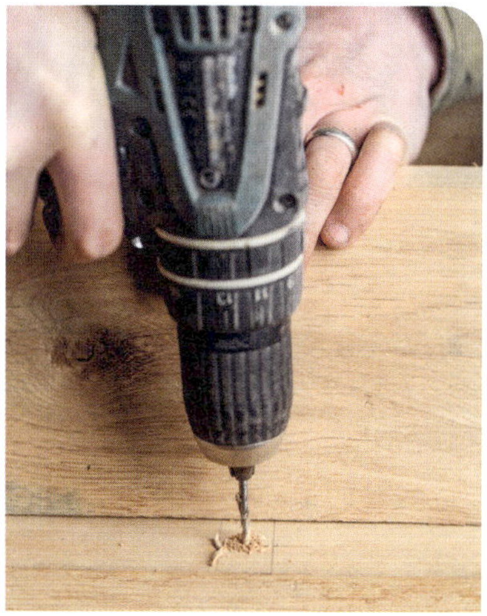

3 Bei Verwendung von Laubholz am besten nach dem Anzeichnen alle Löcher vorbohren. Ansonsten kann man die Löcher auch erst kurz vor dem Zusammenschrauben bohren. Beim Vorbohren 4-mm-Bohrer verwenden.

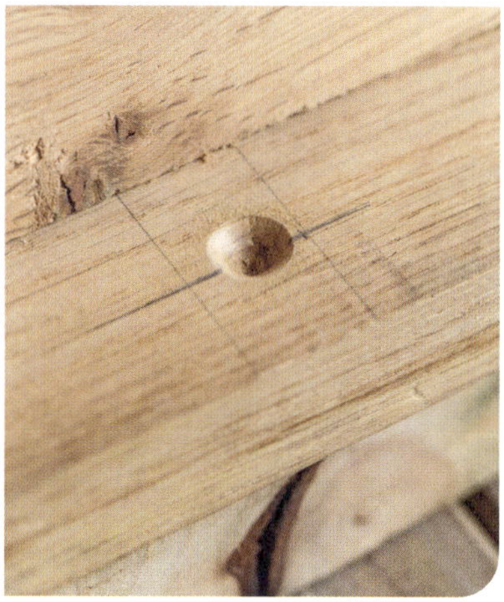

4 Alle nach außen zeigenden Löcher mit einem Senkbohrer vorbohren, damit die Schraubenköpfe oberflächenbündig versenkt werden können.

» Viele Informationen über Vögel findet man auf der Homepage des NABU. Auch örtliche und regionale Vogelschutzvereine helfen weiter. «

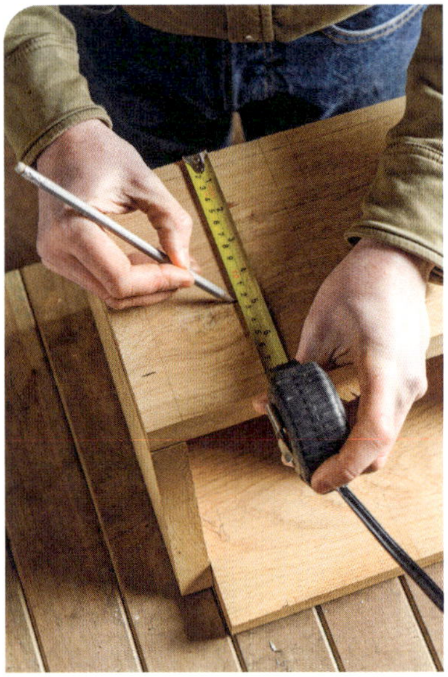

5 Die Einfluglöcher anzeichnen. Dazu die Vorderwand auf eine ebene Fläche legen. In die Mitte jedes Abteils eine vertikale Linie ziehen. Vom unteren Ende der Linie 14 cm nach oben messen – hier soll sich die Mitte des Einfluglochs befinden.

Welche Größe?

Beim Einflugloch hat jede Vogelart ihre ganz eigenen Vorstellungen:

- **25 mm bevorzugen Blau-, Tannen- und Sumpfmeisen**
- **28 mm sind ideal für Kohlmeisen, Feldspatzen und Trauerschnäpper**
- **32 mm werden von Hausspatzen und Kleiber verlangt**
- **45 mm ist die Größe für Spechte**

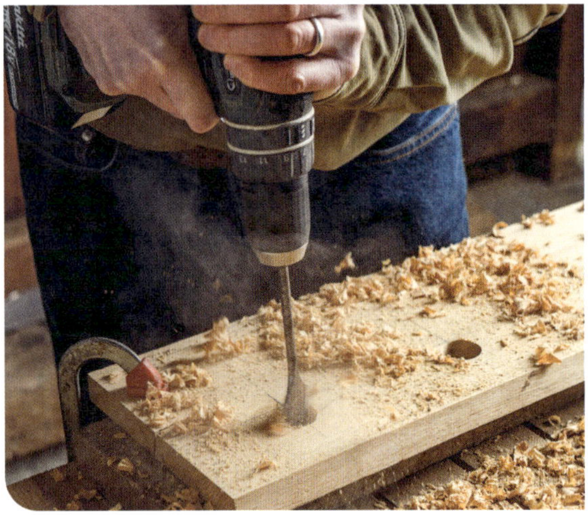

6 Die Vorderwand auf der Arbeitsfläche fixieren. Mit einem 28-mm-Kernlochbohrer die vier Einfluglöcher bohren. 28 mm Durchmesser sind ideal für Feldspatzen und einige weitere Vogelarten. Andere Arten brauchen größere oder kleinere Einfluglöcher (siehe Kasten oben).

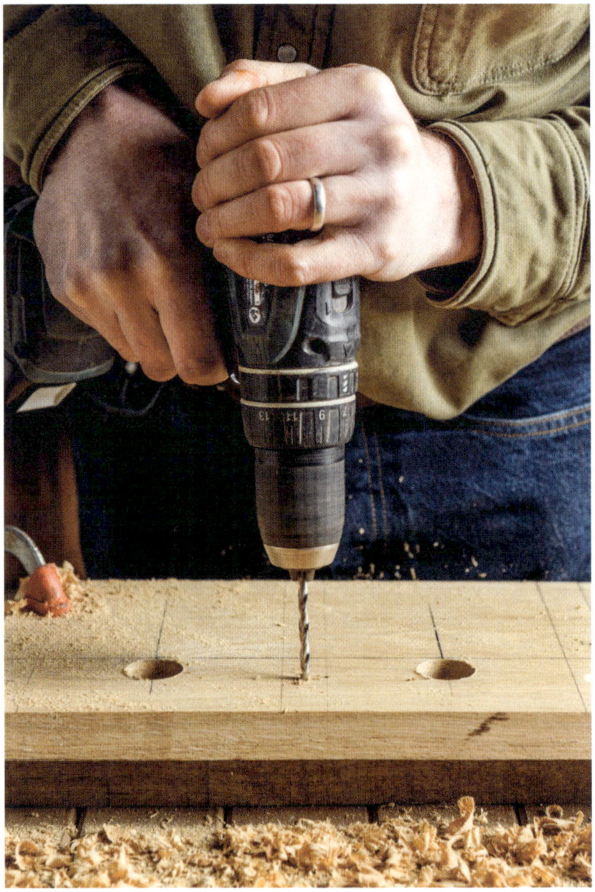

7 Die Schraubenlöcher 6 cm und 14 cm über der Unterkante auf der Vorderwand anzeichnen und vorbohren, falls nicht bereits geschehen.

Bei diesem Projekt tut man sich leichter, wenn man einen Helfer hat. Das Zusammenfügen der Einzelteile ist sonst mühsam.

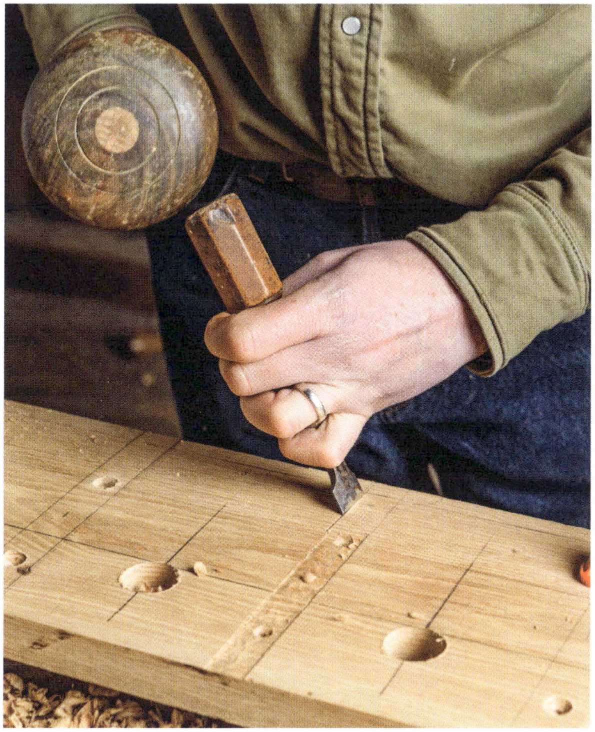

8 Mit dem V-Beitel die beiden angezeichneten Linien einkerben. Nachdem beide Seiten eingekerbt sind, die Linien mit dem Stechbeitel vertiefen (mehr dazu auf S. 33). So entsteht eine gute Führung für den Hohlbeitel.

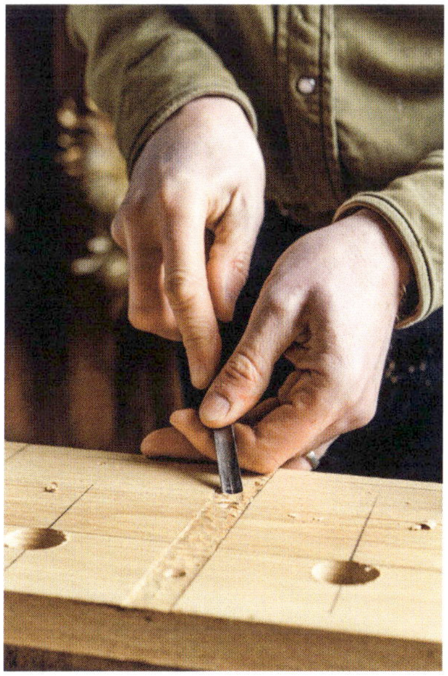

9 Mit dem Hohlbeitel die Streifen, die die einzelnen Abteile trennen, herausarbeiten. Nachdem eine schräge Vertiefung eingekerbt wurde, von der Mitte nach draußen arbeiten (mehr dazu auf S. 33). Falls das Herausschaben allein mit dem Beitel zu mühsam ist, kann man auch einen Holzhammer zu Hilfe nehmen.

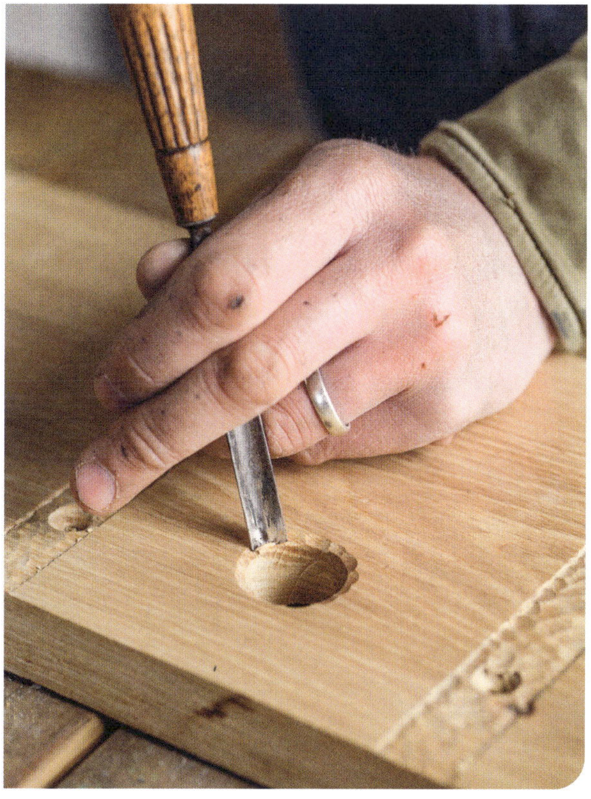

10 Mit dem 8-mm-Hohlbeitel die Kanten der Einfluglöcher abrunden. Ich setze den Beitel schräg an, drücke aber nicht, sondern schlage mit dem Hammer auf das obere Ende. Nach und nach um das ganze Loch herumarbeiten.

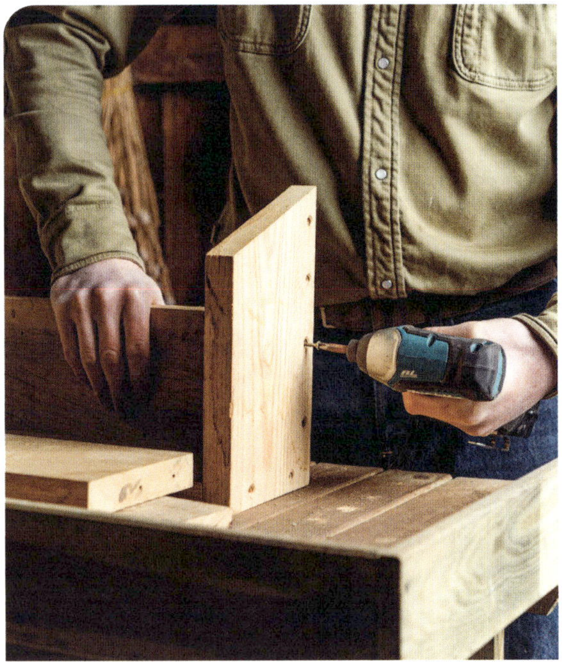

11 Nun geht es an das Zusammenbauen des Spatzenbalkons. Die Bodenplatte auf die Arbeitsfläche legen, dann die beiden Seitenwände anfügen und mit 40-mm-Messingschrauben befestigen. Zum Schluss die beiden Rückwände an den Seitenwänden und der Bodenplatte befestigen.

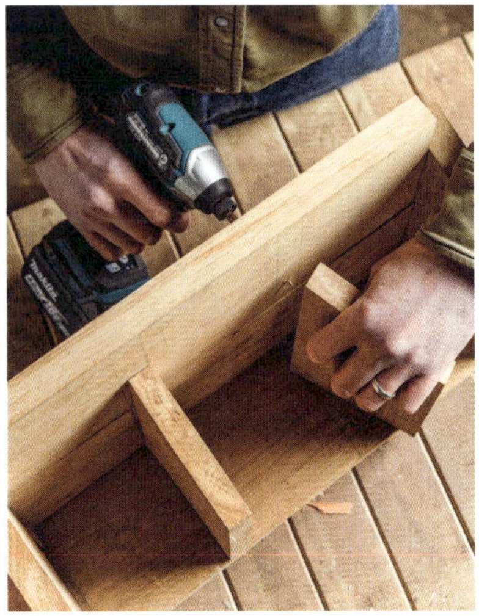

12 Vor der Befestigung der Vorderwand und des Dachs die Innenwände mit 40-mm-Messingschrauben befestigen. Die Schrauben zunächst nur so weit in die vorgebohrten Löcher schrauben, dass sie am anderen Ende gerade hervorspitzen. So lassen sich die Zwischenwände exakter einpassen.

» Wer noch nie mit Beiteln gearbeitet hat, sollte vorher an ein paar alten Holzstücken üben. Das Schnitzen mit Beiteln ist nicht schwer, aber zeitaufwendig. «

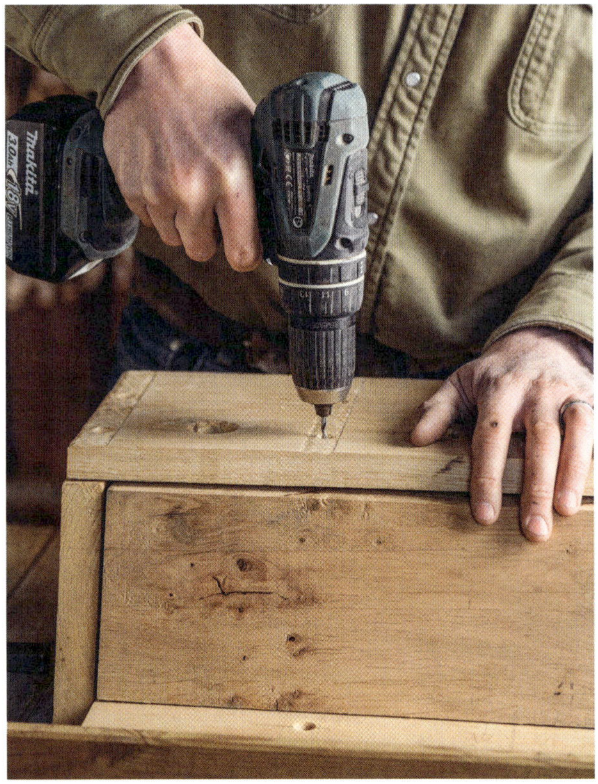

13 Sobald die Vorderwand fertig bearbeitet ist, mit 40-mm-Messingschrauben festschrauben. Dann die Dachplatte befestigen. Dabei darauf achten, dass sie an den Seitenteilen ausgerichtet ist.

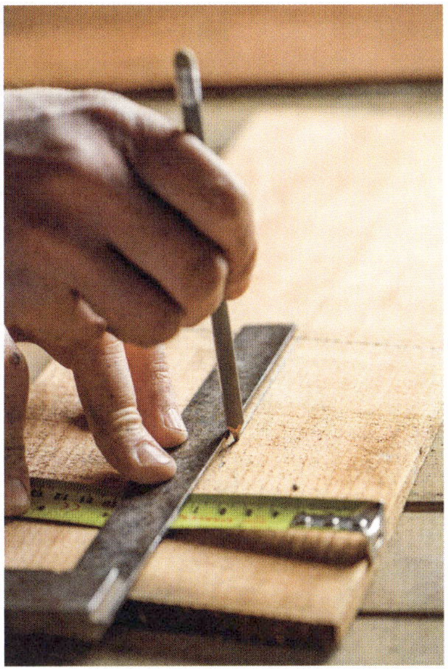

14 Die Zedern-schindeln ausmessen und anzeichnen.

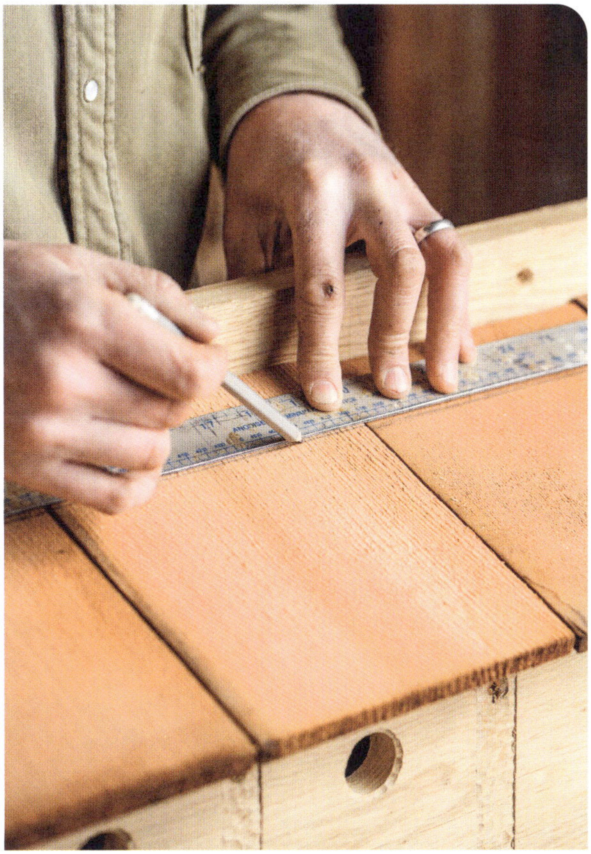

16 Schindeln befestigen. Die 17-cm-Schindeln kommen in die Mitte. Die 15-cm-Schindeln werden am Rand befestigt und stehen über. Mit den 7-cm-Schindeln werden die Stöße zwischen den großen Schindeln bedeckt. Vor dem Festschrauben der Schindeln mit dem Stift eine Linie 5 cm vor der Rückwand quer über das Dach auf die Schindeln zeichnen. Sie zeigt an, wo die Nägel eingeschlagen werden müssen.

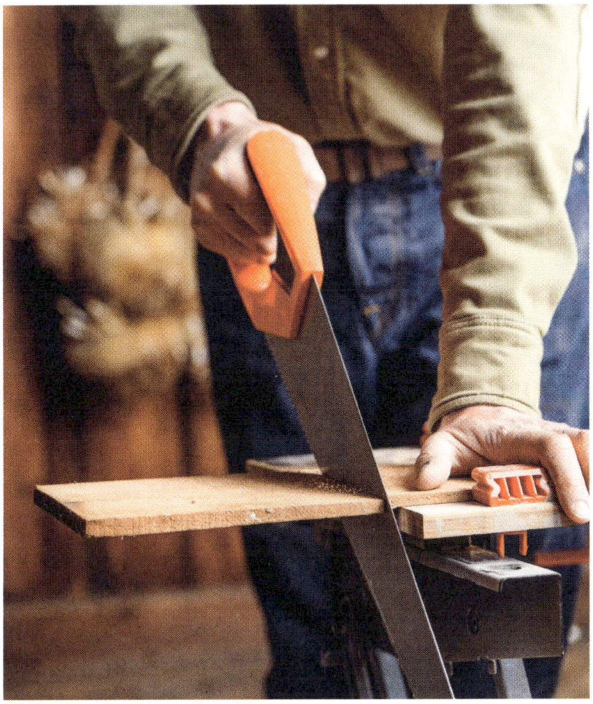

15 Die Zedernschindeln zuschneiden. Dazu das Holz auf einer Arbeitsbank oder mit Schraubzwingen fixieren.

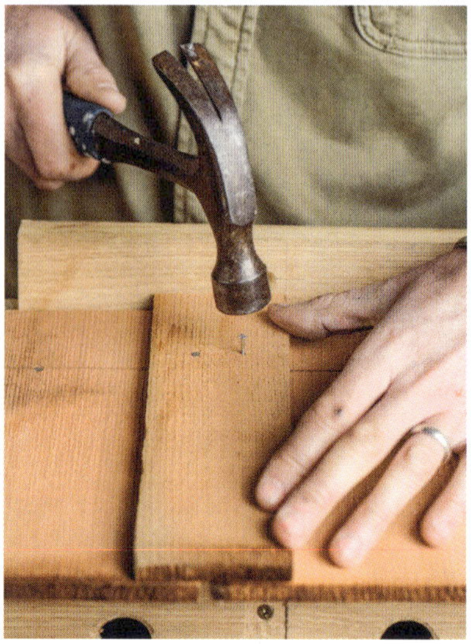

18 Mit den kleinen Schindeln die Stöße zwischen den größeren Schindeln bedecken – sie verhindern, dass Regenwasser eindringt. Mit je zwei Nägeln oben und unten befestigen.

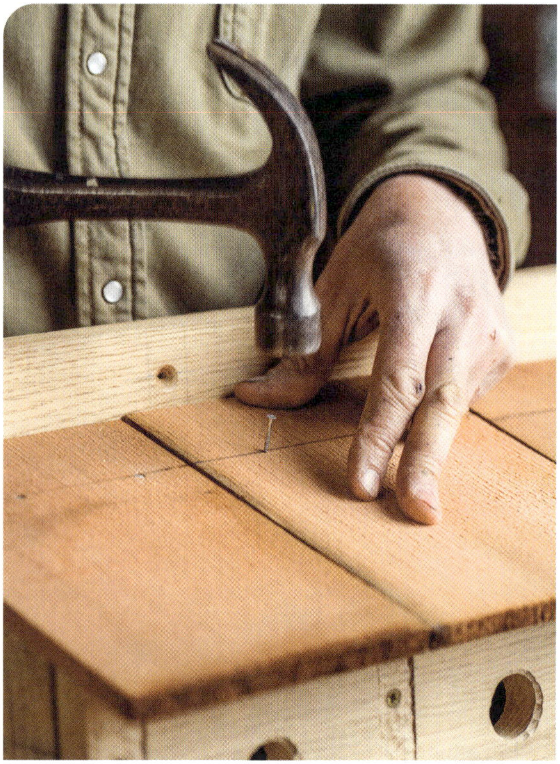

17 Die verzinkten 30-mm-Nägel auf Höhe des angezeichneten Strichs in die Schindeln einschlagen.

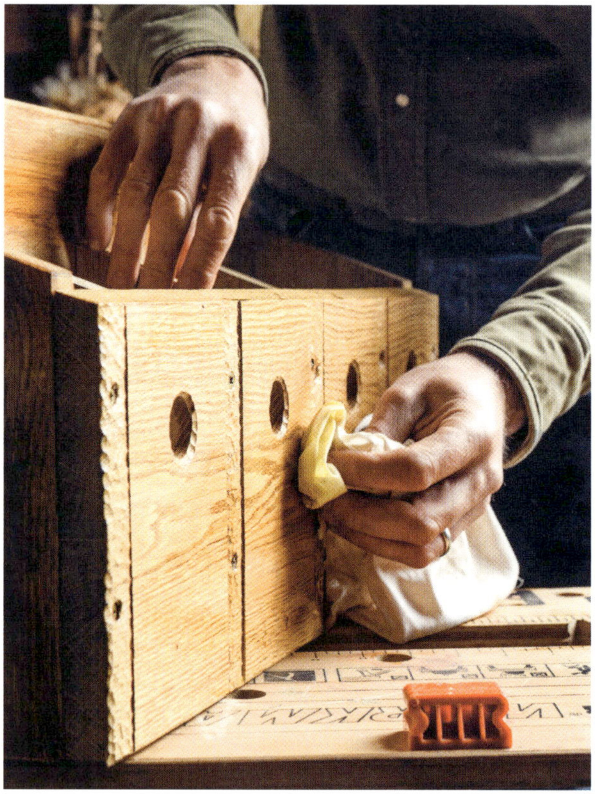

19 Mit einem Lappen die Außenwände mit Leinöl einlassen. Lappen danach in einem luftdichten Gefäß entsorgen – Selbstentzündungsgefahr! Anstelle von Leinöl kann auch ein anderes für Tiere unbedenkliches Holzschutzmittel verwendet werden.

20 Einen passenden Ort für die Nistkästen suchen, am besten in der Nähe von Nahrungsquellen oder Materialien, die Vögel für den Nestbau verwenden. Mit einer Wasserwaage und einem Maßband die Befestigungspunkte ausmessen und markieren. Der Spatzenbalkon muss exakt waagrecht stehen.

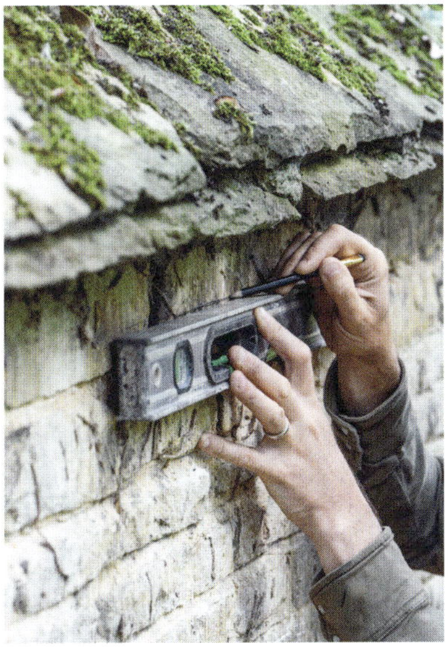

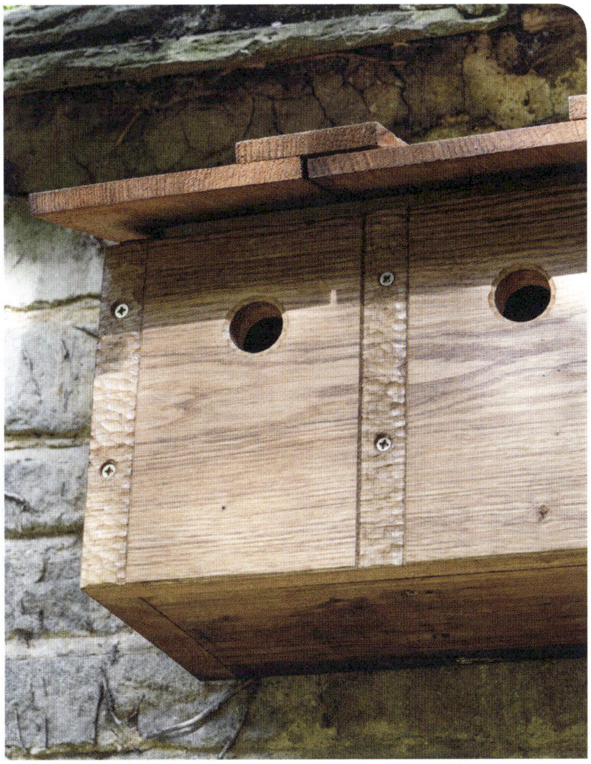

22 Die mit Beiteln eingearbeiteten senkrechten Streifen werten den Spatzenbalkon optisch auf und kaschieren die Schrauben etwas. Sie verwittern mit der Zeit dekorativ.

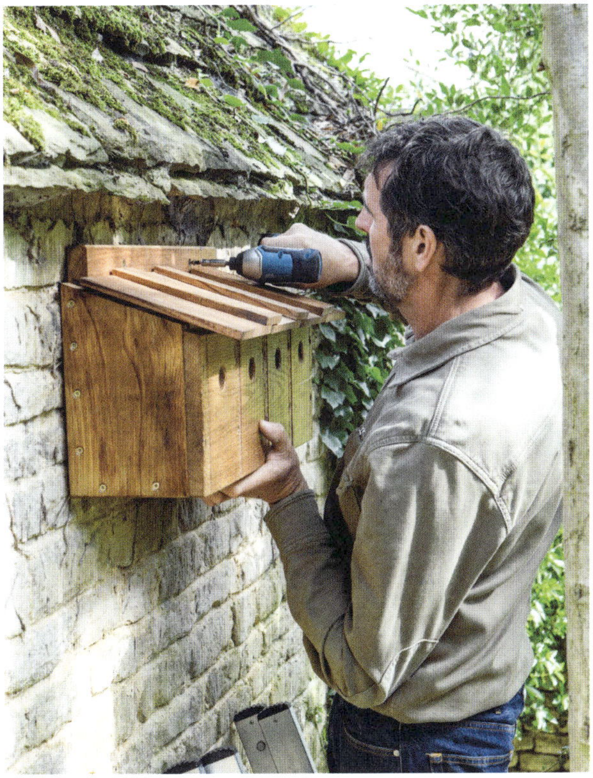

21 Die Nistkästen mit 60-mm-Schrauben und Dübeln befestigen. Ich habe mein Exemplar an einer halbschattigen Wand aufgehängt.

Befestigen

Einen Nistkasten mit Metallnägeln oder -schrauben an einem Baum zu befestigen kann dem Gehölz schaden. Deshalb befestigt man ihn besser mit einem von einem alten Garten- oder Fahrradschlauch ummantelten Draht.

KRÖTENHAUS

Bei der Gartenplanung lege ich gern Lebensräume für Tiere an. Ich finde heraus, welche Bedingungen bestimmte Arten bevorzugen, und versuche sie nachzuempfinden. Kröten mögen dunkle, feuchte, versteckte Ecken, etwa unter Steinen oder Holz. Deshalb habe ich dieses Haus wie ein raues Stück Fels gestaltet.

SIE BRAUCHEN

- Eichenholzblock, 20 × 16 cm

Werkzeug

- Stift
- Säge
- Arbeitsbank, Schraubstock oder Schraubzwingen
- Bohrmaschine und 25-mm-Bohrer
- Hohlbeitel 6 mm, 10 mm und 20 mm
- Holzhammer
- Wetzstein (für Beitel)
- Schleifpapier

Die Idee dazu kam mir, als ich einen Garten für die Chelsea Flower Show 2013 anlegte. Ich habe das Häuschen, das eine Ausbuchtung als Eingang hat, aus einem 18 × 14 cm großen Eichenholzrest geschnitzt. Es ist relativ flach und liegt gut auf dem Boden auf, bringt aber mit seiner strukturierten Oberfläche auch Abwechslung in stille Winkel. Man kann das Krötenhaus aus einer beliebigen nachhaltigen Hartholzart wie Rosskastanie oder Kirsche schnitzen. Frösche und Kröten sind dankbare Gartengäste: Sie vertilgen Schädlinge wie Raupen und Schnecken.

NÜTZLICHE TIPPS

- Für dieses Buch sollte man sich mit einem ordentlichen Arsenal an Beiteln ausrüsten. Man kann sie für viele der in diesem Buch beschriebenen Projekte brauchen (S. 32–33).
- Mit diesem wunderbaren Miniprojekt hat man Gelegenheit, seine Schnitztechnik zu verbessern, denn es verzeiht jeden Fehler.
- Weil ich dieses Krötenhaus in der Regel nicht mit Öl behandle, sondern naturbelassen in den Garten stelle, verwende ich hartes Laubholz, denn es ist haltbarer.

EXPERTENWISSEN

- **Kröten haben eine trockene, warzige Haut und leben meist an Land. Manche sind grün, andere olivfarben, dunkelbraun oder sogar grau. Sie werden bis zu 13 cm lang; Weibchen sind größer als Männchen. Im Gegensatz zu Fröschen gehen oder kriechen sie, statt zu hüpfen.**
- **Kröten bevorzugen sehr feuchte Stellen wie Laub- und Steinhaufen oder Holzstapel. Mit einem Unterschlupf wie diesem bietet man ihnen einen Unterschlupf und ein frostgeschütztes Plätzchen.**

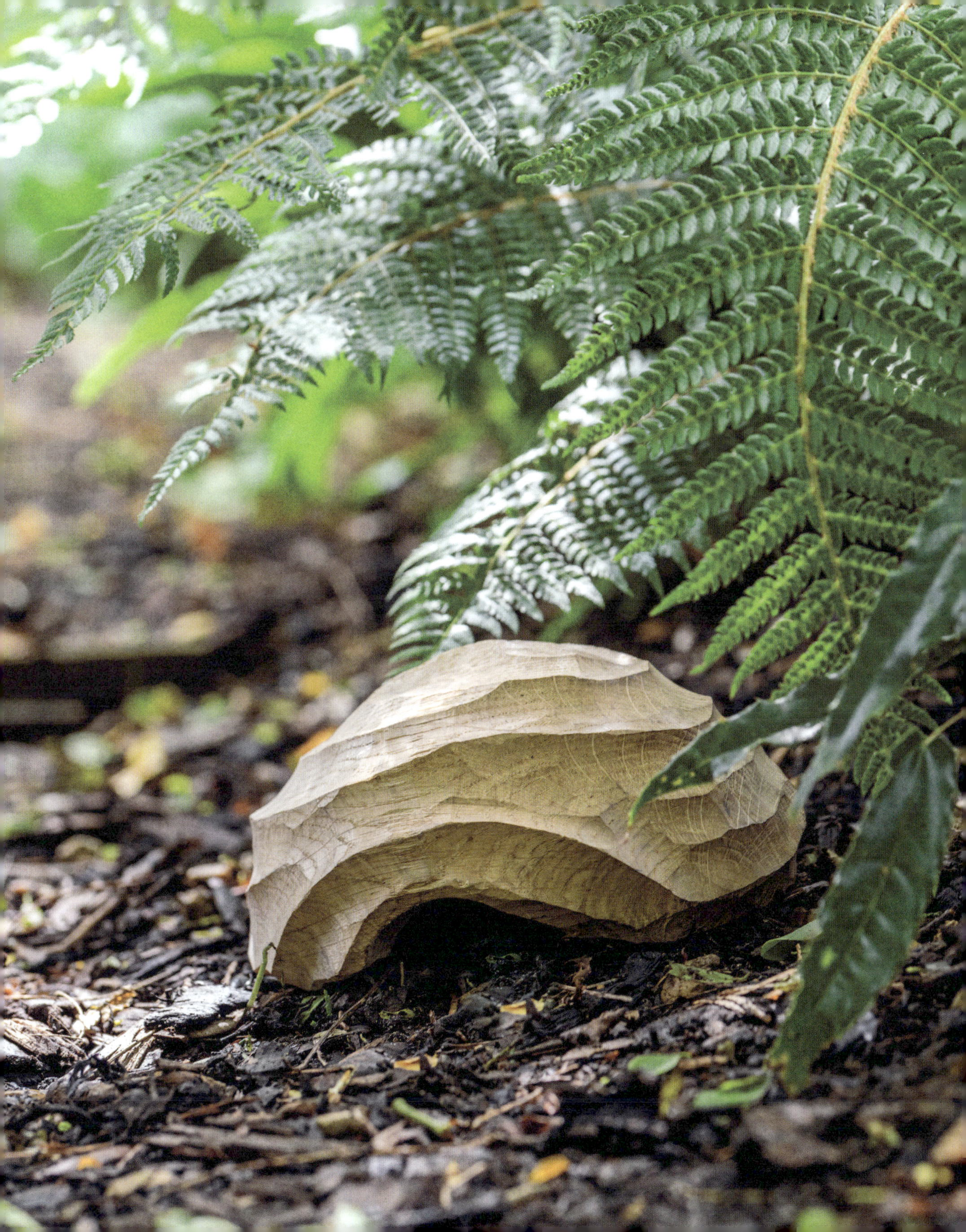

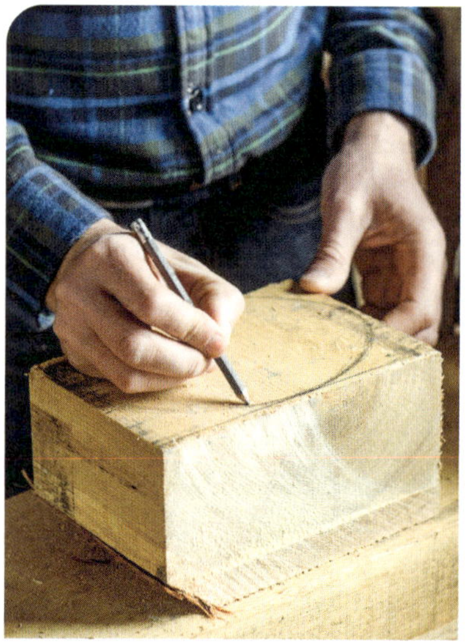

1 Mit einem Stift den Umriss des Hauses auf dem Holzblock anzeichnen.

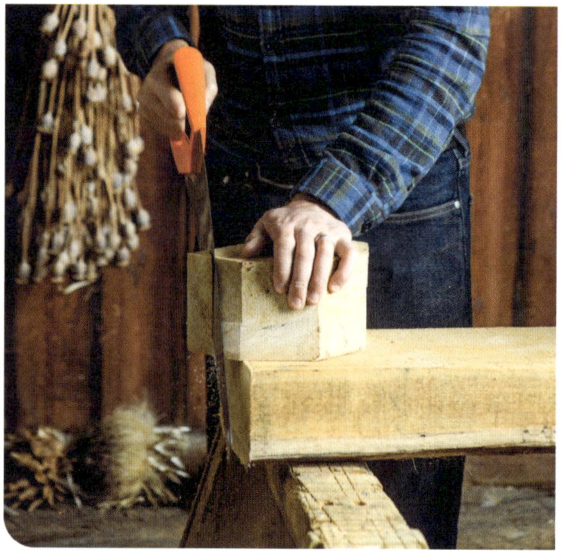

2 Die Kanten absägen, damit der Block möglichst rund wird.

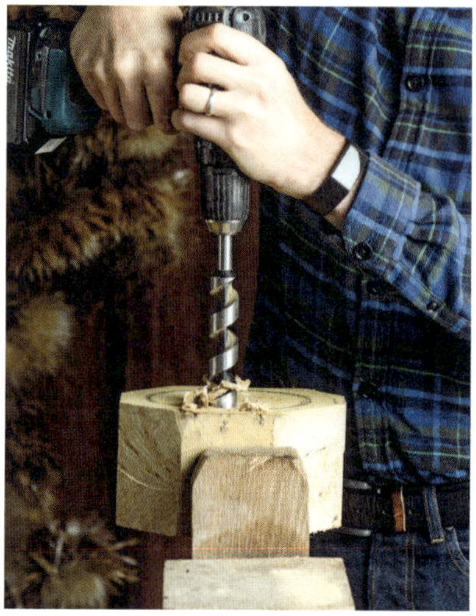

3 Block in einem Schraubstock oder mit Schraubzwingen fixieren. Damit sich das Innere leichter aushöhlen lässt (siehe Schritt 6), mehrere große Löcher hineinbohren, um einen guten Teil des Holzes zu entfernen. Evtl. am Bohrer die Bohrtiefe markieren, damit die Löcher nicht zu tief werden. Vorsicht: Die Bohrer können sich festfressen.

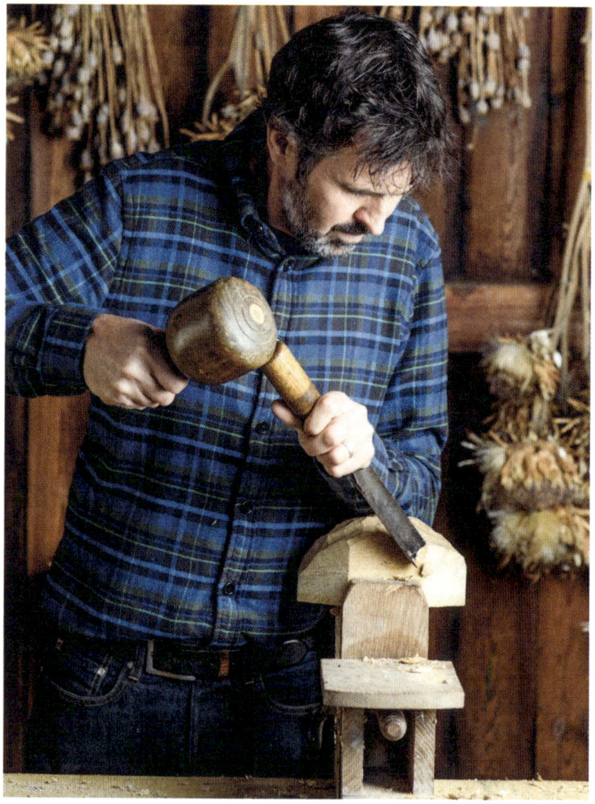

4 Position des Blocks so verändern, dass man die Außenseite bearbeiten kann. Mit den Beiteln außen um den Block herum arbeiten, um ihn grob in die gewünschte Form zu bringen. Wichtig: Entlang der Maserung arbeiten. Man kann auch diagonal dazu schnitzen, aber nicht gegen sie, da dadurch das Holz ausfasert.

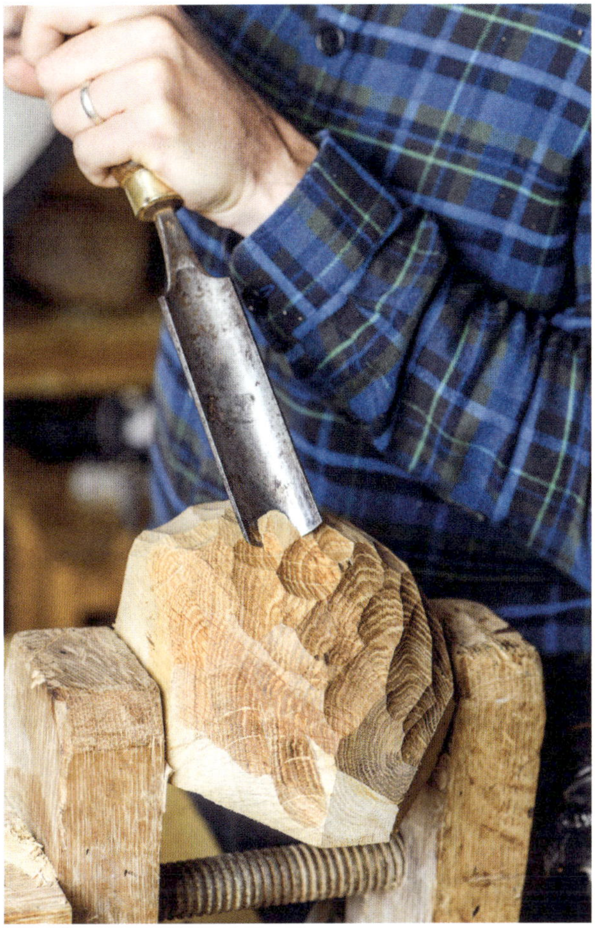

5 Mit verschieden großen Beiteln die gewünschte Oberflächentextur schaffen. Beitelklinge bei Bedarf mit einem Wetzstein schärfen. Block immer wieder drehen und weiter entlang der Maserung arbeiten.

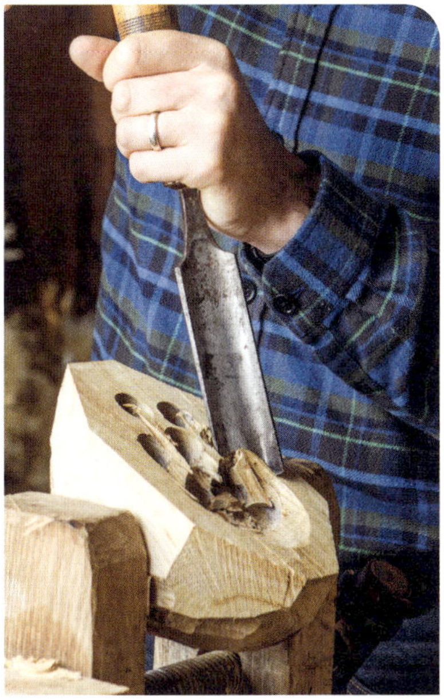

6 Block umdrehen und wieder fixieren. Mit Beiteln das Innere aushöhlen.

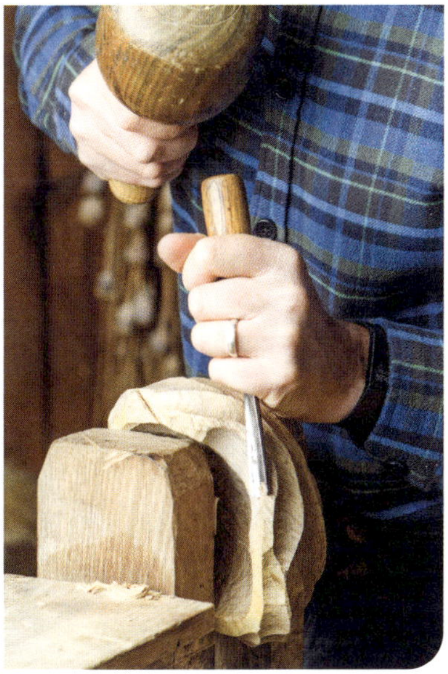

7 In den Rand eine etwa 4–5 cm breite und 3–4 cm hohe Aussparung schnitzen – sie dient als Eingang. Sobald Sie mit dem Ergebnis zufrieden sind, das Häuschen mit Schleifpapier bearbeiten, um harte Kanten zu glätten. Zum Schluss das Krötenhaus in einer feuchten Ecke des Gartens aufstellen und auf hohen Krötenbesuch warten.

» Bei diesem Projekt ist es wichtig, verschieden große Beitel zu haben. Dann kann man nach Belieben herumprobieren und eine interessante Oberflächentextur auf dem Holz erzielen. «

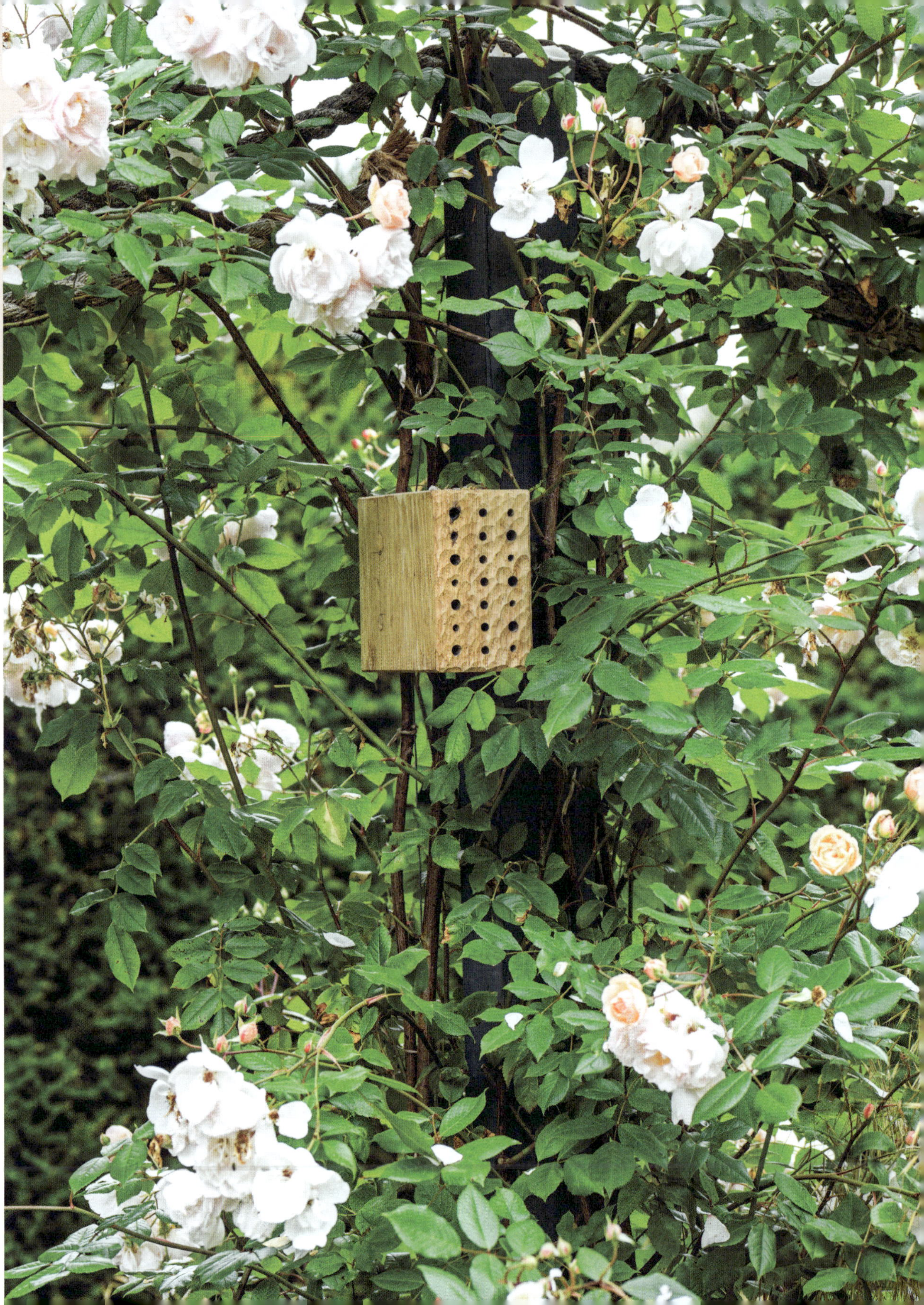

BIENENHAUS

Gibt es etwas Schöneres im Garten, als einer emsigen Biene bei der Arbeit zuzusehen? Die Bienenpopulationen gehen seit vielen Jahren zurück. Deshalb wollte ich für sie einen Mini-Lebensraum anlegen. Der Klotz ist ein Schnittrest von einem unbehandelten Eichenbalken. Ich habe Löcher hineingebohrt, die wie winzige Fenster aussehen.

SIE BRAUCHEN

- Holzklotz, etwa aus Eiche oder einer anderen Laubholzart, 10 cm breit, 16 cm hoch und 20 cm tief
- 70-mm- bis 100-mm-Schrauben

Werkzeug

- Hobel
- Arbeitsbank, Schraubstock oder Schraubzwingen
- Kreissäge, Kappsäge oder Handsäge
- Winkelmaß
- Stift
- Maßband
- Schutzbrille
- Akkuschrauber/-bohrer
- Bohrersatz, etwa mit 6-mm-, 8-mm- und 10-mm-Bits
- Holzhammer
- Hohlbeitel, 6 mm
- Schleifpapier
- 10-mm-Bohrer für Holzsenkschrauben und 6-mm-Bohrer für Vorbohrlöcher

Bienen gibt es seit rund 130 Millionen Jahren. Inzwischen aber nehmen ihre Populationen drastisch ab. Vor allem der Klimawandel, Parasiten, Pestizide und der Verlust von Lebensräumen setzen ihnen zu. Mit pollenreichen Pflanzen und einer sicheren Unterkunft können wir ihnen das Leben leichter machen. Eigentlich wollte ich mit diesem Bienenhaus Mauerbienen anlocken, doch eingezogen sind Blattschneiderbienen. Als sie meine Rosen sahen, dachten sie wohl: »Hier bleiben wir!«

NÜTZLICHE TIPPS

- Sobald die Bienen ausgezogen sind, sollte man das Bienenhaus durchchecken und säubern. Aber passen Sie auf, in manchen mit Blättern oder Erde verschlossenen Löchern können sich noch Mieter befinden. Reinigen Sie die Löcher mit warmem Wasser oder einem Pfeifenputzer.
- Jede Bienenart hat andere Vorlieben. Manche leben in Schneckenhäusern, andere im Boden und wieder andere in Bäumen. Die meisten der bei uns verbreiteten Arten brauchen lediglich eine trockene, dunkle Höhle.
- Tierfreundliche Lebensräume in Gärten können nicht nur nützlich sein, sondern auch schön aussehen.
- Ich habe für die Befestigung Senkschrauben verwendet und ihr Loch mit einem Senkbohrer vorgebohrt.

EXPERTENWISSEN

- **Für den Klotz kann man alle möglichen Holzarten verwenden, auch weiches Nadelholz. Bis ein solcher Klotz verrottet, dauert es lange. Wichtig ist, dass er unbehandelt bleibt und aus nachhaltiger Quelle stammt.**
- **Das Haus muss in der Sonne angebracht werden und für Bienen gut zugänglich sein. Sobald es befestigt ist, kann man Pollenpflanzen in seiner Nähe pflanzen – aber nicht nur Sommerblumen, denn die meisten Bienen suchen im Frühjahr nach einer Behausung. Deshalb sind auch Frühjahrsblüher wie Krokusse, Schneeglöckchen und Christrosen wichtig.**

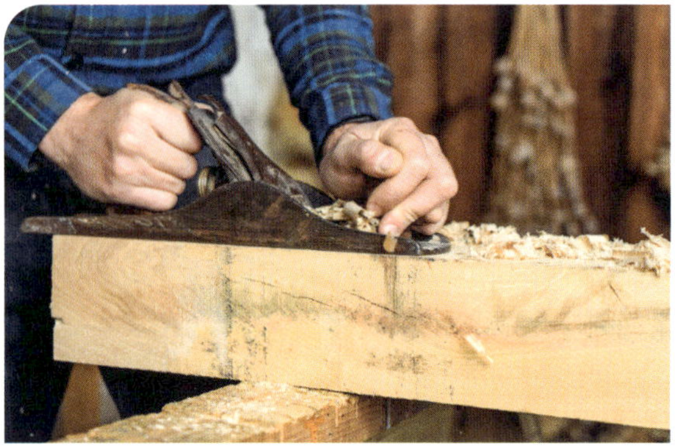

1 Falls das Holz etwas rau ist, die Oberfläche des Blocks eventuell mit einem Hobel glätten. Auch harte Kanten etwas abrunden.

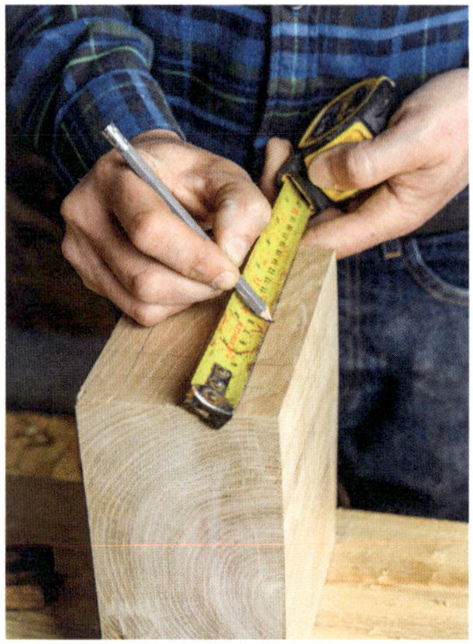

3 Mit einem Winkelmaß drei gerade Linien auf der Vorderseite des Klotzes ziehen. Zuerst die mittlere Linie ziehen, dann jeweils die Linie links und rechts davon, also die zwischen der mittleren Linie und der Klotzkante. Striche 2 cm unter dem oberen Ende beginnen. Alle 4 cm einen Strich ziehen. Die Löcher werden auf den Linien gebohrt.

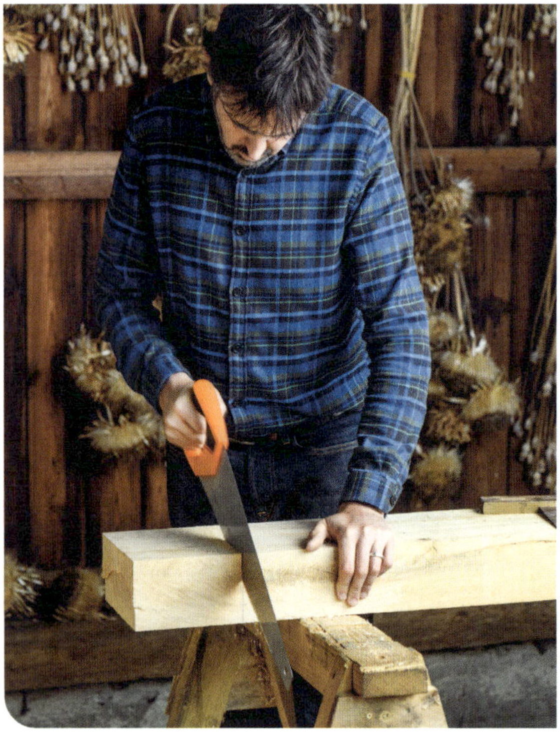

2 Klotz zuschneiden, idealerweise mit einer Kreis- oder Kappsäge. Ansonsten tut es auch eine normale Handsäge.

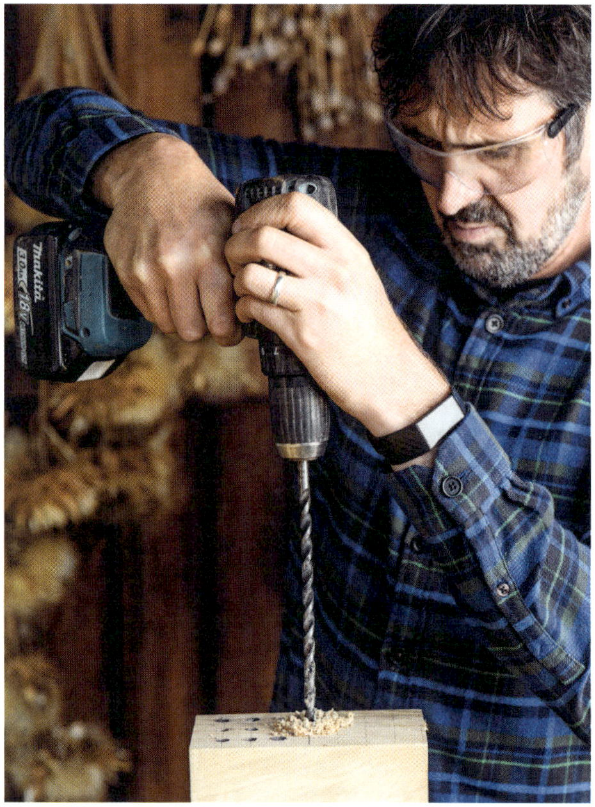

4 Den Klotz vor dem Bohren fixieren und Schutzbrille aufsetzen. Mit einem langen Bohrer möglichst weit in das Holz bohren, damit die Bienen die ganze Länge nutzen können. Ich habe mit 6-, 8- und 10-mm-Bohrern unterschiedlich große Löcher gemacht.

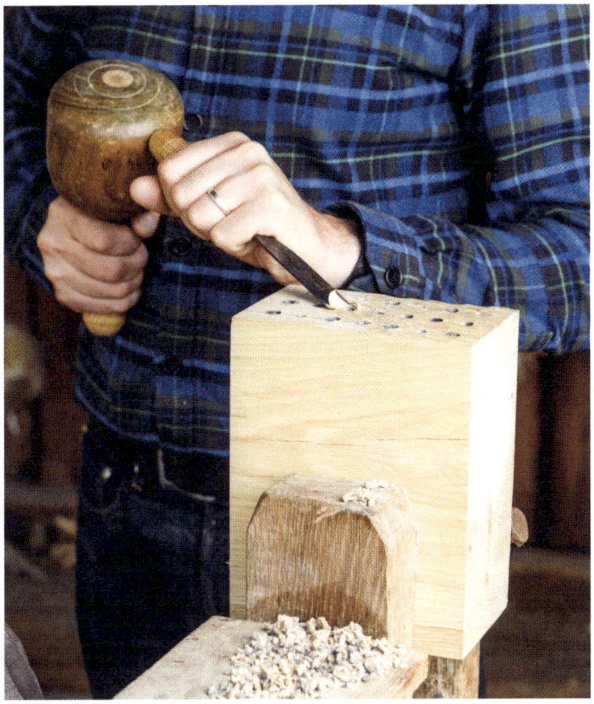

5 Mit Holzhammer und Beitel die Oberfläche um die Löcher herum mit einem dekorativen Muster versehen.

6 Die Locheingänge mit einem um einen Stift oder großen Nagel gewickelten Schleifpapier glätten, um Splitter zu beseitigen.

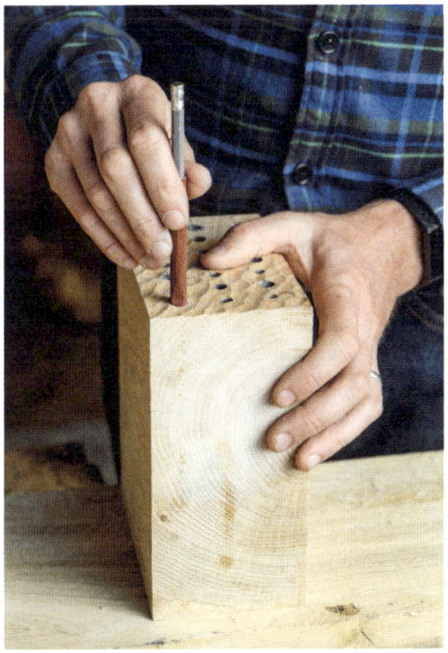

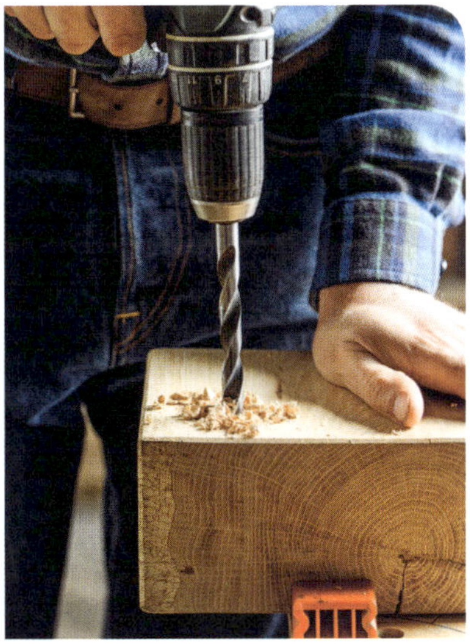

7 Auf der Seite, an der das Bienenhaus befestigt werden soll, mit einem Winkelmaß und Stift die Stellen markieren, an denen die Schrauben sitzen sollen. Mit zwei Senkbohrern die Vertiefungen bohren, dann mit einem 6-mm-Vorbohrer das restliche Loch bohren. Das erleichtert die Befestigung.

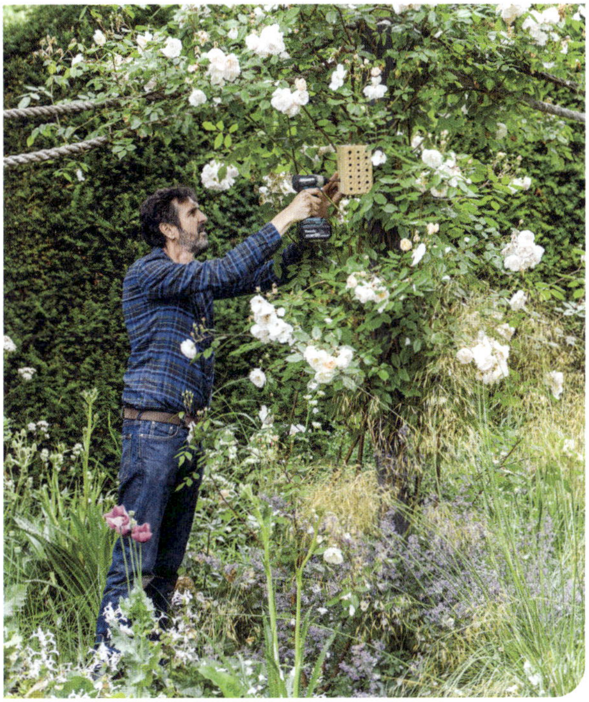

8 Das Bienenhaus mit Schrauben an einem Bogen-, Tor- oder Zaunpfosten bzw. einer Wand befestigen; Schrauben dabei durch die in Schritt 7 gebohrten Löcher führen. Ich habe das Haus an einem Pfosten mit reichlich Grün drumherum befestigt. Wichtig ist ein sonniger Platz mit vielen pollenhaltigen Pflanzen in der Nähe.

INSEKTENBANK

Dreifach nützlich: Diese Bank ist nicht nur Sitzgelegenheit und dekoratives Gartenelement, sondern auch ein ausgezeichneter Lebensraum für Nützlinge. Ich habe sie aus Eiche gezimmert und den leeren Raum unter der Sitzfläche mit unterschiedlich dicken Rundhölzern aus dem Garten gefüllt.

SIE BRAUCHEN

Holzbedarf und Maße auf S. 122

- 70-mm- und 80-mm-Schrauben
- 2–18 cm dicke, unterschiedlich lange Rundhölzer

Werkzeug

- Arbeitsbank, Schraubstock oder Schraubzwingen
- Stift
- Maßband
- Winkelmaß
- Handsäge
- Hobel
- Abstandhalter aus Holz, 5–8 mm
- Akkubohrer/-schrauber
- 4-mm-Bohrer und 10-mm-Senkbohrer
- Kantenstecher
- Spaten
- Wasserwaage
- Handschaufel
- Fäustel
- Bügel- oder Kettensäge

Diese Bank ist eine ziemlich simple Konstruktion. Die Sitzfläche besteht aus drei Eichenholzbohlen, während je drei kürzere Balken für jedes Ende die beiden Füße bilden. Eine Querstrebe und Querlatten halten alles zusammen. Ich habe die Bank auf den Boden gestellt und dann den Raum darunter mit unterschiedlich dicken Ästen und Stämmen gefüllt. In den Lücken dazwischen können sich Insekten und andere Tiere verkriechen. Irgendwann verrotten die Rundhölzer, doch lassen sie sich problemlos herausziehen und ersetzen. Ich mag die Vorstellung, dass Insekten und andere Kriechtiere in den Lücken ihrem Tagwerk nachgehen.

NÜTZLICHE TIPPS

- Stellen Sie die Bank am besten an einen halbschattigen, nicht allzu exponierten Platz mit viel Grün in der Umgebung. In den Ritzen sollen sich Ohrwürmer und andere Kriechtiere ansiedeln und leben, deshalb darf es darin nicht zu heiß werden. Je näher die Bank außerdem an einem Wasserelement steht, desto besser. Das hat den Vorteil, dass sich nicht nur Insekten einfinden, sondern vielleicht auch Kröten.
- Denken Sie gestalterisch: Soll die Bank eine Ansicht bereichern, also etwa im Hintergrund einer Rabatte, am Waldrand oder neben einem Teich stehen?
- Verwenden Sie Rundhölzer, deren Enden gut aussehen.

***EXPERTEN**WISSEN*

- **Eiche ist ein hartes Laubholz und hält auch ohne Behandlung sehr lange. Es wird mit der Zeit grau und kann sich etwas verziehen. Sie können aber auch behandeltes Nadelholz verwenden.**
- **Wenn die Rundhölzer unterschiedliche Stärken haben, ist das nicht nur dekorativer, es entstehen auch große und kleine Lücken, wodurch sich mehr Tierarten einfinden.**
- **Wie hoch die Bank ist, bleibt Ihnen überlassen. Sie können auch eine niedrigere Version zimmern, etwa für Kinder.**

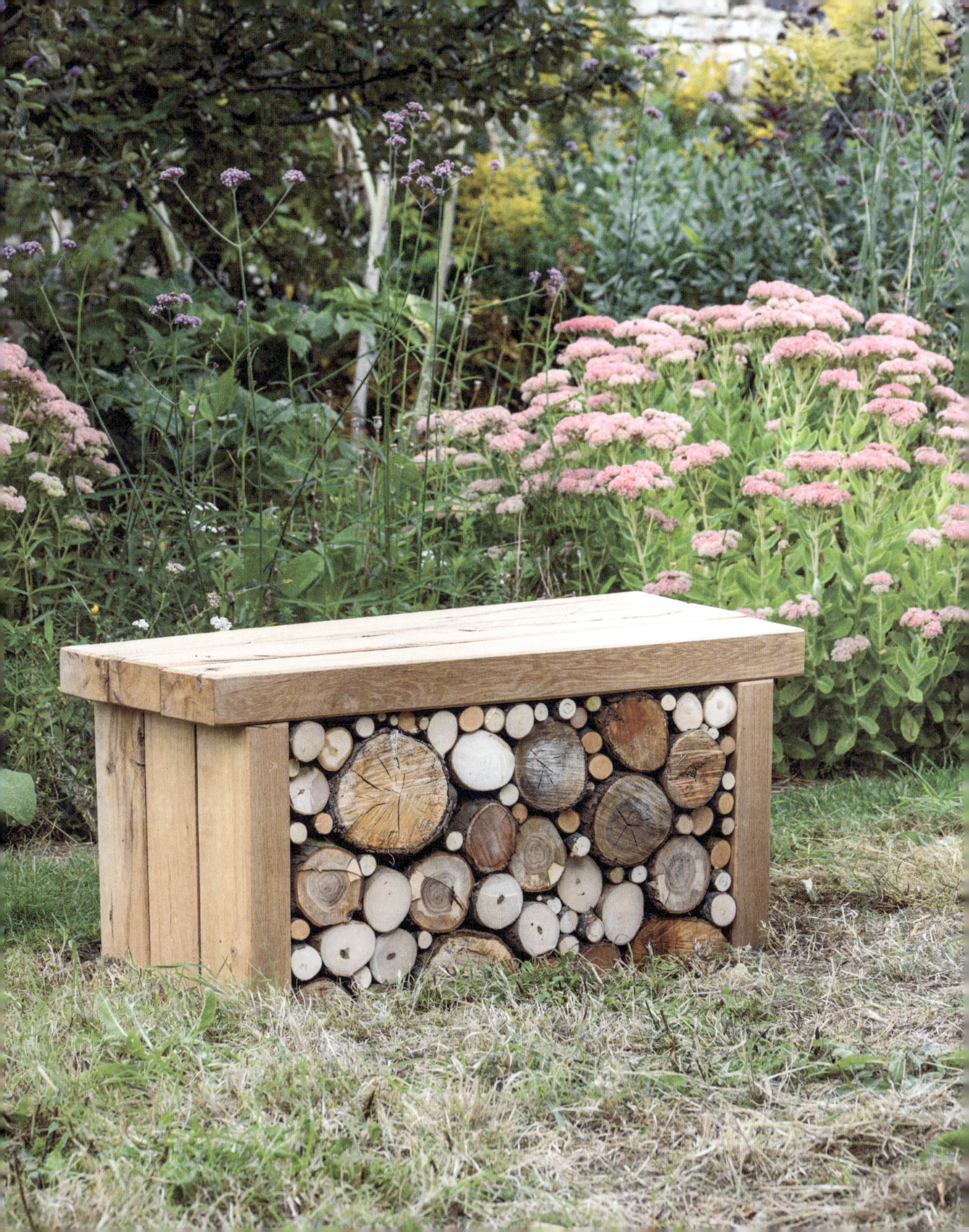

HOLZTEILE FÜR DIE INSEKTENBANK

Bereiten Sie die Einzelteile anhand der unten angegebenen Maße vor. Sie brauchen 7 cm dicke Eichenbohlen und wetterfeste Kanthölzer mit einem Querschnitt von 5 × 5 cm.

3 BOHLEN FÜR DEN SITZ
aus Eiche

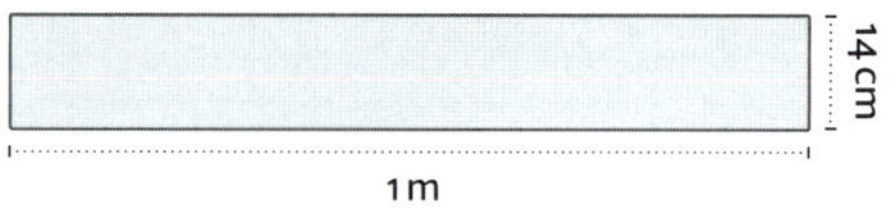

6 BALKEN ALS FÜSSE
aus Eiche

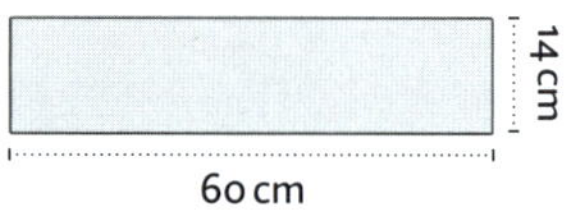

5 QUERLATTEN
behandeltes Holz

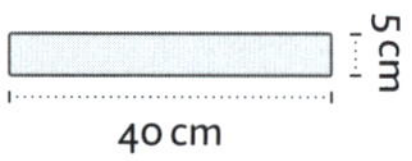

QUERSTREBE
behandeltes Holz

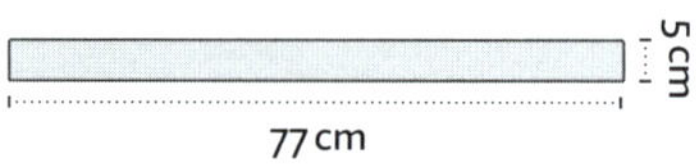

⚠ VORSICHT

Wer sein Holz mit einer Kettensäge zuschneiden möchte, sollte sich bewusst sein, dass sie zu den gefährlichsten Geräten überhaupt gehört. Sie müssen gut mit ihr umgehen können, bevor Sie damit arbeiten. Tragen Sie stets Sicherheitsschuhe, Handschuhe und eine Schutzbrille. Außerdem sollte eine zweite Person in der Nähe sein und ein Erste-Hilfe-Kasten bereitliegen. Im Notfall sollte es möglich sein, schnell ins nächste Krankenhaus zu kommen.

SITZFLÄCHE VON UNTEN

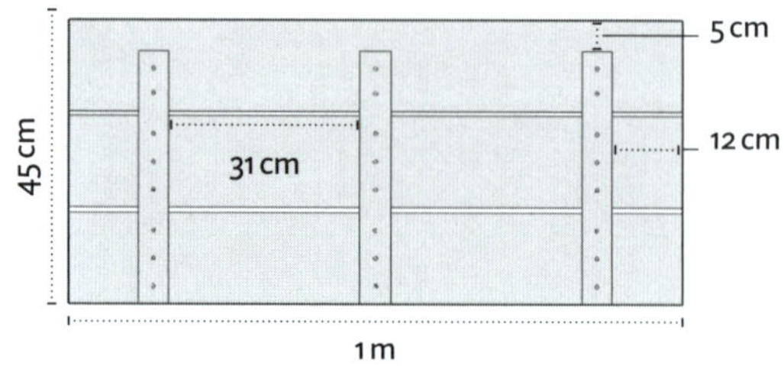

VORDERSEITE/RÜCKSEITE

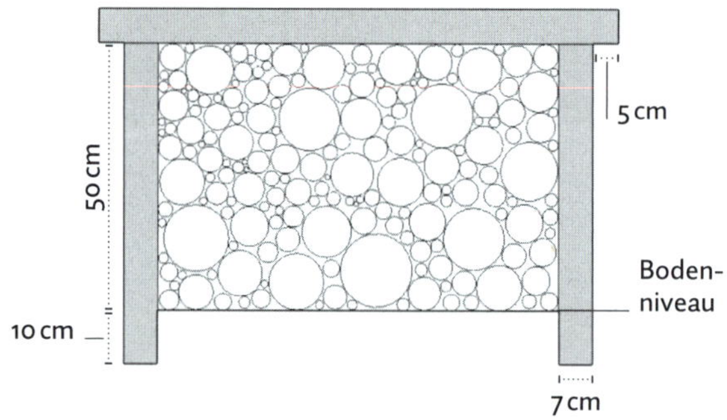

RAHMEN

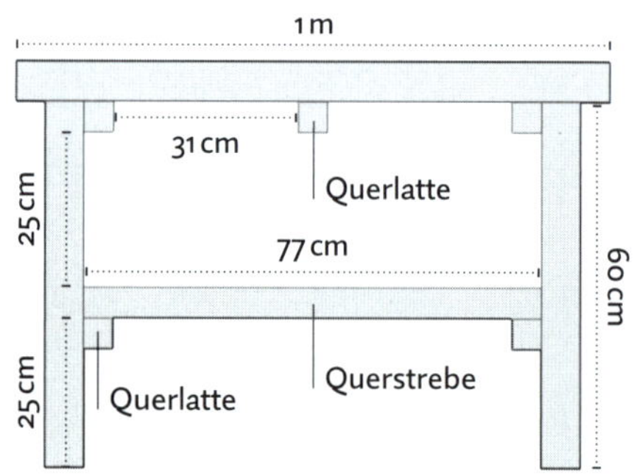

SEITENANSICHT

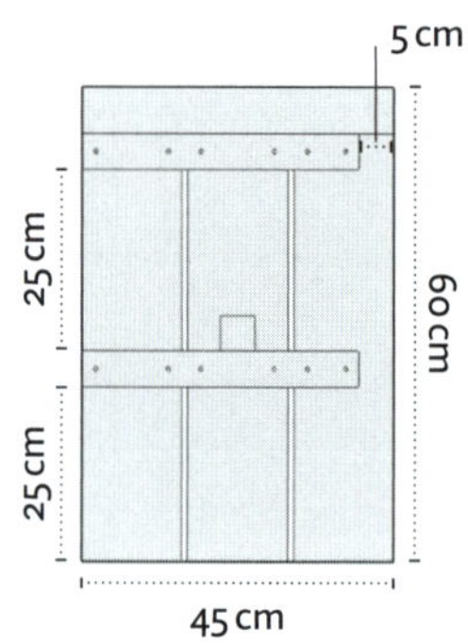

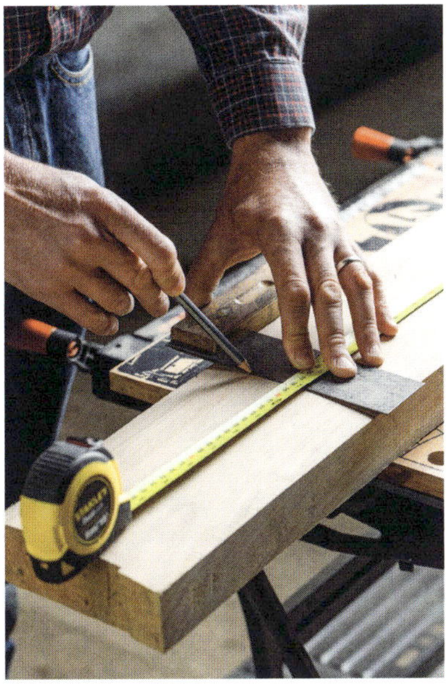

1 Alle Hölzer auf eine Arbeitsfläche legen und mit Stift, Maßband und Winkelmaß die Maße von der linken Seite übertragen. Die Hölzer am besten auf allen Seiten markieren.

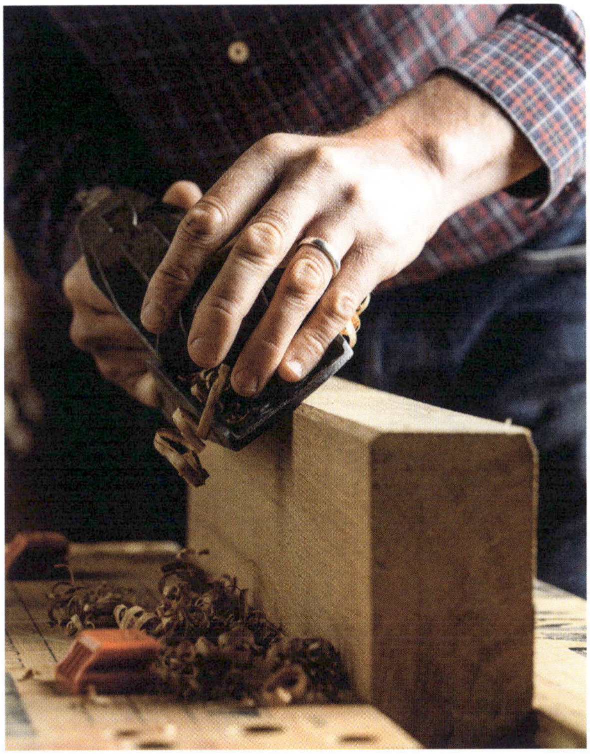

3 Mit einem Hobel alle Ecken und Kanten in einem 45-Grad-Winkel abrunden. Das sieht sauberer und weicher aus und trägt dazu bei, dass sich an den Seiten der Füße dekorative Schattenlinien bilden. Auch alle nach außen zeigenden Holzflächen hobeln, bis sie sich glatt anfühlen.

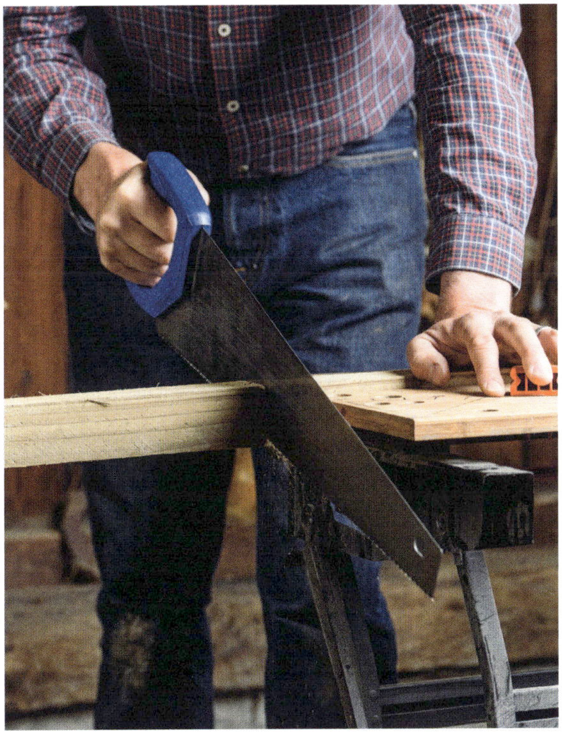

2 Alle Bauteile mit einer Handsäge exakt entlang der mit dem Stift aufgezeichneten Linien zuschneiden. So bekommen Sie einen Komplettsatz aus Bauteilen, den Sie nur noch zusammenfügen müssen.

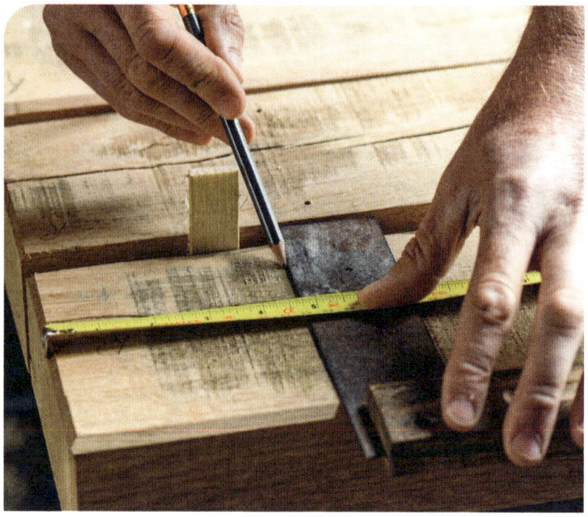

4 Die Sitzbohlen auf eine ebene Fläche legen, aneinander ausrichten und zwischen beide Enden Abstandhalter stecken. Vom Ende der Bohlen 12 cm nach innen messen – hier soll sich später die Innenkante der Seitenteile/Füße befinden. Abstand mit einem Strich markieren. Ich habe die Bank so geplant, dass die Sitzfläche auf beiden Seiten 5 cm übersteht.

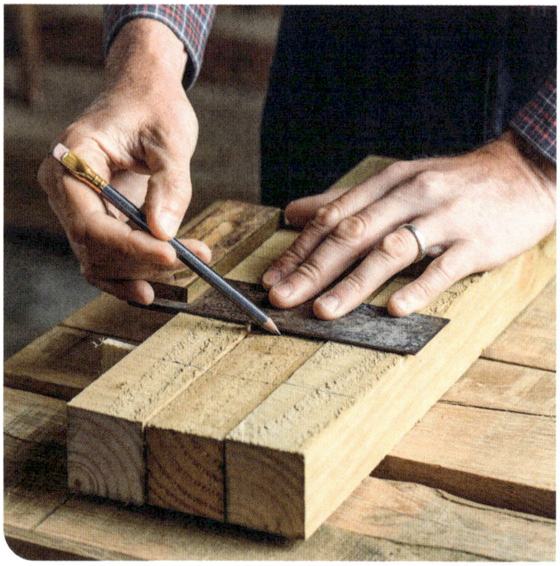

5 3 Querlatten bündig bereitlegen. Die erste Querlatte an dem in Schritt 4 eingezeichneten Strich anlegen, sodass sie gleichen Abstand zu den Enden aller Bohlen hat. Mit einer Linie markieren, wo die Löcher für die Schrauben gebohrt werden sollen. Sie brauchen 6 Löcher in gleichen Abständen. Die Schrauben sollten so lang sein, dass sie in die Bohlen reichen.

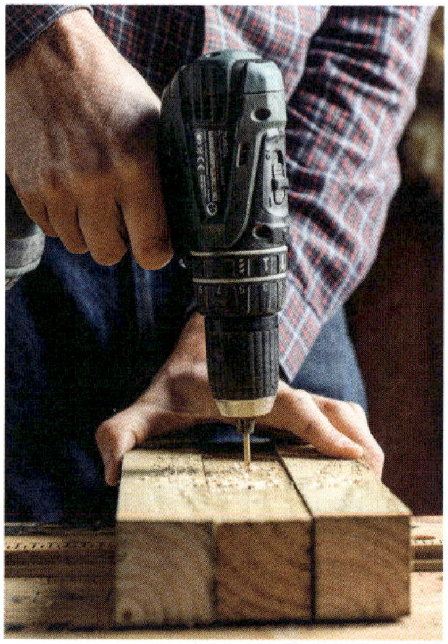

6 Die Löcher an der markierten Stelle mit einem 4-mm-Bohrer vorbohren.

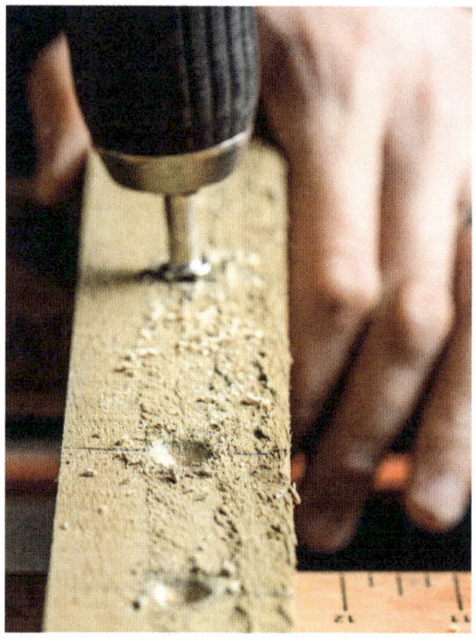

7 Mit einem Senkbohrer Vertiefungen für die Senkschrauben in die in Schritt 6 vorgebohrten Löcher bohren.

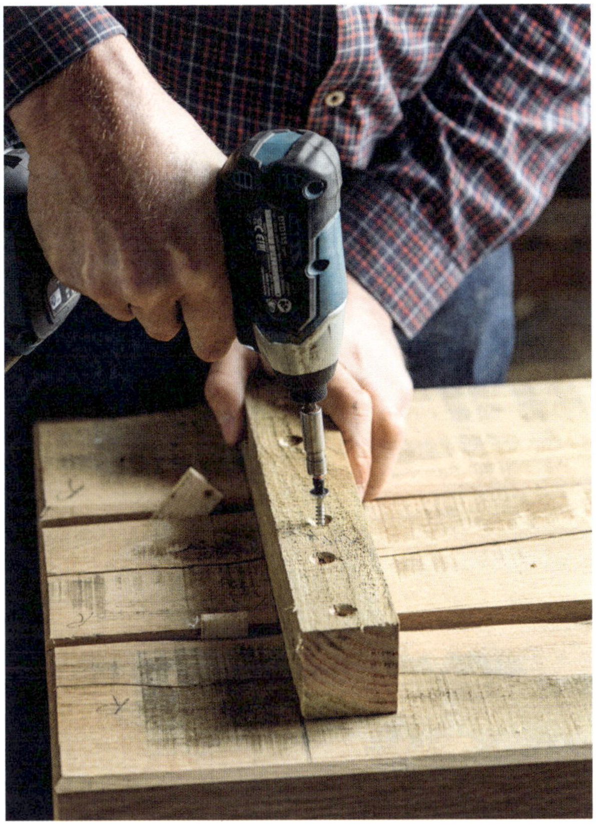

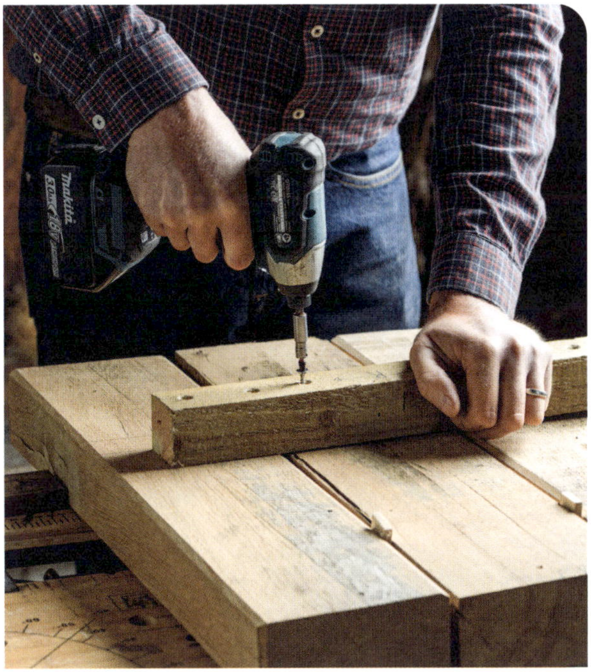

9 Bei den Seitenteilen genauso vorgehen. Die Querlatten mit 5 cm Abstand zum vorderen Rand und 30 cm Abstand zum oberen Ende der Seitenteile befestigen.

8 Eine der Querlatten an dem in Schritt 4 gezogenen Strich auf den Sitzbohlen ausrichten. Von der Vorderkante 5 cm nach innen rutschen; hinten muss die Latte aber bündig mit dem Rand abschließen. Mit 70-mm-Schrauben am Sitz anschrauben. Die beiden anderen Querlatten ebenso befestigen – die zweite am anderen Ende des Sitzes, die dritte genau in der Mitte.

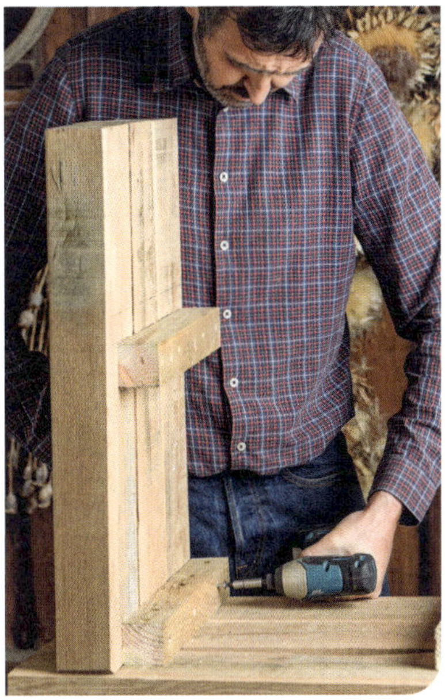

10 Die Sitzbohlen mit den Querlatten nach oben auf die Arbeitsfläche legen. Eines der Seitenteile so daraufstellen, dass es exakt senkrecht zur Sitzfläche steht und an der Querlatte anliegt. Seitenteil mit 80-mm-Schrauben anschrauben.

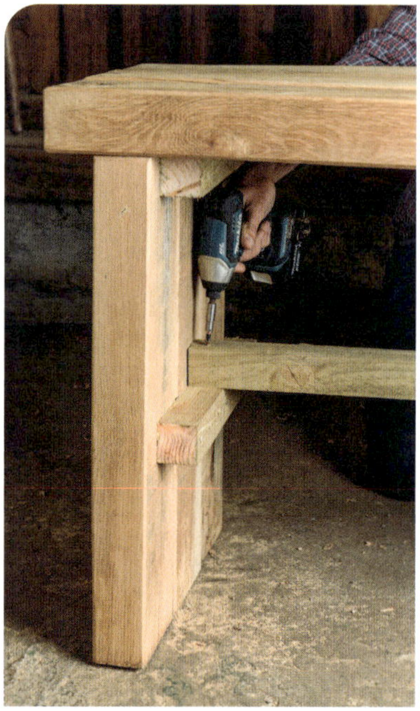

11 Beim zweiten Seitenteil am anderen Ende genauso verfahren. Sobald beide Seitenteile befestigt sind, die Bank aufstellen. Die Querstrebe mit 80-mm-Schrauben in der Mitte der Querlatten an den Seitenteilen befestigen. Die Querstrebe stabilisiert die Bank und verhindert, dass die Seitenteile wackeln.

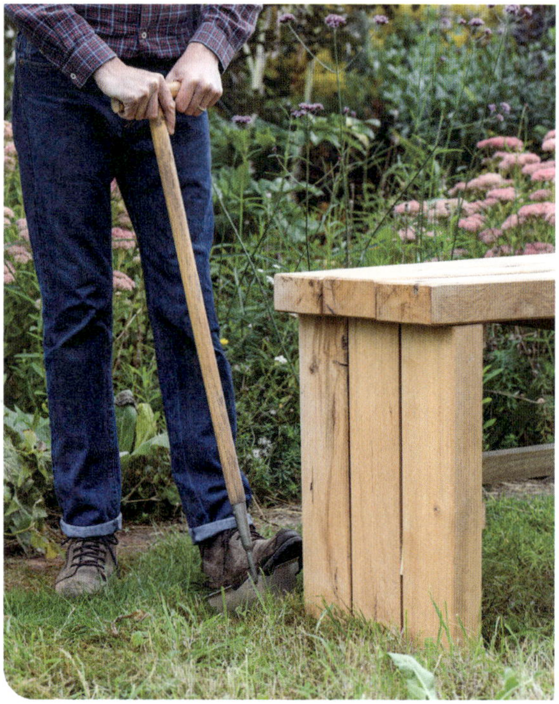

12 Bank zum Standort bringen. Soll sie auf Gras stehen, muss vorher die Grasnarbe entfernt werden. Dazu mit einem Kantenstecher die auszustechende Fläche markieren.

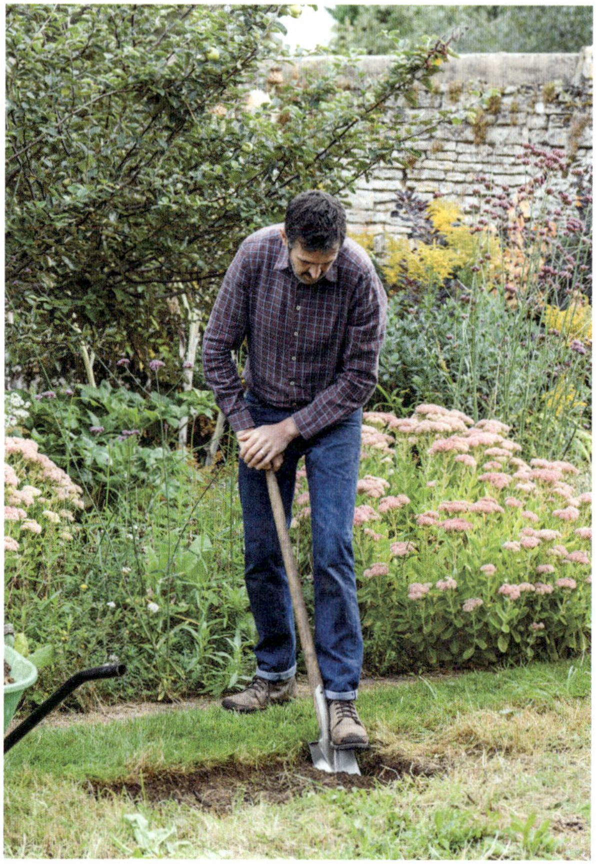

13 Bank beiseitestellen, um die Soden zu entfernen und so viel Erde auszuheben, dass die Seitenteile 10–15 cm im Boden versenkt stehen. Das verhindert, dass die Bank verrutscht. Nach dem Ausheben die Fläche grob ausnivellieren.

» Es gefällt mir, einfache, leicht zu konstruierende Elemente zu schaffen, die schön und nützlich zugleich sind. «

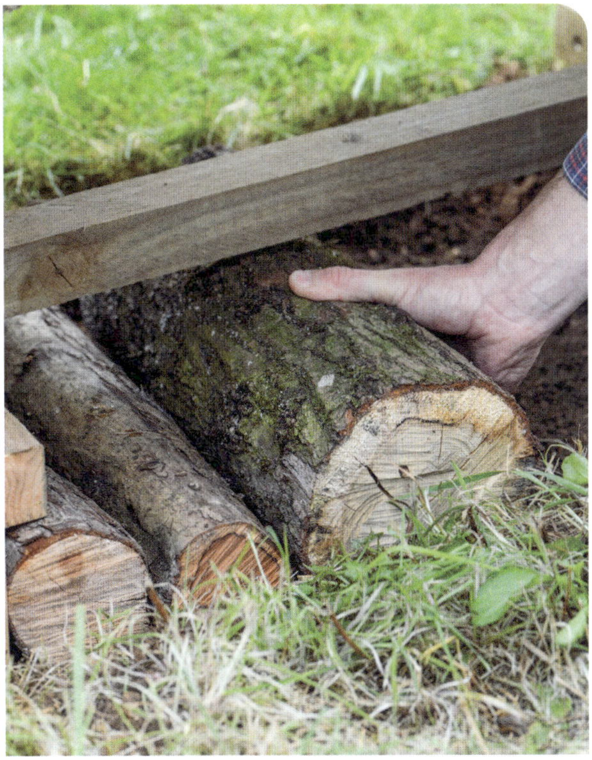

15 Die Rundhölzer unter der Bank stapeln. Die erste Reihe liegt noch unter dem Bodenniveau. Das stabilisiert alles; außerdem entsteht so ein zusätzlicher Lebensraum für Bodenlebewesen.

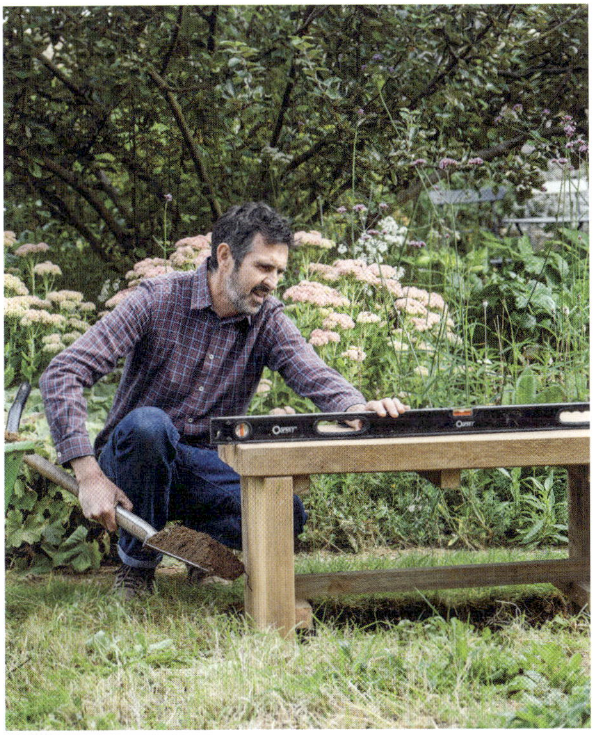

14 Die Bank auf die ausgehobene Fläche stellen und mit der Wasserwaage prüfen, ob sie exakt eben steht. Erde um die Seitenteile/Füße zurückfüllen und mit einem Fäustel feststampfen. Die Rundhölzer mit einer Bogen- oder Kettensäge zurechtsägen, falls nicht bereits geschehen.

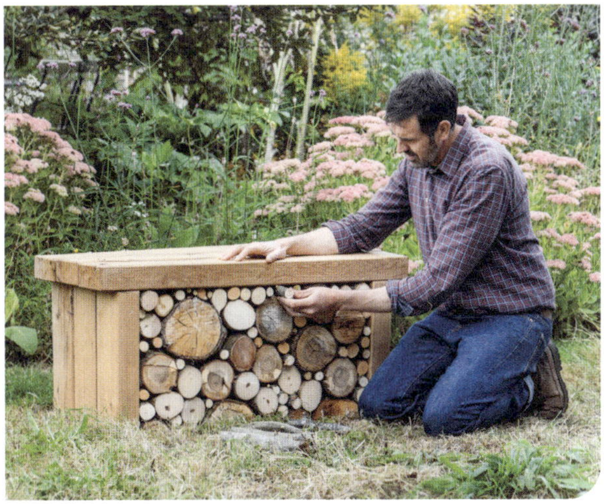

16 Nach und nach den Raum unter der Bank mit Rundhölzern unterschiedlicher Dicke füllen. Die dünneren Hölzer in die Lücken zwischen den dicken schieben.

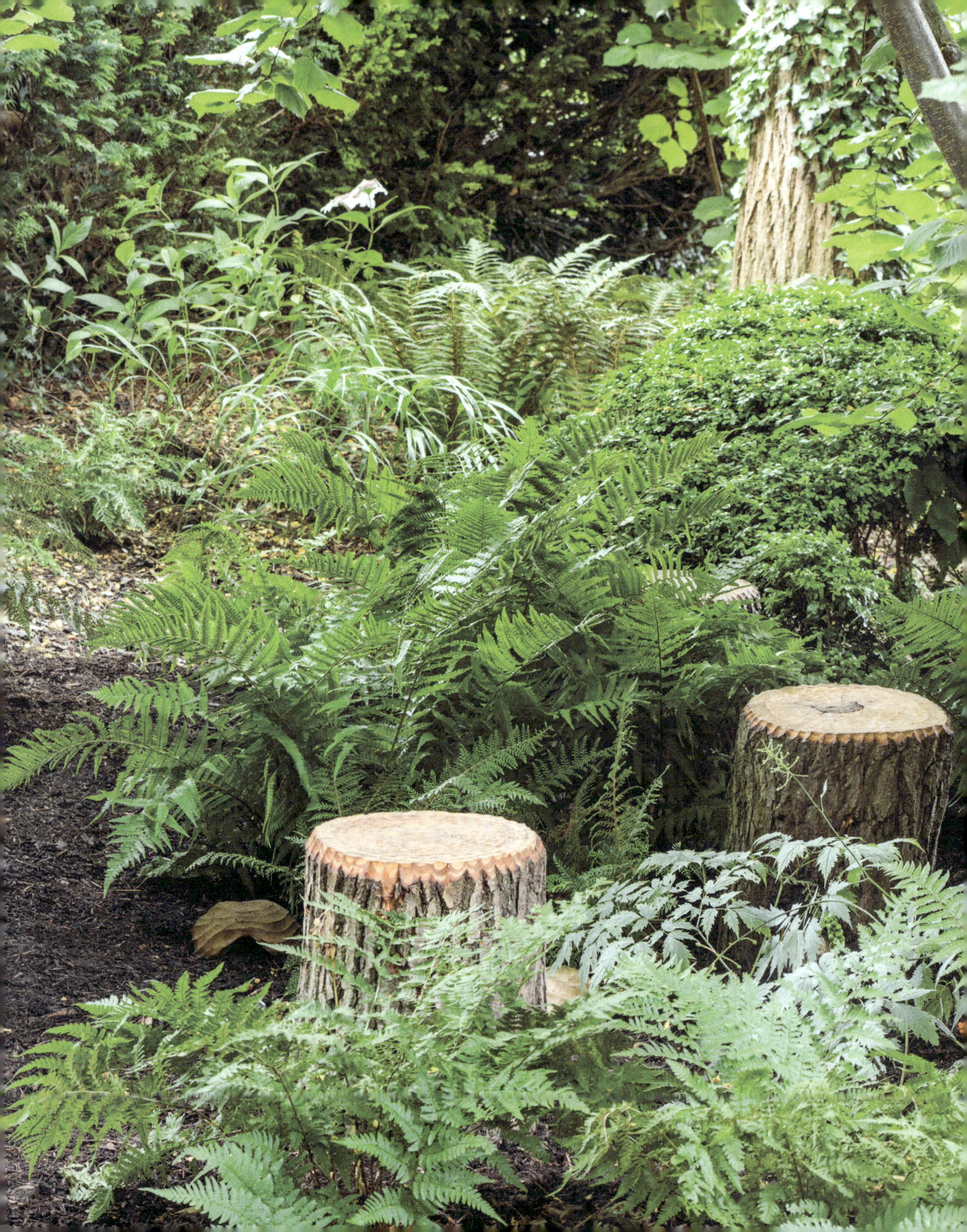

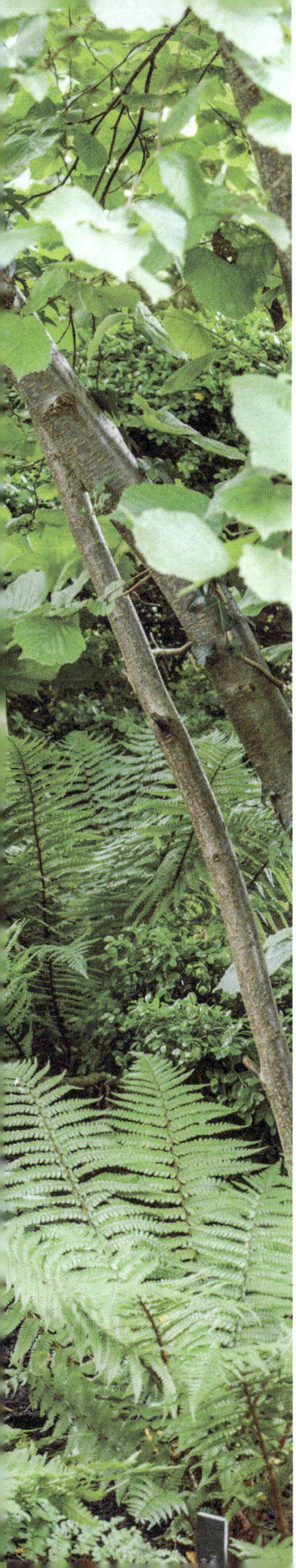

PROJEKTE

MOBILIAR

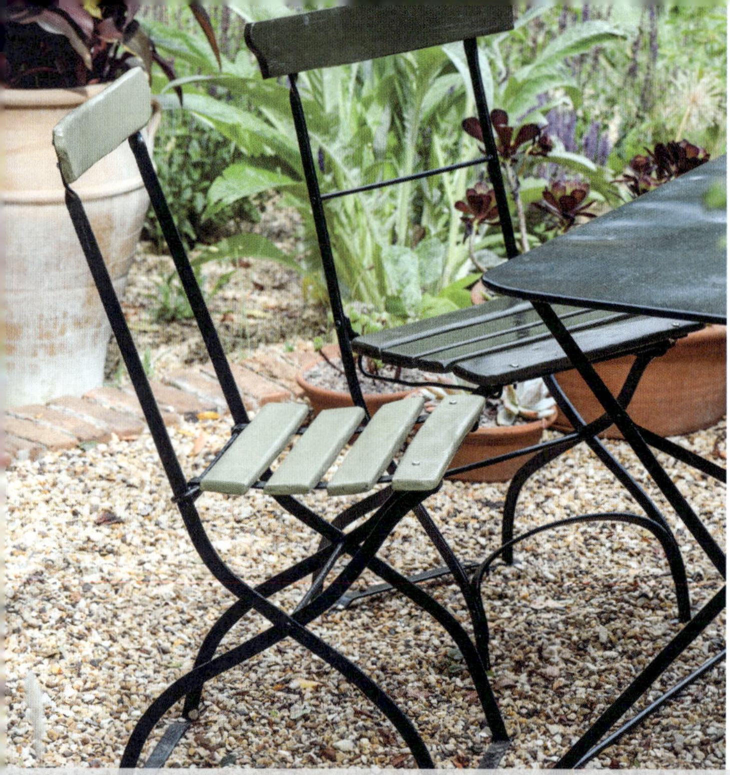

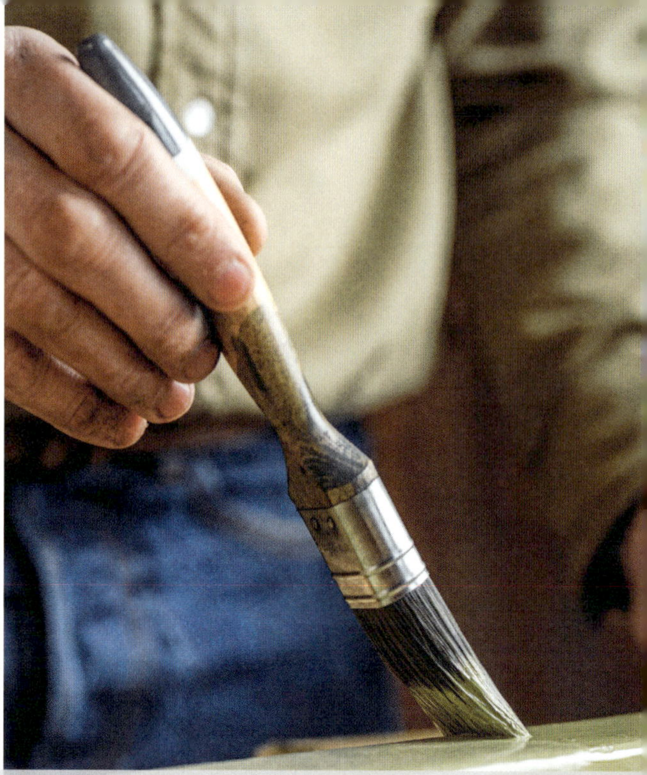

» Wer im Garten Dinge um sich hat, die ihm etwas bedeuten, wird sich dort immer besonders wohlfühlen. «

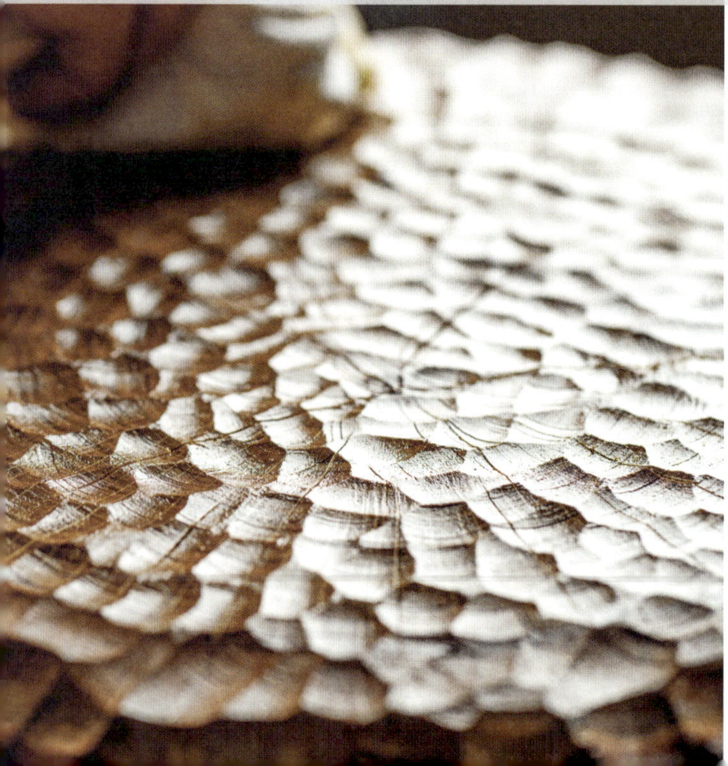

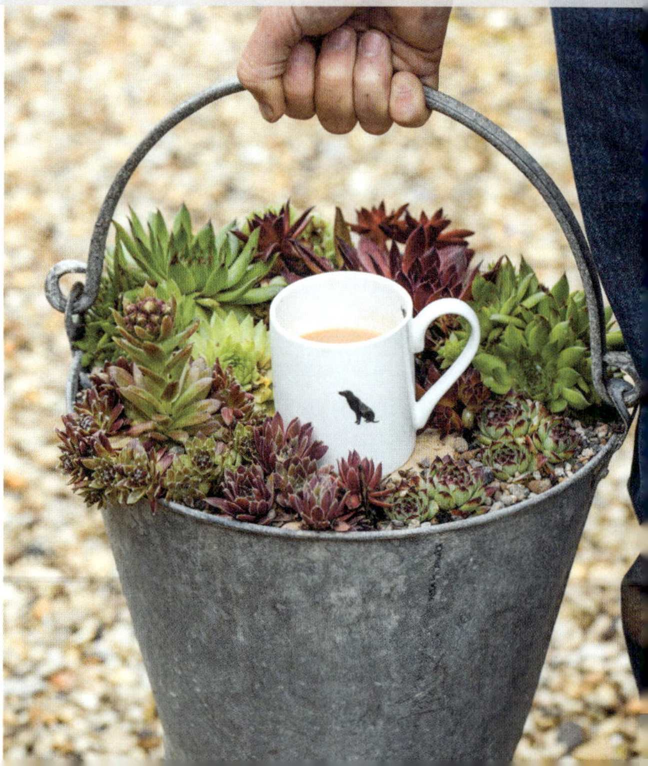

EINFÜHRUNG

Von allen Projekten in diesem Buch eignen sich die in diesem Kapitel vermutlich am besten, einem Garten eine ganz persönliche Note zu geben. Manche erfordern zwar ein gewisses handwerkliches Geschick, doch lassen sie sich allesamt ohne großen Aufwand umsetzen, wie ich finde.

Beim Gartenmobiliar scheiden sich die Geister. Die einen bevorzugen Billiges und Knalliges, die anderen setzen eher auf klassische, teure Möbel. In beiden Fällen aber stattet man seinen Garten mit etwas aus, was im Grunde viele haben. Die hier vorgeschlagenen Projekte dagegen geben Ihnen die Möglichkeit, den zu gestaltenden Raum wirkungsvoller nach Ihrem Gusto zu prägen. Sie basieren auf meinen speziellen Erinnerungen an eine bestimmte Zeit oder einen besonderen Ort, sind also etwas sehr Persönliches. Deshalb tragen sie unverkennbar meine Handschrift. Sie können ihnen aber genauso gut Ihre persönliche Note verleihen, etwa indem Sie andere Farben oder Materialien verwenden und sie anders texturieren. All das macht Ihren Garten unverwechselbar.

» Mit der Möblierung können Sie einem Garten Ihren individuellen Stempel aufdrücken. «

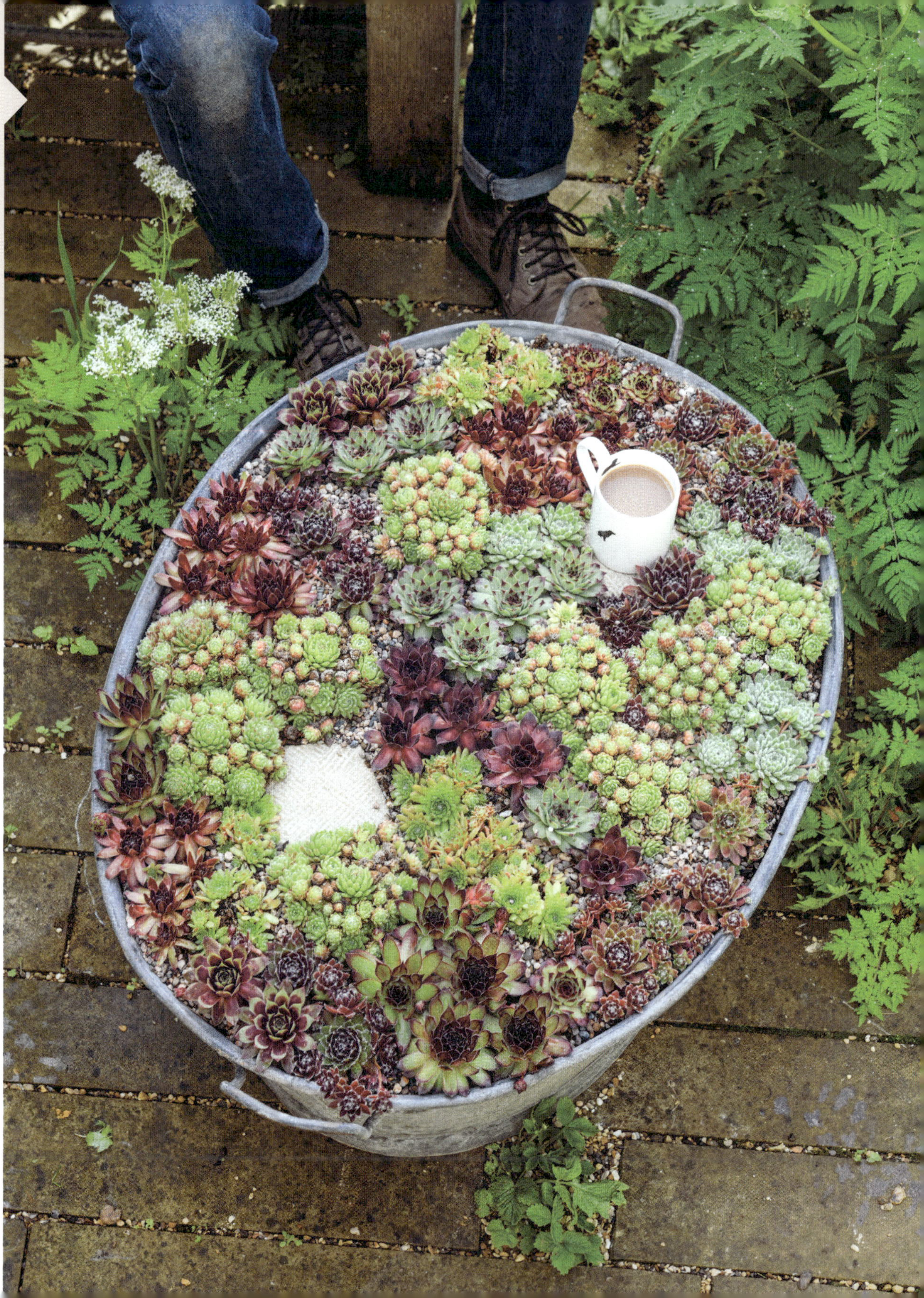

GRÜNER KAFFEETISCH

Dieses Projekt ist als lebender Kaffeetisch gedacht, den man von Nahem genießen kann, während man bei einer Tasse gemütlich zusammensitzt. Ich habe dafür eine alte ovale Zinkwanne mit Sukkulenten bepflanzt. Sie bilden eine sanft wogende Miniaturlandschaft, an der man sich nicht sattsehen kann.

SIE BRAUCHEN

- 2 Steinplatten, etwa 10 × 12 cm lang und breit sowie 2,5–5 cm dick
- Zinkwanne, rund 80 cm lang, 63 cm breit und 35 cm hoch, oder einen anderen verzinkten Behälter
- Tonscherben
- Gartenkies
- torffreie Universalerde
- niedrige Pflanzen, etwa Sukkulenten

Werkzeug

- Stift
- Metalllineal
- Schraubstock, Schraubzwingen oder Arbeitsbank
- Winkelschleifer, Schutzbrille, Staubmaske
- Zahneisen mit 25-mm-Einsatz
- kleiner Hammer oder Klüpfel
- Akkuschrauber und 6-mm-Bohrer für Metall
- Gummieimer für den Garten
- Handschaufel

Für dieses Projekt habe ich folgende Sukkulenten verwendet:

- *Sempervivum allionii, S. arachnoideum, S. arachnoideum* 'Rubin', *S. calcareum, S. calcareum* 'Guillaumes', *S.* 'Green Ice', *S.* 'Irazu', *S.* 'Mulberry Wine', *S.* 'Pacific Purple Shadows', *S.* 'Red Delta', *S.* 'Reinhard'

Ich habe verschiedenfarbige Sukkulenten als Gegengewicht zum Grau der Wanne verwendet. Zwischen den Pflanzen habe ich ein paar flache Steine als Abstellfläche platziert, auf die man die Tassen stellen kann. Die Wanne hat Griffe, sodass man sie gut heben und überall dorthin transportieren kann, wo man gern sitzt und seinen Morgenkaffee oder abendlichen Drink genießt. Mit einem passenden Eimer lässt sich auch eine Miniversion dieses grünen Tisches kreieren.

NÜTZLICHE TIPPS

- Diesem Projekt lag der Wunsch zugrunde, lebenden Pflanzen möglichst nahe zu sein, um sie in allen Einzelheiten genießen zu können.
- An Sukkulenten gefallen mir die ornamentalen Formen, die sich zu schönen Mustern verbinden, wenn man sie zu mehreren pflanzt. Nachdem sie einmal in der Erde sind, brauchen sie kaum noch Pflege. Das Substrat, in dem sie wachsen, sollte mit einer Kiesschicht bedeckt sein, damit die Blätter nicht zu nass werden und faulen.
- Anstelle von Sukkulenten kann man auch Kräuter oder andere niedrige Gewächse pflanzen. Wählen Sie aber Farben, die zu der des Gefäßes passen. Der »Kaffeetisch« kann beliebig groß oder klein sein.

EXPERTENWISSEN

- **Als Abstellfläche für die Tasse empfehle ich rund 2,5–5 cm dicke Steine. So kann man etwas Textur in sie hineinmeißeln.**
- **Ich habe für meinen Tisch Kalkstein verwendet, weil er in meiner Gegend vorkommt. Sie können aber nehmen, was bei Ihnen im Garten herumliegt, etwa Sandstein, Ziegel, ja, sogar Pflasterplatten oder Fliesen.**

1 Mit einem Stift auf einem Stein oder anderen Material die Form der Abstellflächen für die Tassen markieren. Ich habe hier ein Trapez mit einer Größe von etwa 12 × 10 cm aufgezeichnet, doch ist jede Form möglich, solange ein Glas oder eine Tasse darauf passt.

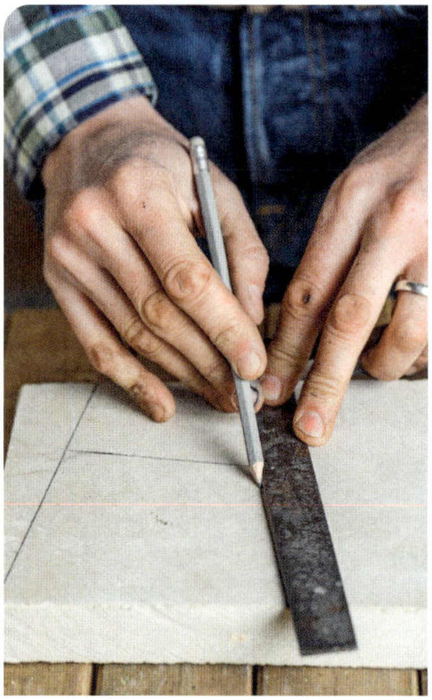

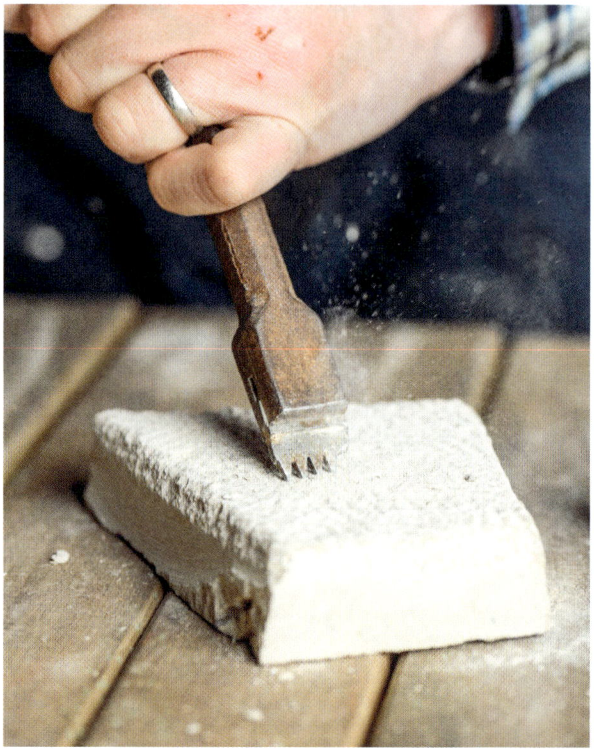

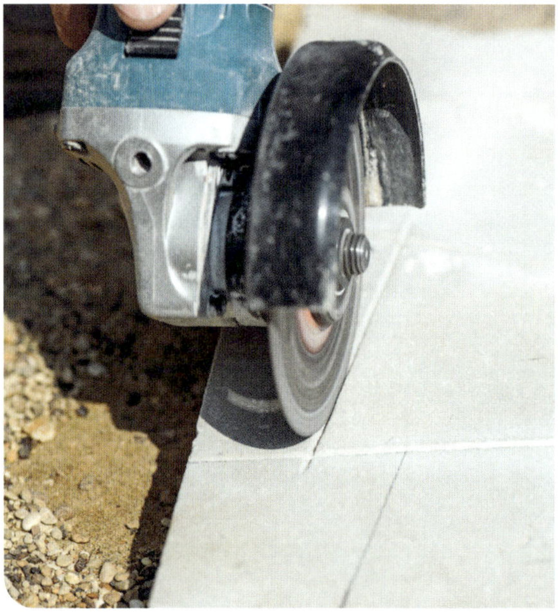

3 Nach dem Zuschneiden die Oberfläche des Steins mit einem Zahneisen und Klüpfel beliebig texturieren. Ich habe mit dem Zahneisen Rillen in mehrere Richtungen in den Stein gehauen, sodass sich eine interessante Struktur ergab. Die Oberfläche verwittert mit der Zeit dekorativ.

2 Den Stein so auf den Boden legen, dass er sich nicht verschieben kann; ich klemme ihn manchmal zwischen größere Steinkeile. Mit einem kleinen Winkelschleifer die Form ausschneiden oder mit Meißel und Fäustel zurechtklopfen. Beim Schneiden von Stein stets Schutzbrille und Staubmaske tragen.

»Ich verwende gern Sukkulenten, weil sie so ornamentale Formen haben und ein dynamisches Muster entsteht, wenn man sie dicht an dicht pflanzt.«

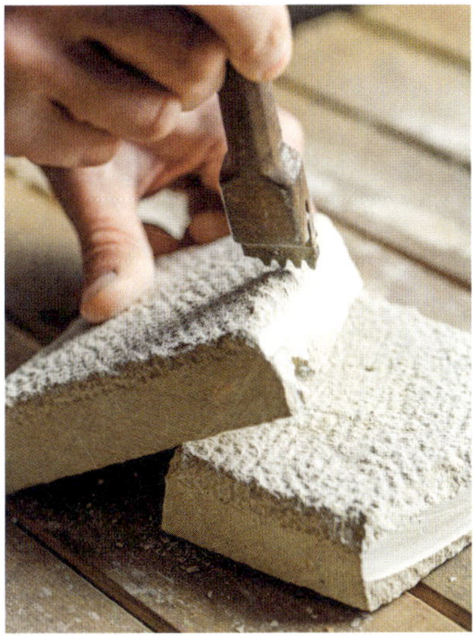

4 Auch die Kanten bearbeiten, damit sie weicher wirken.

Gefäße

Ich verwende mit Vorliebe alte Wannen, doch eignet sich jeder Behälter passender Größe. Henkel sind ideal, weil sich die Wanne damit gut transportieren lässt. Allerdings kann sie je nach Größe ein ordentliches Gewicht erreichen.

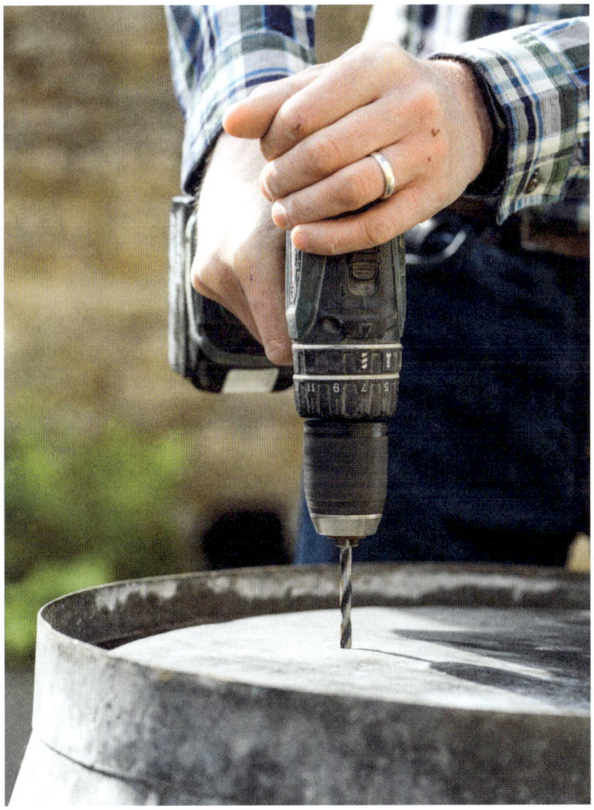

5 Die Wanne umdrehen und 6 mm große Löcher in den Boden bohren. Für guten Wasserabzug sind sie unerlässlich. Diese Wanne hat einen Rand und steht bereits etwas erhöht. Wer nicht sicher ist, ob Wasser ungehindert abläuft, kann sie zusätzlich auf Ziegel, Steine oder Holz stellen.

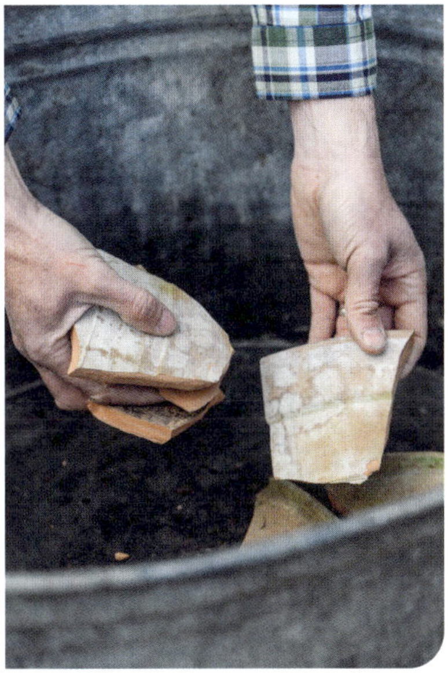

6 Die Wanne wieder umdrehen und den Boden mit Tonscherben bedecken, um die Drainage weiter zu verbessern.

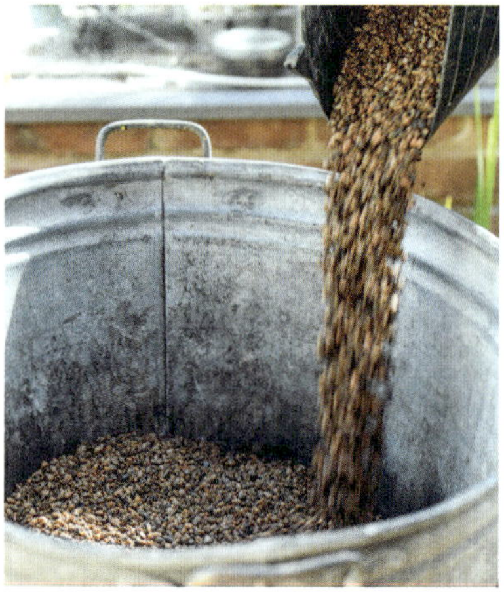

7 Auch eine Lage Kies auf den Tonscherben fördert die Drainage.

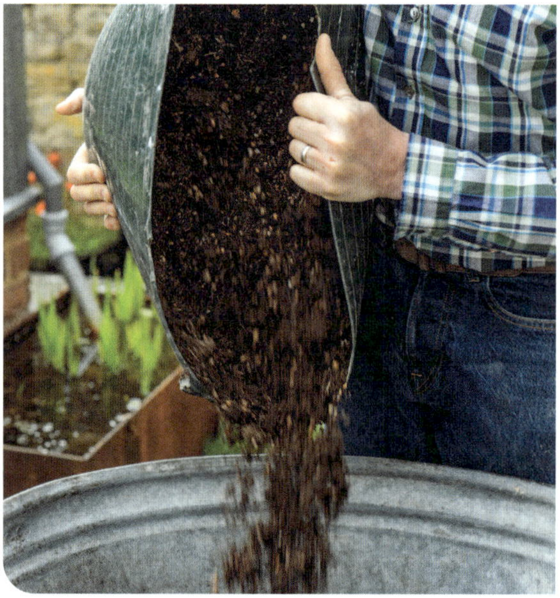

8 Im Gummieimer ein Substrat aus etwa 60 Prozent torffreier Universalerde und 40 Prozent Gartenkies mischen. Mischung in die Wanne geben, aber nicht ganz füllen, damit Platz für die Pflanzen und eine Schicht Kies auf dem Substrat bleibt.

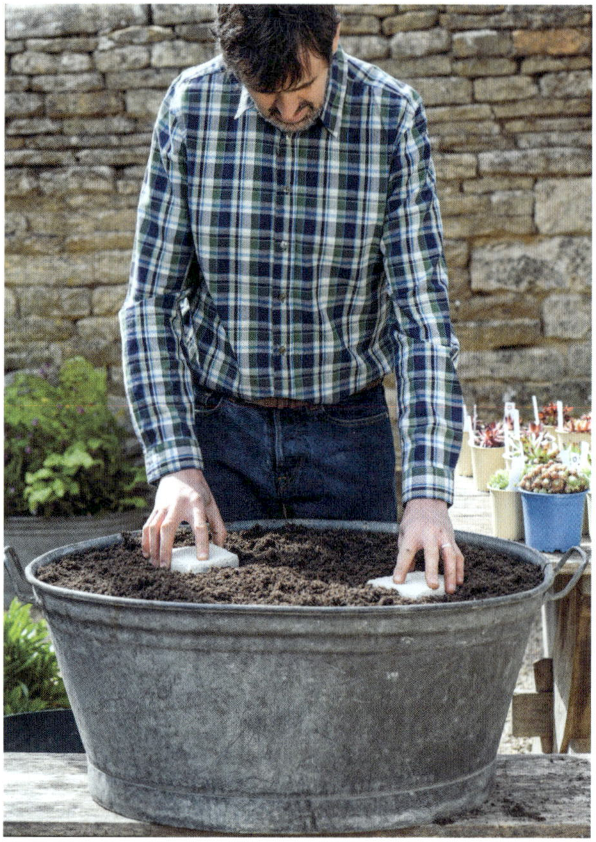

9 Die steinernen Abstellflächen zu beiden Seiten der Wanne auf dem Substrat arrangieren. Sie müssen eben liegen und dürfen nicht wackeln. Nicht zu nah am Rand positionieren, da um sie herum Pflanzen wachsen sollen.

Pflanzenwahl

Ganz gleich, welche Pflanzen Sie aussuchen, sie sollten unterschiedliche Farben haben, die zudem gut zur Farbe des Gefäßes passen.

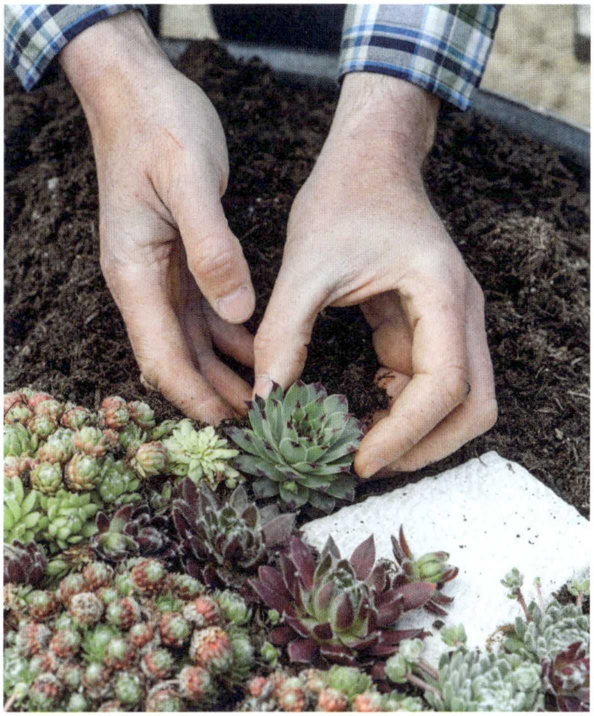

10 Sukkulenten um die Abstellflächen herum pflanzen. Zunächst ein paar Leitpflanzen platzieren, dann eine Farbe als Leitfarbe wählen und die anderen Pflanzen in einem bestimmten, fast teppichartigen Rhythmus anordnen. In Wellen anlegen.

11 Die Kiesschicht auf dem Substrat verteilen, damit das Arrangement stimmig wirkt. Kies verhindert außerdem, dass der Ansatz der Pflanzen zu feucht wird.

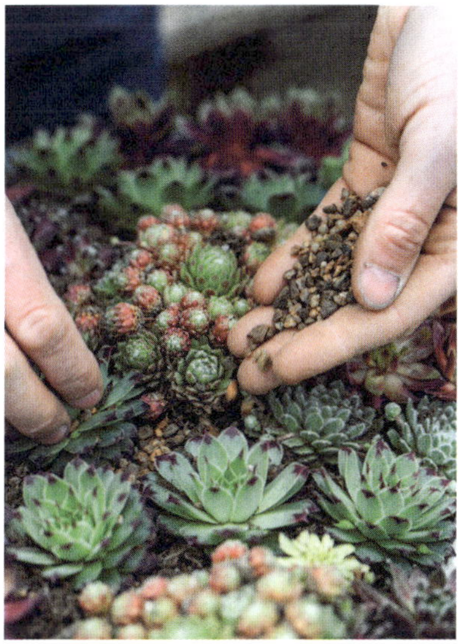

» Ich versuche, jene magischen Momente herbeizuführen, wenn man plötzlich komplett in sich versunken auf die Pflanzen starrt, weil sie daran erinnern, wie faszinierend die Natur ist. «

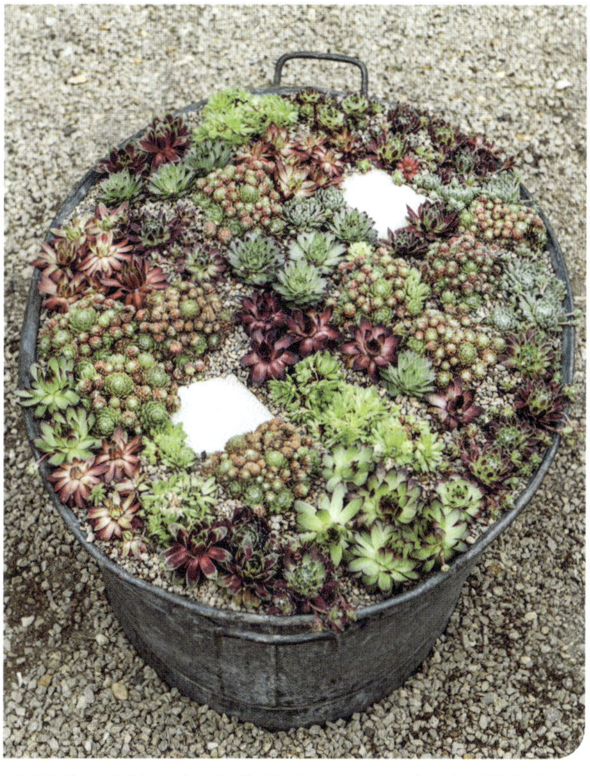

12 Zum Schluss den Kaffeetisch an einer geeigneten Stelle im Garten platzieren, am besten dort, wo genug Licht und Platz ist, um noch ein paar bequeme Stühle um ihn herum aufzustellen.

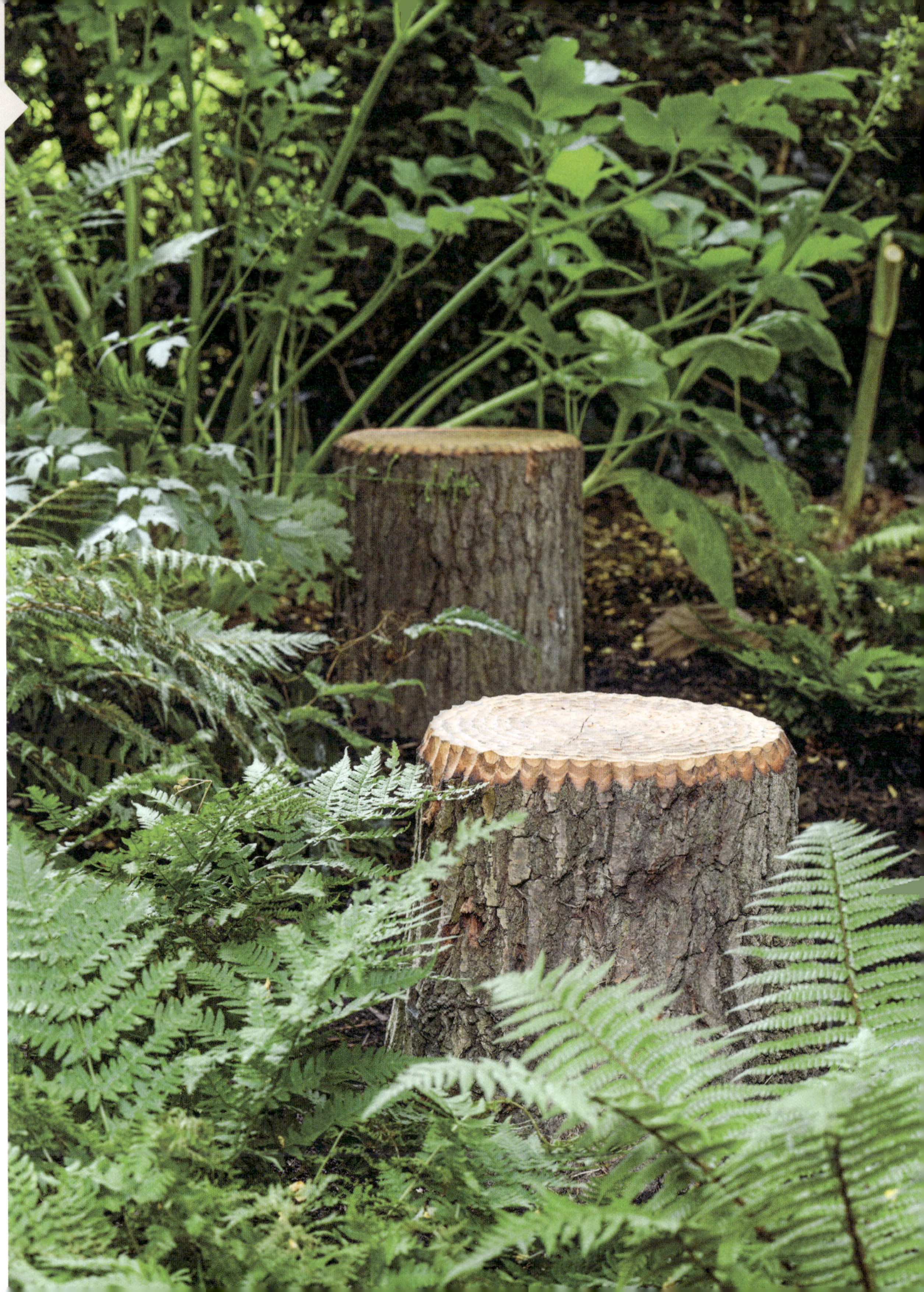

STAMMHOCKER

Mir gefällt die Vorstellung, in einem Wäldchen auf einem Stamm zu sitzen und die Umgebung zu genießen. Diese Hocker zu basteln ist kinderleicht, es handelt sich im Grunde um zugeschnittene Baumstämme. Entscheidend ist, dass sie natürlich aussehen und dort stehen, wo man die Aussicht genießen kann.

SIE BRAUCHEN

- Stammstücke, etwa 50–60 cm hoch und 30–40 cm breit
- Leinöl

Werkzeug

- Maßband
- Kettensäge (falls Sie die Stücke selbst schneiden)
- 14-mm- und 20-mm-Hohlbeitel (nach Belieben)
- Hammer, Holzhammer oder Fäustel
- evtl. Bohrmaschine und Bohrer
- evtl. Schleifpapier
- Lappen (zum Auftragen des Öls)
- Spaten oder Schaufel
- Wasserwaage

AUFGEPASST

Die Kettensäge gehört zu den unfallträchtigsten Geräten. Arbeiten Sie nur mit ihr, wenn Sie Erfahrung damit haben. Tragen Sie Sicherheitsschuhe, Handschuhe und eine Schutzbrille. Außerdem sollte eine zweite Person in der Nähe bleiben und ein Erste-Hilfe-Kasten bereitliegen. Im Notfall sollte es möglich sein, schnell ins nächste Krankenhaus zu kommen.

Stellen Sie sich diese Stammhocker als Reiseziel vor – ein Plätzchen, das Sie besuchen und mit einer Tasse Kaffee genießen. Platzieren Sie die Hocker deshalb dort, wo Sie die schlichte Schönheit der Natur genießen können: irgendwo im Streuschatten mit schöner Aussicht und angenehmem Licht. Besonders gut machen sie sich einer waldartigen Umgebung. Mir gefällt an den Hockern, dass sie mit der Zeit verrotten und zu Humus werden, sodass nichts übrig bleibt.

NÜTZLICHE TIPPS

- Wie die Hocker in ihrer Umgebung wirken, hängt von ihrer Größe und der Holzart ab. Nehmen Sie eine Holzart, die nicht harzt. Ich verwende Laubholz, etwa von Eiche, Walnuss oder Kirsche.
- Wenn Sie nicht geübt im Umgang mit einer Motorsäge sind, bitten Sie am besten den Holzhändler, die Stücke zuzuschneiden. Auch in einem Sägewerk oder bei einem Baumpfleger bekommt man eventuell Stämme.
- Ich habe meine Hocker in ein waldartiges Ambiente gestellt und Farne um sie herum gepflanzt. Man kann sie aber auch in einer Rabatte platzieren. Mir macht es Spaß, inmitten der dichten Bepflanzung auf ihnen zu sitzen und die Gewächse um mich herum zu betrachten.

EXPERTENWISSEN

- **Die Hocker sind relativ schlichte Sitzgelegenheiten. Ich habe sie optisch etwas aufgepeppt, indem ich die Sitzfläche texturiert habe. Man kann sie aber auch völlig glatt lassen.**
- **Versuchen Sie allem in Ihrem Garten eine persönliche Note zu geben. Wenn Sie Kinder haben, können Sie beispielsweise kleine Hocker speziell für sie aufstellen.**

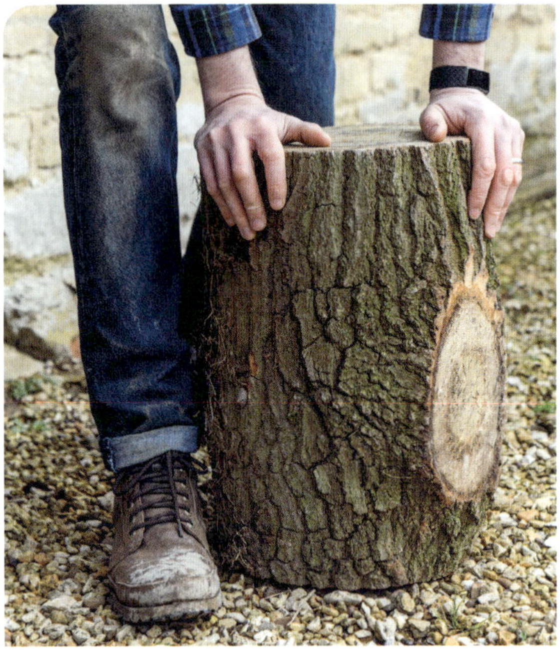

1 Überlegen Sie, wo Sie Ihre Hocker aufstellen. Man sollte an dem Platz bequem sitzen und einen Blick auf etwas Schönes haben. Zunächst die Höhe der Hocker festlegen. Ein gutes Maß ist der Abstand zwischen dem Boden hinter Ihrer Ferse und Ihrer Kniebeuge. Ein Hocker dürfte somit durchschnittlich 45–50 cm hoch werden. Hinzu addiert man noch 10 cm, die er im Boden versenkt werden muss, damit er stabil steht.

2 Falls Sie die Sitzfläche dekorativ gestalten möchten, ist jetzt der richtige Zeitpunkt dafür. Ich verwende hier einen 14-mm-Hohlbeitel, beginne in der Mitte und arbeite mich nach außen, wobei ich mich an den Wachstumsringen orientiere.

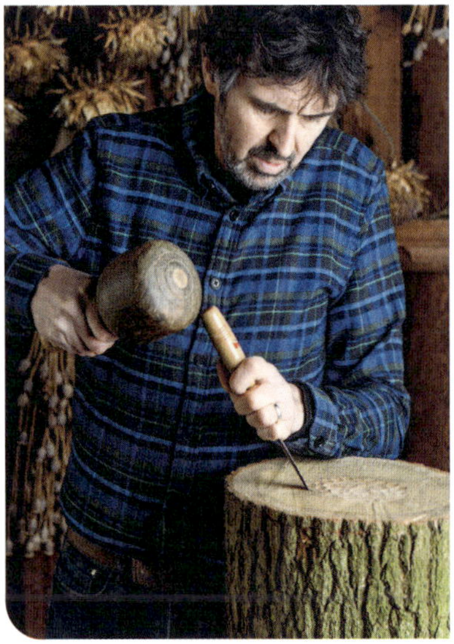

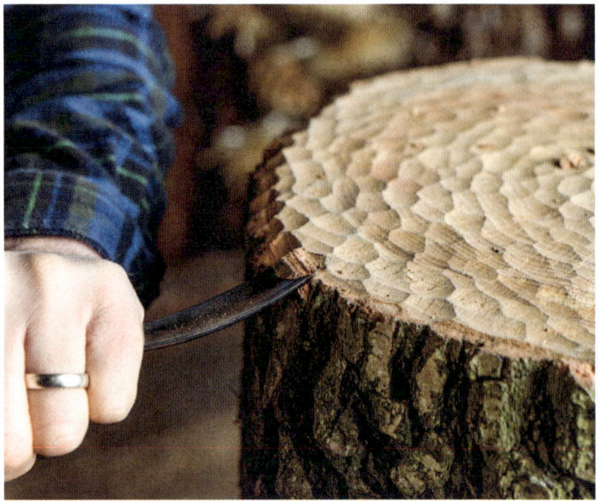

3 Dann wechsle ich zu einem 20-mm-Hohlbeitel, um die Sitzkante zu gestalten. Dabei arbeite ich von der Rinde aus nach innen.

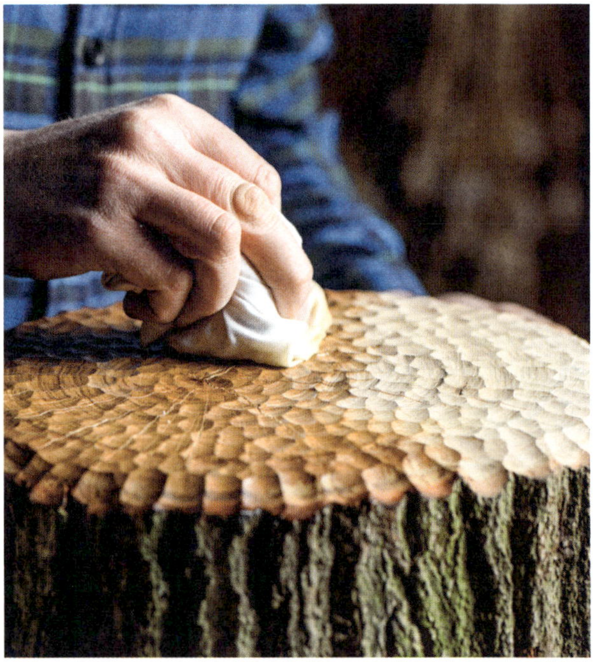

4 Leinöl oder ein anderes natürliches Holzschutzöl mit einem Tuch auf die texturierte Sitzfläche auftragen. Nicht mit Öl sparen und gut einziehen lassen. Das Öl imprägniert das Holz und hebt seine Maserung hervor. Zwischen dem Auftragen immer komplett trocknen lassen.

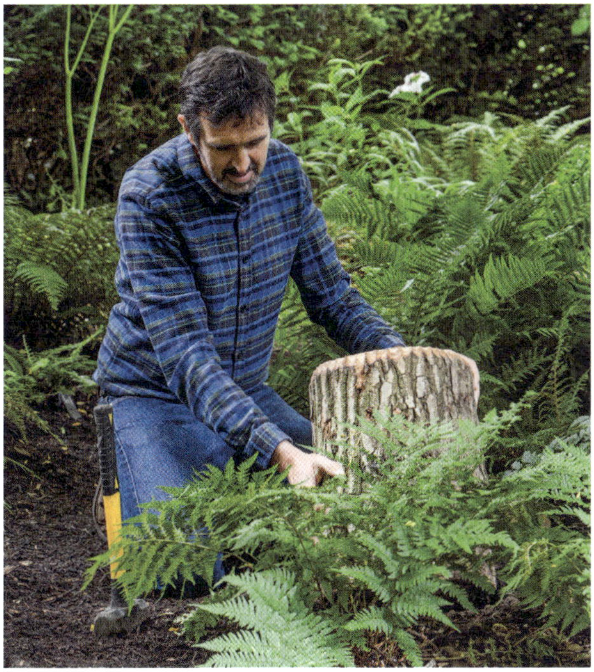

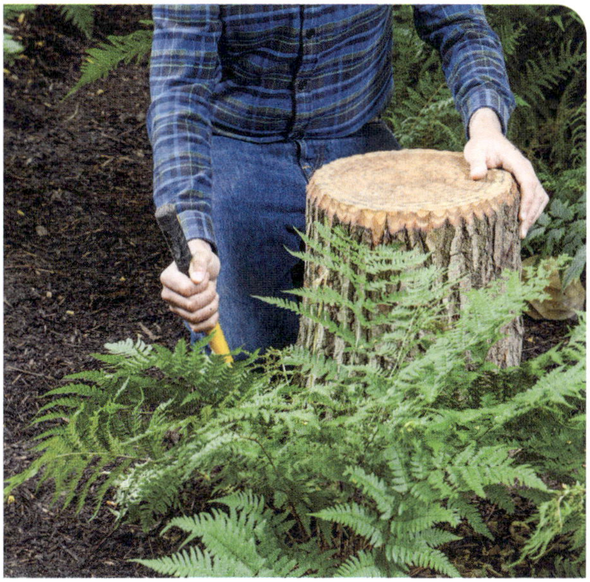

5 Ein 10 cm tiefes Loch ausheben, das etwas größer ist als der Durchmesser des Hockers. Loch mit einer Wasserwaage exakt ausnivellieren. Den Hocker in das Loch stellen und Sitzfläche mit der Wasserwaage in zwei Richtungen exakt eben ausrichten. Hocker ggf. durch Unterpolstern mit Steinen oder Erde justieren.

6 Erde um den Hocker herum in das Loch füllen und mit einem Fäustel feststampfen, sodass der Hocker fest steht. Ein Betonfundament ist unnötig, die Hocker sind schwer genug.

Varianten

Es gibt viele Möglichkeiten, die Hocker individuell zu gestalten. Man kann Löcher für Insekten in sie bohren und die Sitzfläche texturieren oder mit Sandpapier glatt schleifen, damit man die Wachstumsringe gut sieht.

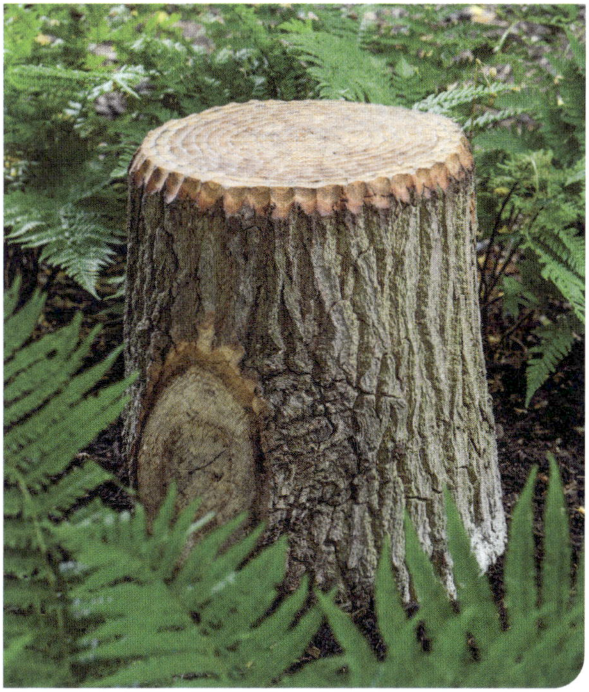

7 Mit Farnen als Umrahmung ist ein Stammhocker der ideale Ort, um die Pflanzen in seiner Nähe im Detail zu betrachten.

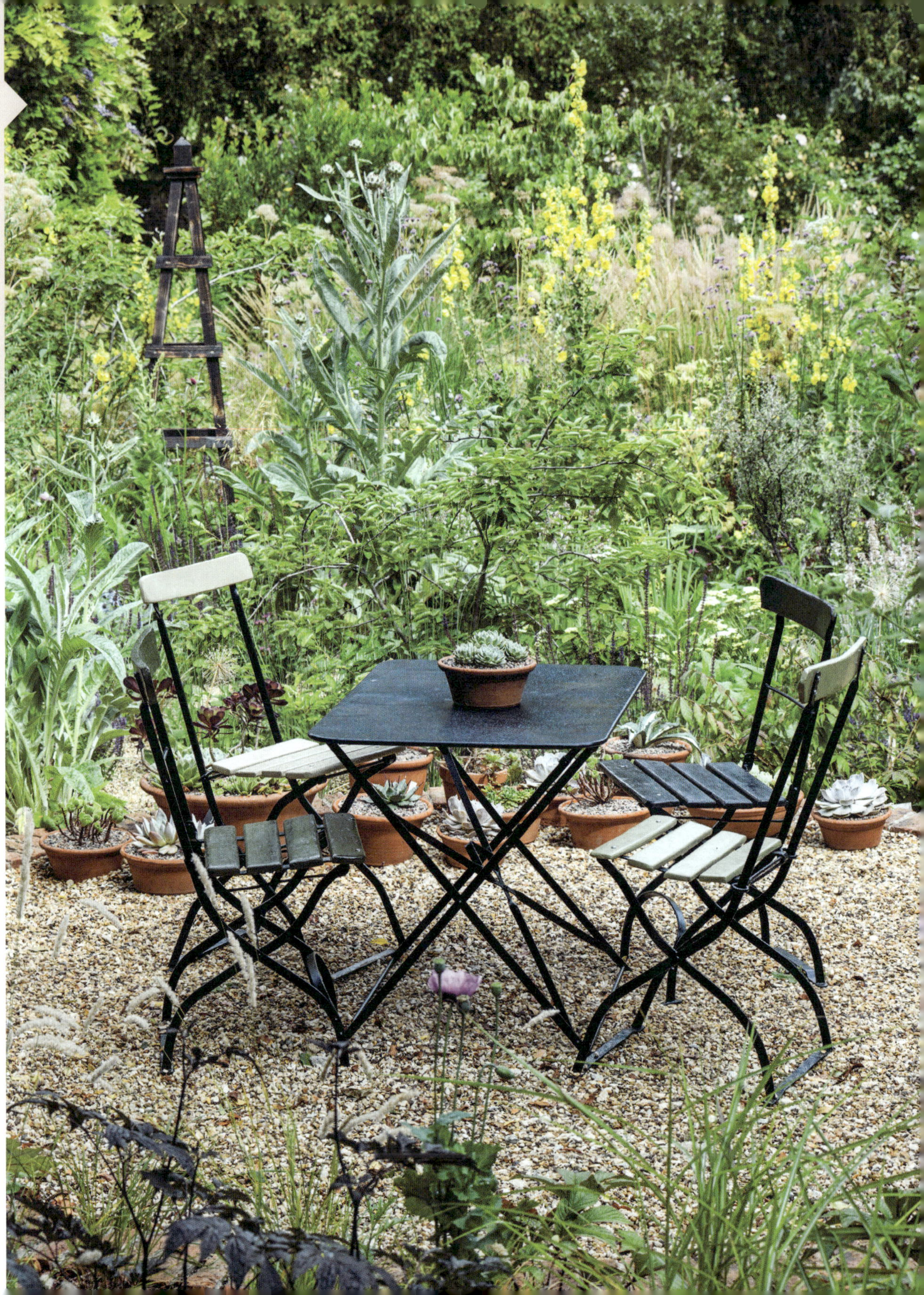

RESTAURIERTE MÖBEL

Bei der Ausstattung Ihres Gartens haben Sie mehrere Möglichkeiten: Sie können ein kleines Vermögen ausgeben, preiswerte, unkomplizierte Möbel kaufen oder – was besser für die Umwelt ist – ältere Stücke restaurieren bzw. umfunktionieren. Ich mag diese Stühle, denn sie erinnern mich an lange Familienessen im Frankreichurlaub.

SIE BRAUCHEN

- Abbeizer
- Eisenoxidgrundierung für Metall
- Terpentinersatz
- Ersatzholz (falls nötig)
- Leinölfarbe
- Leinöl
- Balsamterpentinöl
- Holzspachtelmasse
- Ersatzschrauben, verzinkt oder aus Messing (die vorhandenen als Maß benutzen)

Werkzeug

- evtl. Arbeitsbank
- Hammer (beim Zerlegen nützlich)
- Schraubenzieher/Akkuschrauber
- Universalschlüssel oder Zange
- Heißluftpistole
- Metallschaber
- Drahtwolle
- Schleifpapier
- Malpinsel
- Maßband
- Stift
- Winkelmaß
- Säge
- Hobel
- Akkubohrer
- Lappen

Mich interessiert vor allem das Aufmöbeln. Ich mag es, wenn Dinge Bestand haben und ich meinen Beitrag dazu leisten kann. Außerdem haben altehrwürdige Möbel wesentlich mehr Charakter. Diesen Tisch mit Stühlen haben wir online aufgetrieben, doch findet man sie auch in Secondhandläden, auf Flohmärkten, auf Freecycle und sogar in Containern. Man muss sich nur überlegen, wie man die Stücke am besten aufpeppt und harmonisch in den Garten integriert.

NÜTZLICHE TIPPS

- Ich habe Leinölfarben in Zartgrün, Olivgrün, Stahlblau und Elfenbein verwendet. Sie werden aus natürlichen Zutaten hergestellt und erfordern zwar etwas mehr Arbeit als normale Farben, weil man sie in Schichten auftragen muss, doch sind sie extrem haltbar, lassen sich angenehm anwenden und decken gut.
- Für Holz braucht man eine Grundierung aus 50 Prozent Farbe, 35 Prozent reinem Leinöl und 15 Prozent Terpentinersatz. Man misst die einzelnen Zutaten ab und rührt sie gut auf. Nach dem Auftragen lässt man die Grundierung etwa einen Tag lang trocknen, dann kann man für weitere Schichten die Farbe direkt aus der Dose auftragen. Die Grundierung sieht nach dem Trocknen etwas fleckig aus. Das gibt sich aber mit den nächsten beiden Schichten.

EXPERTENWISSEN

- **Sie müssen sich nicht auf eine Farbe beschränken, sondern können nach Belieben mischen und kombinieren. Anhand einer Farbtabelle kann man sehen, wie gut Farben harmonieren.**
- **Zwischen den Anstrichen werden die Pinsel in einen Topf mit Leinöl gesteckt, damit sie nicht eintrocknen. Zum Reinigen der Pinsel ist Terpentinersatz oder ein schwaches Lösungsmittel und warmes Wasser ratsam.**
- **VORSICHT: Mit Balsamterpentinöl getränkte Lappen können sich spontan entzünden. Man weicht sie vor dem Entsorgen gut in Wasser ein.**

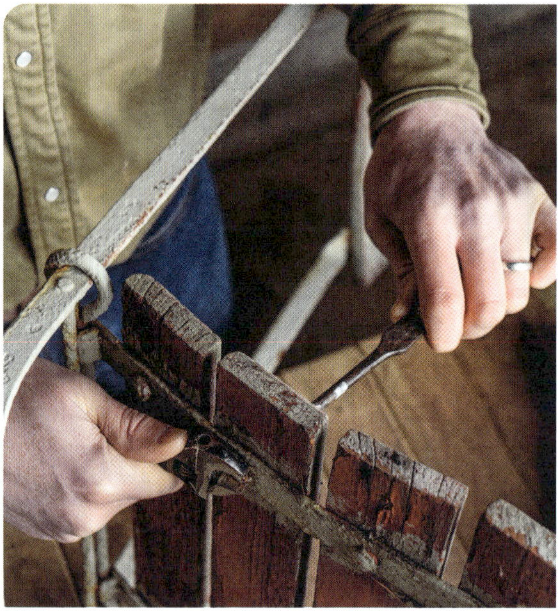

1 Möbel zunächst zerlegen. Hammer, Schraubenzieher, Universalschlüssel und Zange bereitlegen. Schrauben und Bolzen entfernen und die Holz- und Metallteile trennen. Alles auf einer Arbeitsbank ausbreiten. Nichts wegwerfen – vielleicht brauchen Sie es noch. Prüfen, ob Holzteile ersetzt werden müssen.

2 Alte Farbe lösen. Mit einer Heißluftpistole und einem Schaber so viel wie möglich entfernen. Wo dies schwierig ist, etwa an Stellen, die zusammengeschraubt waren, mit einem Abbeizer arbeiten (Gebrauchsanleitung des Herstellers beachten).

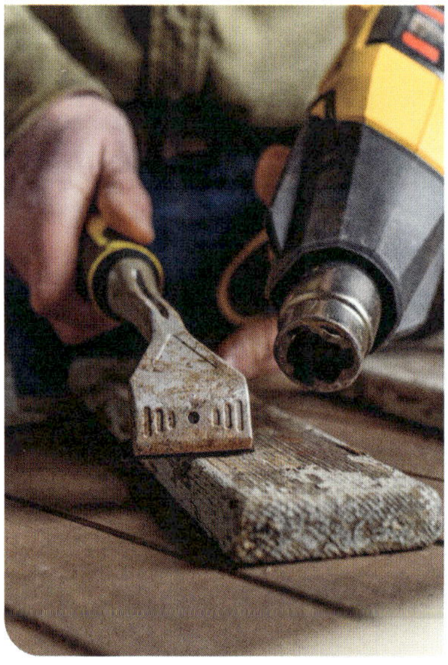

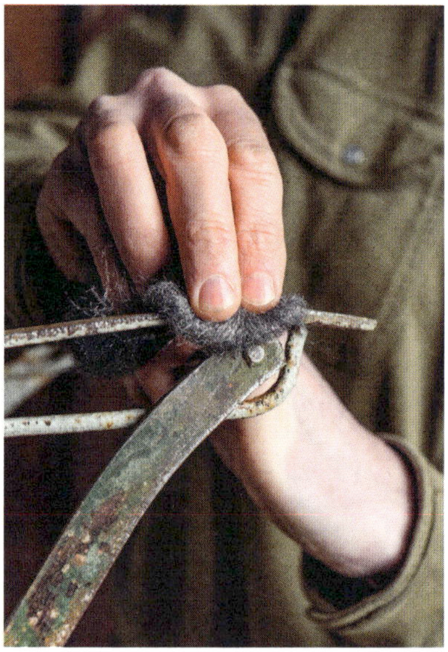

3 Alle Metallteile mit Drahtwolle schleifen und abblätterndes Metall entfernen. Die Holzbretter mit Schleifpapier glätten.

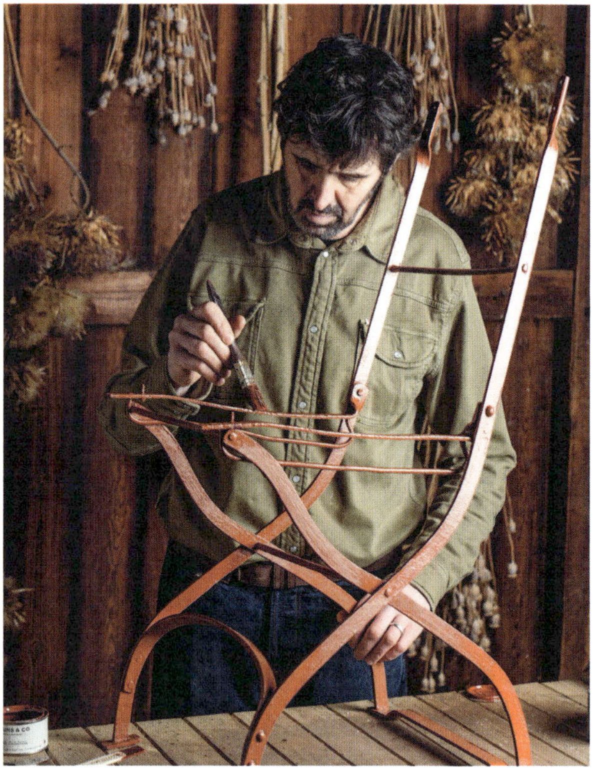

4 Beim Restaurieren alter Metallmöbel das Metall mit ein paar Schichten Eisenoxidgrundierung schützen. Jede Schicht nach dem Auftragen gut trocknen lassen. Die Pinsel zwischen dem Auftragen in Terpentin legen, damit sie nicht eintrocknen.

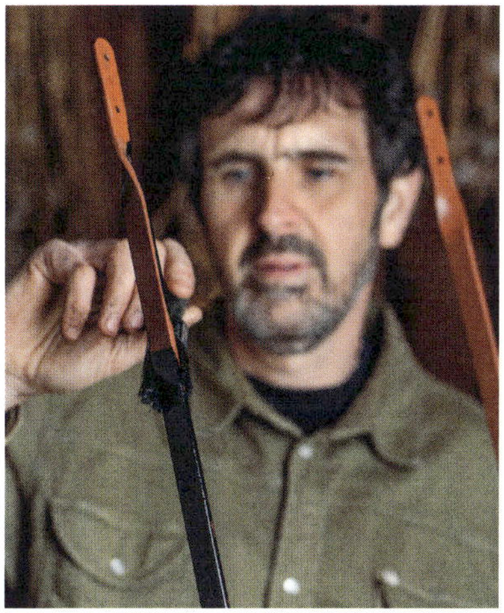

5 Metall mit zwei Lagen Leinölfarbe streichen. Die erste Schicht gründlich trocknen lassen, bevor die zweite aufgetragen wird.

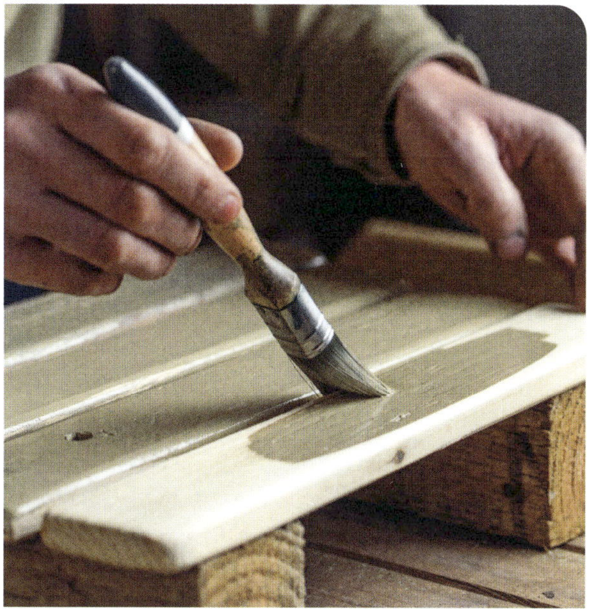

7 Schraubenlöcher einzeichnen und vorbohren. Das Holz mit Leinölgrundierung streichen (S. 143). Etwa einen Tag lang gut trocknen lassen. Die Leinölfarbe direkt aus der Dose oder mit etwas hinzugemischtem Öl dünn und gleichmäßig darauf auftragen. Gut trocknen lassen, dann ein zweites Mal streichen.

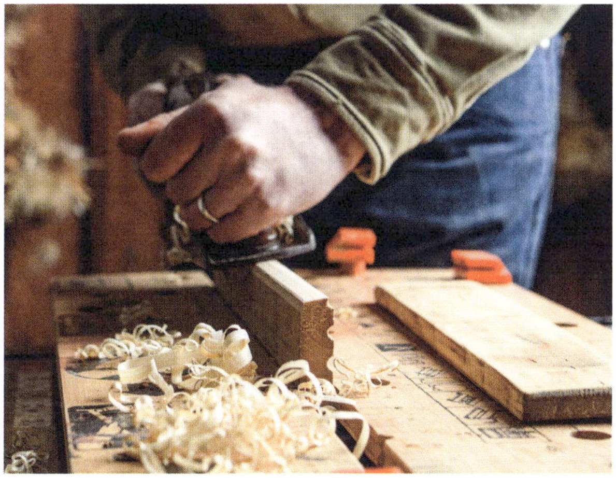

6 Wenn Holzbretter ersetzt werden müssen, Ersatzstücke finden, die nach Möglichkeit die gleiche Stärke und Qualität haben. Das Original oder eine Schablone als Maß verwenden. Mit einem Winkelmaß prüfen, ob das Holz gerade ist, dann mit einer Säge zuschneiden. Löcher mit Holzspachtelmasse füllen, trocknen lassen, hobeln und Flächen glatt schleifen.

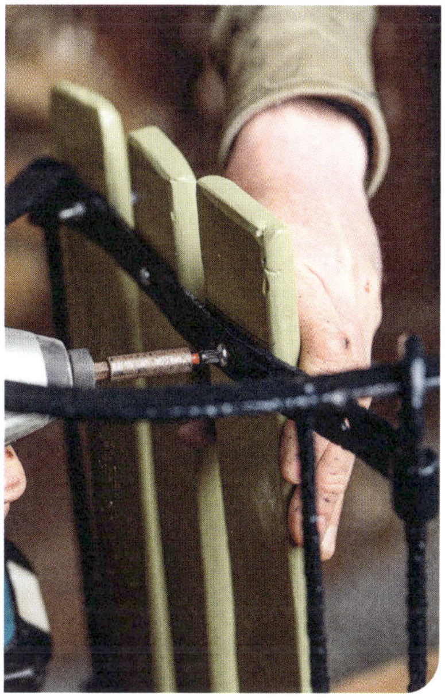

8 Nachdem alle Anstriche gut getrocknet sind, alle Möbel wieder zusammenfügen. Schrauben ggf. ersetzen; möglichst gleich aussehenden Ersatz suchen. Damit die neuen Schrauben gut greifen, ist es oft besser, geringfügig dickere Exemplare zu verwenden.

» *Es macht mir einen Riesenspaß, Dinge mit einer Geschichte aufzutreiben, sie zu restaurieren und ihnen mit Farbe eine persönliche Note zu geben.* «

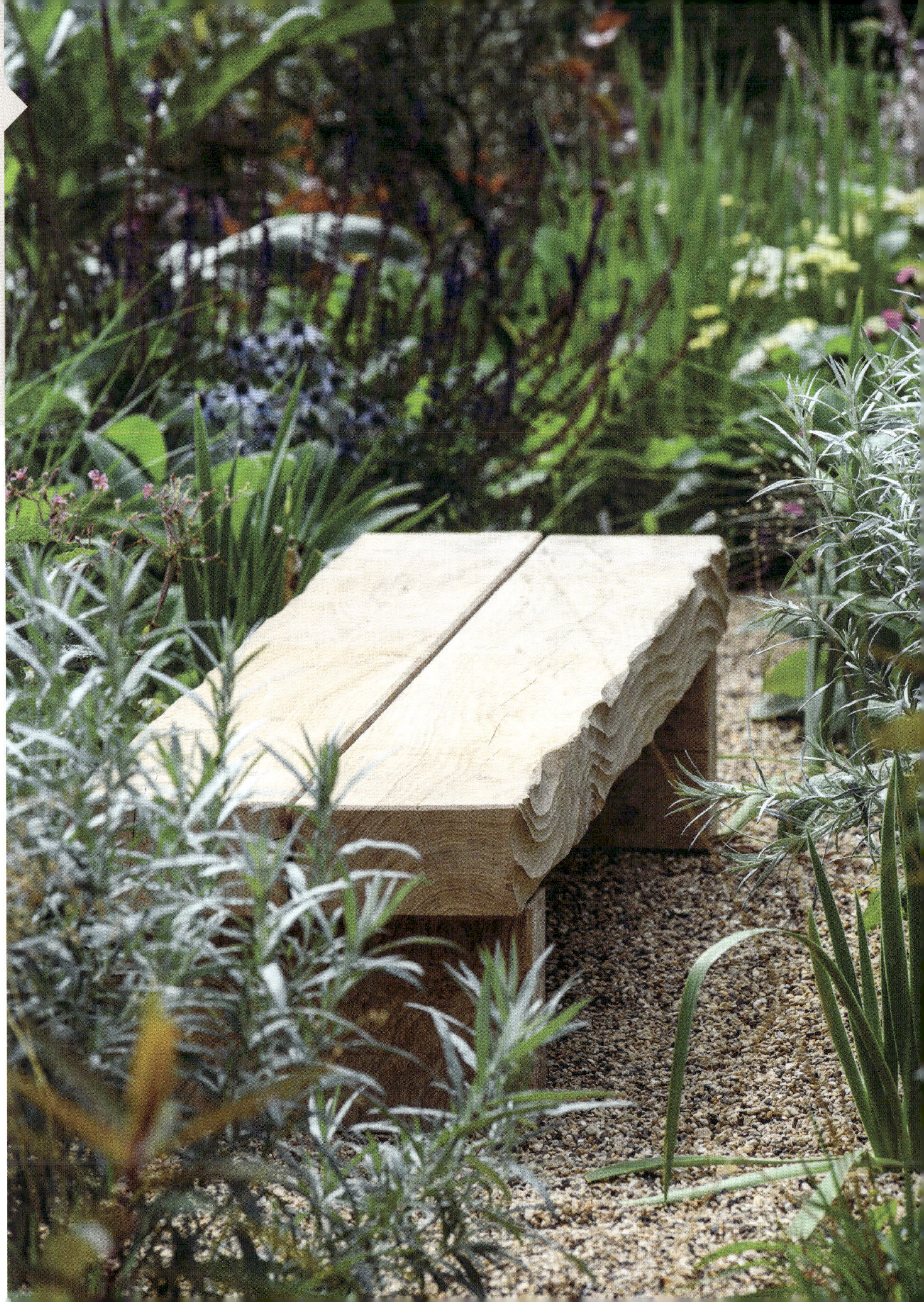

NIEDRIGE BANK

Die Idee zu dieser Bank ist mir bei einem Besuch in Japan gekommen. Viele Sitzgelegenheiten dort sind sehr niedrig, was die Sicht auf die Dinge verändert – ich mag das. Als ich mit der Fertigung begonnen habe, meinten fast alle: »Bisschen niedrig, oder?« Aber als sie dann darauf saßen, mussten sie zugeben, dass die Höhe genau richtig war.

SIE BRAUCHEN

Materialien

- 2 Balken, Querschnitt 10 × 20 cm, auf 1,8 m Länge zugeschnitten
- 2 Balken, Querschnitt 10 × 20 cm, 36 cm lang
- Holzschrauben, 100 mm oder länger
- Holzleim
- 8 Eichendübel, 12 mm breit

Werkzeug

- Winkelmaß oder Zimmermannswinkel
- Maßband
- Stift
- Akku-Handkreissäge oder Handsäge
- Hobel
- Bandschleifer oder Schleifpapier
- mehrere Hohlbeitel, 10, 14, 20 & 40 mm, und ein gebogener Hohlbeitel
- Bildhauerklüpfel
- Schweif- oder Schabhobel
- Holzstück 10 × 20 cm
- 6-mm-Abstandhalter
- 12-mm-Kernlochbohrer für Senkschrauben
- Akkuschrauber/-bohrer
- 6-mm-Holzbohrer
- Holzhammer
- Karton zum Schützen des Holzes

Diese Bank zusammenzubauen ist wirklich kinderleicht. Sie besteht im Wesentlichen aus vier Eichenholzbalken: zwei langen, die die Sitzfläche bilden, und zwei kürzeren, die als Beine dienen. Die Schrauben werden versenkt, die Löcher mit Holz verschlossen. Die Sitzfläche habe ich glatt gehobelt, die Ränder vorne und hinten wellenförmig verziert. Wenn ich auf der Bank sitze, streiche ich mit den Fingern mit Vorliebe über diese Texturierung.

NÜTZLICHE TIPPS

- Das verwendete Holz sollten Sie eigenhändig aussuchen, denn die Qualität kann stark variieren. Es sollte nicht zu viele Risse oder Astlöcher aufweisen. Natürlich wird es im Lauf der Zeit Risse bilden und sich etwas verziehen, deshalb sollte man Stücke mit so wenig Fehlern wie möglich wählen.
- Ich habe grüne Eiche verwendet und das Holz unbehandelt gelassen. Es wird deshalb allmählich grau werden.
- Die Ränder habe ich mit Beiteln texturiert, damit man beim Sitzen etwas Haptisches hat, über das man die Finger wandern lassen kann.
- Wenn Sie 2,4 oder 2,6 m lange Balken kaufen, können Sie aus ihnen auch gleich die Beine schneiden.

EXPERTEN*WISSEN*

- **Für die Balken der Sitzfläche habe ich 6-mm-Abstandhalter verwendet, doch kann man auch 3-mm-Abstandhalter nehmen. Auf jeden Fall sollten die Balken einen gewissen Abstand haben, damit das Holz arbeiten kann, ohne sich aufzureiben.**
- **Wenn man den vorderen und hinteren Rand unterschiedlich texturiert, wird das Befühlen mit den Fingern noch abwechslungsreicher.**
- **Bei der vorderen Texturierung bilden sich Schatteneffekte. Das sollte man bei der Standortwahl berücksichtigen.**

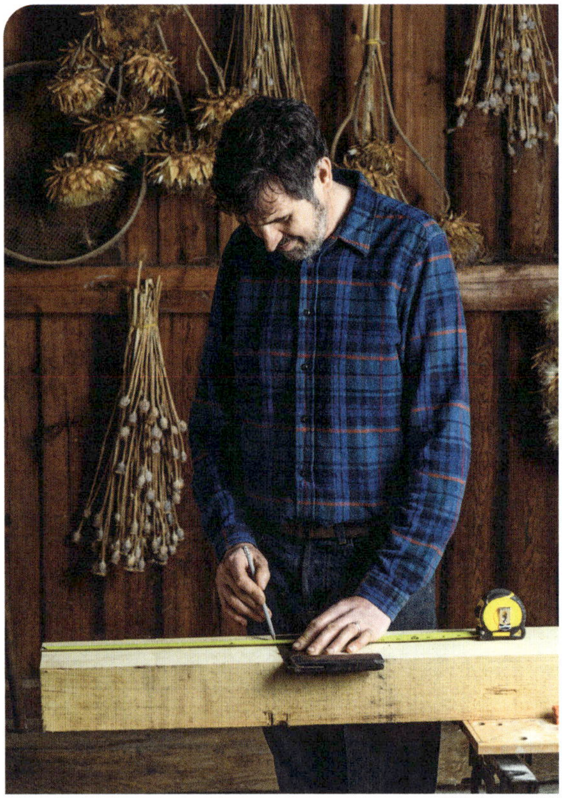

1 Länge der vier Stücke mit einem Winkelmaß oder Zimmermannswinkel, einem Maßband und einem Stift ausmessen und anzeichnen.

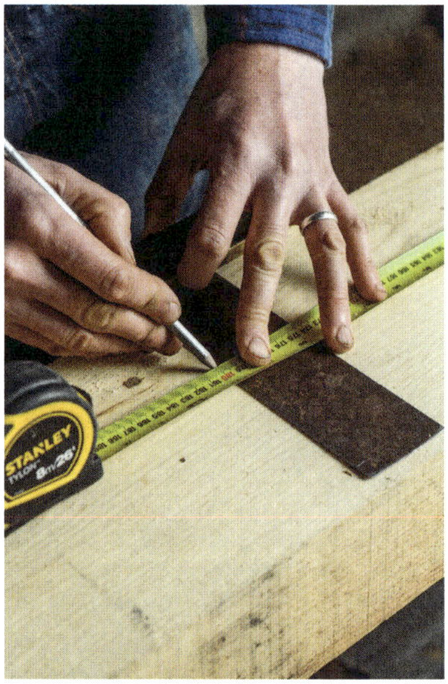

2 Schnittlinie auf allen vier Seiten der Balken anzeichnen. Das verhindert, dass man beim Sägen von der Linie abweicht.

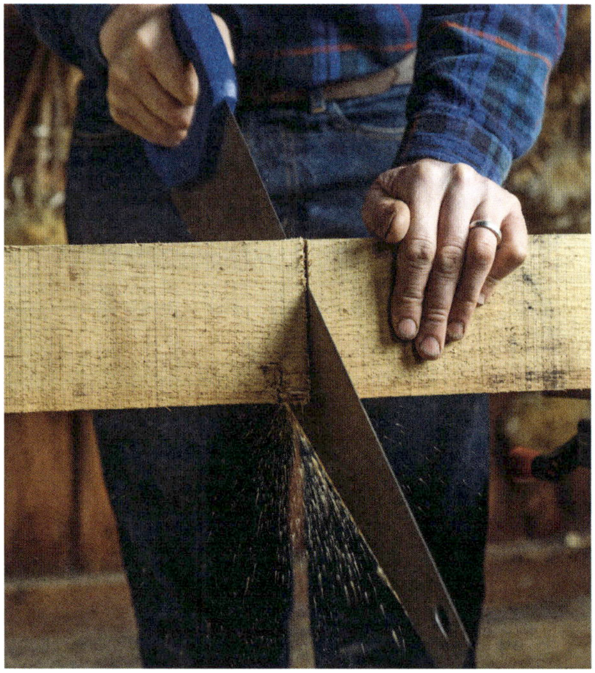

3 Das Holz mit einer Kreissäge oder Handsäge zuschneiden. Dabei stets auf der Linie bleiben. Zeit dabei lassen, denn es ist wichtig, dass der Schnitt rechtwinklig erfolgt und schön aussieht.

Zuschneiden

Die Bank ist relativ günstig in der Anschaffung. Sie können sie deshalb problemlos größer oder kleiner zimmern – ganz wie sie in Ihren Garten passt.

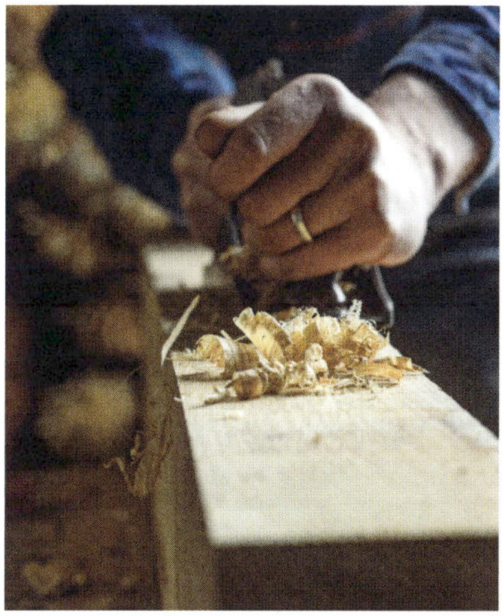

4 Sind die Balken etwas rau, kann man alle vier Seiten etwas mit dem Hobel glätten.

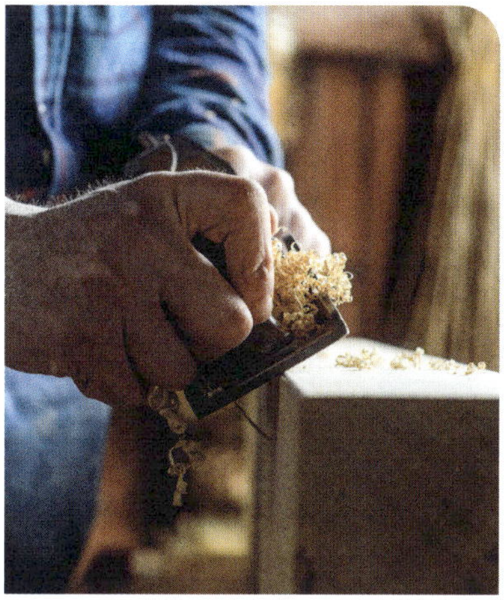

6 Mit einem Hobel in alle sichtbaren Kanten der Balken einen 45-Grad-Winkel hobeln. Ich versuche, etwa 3–4 mm wegzunehmen. Wer mit dem Handhobel nicht zurechtkommt, kann die Kanten auch mit Schleifpapier abrunden.

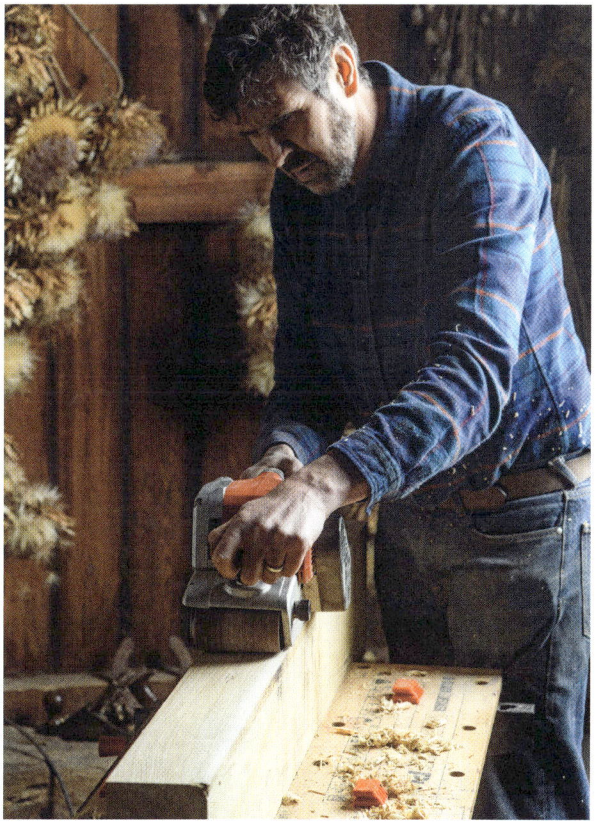

5 Die Oberflächen der Balken mit einem Bandschleifer oder einem um ein Holzstück gewickeltes Schleifpapier bearbeiten.

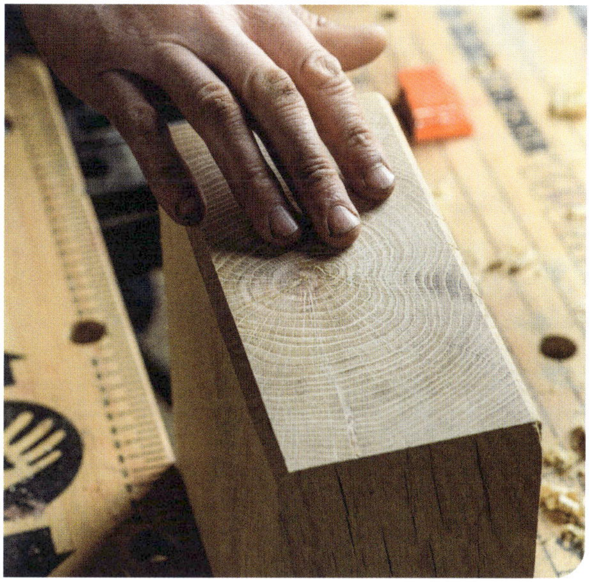

7 Nachdem alle vier Holzbalken fertig bearbeitet sind, sollten sie sich angenehm glatt anfühlen. Hier erkennt man, dass das Schleifen die Maserung hervorgehoben hat.

»Ich habe versucht, den vorderen und hinteren Rand mit rhythmischen Wellen zu verzieren. Sie können aber jedes beliebige Muster wählen, auf das Sie Lust haben.«

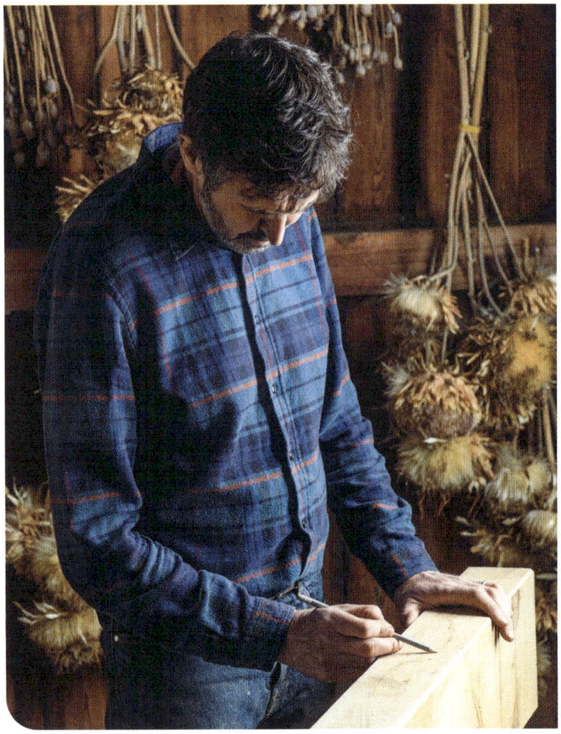

8 Mit einem Stift das Muster auf der vorderen und hinteren Kante der Sitzbank aufzeichnen. Ich habe mich für Wellenlinien nach Art einer windgekräuselten Wasseroberfläche entschieden.

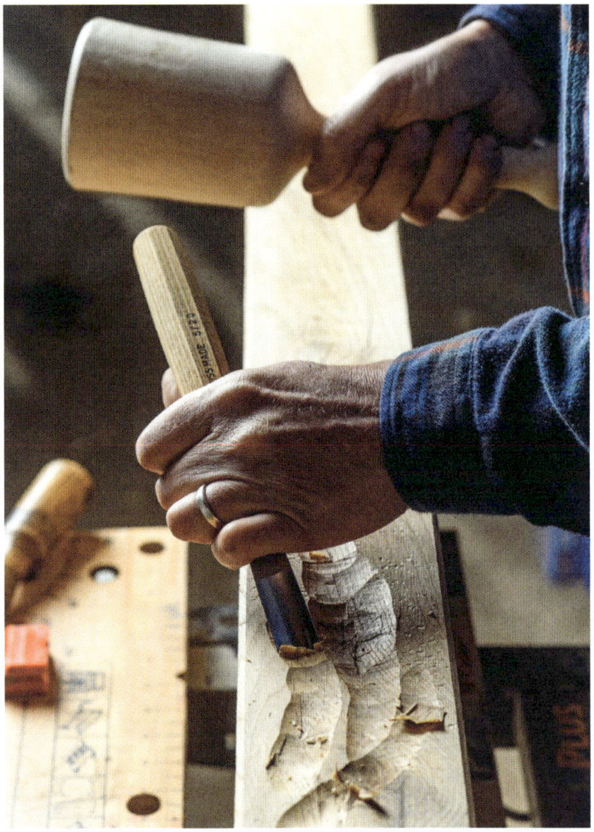

9 Mit dem großen Hohlbeitel und Bildhauerklüpfel die Vertiefungen des Wellenmusters grob heraushauen. Dabei entlang der Maserung arbeiten. Es kann etwas dauern, doch ist es eine gute Gelegenheit, ein Gefühl für das Schnitzen zu bekommen.

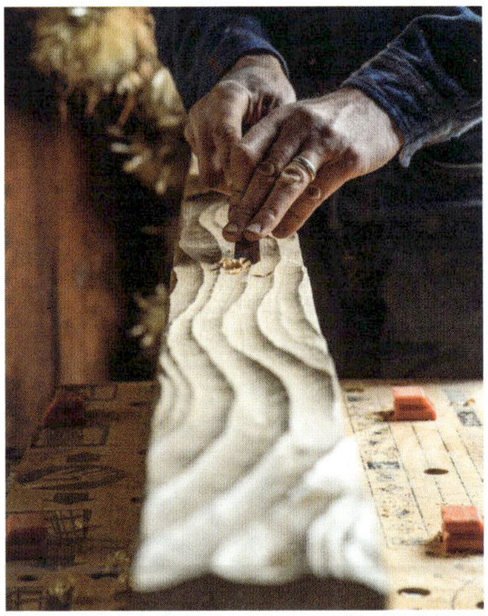

10 Verschieden große Beitel einsetzen, um unterschiedlich tiefe Wellen herauszuschnitzen. Ich fange meist mit großen Beiteln an und nutze die kleineren für die Feinheiten.

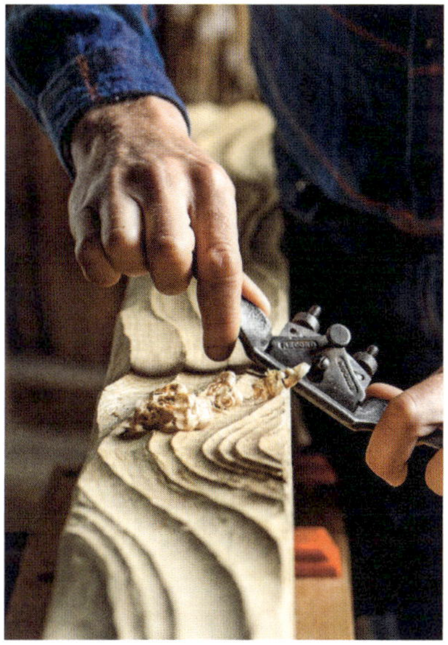

11 Sobald Sie mit dem Muster zufrieden sind, können Sie scharfe Kanten mit dem Rundhobel glätten. Die Feinheiten am besten mit Schleifpapier herausarbeiten.

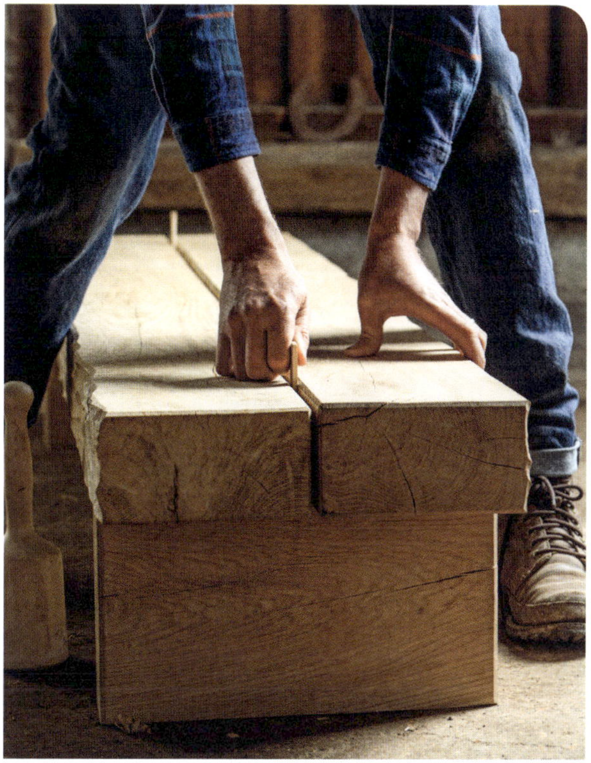

13 Mit Abstandhaltern an beiden Enden dafür sorgen, dass die Lücke zwischen den beiden Sitzbalken über die gesamte Länge gleich groß ist. Ich habe die Lücke 6 mm breit gelassen, doch kann man sie auch ein bisschen schmaler machen. Wichtig ist, dass das Holz etwas Platz zum Arbeiten hat, wenn es altert.

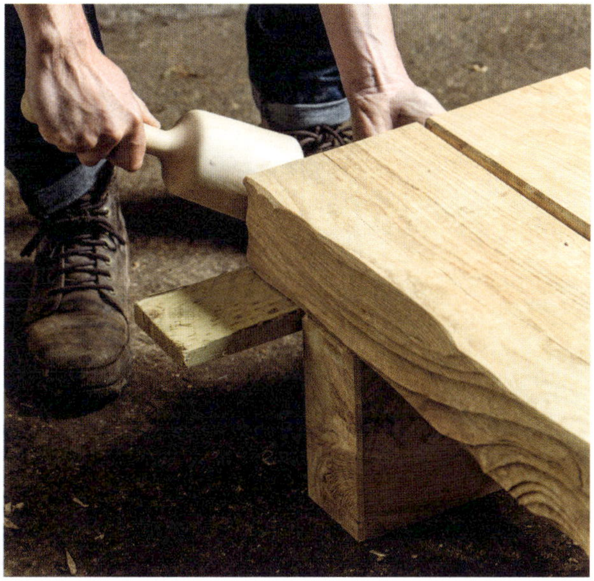

12 Mit dem Zusammenbauen beginnen. Die beiden Beine seitlich auf den Boden legen. Die beiden Balken für die Sitzfläche so darüberlegen, dass sie auf jeder Seite etwa 10 cm überstehen. Ein 10 cm breites Brett als Maß verwenden. Die Balken mit dem Holzklüpfel vorsichtig justieren.

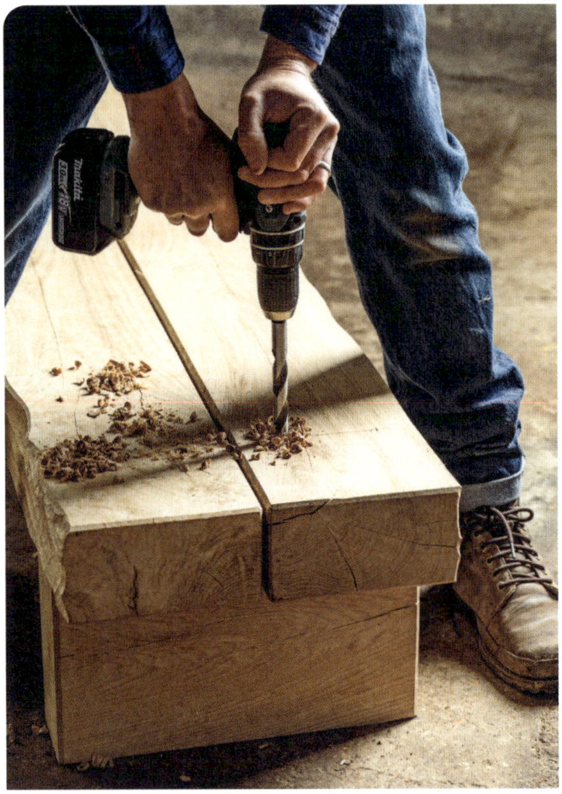

14 Mit dem Stift 15 cm hinter den beiden Enden eine Linie quer über die Bank ziehen. Sie sollte exakt in der Mitte über den beiden Beinen verlaufen. Dann von jedem Balkenrand 4 cm nach innen messen. Hier mit einem 12-mm-Kernlochbohrer jeweils ein etwa 3 cm tiefes Loch bohren.

15 Mit einem 6-mm-Bohrer in jedes 12-mm-Loch ein Führungsloch durch den gesamten Balken vorbohren. Die Balken an den Beinen darunter festschrauben.

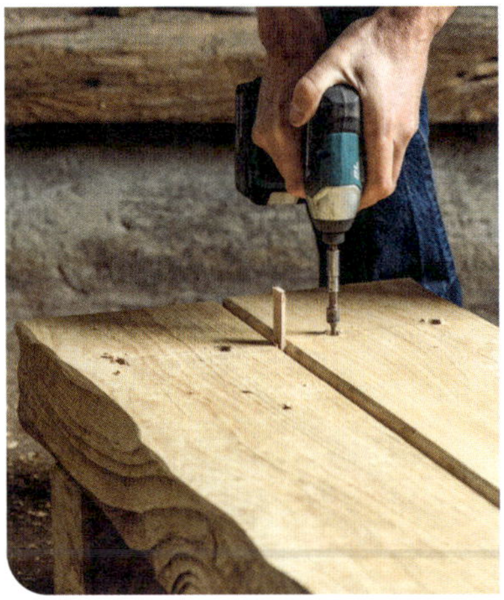

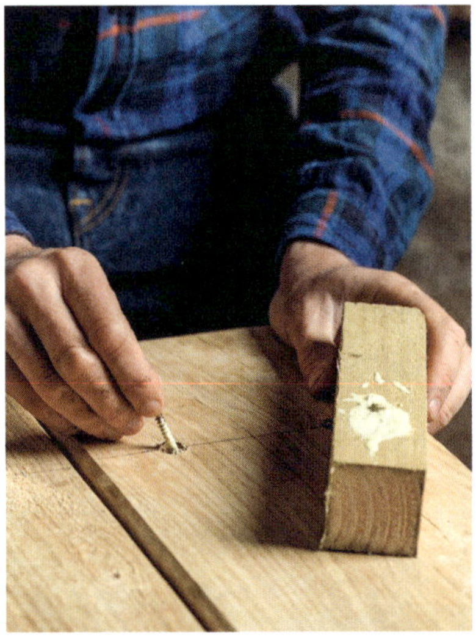

16 Holzleim auf ein Stück Holz gießen, mit einer Schraube etwas davon aufnehmen und im Inneren der Löcher verteilen. Damit werden die Eichendübel fixiert.

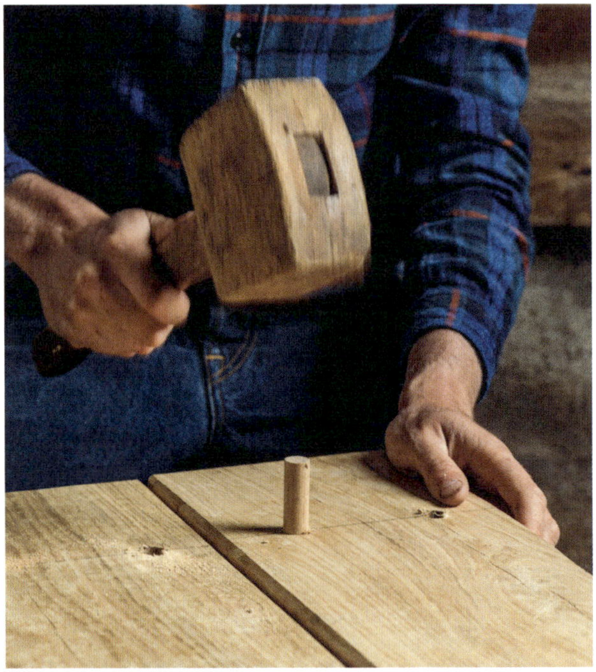

17 Mit einem Holzhammer die 12-mm-Eichendübel in die Löcher treiben, sodass sie ein Stück herausstehen.

Perspektiven-wechsel

Sitzt man auf einer niedrigen Bank wie dieser, kann man den Garten und seine Pflanzen aus einem etwas anderen Blickwinkel betrachten.

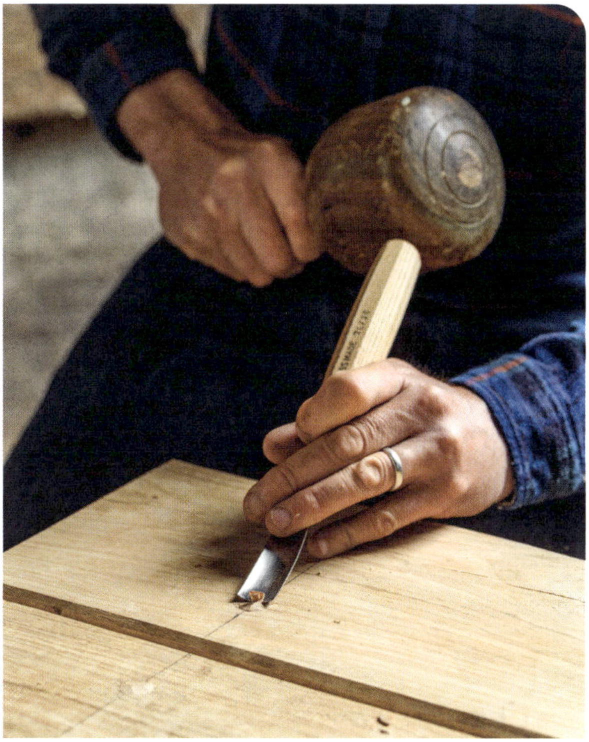

19 Mit einem gebogenen Holzbeitel und einem Holzhammer den Dübel etwas ausnehmen.

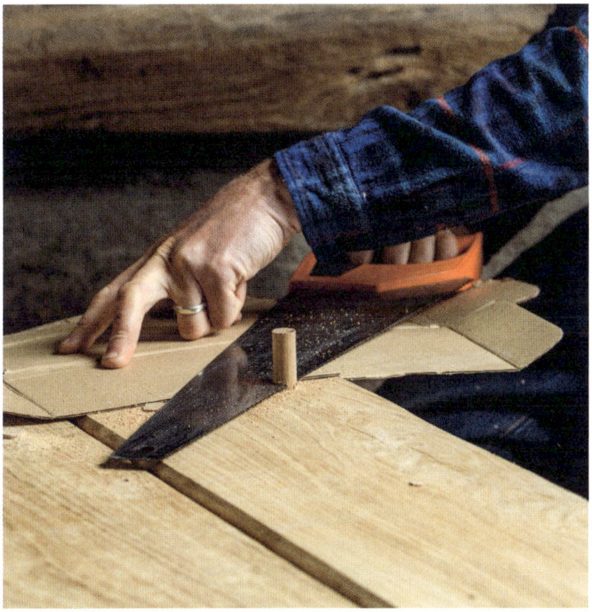

18 Ein Stück Karton zum Schutz der Sitzfläche neben den Holzdübel legen. Den Dübel vorsichtig so absägen, dass er noch ein winziges Stück herausragt.

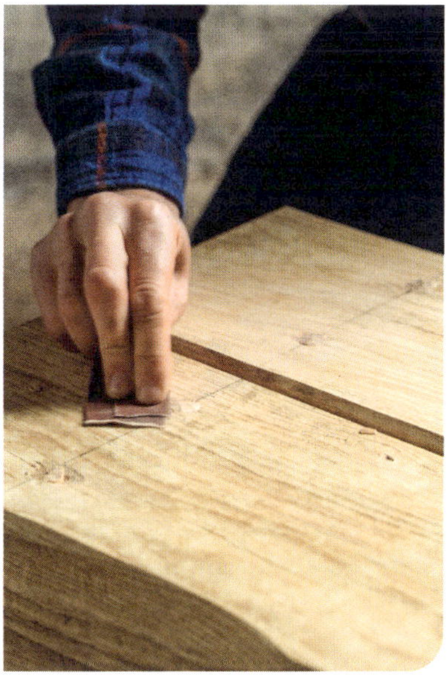

20 Mit einem Stück Schleifpapier die Vertiefung mit dem Dübel darin glattschleifen.

WERKZEUGKISTE

Bei diesem Stauraum handelt es sich um eine einfache rechteckige Kiste mit Deckel. Sie ist etwa 1,4 m lang, 60 cm breit und 50 cm hoch – und doppelt nützlich, denn sie kann auch als Sitzgelegenheit verwendet werden. Ich habe sie außen mit Leinölfarbe gestrichen, auf Seite 143 steht mehr darüber, wie man diese verwendet.

SIE BRAUCHEN

Holzbedarf und Maße siehe S. 156

- 50- und 70-mm-Schrauben, verzinkt oder aus Messing
- Leinölfarbe (ich habe Stahlblau verwendet)

Werkzeug

- Arbeitsbank, Schraubstock oder Schraubzwingen
- Maßband
- Winkelmaß
- Stift
- Säge
- Akkubohrer/-schrauber
- 4-mm-Bohrer
- Handhobel (bei sehr rauem Holz)
- Bandschleifer oder Schleifpapier
- Malerpinsel

Ich habe mehrere solcher Werkzeugkisten im Garten. Darin kann man alles Mögliche verstauen, etwa Sitzkissen, Grillausrüstung, Spielzeug und sogar Bier! Besonders nützlich ist ein solches Aufbewahrungsdepot in kleinen Gärten, in denen manchmal viel herumliegt. Es dient nicht nur als Sitzgelegenheit, sondern ist auch ein kleiner Blickfang. In meiner Kiste habe ich auf halber Höhe ein paar Latten angebracht, sodass ich ein kleines verschiebbares Regal darauflegen kann, um noch mehr unterzubringen. Natürlich kann man eine solche Kiste auch kaufen, aber viel mehr Spaß macht es, sie an einem Wochenende zu zimmern. Sie hält jahrelang und lässt sich so gestalten, dass sie gut mit der Umgebung harmoniert.

NÜTZLICHE TIPPS

- Die angegebenen Maße sind Richtlinien. Sie können die Kiste so groß zimmern, wie sie am besten in Ihren Garten passt.
- Je nach Verwendungszweck kann man ein zweites Fach einfügen. Befestigen Sie dazu 15 cm über dem Kistenboden Latten als Fachbodenhalter. Stellen Sie die Kiste hochkant und schrauben Sie die Latten mit 40-mmm-Schrauben an.
- Die Kiste ist leicht zu pflegen. Es reicht, sie einmal im Jahr ordentlich zu säubern. Wenn sie nach ein paar Jahren anfängt, etwas mitgenommen auszusehen, sollte der Leinölanstrich erneuert werden.

EXPERTENWISSEN

- **Gebrauchsgegenstände wie Gartenschläuche und Wäscheleinen lassen sich kaum besser verstauen als in solchen Kisten, wenn Sie Gäste erwarten und wollen, dass der Garten aufgeräumt aussieht.**
- **In großen Gärten sind die Kisten ideale Depots für Werkzeug, das man immer wieder braucht, aber nicht ständig herumschleppen möchte.**

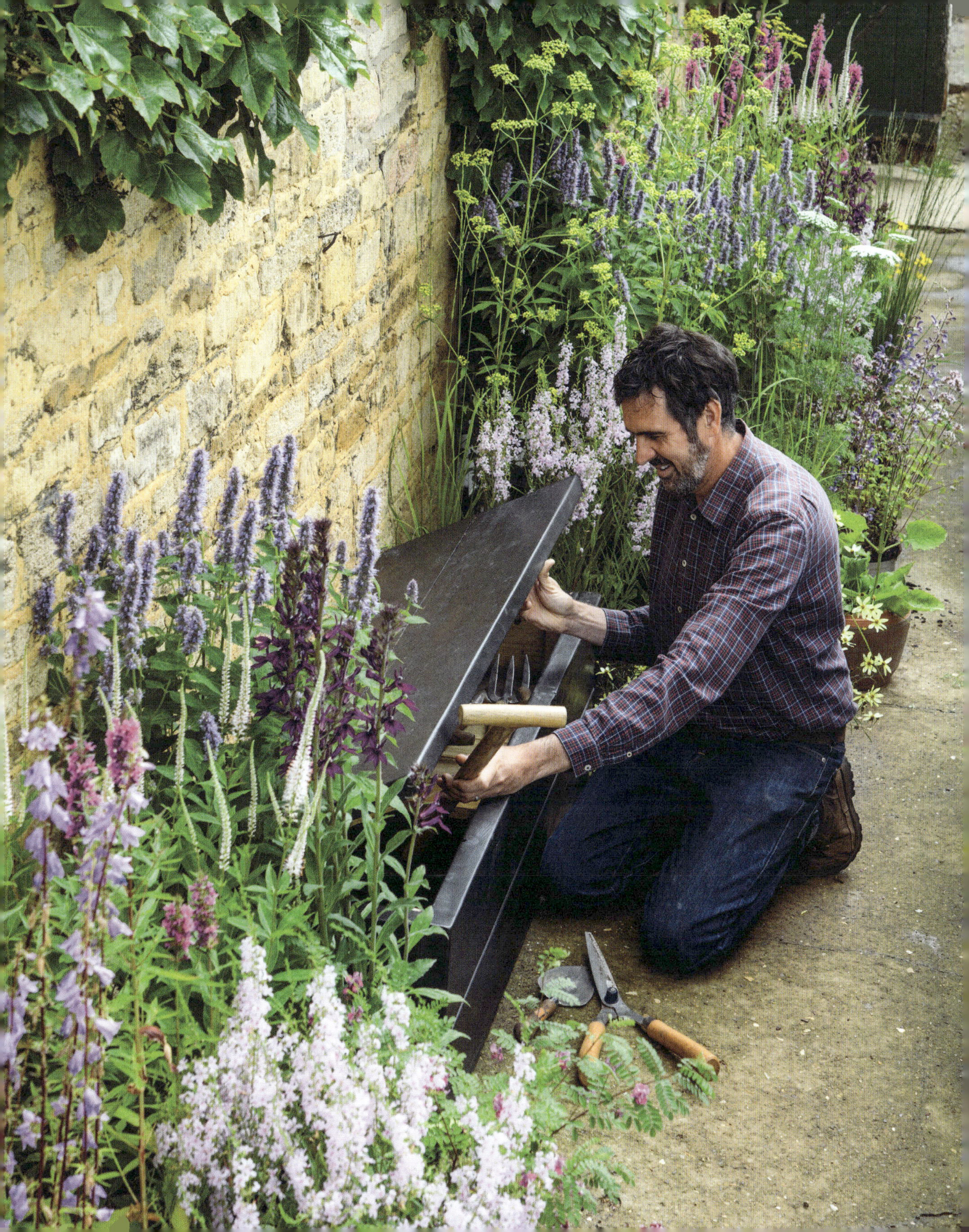

HOLZTEILE

Mit den unten angegebenen Maßen können Sie alle Teile vorbereiten, sodass Sie die Kiste später nur noch wie einen Bausatz zusammenfügen müssen. Sie brauchen 4,5 cm dicke, witterungsbeständige Bretter, 4,5 cm dicke Gerüst- bzw. Schalungsbretter und Dachlatten.

VORDERANSICHT

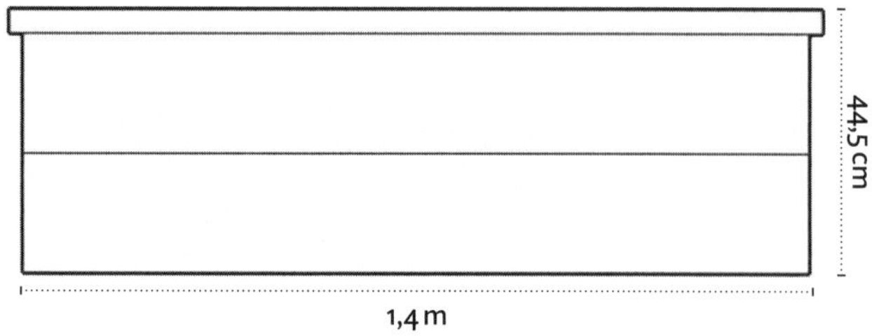

2 REGALHALTERUNGEN
Dachlatten, 4,5 cm dick

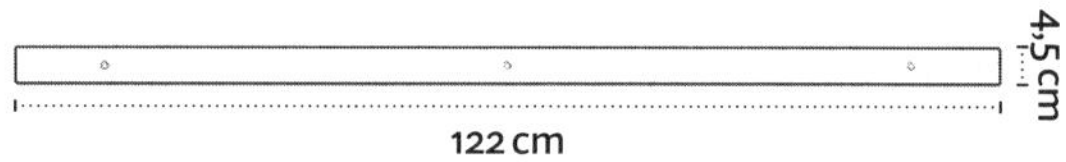

4 SEITENTEILE
witterungsbeständige Bretter, 4,5 cm dick

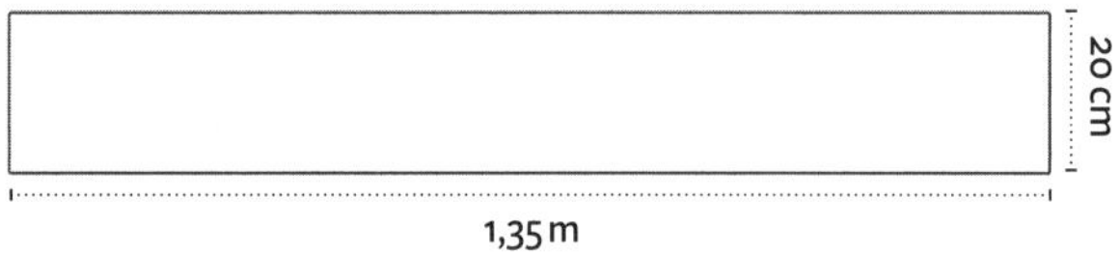

REGALBRETTER/FACHBÖDEN (NACH BELIEBEN)
witterungsbeständige Bretter, 4,5 cm dick

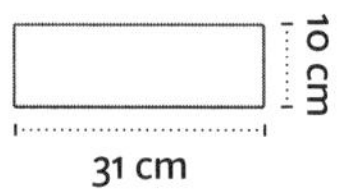

2 DECKELBRETTER
Gerüstbretter, 4,5 cm dick

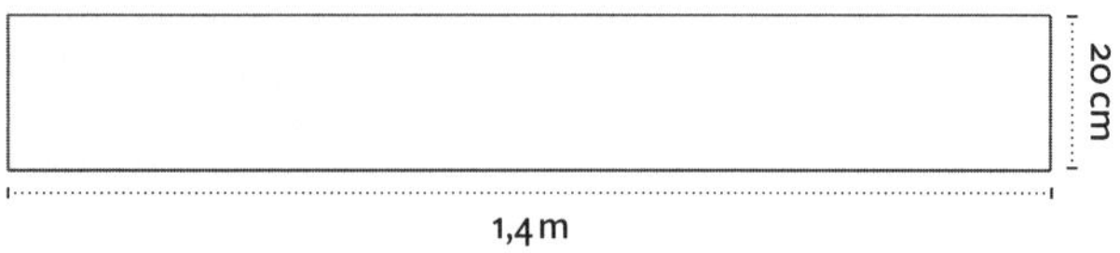

4 BEFESTIGUNGSHÖLZER
witterungsbeständiges Holz, 4,5 cm dick

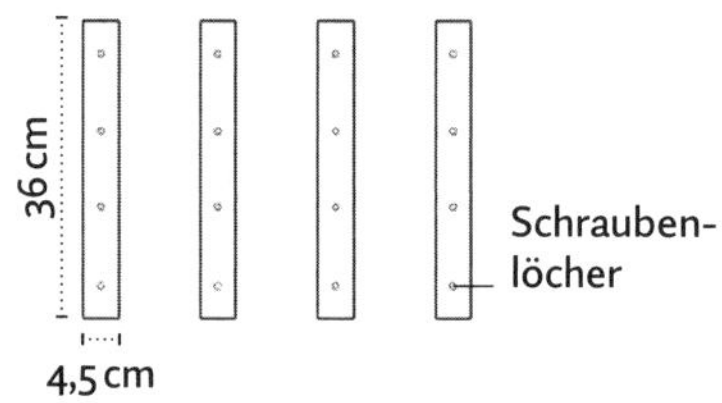

4 STIRNBRETTER
witterungsbeständige Bretter, 4,5 cm dick

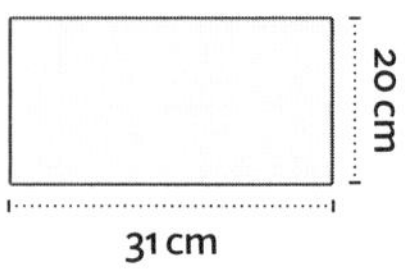

4 DECKELSTREBEN
Dachlatten, 4,5 cm dick

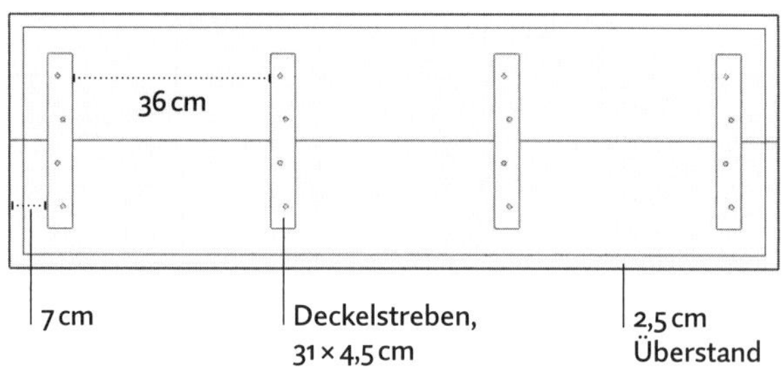

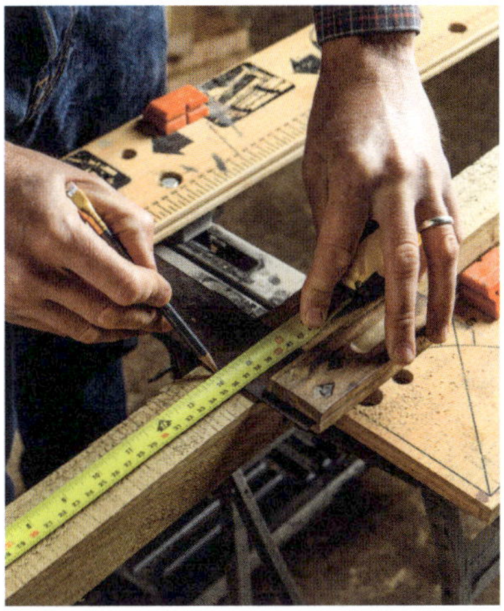

1 Mit Maßband, Winkel und Stift die Bauteile unter Verwendung der Maßangaben gegenüber ausmessen und anzeichnen.

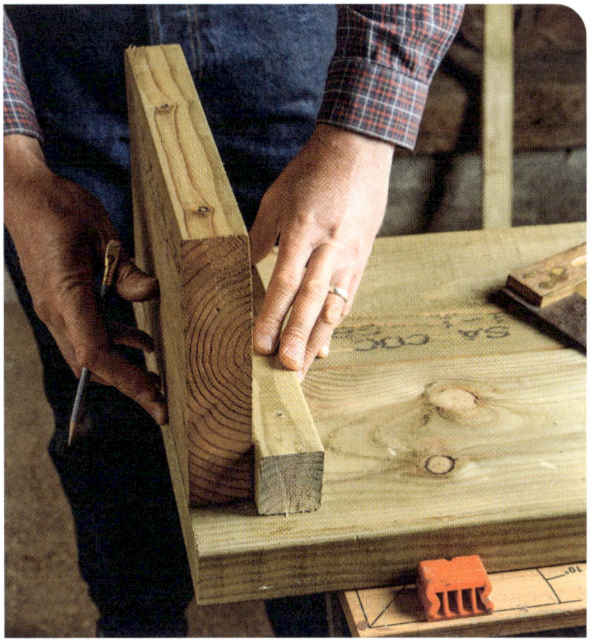

3 Zwei Seitenteile mit der schönen Seite nach unten auf die Arbeitsfläche legen. Enden bündig ausrichten. Eines der Stirnbretter so auf das Ende der Bretter stellen, dass es bündig mit ihm abschließt. Ein Befestigungsholz innen an das Endbrett anlegen. Seine Position mit einem Bleistiftstrich markieren.

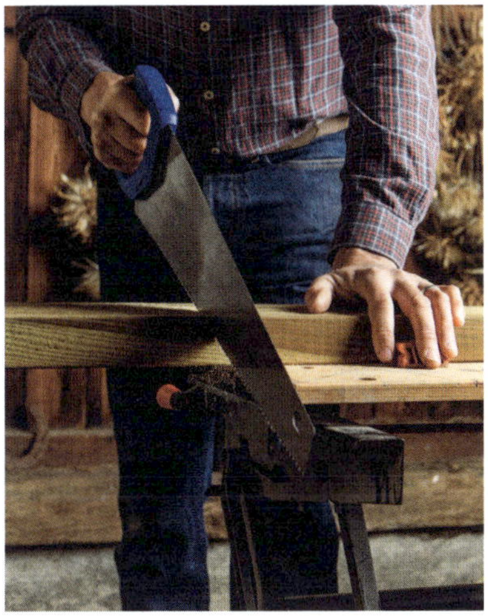

2 Die Hölzer mit einer Säge zuschneiden. Ich schneide alle Stücke vorab zu, damit ich sie später wie einen Bausatz in einem Durchgang zusammenfügen kann.

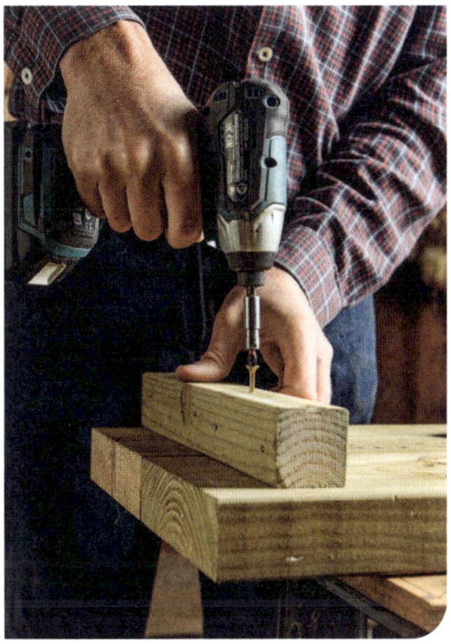

4 Das Stirnbrett weglegen und das Befestigungsholz am Strich ausrichten. Mit 4 70-mm-Schrauben an das Seitenteil anschrauben. Am anderen Ende der Seitenteile ebenso verfahren. Dann die anderen beiden Seitenteile wie in Schritt 3 und 4 beschrieben zusammenbauen.

Fest eingebauter Sitz

Sie können nach den gleichen Prinzipien und Vorgehensweisen fest installierte Sitzgelegenheiten zimmern. Ich habe sogar Sandkästen für die Kinder auf diese Weise konstruiert.

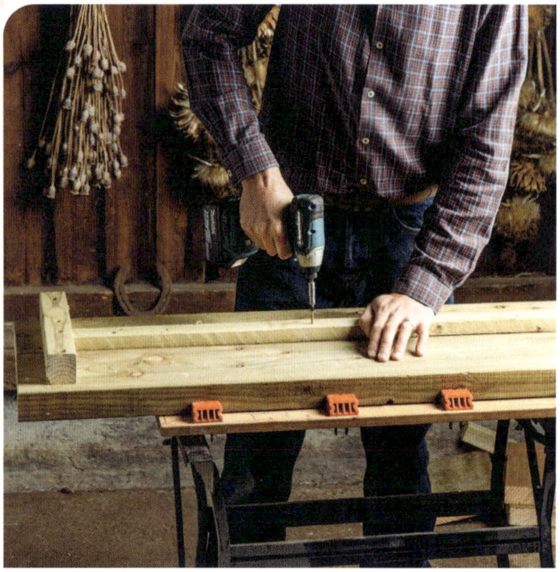

5 Ein Seitenteil mit den Befestigungshölzern nach oben auf die Fläche legen. Eine lange Latte als Regalhalterung knapp unterhalb der Mitte (oder höher, je nachdem, was man lagern möchte) auf das Seitenteil legen und mit 50-mm-Schrauben alle 30 cm befestigen; die erste Schraube ca. 5 cm vom Ende entfernt einschrauben. Mit dem zweiten Seitenteil ebenso verfahren.

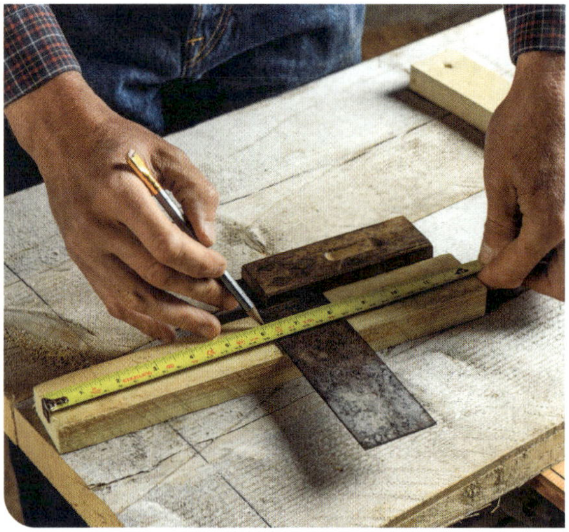

6 Beide Gerüstbretter für den Deckel mit der schönen Seite nach unten auf die Arbeitsbank legen und die Enden bündig ausrichten. Eine Linie in die Mitte jeder der vier Deckelstreben zeichnen. Die erste Strebe 7 cm neben dem Rand mittig auf den Deckel legen. Die übrigen Streben in gleichmäßigen Abständen auf dem Deckel anordnen. Schraubenlöcher anzeichnen.

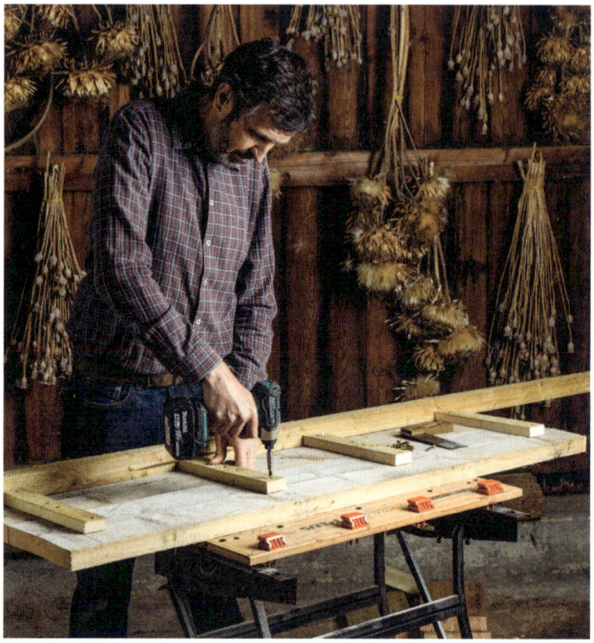

7 Die beiden äußersten Streben mit 50-mm-Schrauben am Mittelstrich an den Deckel schrauben. Dann die beiden mittleren Streben befestigen. Falls die Seitenteile verrutschen, können sie mit Zwingen festgeklemmt werden. Die Streben auf der Unterseite des Deckels verhindern, dass der Deckel verrutscht.

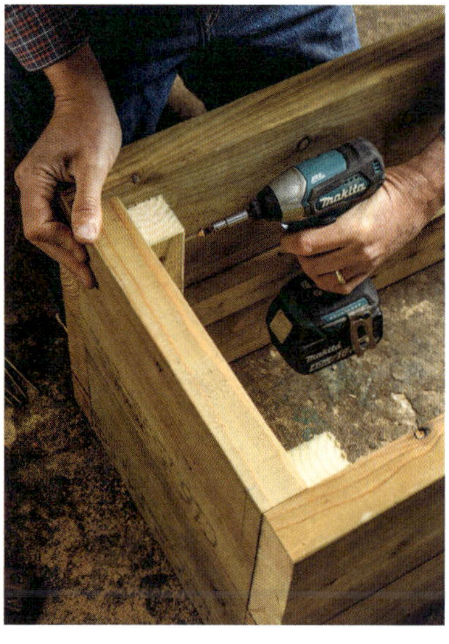

8 Beide Seitenteile hochkant stellen und die Stirnbretter eines nach dem anderen befestigen. Ihre beiden Enden müssen bündig mit den Seitenteilen und den Befestigungshölzern abschließen. Zuerst die unteren Bretter mit 70-mm-Schrauben befestigen. Das stabilisiert die Konstruktion, bevor die beiden oberen Bretter befestigt werden. Evtl. die Teile von einem Helfer halten lassen.

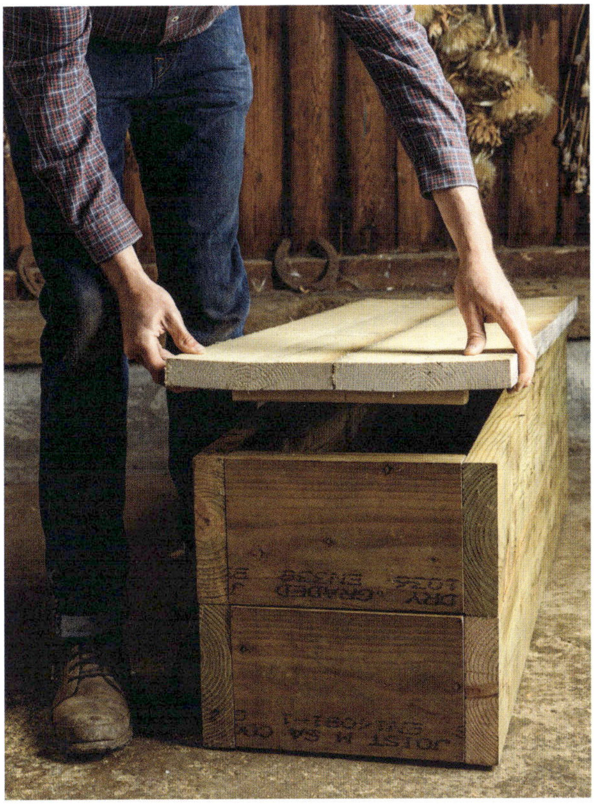

9 Den Deckel auf die Kiste legen, um zu prüfen, ob alles gut passt und abschließt.

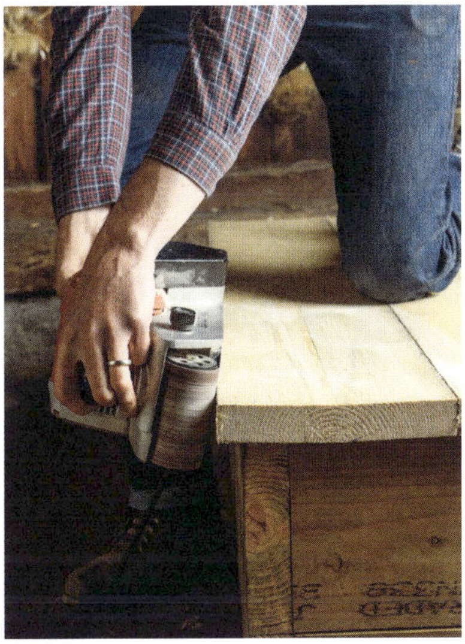

10 Harte Kanten weghobeln. Mit einem Bandschleifer oder Schleifpapier die Kiste rundum abschleifen, um die Flächen und Kanten zu glätten. Ich verwende zunächst Schleifpapier mittlerer Körnung und zum Schluss eine feine Körnung.

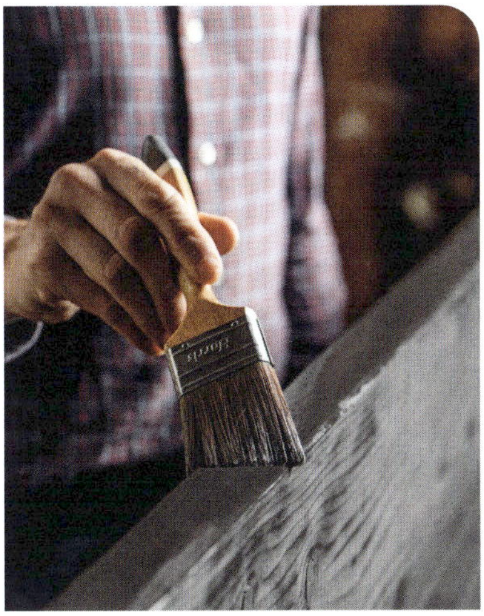

11 Das Äußere der Kiste dreimal mit Leinölfarbe streichen. Nachdem sie völlig ausgetrocknet ist, kann das Werkzeug in die Kiste gepackt werden.

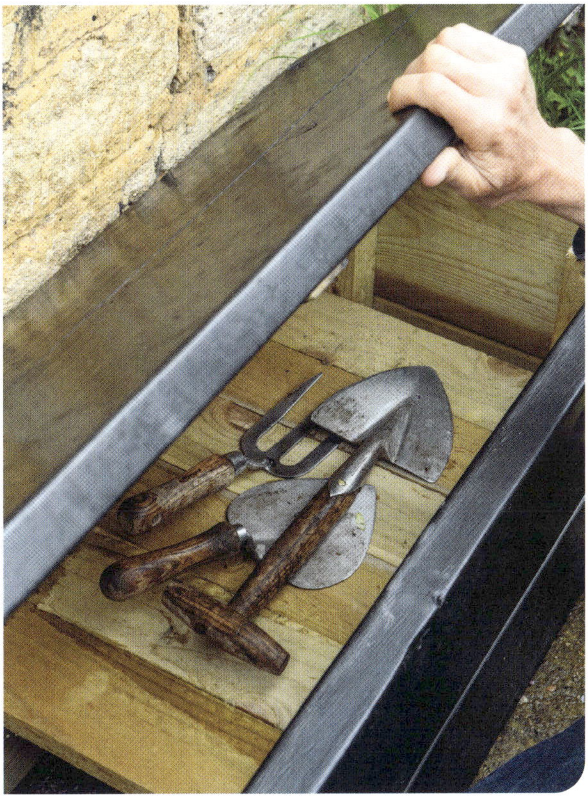

12 Zum Schluss die Regalbretter hineinlegen. Da sie nicht befestigt sind, lassen sie sich verschieben. Außerdem können nach Belieben weitere Regalbretter hinzugefügt werden.

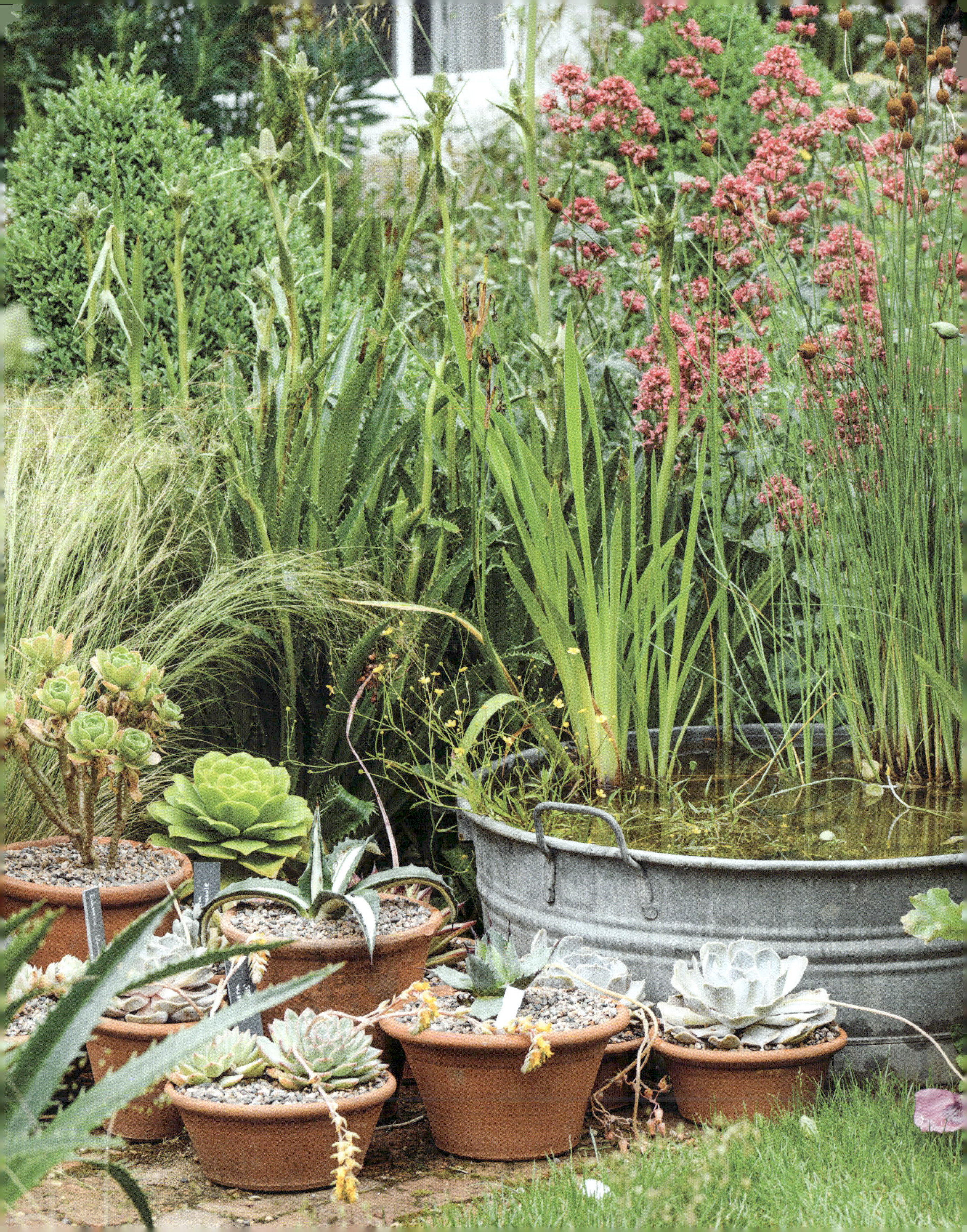

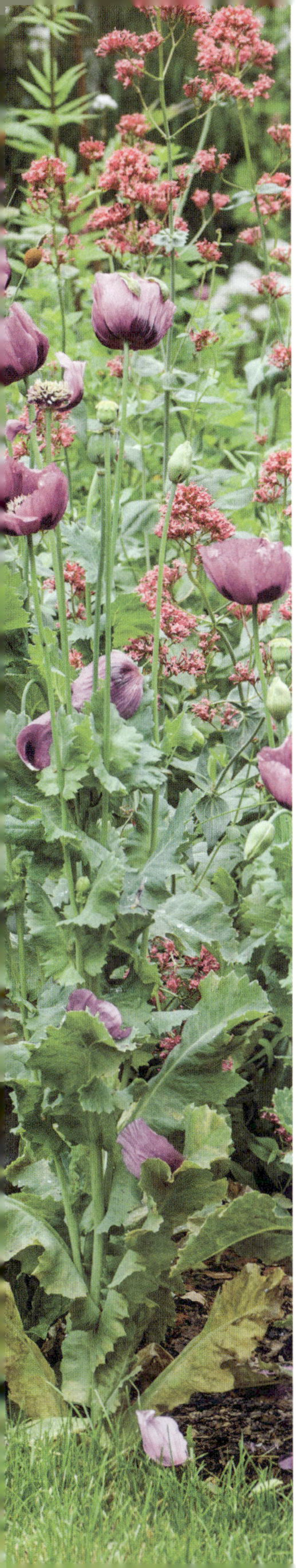

PROJEKTE

WASSERELEMENTE

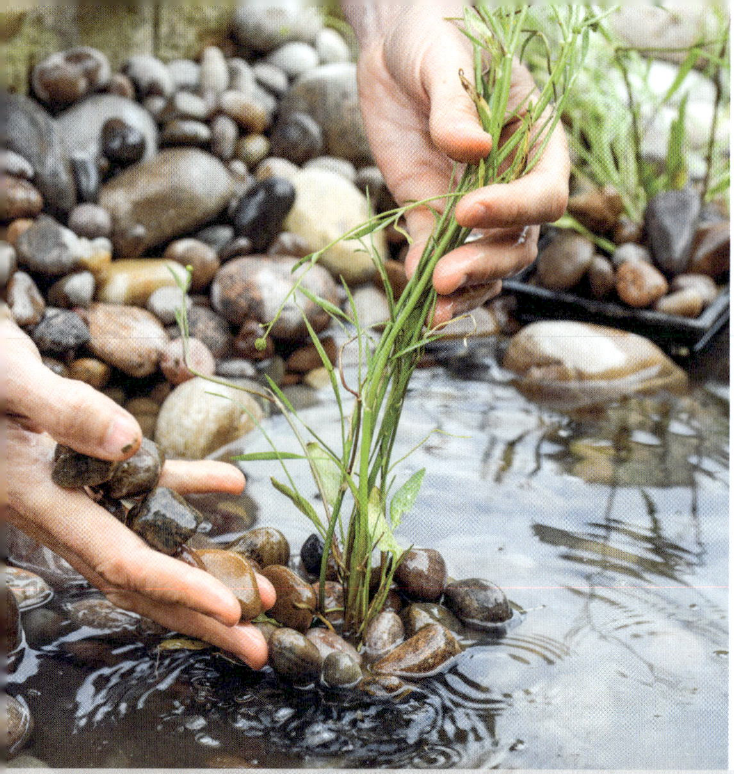

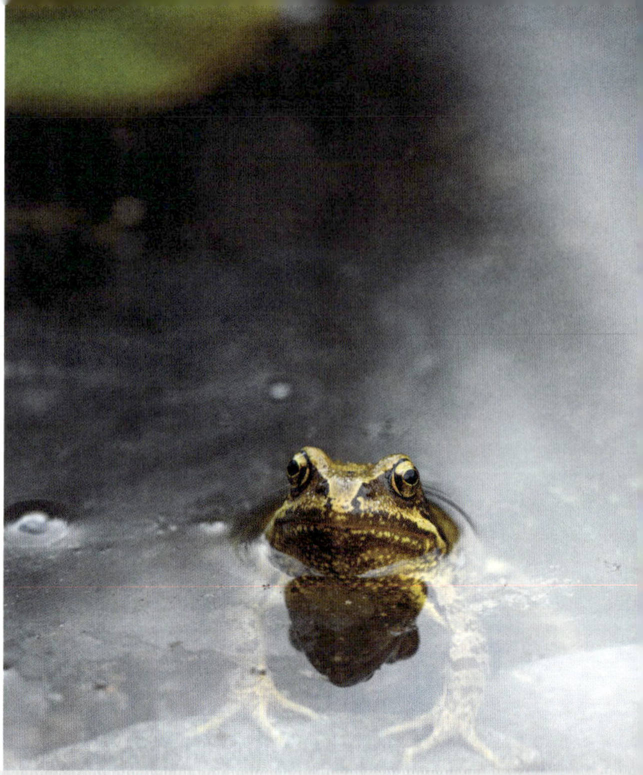

» *Schon wenige Wochen nachdem der Teich angelegt war, zog ein Frosch ein. Ich wusste nicht einmal, dass wir Frösche haben.* «

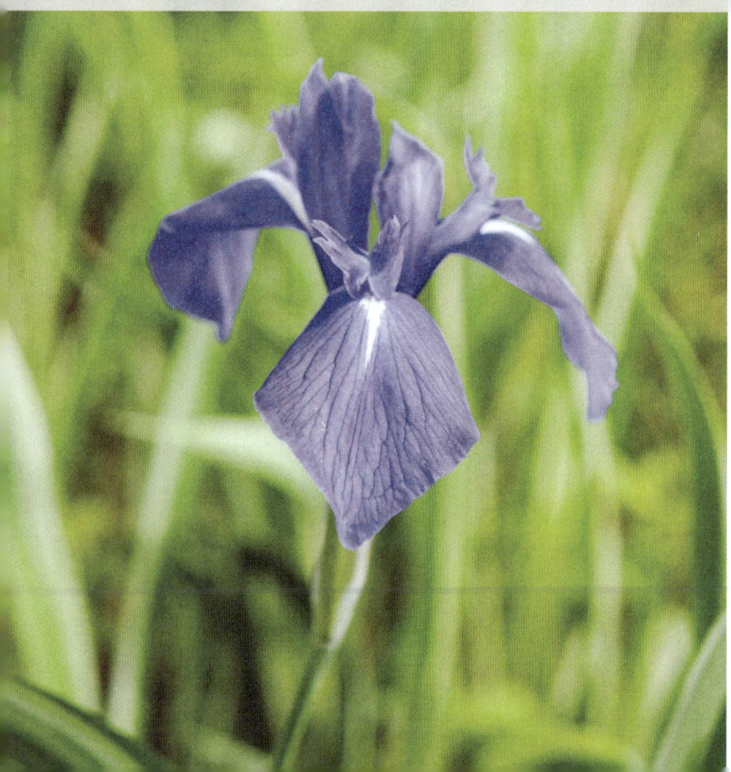

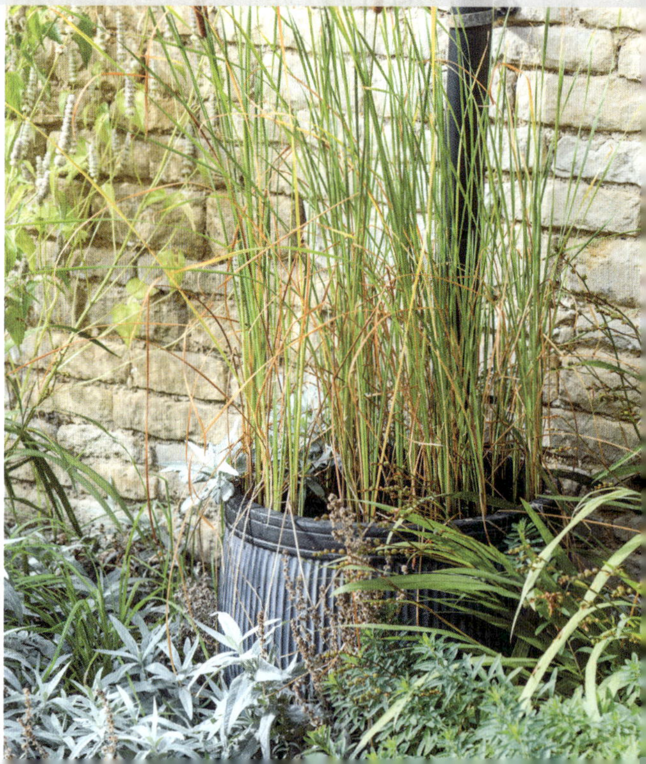

EINFÜHRUNG

Kaum hat man Wasser im Garten, stellen sich schon allerlei Besucher ein: Vögel, Insekten, Amphibien und Säugetiere, ja, sogar Menschen – sie alle werden von Wasser magisch angezogen. Das große Plus von Wasser ist seine Vielseitigkeit. Es kann still und ruhig daliegen oder sich bewegen und den Raum mit Leben und Plätschern erfüllen.

Einen besonderen Zauber entfaltet auch seine spiegelnde Oberfläche. Sie übt eine große Faszination auf Menschen aus, ähnlich wie Feuer. Wasser gibt Gärten eine neue Dimension und macht sie zu etwas Besonderem. Mein Projekt mit Mrs. Frosts altem Bottich ist ein guter Anfang. Es lässt sich sehr leicht realisieren und kann als Einzelelement genutzt oder in vielen Varianten im Garten verteilt werden – an Verweilplätzen, die man gern aufsucht. Etwas zeit- und kostenaufwendiger ist der Rundteich, weshalb man sich gut überlegen sollte, wo man ihn positioniert und was man von ihm erwartet. Ich wollte damit einen beschaulichen Ort schaffen, an den wir uns am Ende des Tages flüchten können. Wenn ich dort sitze, erscheint mir die Welt tatsächlich ein bisschen einfacher und stiller.

» Ich finde, Wasserelemente im Garten sind wie eine Art Raststation, an denen diverse Tiere eine Pause einlegen können. «

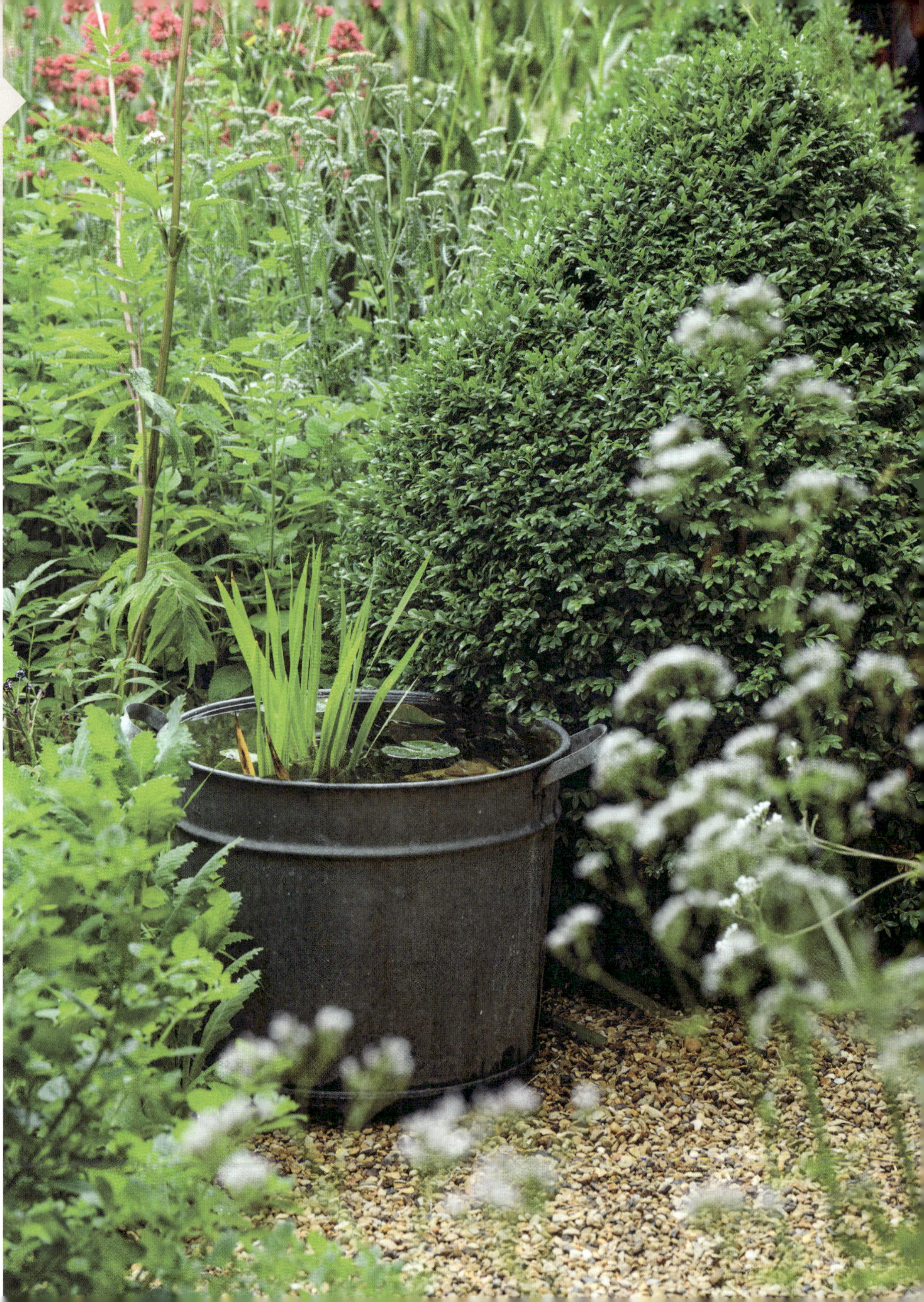

MRS. FROSTS ALTER BOTTICH

Selbst das kleinste Wasserelement bringt Leben in einen Garten. Behälter wie dieser mit Wasserpflanzen gefüllte und zum Kleinteich umfunktionierte Bottich rufen zuhauf Tiere auf den Plan. Solche Minigewässer sind vor allem dort von Vorteil, wo Platz Mangelware ist. In einem größeren Garten kann man auch mehrere Versionen verteilen.

SIE BRAUCHEN

- verzinktes Metallgefäß, 40 cm hoch und 45 cm breit
- Wasserpflanzentöpfe
- Wasserpflanzensubstrat
- Wasserpflanzen – ich habe drei Wasserpflanzen verwendet, eine davon eine sauerstoffproduzierende Unterwasserpflanze
- Kies
- Steine oder Ziegel als Sockel für die Töpfe
- Kiesel mit 3–5 cm Durchmesser

Werkzeug

- Gießkanne oder Gartenschlauch
- Gummieimer

Pflanzen für das Projekt

- Zwerg-Seerose (*Nymphaea tetragona* 'Alba'), Asiatische Sumpf-Schwertlilie (*Iris laevigata*), Raues Hornblatt (*Ceratophyllum demersum*)

Ich glaube, die meisten Menschen finden Wasser faszinierend. Es lockt Tiere an, erfüllt den Garten mit einem angenehmen Plätschern, bringt Bewegung ins Spiel und sorgt zugleich für Ruhe und Beschaulichkeit. Am richtigen Ort können Wasserelemente Besucher bei einem Bummel durch den Garten zum Innehalten einladen. Ich setze sie oft auch als Verweilstationen ein, an denen man sich gern niederlässt. Allerdings muss der Standort gut geplant werden, damit das Wasser nicht zu sehr von der Sonne erwärmt wird und Pflanzen und Tiere sich darin wohlfühlen. Es ist erstaunlich, wie viele Tierarten schon ein Miniteich anzieht.

NÜTZLICHE TIPPS

- Bei dem Behältnis handelt es sich um einen alten verzinkten Waschbottich, der meiner Frau gehörte – sie mag solche alten Sachen. Ich habe aber auch schon aus Badewannen, Tanks und Wasserfässern Miniteiche gemacht. Wichtig ist nur, dass das Gefäß wasserdicht ist und eine ausreichende Größe hat.
- Recht viel kleiner als dieser Bottich darf es nicht sein, ansonsten würde sich das Wasser zu schnell aufheizen. Ein flacheres Gefäß müsste breiter sein und käme an einen schattigen Platz oder bräuchte eine stärker begrünte Oberfläche. Die Wassermenge und -tiefe sowie der Standort wirken sich auf die Verdunstungsrate aus, doch kann man sie mit ein paar Tricks beeinflussen.

EXPERTENWISSEN

- **Informieren Sie sich beim Wasserpflanzenkauf, wie tief der Ballen unter der Oberfläche platziert werden muss. Manche Pflanzen wachsen völlig unter Wasser, andere halb im und halb außerhalb des Wassers. Ich richte im Teich Sockel ein, auf die man die Töpfe in der für sie optimalen Tiefe stellen kann.**
- **Lassen Sie den Pflanzen Zeit zum Einwachsen und beobachten Sie, wie sich die Dinge entwickeln. Manchmal müssen Sie eine weitere Pflanze einsetzen, meist aber stellt sich von selbst ein Gleichgewicht ein.**

1 Die Pflanzen brauchen einen für sie passenden Wasserpflanzentopf. Hier setze ich eine Schwertlilie, die ich durch Teilen eines Horstes bekommen habe, in einen 2-Liter-Topf. Auf den Boden kommen ein paar Handvoll Wasserpflanzenerde als Wurzelraum.

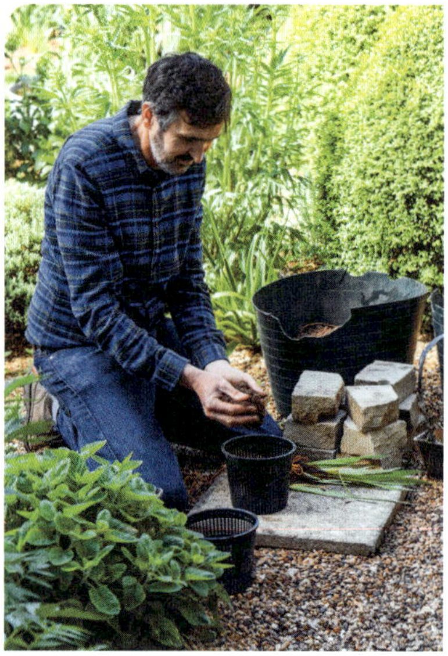

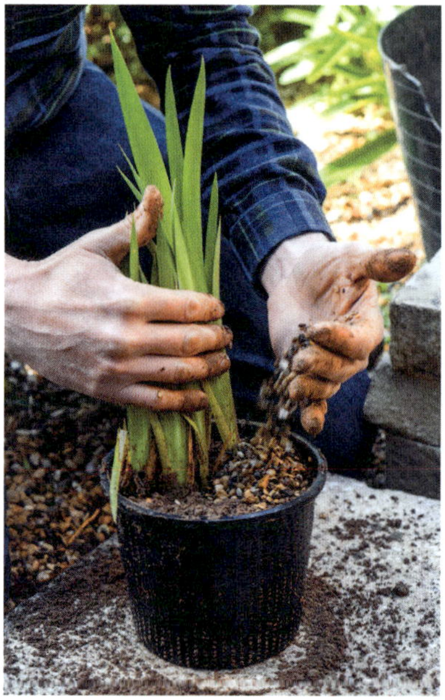

3 Auf die Substratoberfläche eine dünne Schicht feinen Kies streuen. Sie verhindert, dass die Erde wegschwimmt, wenn man den Topf ins Wasser stellt.

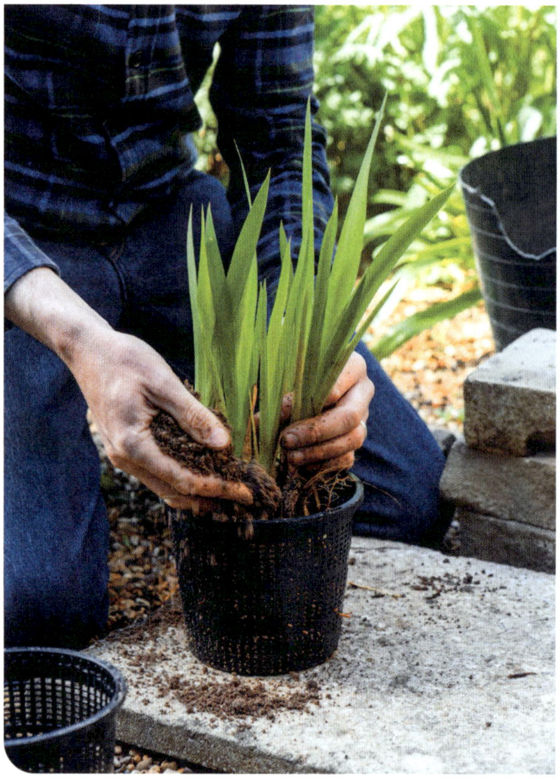

2 Um den Ballen der Pflanzen mehr Wasserpflanzenerde einfüllen – die Wurzeln müssen gut in Erde eingepackt sein. Topf etwas auf den Boden klopfen, damit sich die Erde setzt.

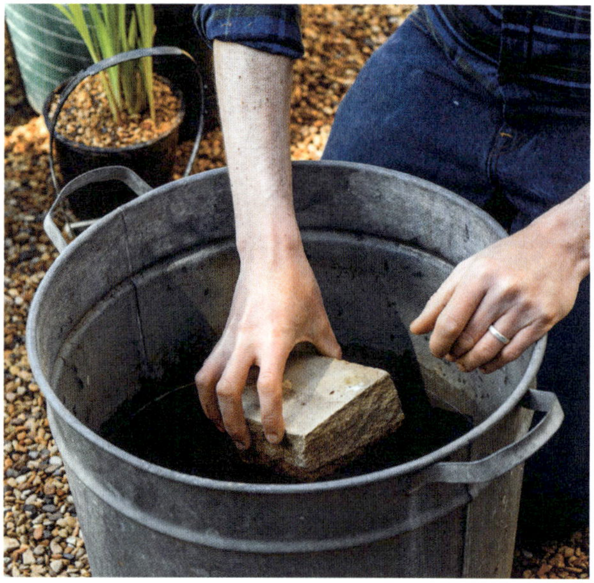

4 Den Bottich zu etwa einem Drittel mit Wasser füllen. Den Boden zur Hälfte oder zwei Dritteln mit Steinblöcken bedecken. Es soll eine Art Treppe entstehen, auf der Tiere in das Wasser hinein- und wieder herausgelangen.

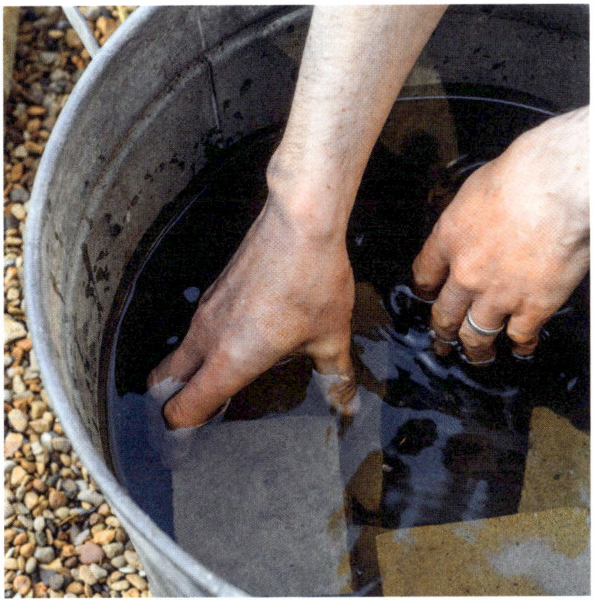

5 Auf die Bodenschicht weitere Blöcke legen – sie bilden die erste Stufe. Die Steine immer weiter staffeln, bis sie stufig bis etwa 10 cm unter die Wasseroberfläche reichen.

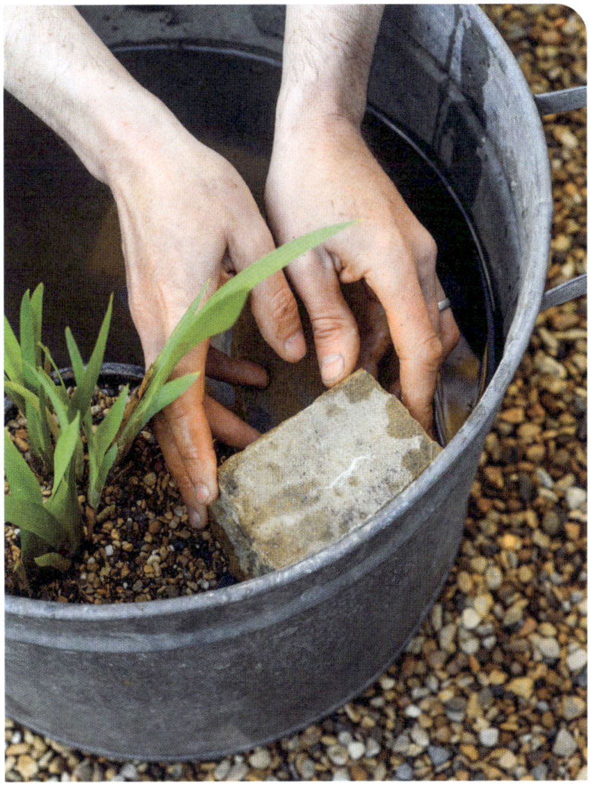

7 Einen letzten Stein auf den Rand des Topfs oder der Töpfe legen, damit sie fest stehen und Tiere in das Wasser können.

6 Die Steinblöcke bilden außerdem kleine Sockel, auf welche die Pflanzen gestellt werden können. Steine so arrangieren, dass die Pflanzen in ihrer idealen Wassertiefe im Bottich platziert werden können.

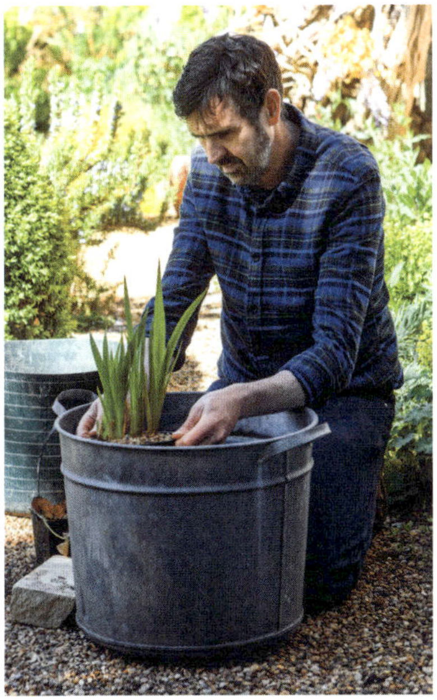

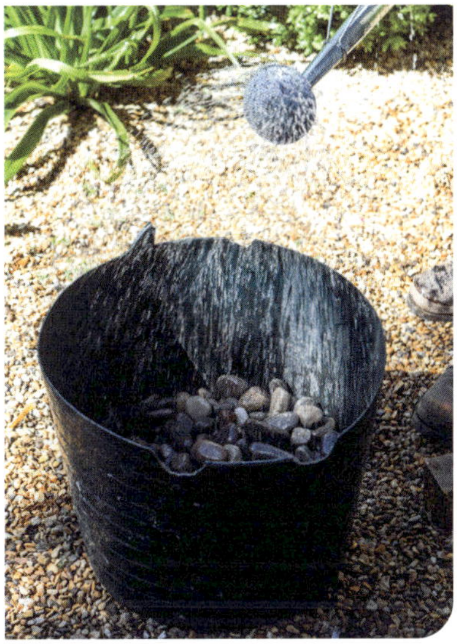

8 Die Kiesel in den Gummieimer geben und gründlich waschen. Alles, was in den Bottich kommt, muss möglichst sauber sein.

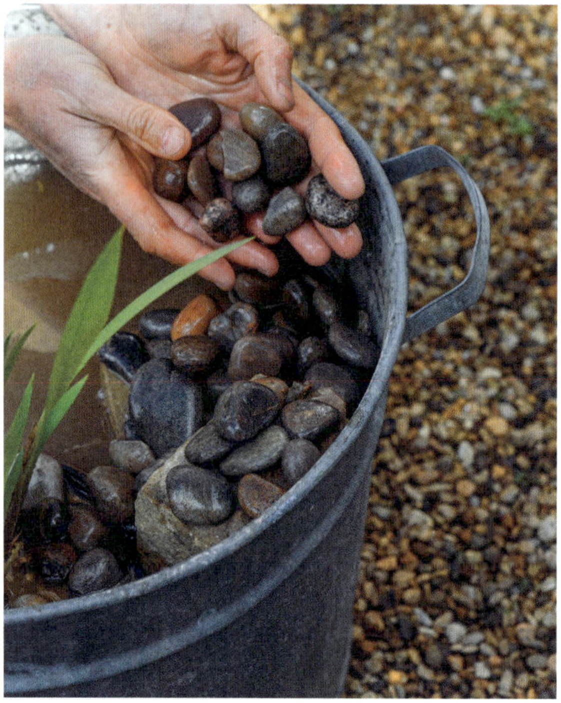

9 Kiesel hineinfüllen, um die Steine bzw. Stufen damit zu bedecken, den Teichinhalt um die Pflanzen herum etwas dekorativer zu gestalten und Sitzplätze für Tiere zu schaffen.

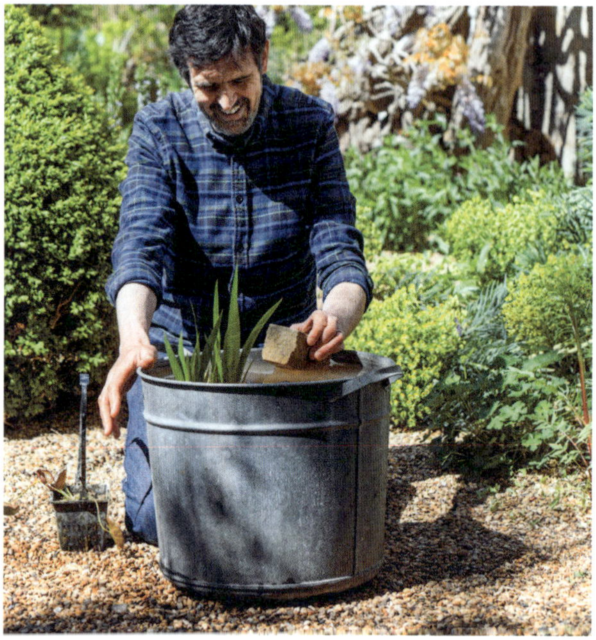

11 Die Zwerg-Seerose einsetzen. Seerosen müssen stufenweise ins Wasser gesetzt werden. Setzt man sie auf einmal komplett mitsamt den Blättern unter Wasser, leiden sie. Deshalb habe ich übergangsweise einen Ziegelstein ins Wasser gelegt, auf den ich den Topf für die Seerose stellen kann.

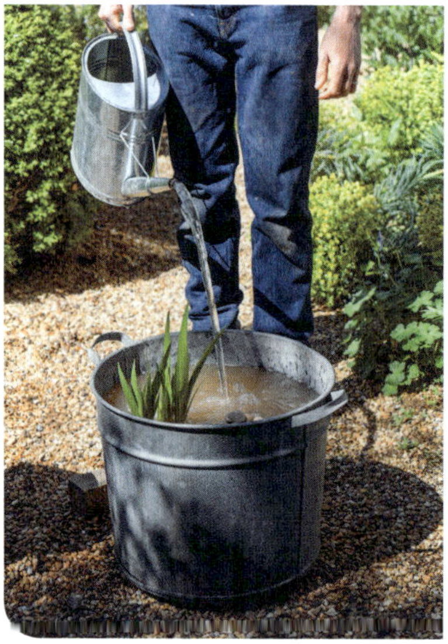

10 Den Bottich füllen, am besten mit Regenwasser. Steht das nicht zur Verfügung, kann auch Leitungswasser verwendet werden. Ich gieße so viel Wasser ein, dass der Bottich eine Weile überläuft. Dadurch wird Schmutz, der auf der Oberfläche schwimmt, herausgeschwemmt und der gesamte Inhalt sauberer.

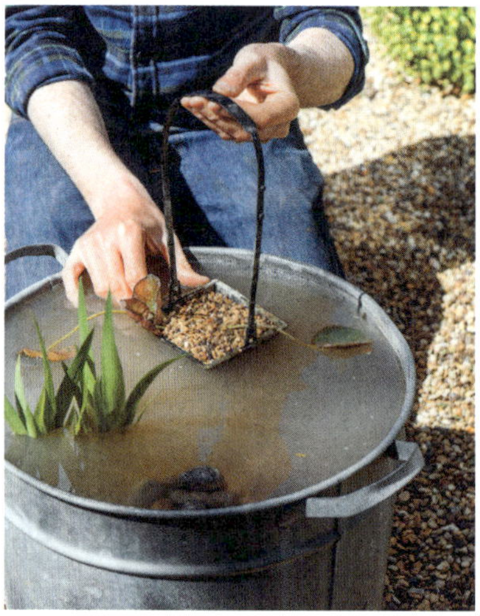

12 Fürs Erste befindet sich die Seerose nur knapp unter der Wasseroberfläche. In den nächsten Tagen setze ich sie immer tiefer in das Wasser.

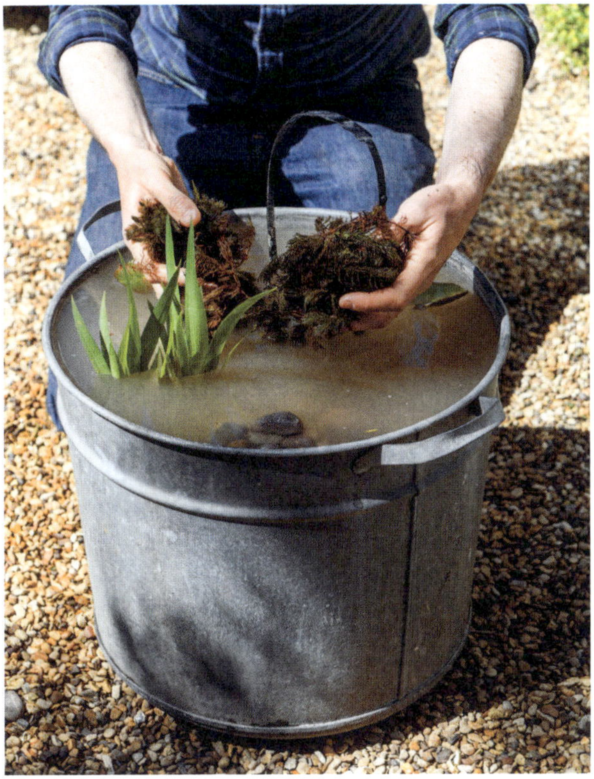

13 Die sauerstoffgebenden Pflanzen ins Wasser setzen. Sie halten es sauber und reichern es mit Sauerstoff an. Eine ausgewogene Bepflanzung sorgt dafür, dass das Wasser klar bleibt. Es kann aber etwas dauern, bis sich ein Gleichgewicht einstellt.

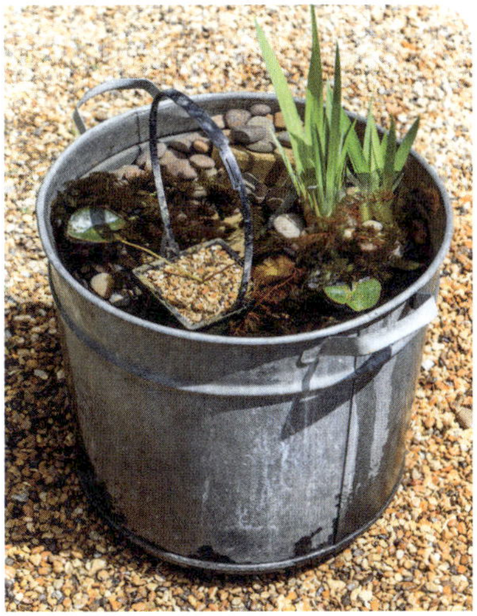

14 Dem Miniteich etwas Zeit lassen, bis er eingewachsen ist und sein Gleichgewicht findet. Wenn das Wasser grün wird, vorerst nichts unternehmen – es kann von selbst wieder klar werden. Andernfalls setzt man weitere Sauerstoffgeber hinein oder stellt den Bottich an einen anderen Platz.

Griffig

Miniteiche müssen eventuell ein paarmal umziehen, bis sie ihren optimalen Platz gefunden haben. Da ist es von Vorteil, wenn das Gefäß Henkel hat. So kann man einen Teil des Wassers ausgießen und den Bottich besser tragen.

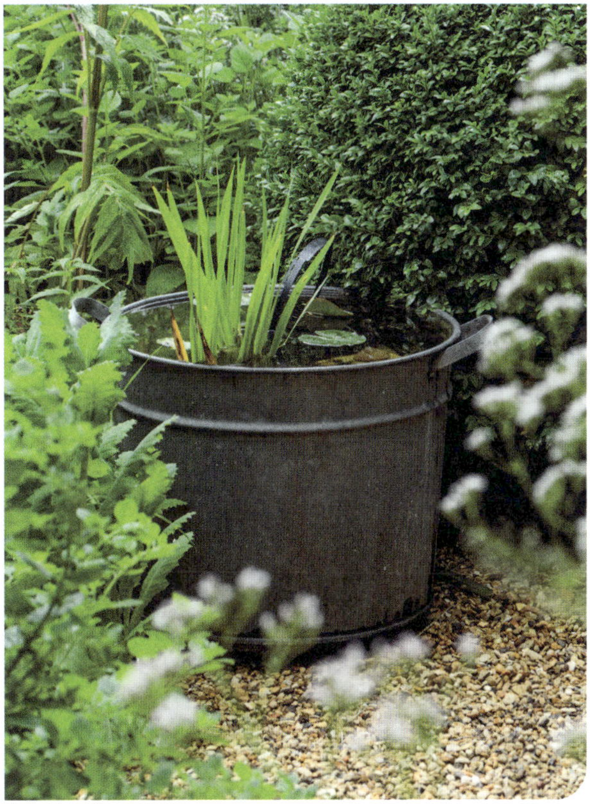

15 Überlegen Sie gut, wo Sie den Teich aufstellen. Wollen Sie die spiegelnde Oberfläche in Szene setzen, an ihm verweilen oder ihn eher an einem abgelegenen Ort platzieren, wo Tiere ihn in Ruhe nutzen können? Er darf sich nicht zu sehr in der Sonne aufheizen, sonst verdunstet das Wasser oder es bilden sich Algen.

RUNDTEICH

Ein Gartenteich ist ein unübersehbarer Blickfang, dekorativ spiegelnde Fläche und Tierzuflucht zugleich. Nach dem Vorbild der Hexenringe – jener Pilzformationen, die sich in der Natur wie von Zauberhand bilden – habe ich ein einfaches rundes Gewässer mit geneigten Rändern aus Stein gestaltet.

SIE BRAUCHEN

(Auf S. 244–245 finden Sie Vorgaben zum Errechnen der jeweiligen Mengen)

- Beton (Zement–Schotter 1:10)
- Feinsand, um den Teich mit einer 5-cm-Schicht zu bedecken
- Teichvlies
- Teichfolie
- Sandsteinblöcke, 7 × 10 cm
- heller Mörtel (Zement-Feinsand 1:5)
- Kiesel, 3–10 cm Durchmesser

Werkzeug

- Schnur und Pflöcke/Sprühkreide
- Gartenschnur
- Schubkarren
- Spaten und Schaufel
- Pickel (zum Bearbeiten von hartem Untergrund)
- Holzpflöcke
- Hammer
- Wasserwaage
- Maurerkelle oder kleine Kelle
- Brett zum Feststampfen von Erde
- Schlauch
- Brett mit Schraube oder Bolzen in der Mitte (wird über den Teich gelegt)
- Maßband
- Messer
- Gabel

Mein Rundteich hat einen Durchmesser von etwa 3 m und ist 70 cm tief, doch kann man ihn beliebig groß anlegen. Ich habe ihn so ausgehoben, dass das Ufer nach innen zu abfällt und der Teich eine Form hat, die ein bisschen an eine Melone – den Hut, nicht die Frucht – erinnert. Ausgeschlagen habe ich die Grube mit Folie, damit der Teich kein Wasser verliert. Fixiert ist die Folie mit einem Steinrand. Damit Tiere in den Teich und wieder heraus gelangen, habe ich einen Flachwasserbereich mit Kies und einen kleinen Sockel integriert.

NÜTZLICHE TIPPS

- Teiche werden am besten an einem freien, offenen Platz angelegt, der etwas Sonne abbekommt, aber sich nicht zu sehr aufheizt. Lässt es sich nicht vermeiden, dass das Wasser sehr warm wird, sollte man ihn abdecken oder tiefer machen.
- Der Aushub kann entweder im Garten verteilt oder zum Füllen von Hochbeeten verwendet werden. Nährstoffarmen Unterboden bringt man am besten zum Grünabfall.
- Der Steinrand definiert den Umriss und grenzt den Teich gegenüber dem Rasen klar ab. Er greift auch andere Gestaltungselemente im Garten auf. Die Mörtelmischung muss gut zum Stein passen. Ich habe deshalb hier weißen Zement und hellen Sand verwendet.

***EXPERTEN**WISSEN*

- **Vor dem Ausheben sollte man eine Probegrabung vornehmen, um zu sehen, ob sich das Areal eignet. Wenn Sie auf felsigen Untergrund stoßen, legen Sie den Teich am besten woanders an.**
- **Setzen Sie stets ein paar Sauerstoffbildner ins Wasser, damit es klar bleibt. Ich habe aufrecht wachsende Arten auf den Sockel gepflanzt, um die vom Rand gebildete Linie zu durchbrechen.**
- **Wenn Sie Bewegung und Klang ins Spiel bringen möchten, können Sie eine kleine Pumpe oder einen Springbrunnen installieren.**

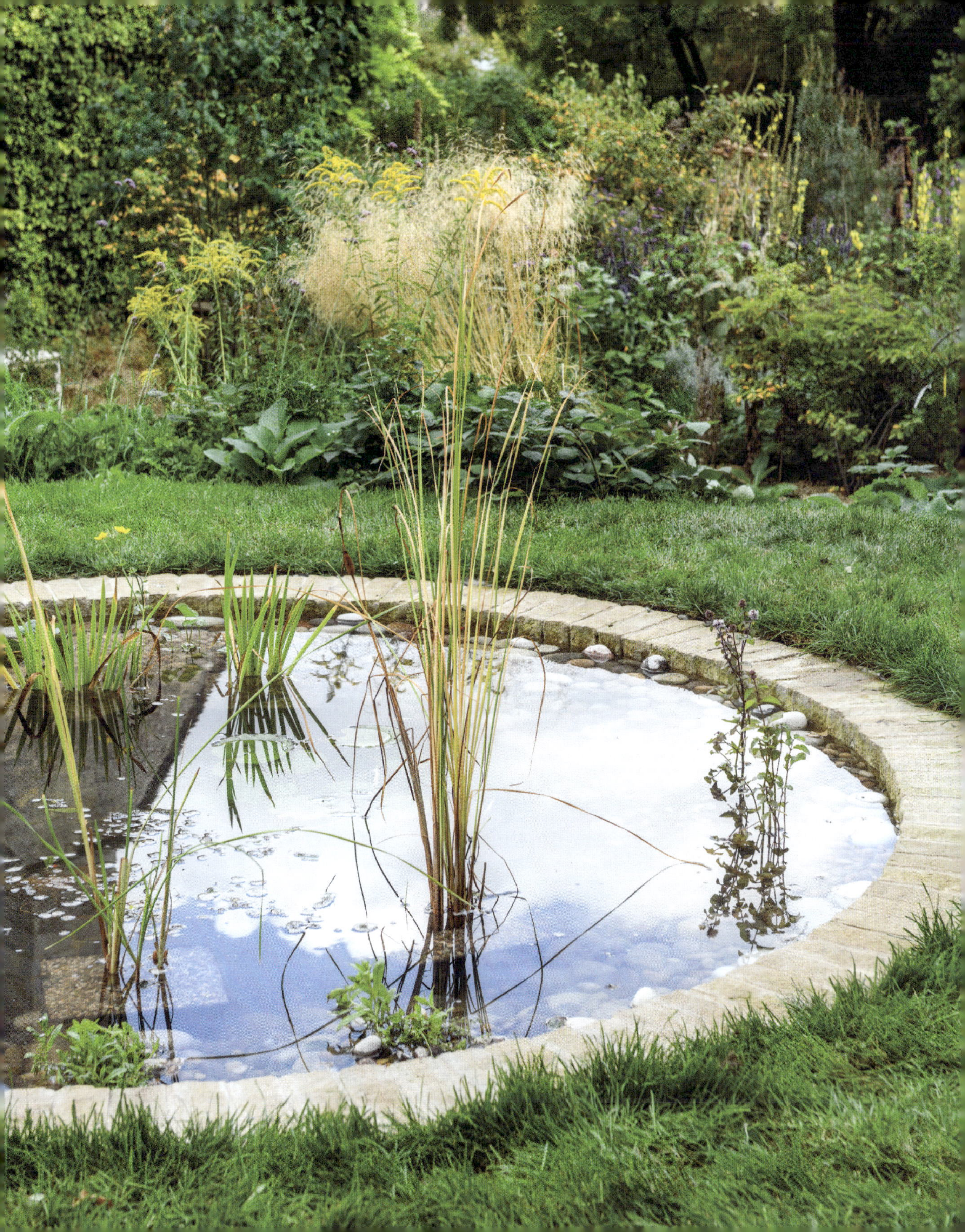

QUERSCHNITT DURCH DEN TEICH

Dieser einfache Querschnitt zeigt, wie man den Teich am besten gräbt und anlegt. Zu sehen sind die unterschiedlichen Lagen aus Sand, Vlies und Folie.

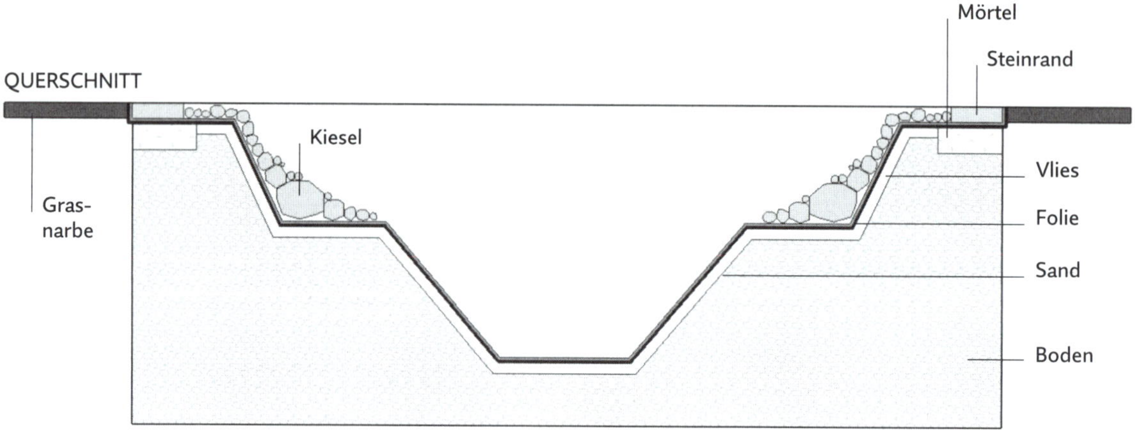

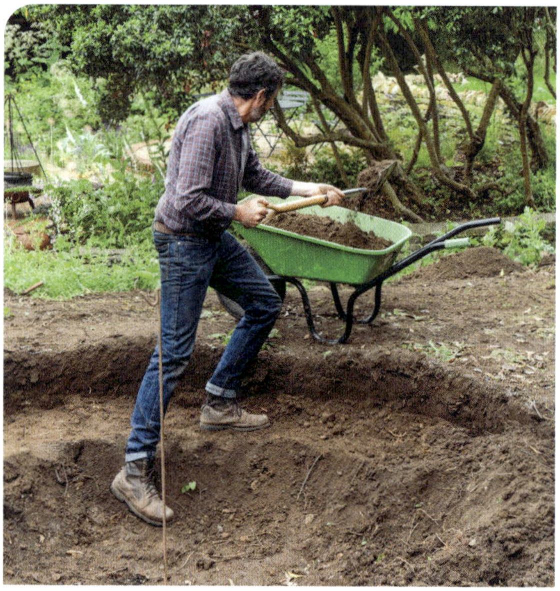

1 An einem Stab in der Mitte der ausgehobenen Grube eine 1,6 m lange Schnur befestigen – sie markiert den Teichrand. Den Teich etwa 70 cm tief ausheben; am tiefsten Punkt mit dem Graben beginnen. Einen etwa 30 cm tiefen und 40 cm breiten Sockel am Rand anlegen.

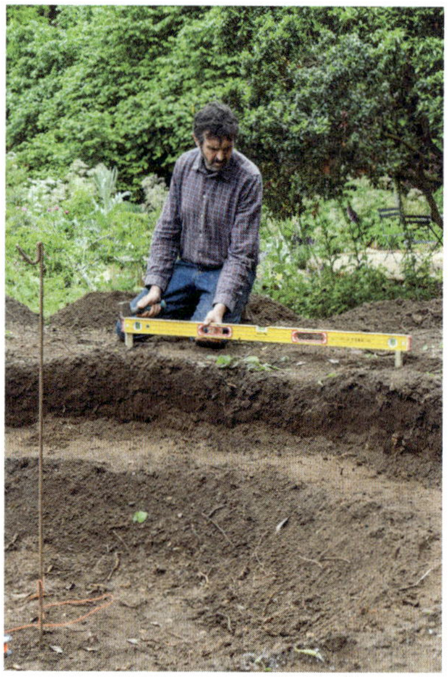

2 Pflöcke entlang des Rands in den Boden schlagen; an ihnen lässt sich feststellen, wie eben das Gelände ist. So kann man es besser einschätzen und das Bodenniveau ggf. justieren. Die Pflöcke können auch genutzt werden, um das endgültige Niveau festzulegen. Mit einer Wasserwaage sicherstellen, dass sie alle exakt auf gleicher Höhe stehen.

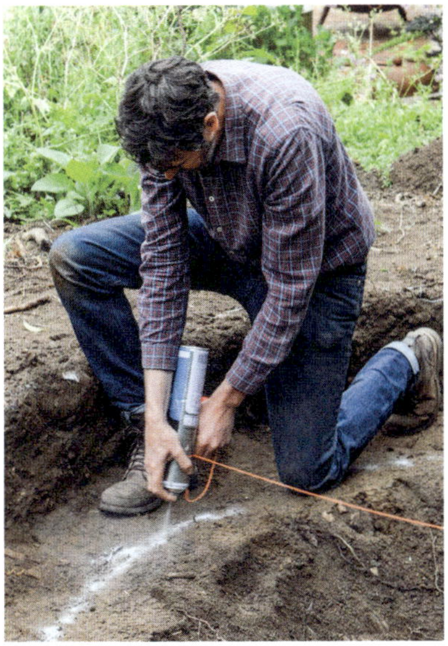

3 Mit einer Schnur am Stab in der Mitte etwa 1,2 m von der Mitte zum Rand messen. Mit Sprühkreide den Verlauf des Betonfundaments festlegen.

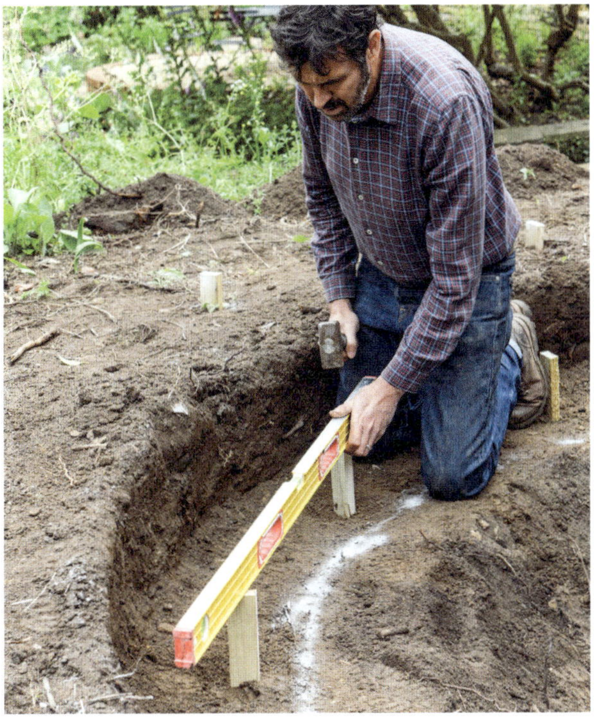

4 Eine Pflockreihe knapp außerhalb der aufgesprühten Linie einschlagen, um die Höhe des Betonfundaments festzulegen. Bei mir befindet sich das obere Ende der Pflöcke 13 cm unter dem Teichrand, den Rest beanspruchen Steine, Mörtel, Folie und Vlies.

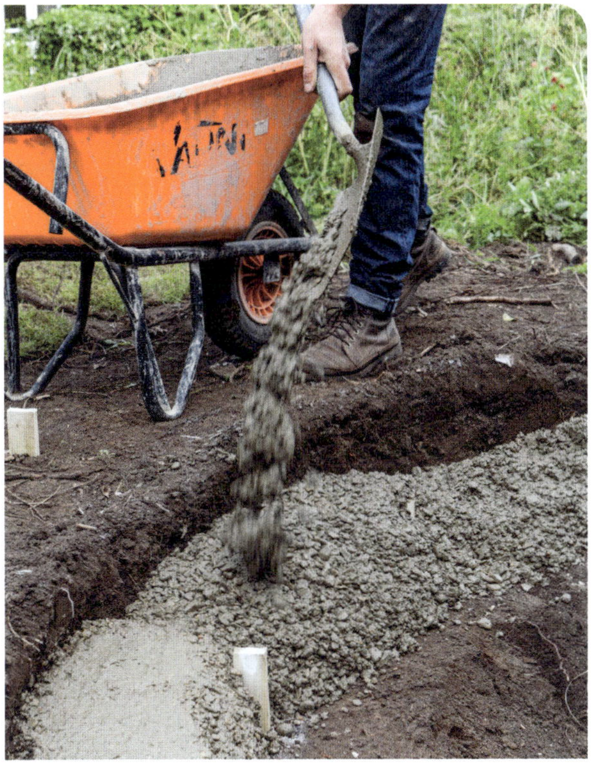

5 Ein Betonfundament um den ganzen Teichrand verlegen – es bildet eine ebene, feste Fläche, auf der die Sandsteine, die den Rand bilden, aufliegen. Den Mörtel ordentlich feucht abmischen, dann etwa 8–10 cm hoch auf den Sockel schaufeln. Bevor er hart wird, muss er eingeebnet werden.

Gecheckt?

Bei Wasserelementen kann man gar nicht oft genug nachprüfen, ob alle Maße stimmen und die Ebenen exakt horizontal verlaufen. Denn jeder Fehler wird durch das Wasser unerbittlich ans Tageslicht gebracht und kann auch nicht mehr korrigiert werden.

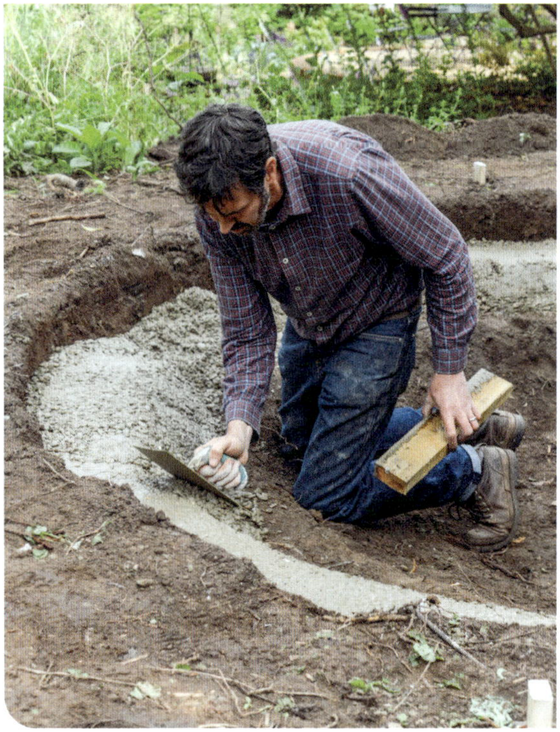

6 Mit einer Kelle den Mörtel nach innen zu anschrägen.

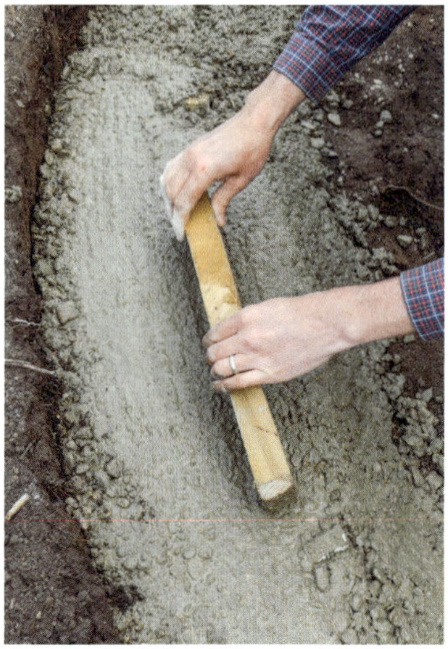

7 Mörtel mit einem Stück Holz einebnen; die Höhe an den eingeschlagenen Pflöcken ausrichten. 24 Stunden aushärten lassen.

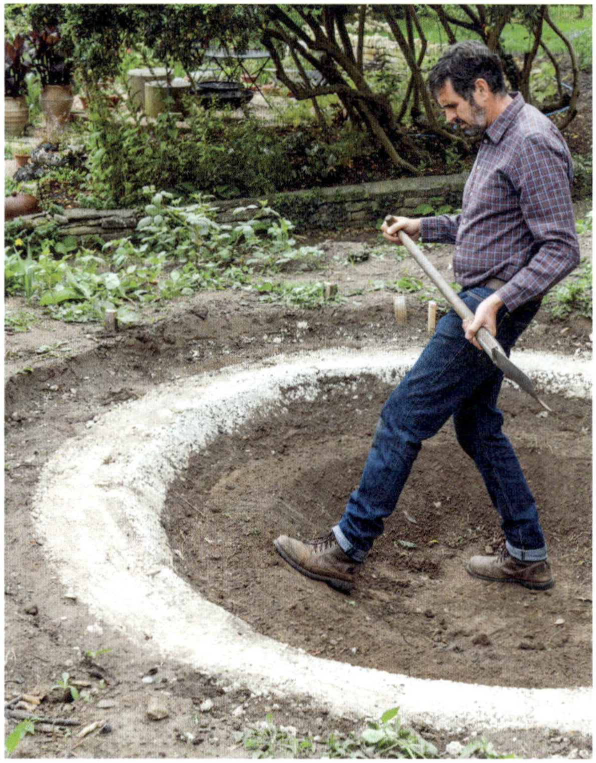

8 Einen Sockel für die Kiesel anlegen; dazu ggf. etwas Erde zurückfüllen. Mein Sockel befindet sich etwa 30 cm unterhalb des Fundaments und ist rund 40 cm breit. Die Vertiefung wieder passend formen und eventuell entstandene Löcher füllen.

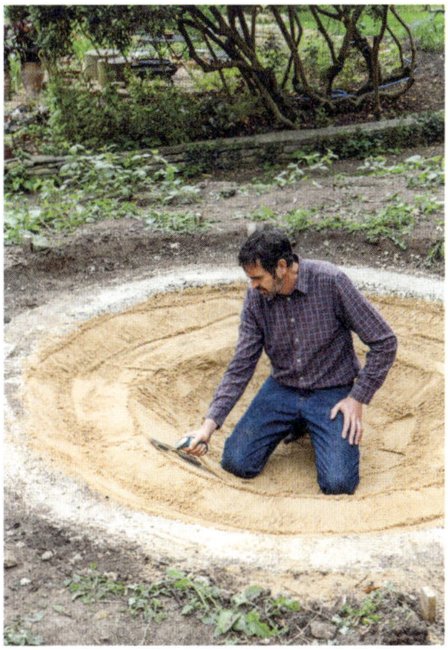

9 Teichgrube mit Sand auskleiden. Sand mit einer Kelle einebnen und glatt streichen. Er schützt die Teichfolie.

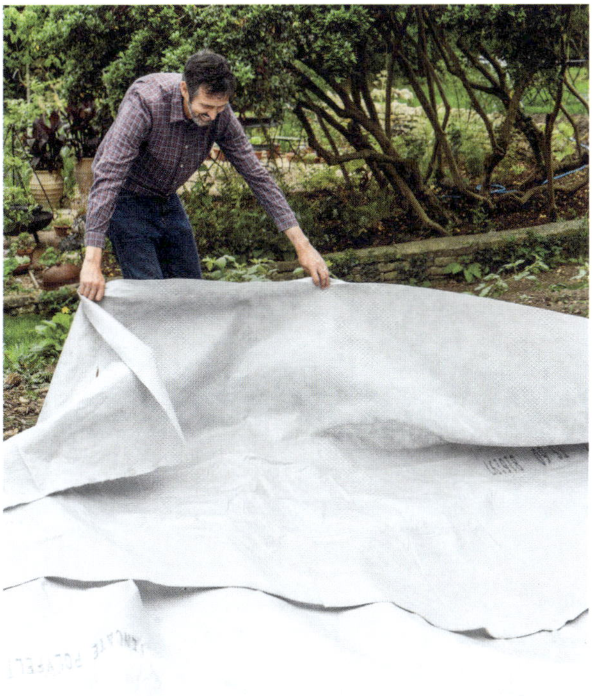

10 Das Teichvlies vorsichtig über die Grube legen, sodass es am Rand ein Stück übersteht.

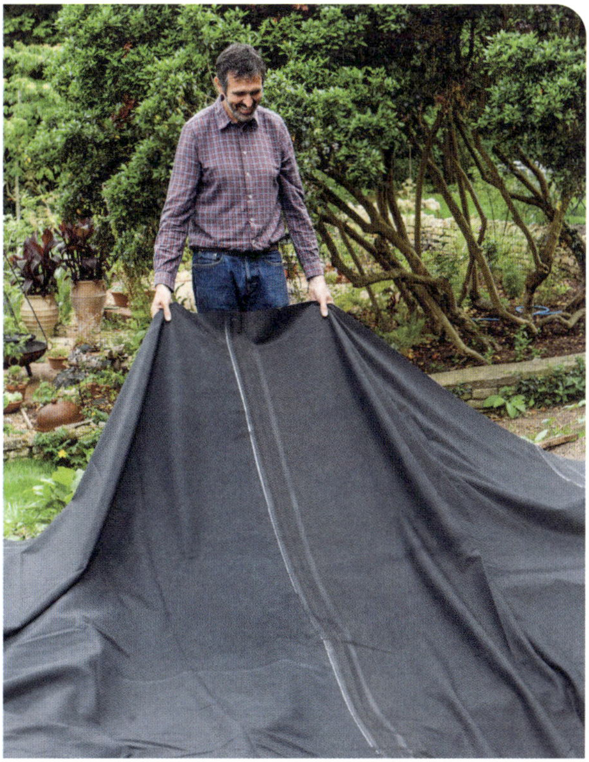

11 Die Teichfolie vorsichtig über das Vlies legen. Folie anfangs ein gutes Stück über das Fundament am Rand überstehen lassen. Nachdem sie gut liegt, den Teich allmählich befüllen. Zwischendurch die Folie ggf. justieren.

Wasser bringt Leben in den Garten, denn es lockt Tiere an und verbreitet eine angenehme Atmosphäre.

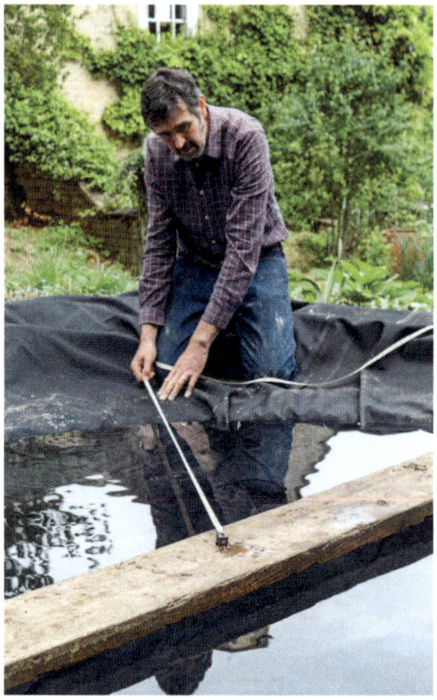

13 Eine Schraube oder einen Bolzen in der Mitte eines langen Bretts befestigen und ein Maßband daran anbinden. Das Brett exakt mittig über den Teich legen, sodass man die Maße mit dem Maßband prüfen kann. Das Band dient als Maß beim Verlegen der Steine. Ggf. muss das Brett justiert werden.

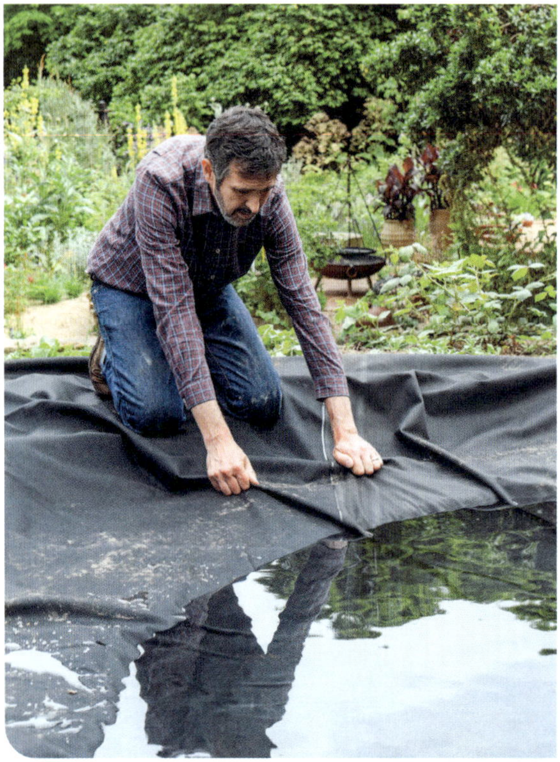

12 Falls Falten gelegt werden müssen, damit die Folie sich gut an den Untergrund anschmiegt, nach Möglichkeit ein Ziehharmonikamuster legen, statt eine einzige große Falte zu bilden. Den Teich zu drei Vierteln füllen, damit sich die Folie gut an die Grube anschmiegt. Falten ggf. justieren, damit sie so glatt und eben anliegen wie möglich.

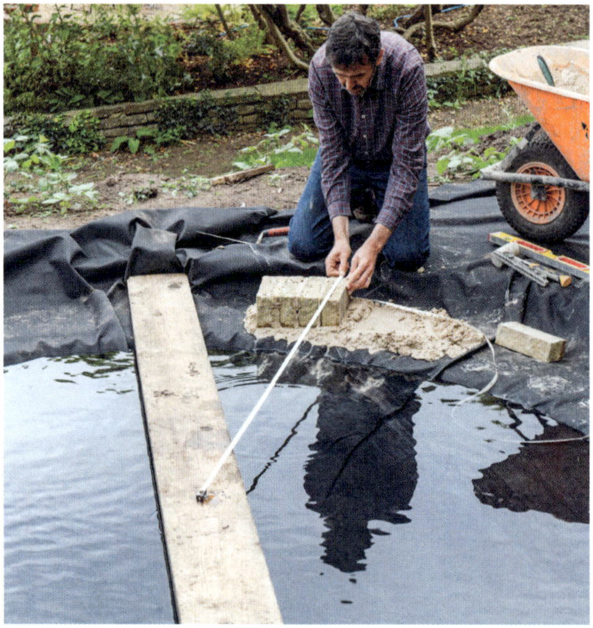

14 Die Steine an einem Tag verlegen, an dem es nicht regnet. Das Maßband wie den Zeiger einer Uhr als Maß für die Teichumrandung verwenden. Ein Mörtelfundament auf der Folie verlegen und die Steine daraufsetzen. Die Fugen zunächst so lassen, wie sie sind, sie werden später verfugt. Hier verlege ich die Steine für die Teicheinfassung hochkant zu einem Kreis.

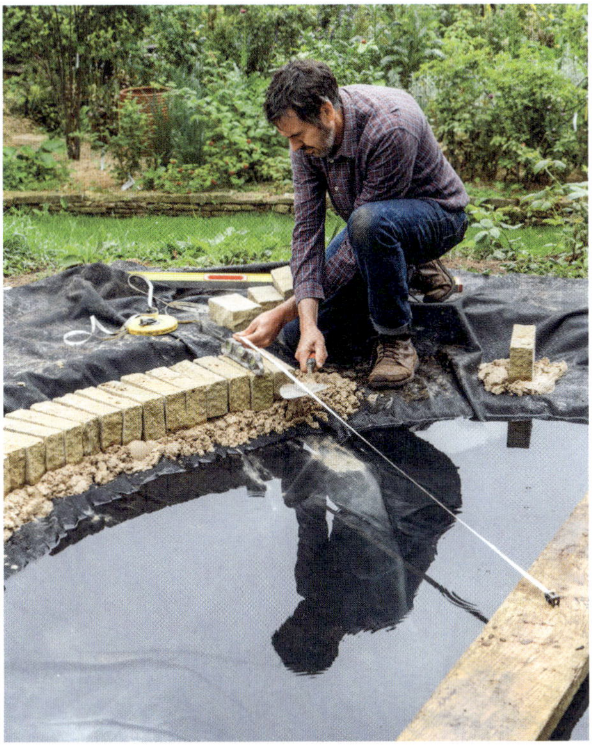

15 Alle Steine verlegen. Die Entfernung der Steineinfassung zur Mitte immer wieder mit dem Maßband prüfen.

16 Mit einer kurzen Wasserwaage sicherstellen, dass die Steine auch der Länge nach exakt waagrecht liegen.

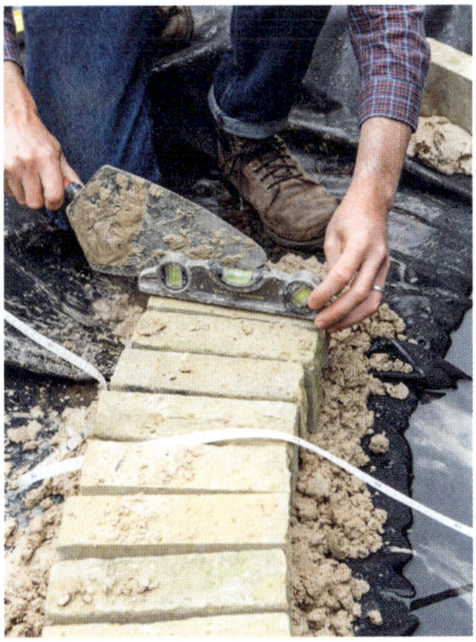

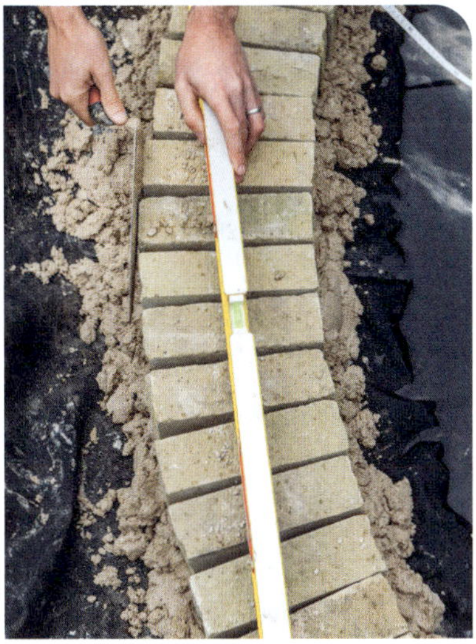

17 Mit einer langen Wasserwaage sicherstellen, dass die Steine alle auf gleicher Höhe liegen. Das ist sehr wichtig, deshalb Zeit lassen. Nachdem alle Steine verlegt sind, kann man mit dem Verfugen beginnen.

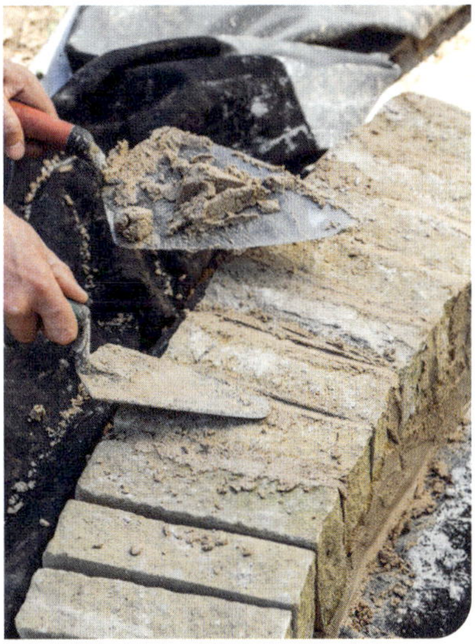

18 Mit einer Spitzkelle die Fugen zwischen den Steinen gleichmäßig und sauber füllen. Ich habe als Fugenfüllung hier eine Mischung aus hellem, feinem Sand und weißem Zement verwendet, die gut zu den Steinen passt.

19 Den Mörtel 24 Stunden trocknen lassen, bis er fest ist. Dann die Teichfolie über den Steinrand schlagen. Mit einem Messer überstehende Folie abschneiden, dabei aber nicht zu tief schneiden.

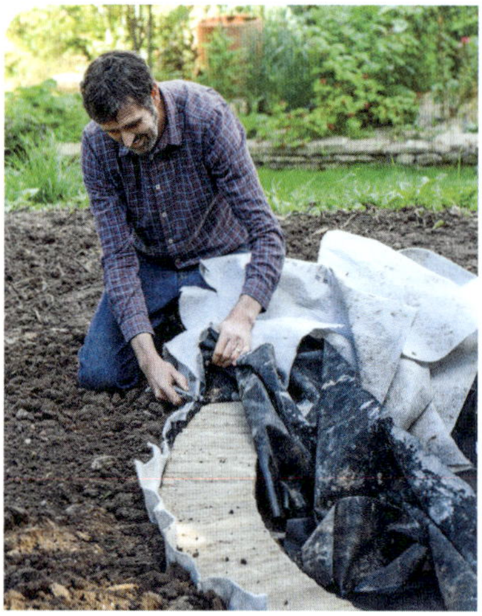

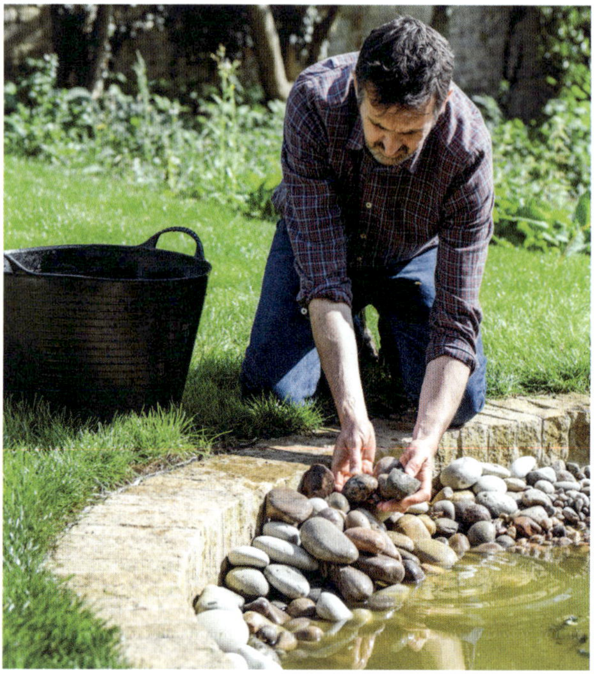

21 Prüfen, ob Zement oder Sand in den Teich gerutscht ist. Falls das der Fall ist, den Teich leeren und gut reinigen. Kiesel in einem Eimer Wasser waschen. Dann den Kieselstrand anlegen. Er ermöglicht Tieren den Zugang zum Wasser und ist zugleich Lebensraum, fixiert aber auch die Pflanzen.

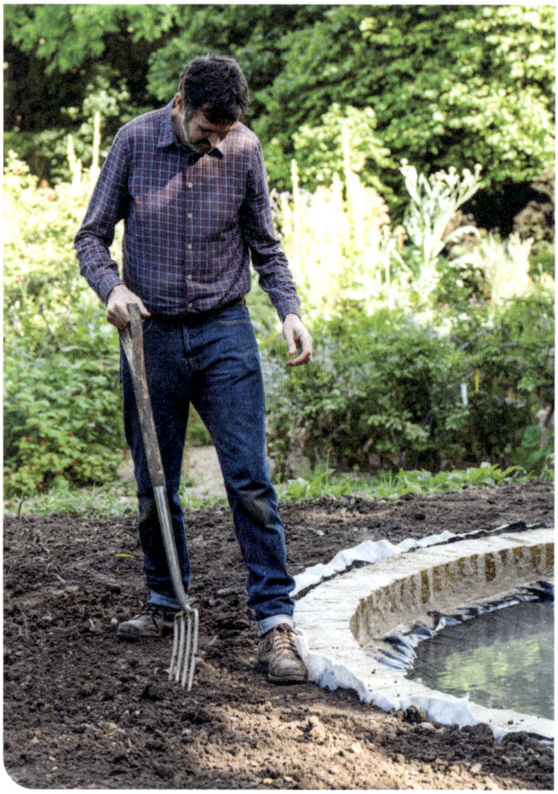

20 Mörtelreste von der Folie putzen. Erde am Steinrand aufhäufeln, sodass der Rand eben mit dem Boden abschließt. Die Erde kaschiert und fixiert zudem den Folienrand.

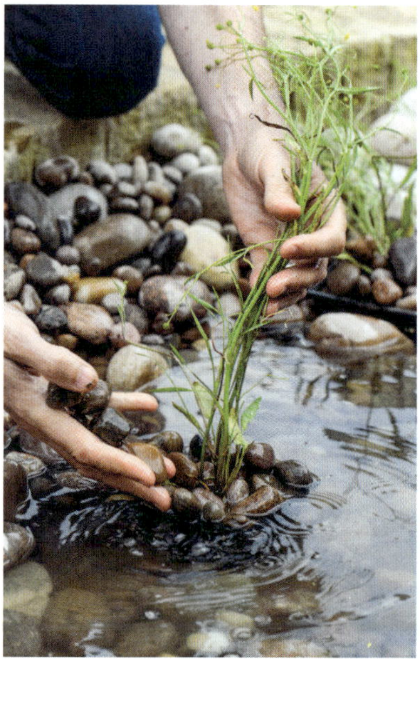

22 Sind alle Kiesel verteilt, den Teich evtl. ein letztes Mal säubern, bevor er bepflanzt wird. Anschließend füllen, am besten mit Regenwasser, aber auch Leitungswasser tut es zur Not. Nachdem er gefüllt ist, die Pflanzen einsetzen (siehe Kasten gegenüber). Das Wasser kann anfangs grün werden, wird aber wieder klar, wenn der Pflanzenmix stimmt.

WASSERPFLANZEN: VORSCHLÄGE

Bei der Auswahl sollte man nicht nur auf die Blüten achten, sondern auch darauf, dass die Pflanzen zum Lebensraum passen, das Wasser mit Sauerstoff anreichern und genug Pollen sowie Nektar für Tiere bilden. Hier einige Arten, die ich in meinen Teich gesetzt habe. Es ist eine einfache Mischung, die Sie nach Lust und Laune variieren können. Beim Kauf von Wasserpflanzen sollten Sie auf dem Etikett nachsehen, wie tief die Gewächse im Wasser stehen können.

- **Wasser-Minze** (*Mentha aquatica*, unten links)
  Eine ausgezeichnete Uferstaude, allerdings sehr ausbreitungsfreudig. Wenn sie blüht, versorgt sie Insekten mit reichlich Pollen. Gedeiht in der Sonne und im Schatten und wird etwa 50 cm hoch.
- **Sumpf-Dotterblume** (*Caltha palustris*, unten Mitte)
  Die Staude wird etwa 50 cm hoch, hat schöne runde, grüne Blätter und leuchtend gelbe Blüten. Sie blüht im späten Frühjahr und braucht Sonne.
- **Zwerg-Rohrkolben** (*Typha minima*)
  Ich mag diese Miniversion des Rohrkolbens, die sich gut für kleine Teiche eignet. Sie trägt linealische Blätter und wird rund 60 cm hoch. Die braunen Blütenkolben erscheinen im Juni und Juli.
- **Sumpf-Schwertlilie** (*Iris pseudacorus*)
  Die Flachwasserpflanze kann bis zu 1,5 m hoch werden. Sie bildet große Horste, lässt sich aber im Zaum halten, wenn man sie in einen Wasserpflanzenkorb mit 20 cm Durchmesser setzt. Die kräftig gelben Blüten über schwertförmigem Laub öffnen sich im Sommer.
- **Sumpf-Fingerkraut** (*Potentilla palustris*)
  Es breitet sich auf der Wasseroberfläche aus. Dadurch bietet es Tieren ein Versteck und schützt das Wasser vor der prallen Sonne. Seine Blätter erinnern an die von Erdbeeren. Die dunkelroten Blüten erscheinen in Büscheln im Sommer. Das Kraut wird etwa 50 cm hoch.
- **Brennender Hahnenfuß** (*Ranunculus flammula*)
  Eine sehr nützliche Uferpflanze mit knallgelben Becherblüten, die sich von Mai bis August öffnen. Sie wird etwa 1 m hoch. Durch ihren kriechenden Wuchs ist sie ein äußerst nützlicher Lebensraum für Tiere, die Schutz suchen. Vorsicht: Sie kann die Haut reizen.
- **Raues Hornblatt** (*Ceratophyllum demersum*, unten rechts)
  Jeder Teich braucht Pflanzen, die das Wasser mit Sauerstoff anreichern – das Raue Hornblatt ist in dieser Hinsicht meine Nummer eins. Es hat dunkel olivgrünes, nadeldünnes Laub. Da es auf der Oberfläche wächst, hemmt es den Algenwuchs. Sobald es 30 Prozent des Teichs einnimmt, lichte ich es etwas aus.

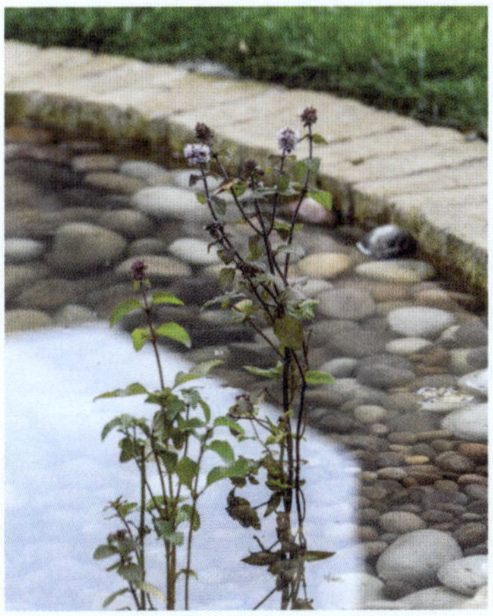

Wasser-Minze (*Mentha aquatica*)

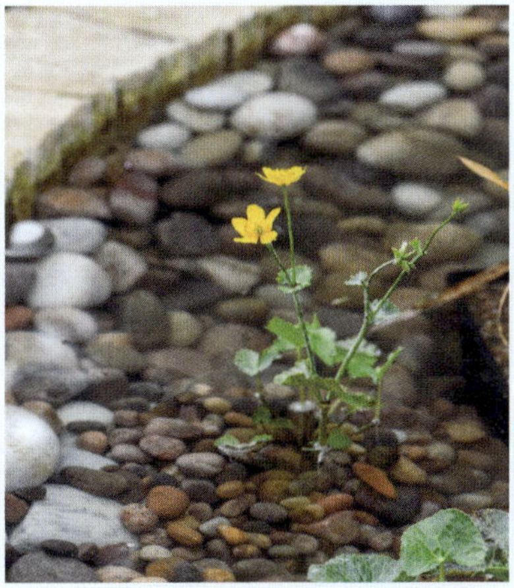

Sumpf-Dotterblume (*Caltha palustris*)

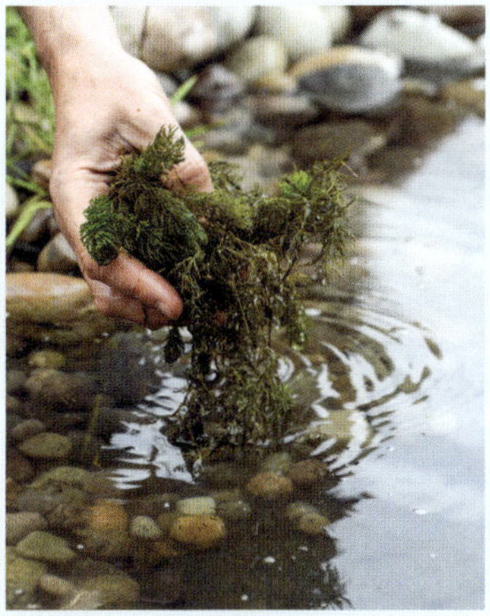

Hornblatt (*Ceratophyllum demersum*)

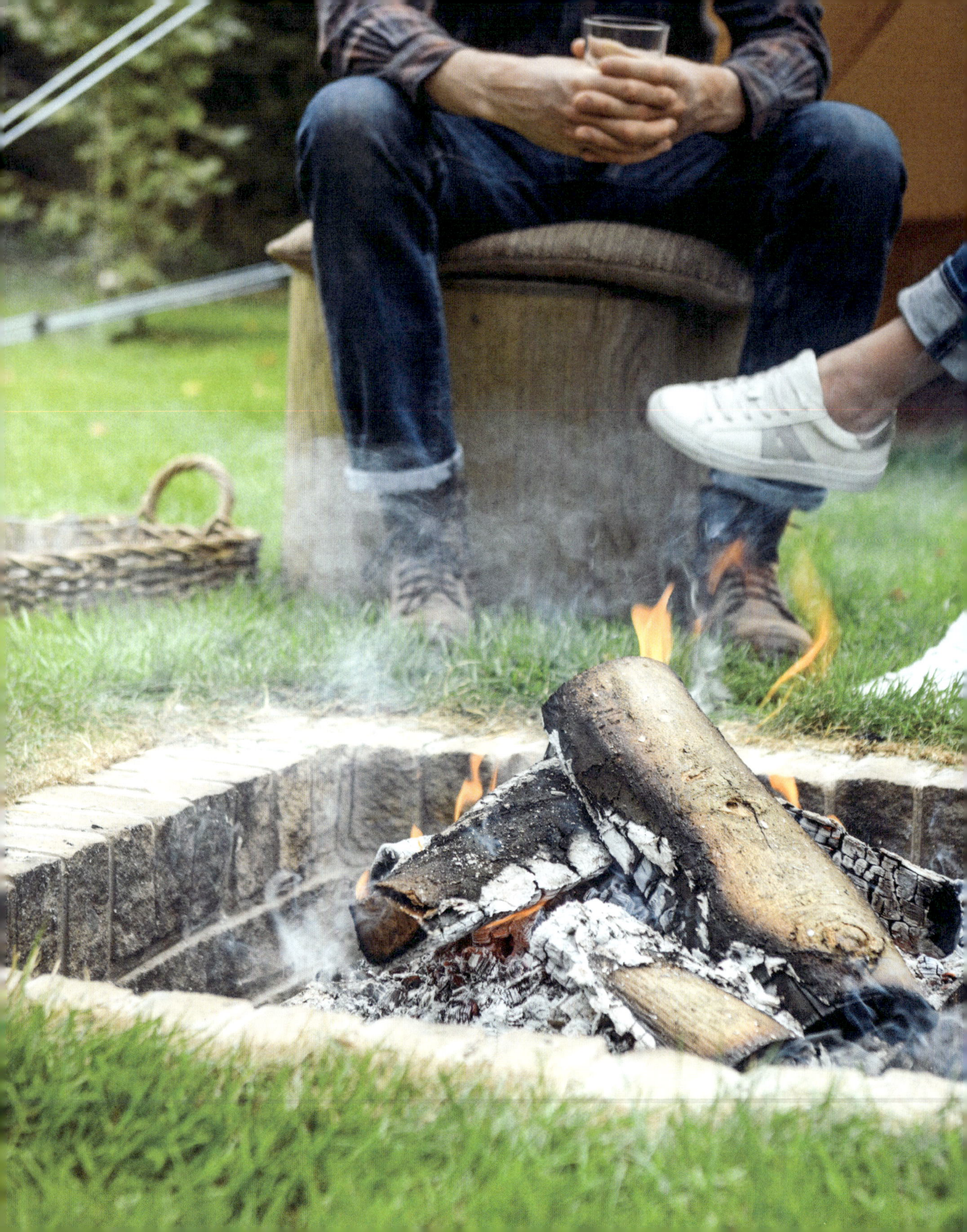

PROJEKTE

BAULICHE ELEMENTE

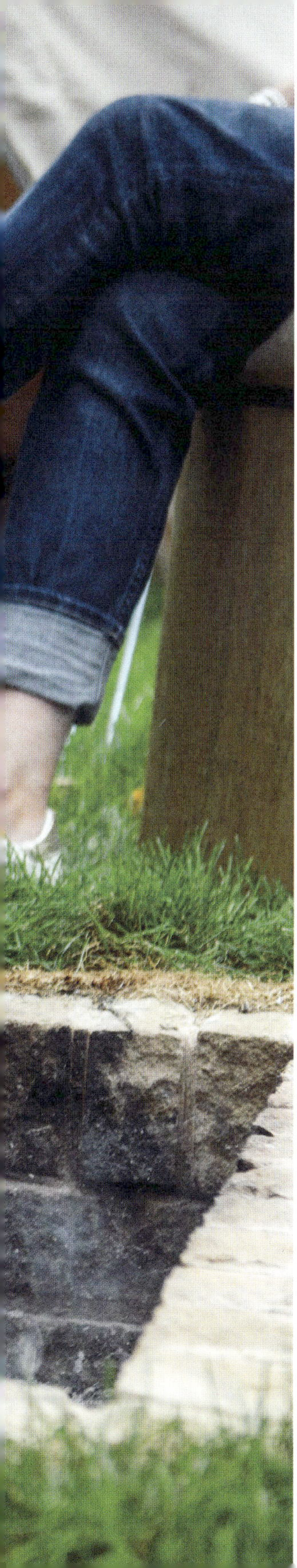

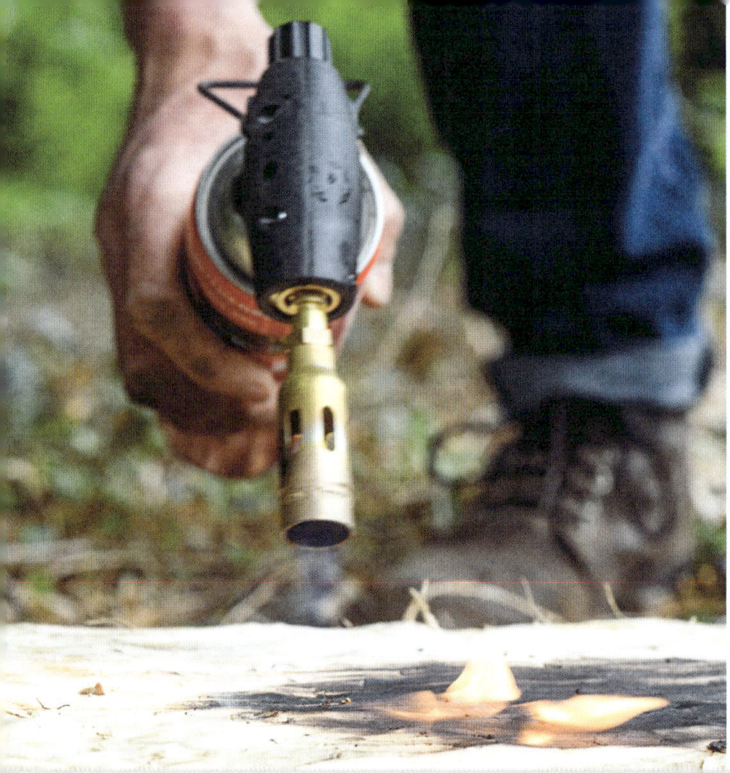

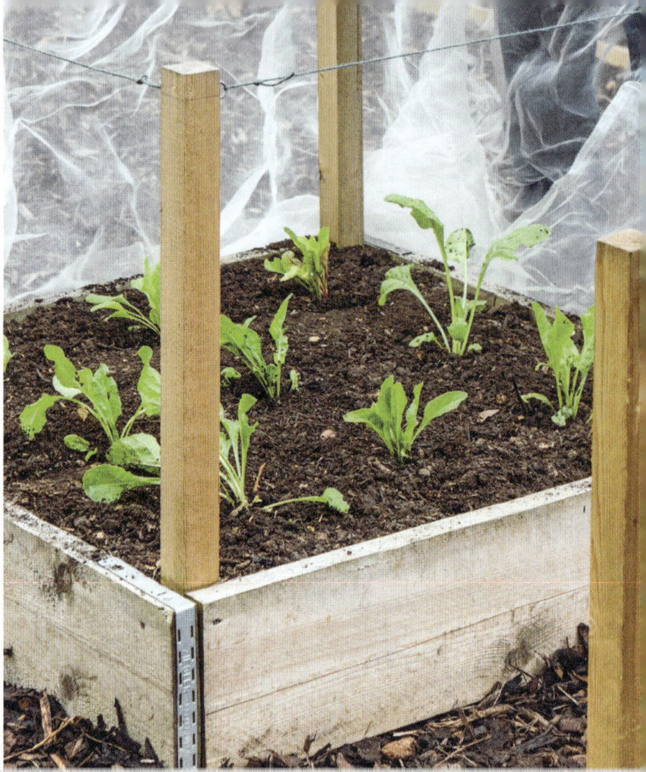

Bereichern Sie Ihren Garten mit Deko, Schnörkeln und Farbe. Dann trägt er Ihre ureigene Handschrift.

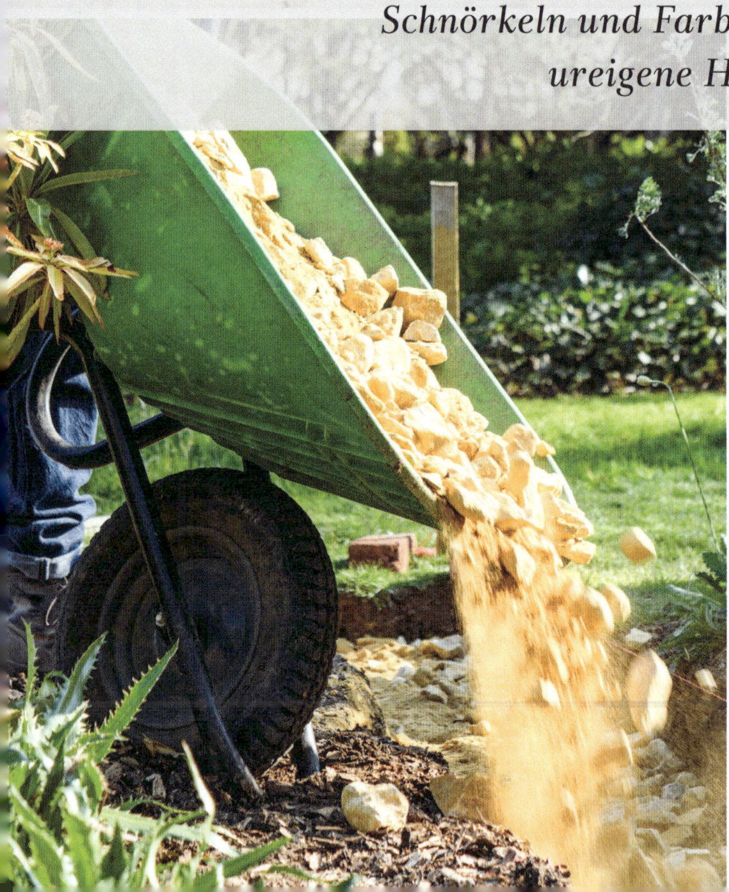

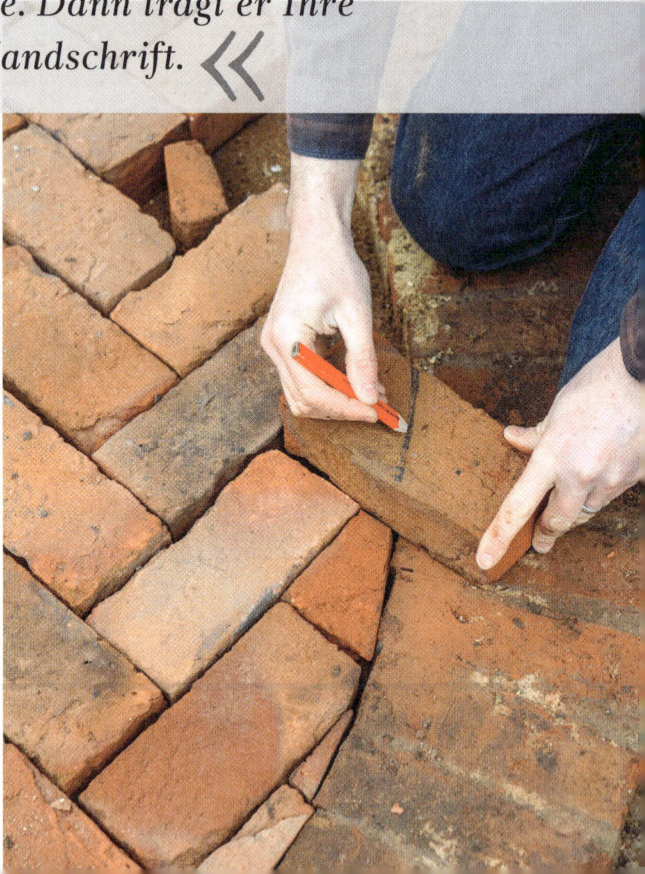

EINFÜHRUNG

Bauliche Elemente werden in Gärten oft stiefmütterlich behandelt. Dabei geben sie meiner Meinung nach die allgemeine Richtung vor und prägen die Atmosphäre. Außerdem kann man mit ihnen dem Raum eine persönliche Note geben. Bereichern Sie Gärten mit einer ansprechenden Struktur, angenehmen Materialien und ausgewogenen Proportionen, sind sie gelungen.

Oft werden sie deshalb als Rückgrat des Gartens bezeichnet. Sie prägen den allgemeinen Eindruck und die Atmosphäre, bevor überhaupt Pflanzen hinzugefügt werden. Aber sie sind nicht nur praktisch, sondern können auch gut aussehen. Verleiht man ihnen eine persönliche Note, können sie einem Garten sogar einen ganz besonderen Charakter geben. Viel braucht es dafür nicht – schon Details bewirken oft viel. Man kann zum Beispiel Terrassen oder Wege mit Backsteinen im Fischgrätenmuster befestigen, ein Muster in Balkenstufen schnitzen oder Pfosten und Drähte in den Ecken eines Hochbeets befestigen, um Vlies oder ein Netz darüberlegen zu können. Elemente lassen sich optisch durch Anstriche in einer bestimmten Farbe oder durch Ankohlen von Holzflächen verbinden.

» *Selbstgemachtes gibt einem Garten nicht nur Charakter, es weckt auch schöne Erinnerungen an die Zeit, da man es gefertigt hat.* «

SICHTSCHUTZ AUS HOLZ

Sichtschutzwände wie diese kann man aus imprägnierten Brettern zimmern, aber auch aus anderen wetterbeständigen Hölzern, etwa Gerüstbrettern und sogar Paletten. Ich habe mich dabei vom Streifenmuster des Modeschöpfers Paul Smith inspirieren lassen und unterschiedliche Bretter verwendet – von 10 cm schmal bis 20 cm breit.

SIE BRAUCHEN

- witterungsbeständige Holzbretter, 2,5 cm dick und 3,75 m lang, aber unterschiedlich breit:
  5 Bretter mit 20 cm Breite
  4 Bretter mit 15 cm Breite
  2 Bretter mit 10 cm Breite
- zugeschnittene Holzpfosten 10 × 10 cm dick und 2,6 m lang, ein Pfosten alle 1,8 m
- Beton (1 Teil Zement auf 10 Teile Zuschlagstoff) oder Fertigbeton
- 40-mm-Schrauben
- Stützhölzer
- witterungsbeständige Farbe

Werkzeug

- Maßband
- Schnur und Pflöcke oder Sprühkreide
- Erdlochschaufel/Lochspaten
- Spaten oder Schaufel
- Wasserwaage
- Metalllineal
- Mischwanne oder Betonmischer (nach Belieben)
- Dachlatten
- Akkubohrer/-schrauber
- 4-mm-Bohrer
- Fliesenabstandhalter
- Schleifpapier
- Malerpinsel

Holzwände lassen sich unterschiedlich einsetzen. Man kann sie als Zaun nutzen, etwas Unansehnliches damit kaschieren oder Räume dadurch gliedern. Unterschiedlich breite Bretter machen sie charaktervoller und individueller. Indem man sie horizontal statt vertikal anbringt, braucht man keine Querbalken zwischen den Pfosten. Dadurch werden sie standfester und lassen sich wesentlich einfacher konstruieren. Man kann zwischen den Brettern beliebig große Lücken lassen.
Ich habe das Holz gestrichen, aber man kann es auch auf natürliche Weise durch Verwitterung grau werden lassen, beizen oder nach japanischer Art ankohlen – eine *shou sugi ban* oder *yakisugi* genannte Technik der Haltbarmachung.

NÜTZLICHE TIPPS

- Ich habe die Bretter horizontal befestigt und alle 1,8 m einen Pfosten aufgestellt, doch kann man mit vielen Varianten spielen. So ist es genauso gut möglich, die Bretter vertikal anzubringen oder sogar diagonal. Außerdem sieht es nicht schlecht aus, Lücken zwischen ihnen zu lassen. Die Wand hier ist 1,8 m hoch, man kann sie aber auch nur 1 m hoch machen oder unterschiedlich hohe Segmente kombinieren.
- Wenn Sie die Wand begrünen wollen, schrauben Sie ein paar Ösenschrauben hinein und spannen Sie horizontale Drähte dazwischen. Sie dienen als unauffällige Stütze für kletternde Triebe.

EXPERTENWISSEN

- **Jede Trennwand wirkt sich enorm auf die Atmosphäre und den Stil eines Gartens aus. Ein Garten sieht umso besser aus, je stärker man die »Grenzzäune« durch Farbe und Bepflanzung mit der Umgebung verschmelzen lässt.**
- **Helle Farben wirken, als würden sie einem entgegenkommen, dunklere dagegen scheinen zu verschwinden und sind daher gut als Hintergrund geeignet, vor dem sich Pflanzen in Szene setzen lassen.**

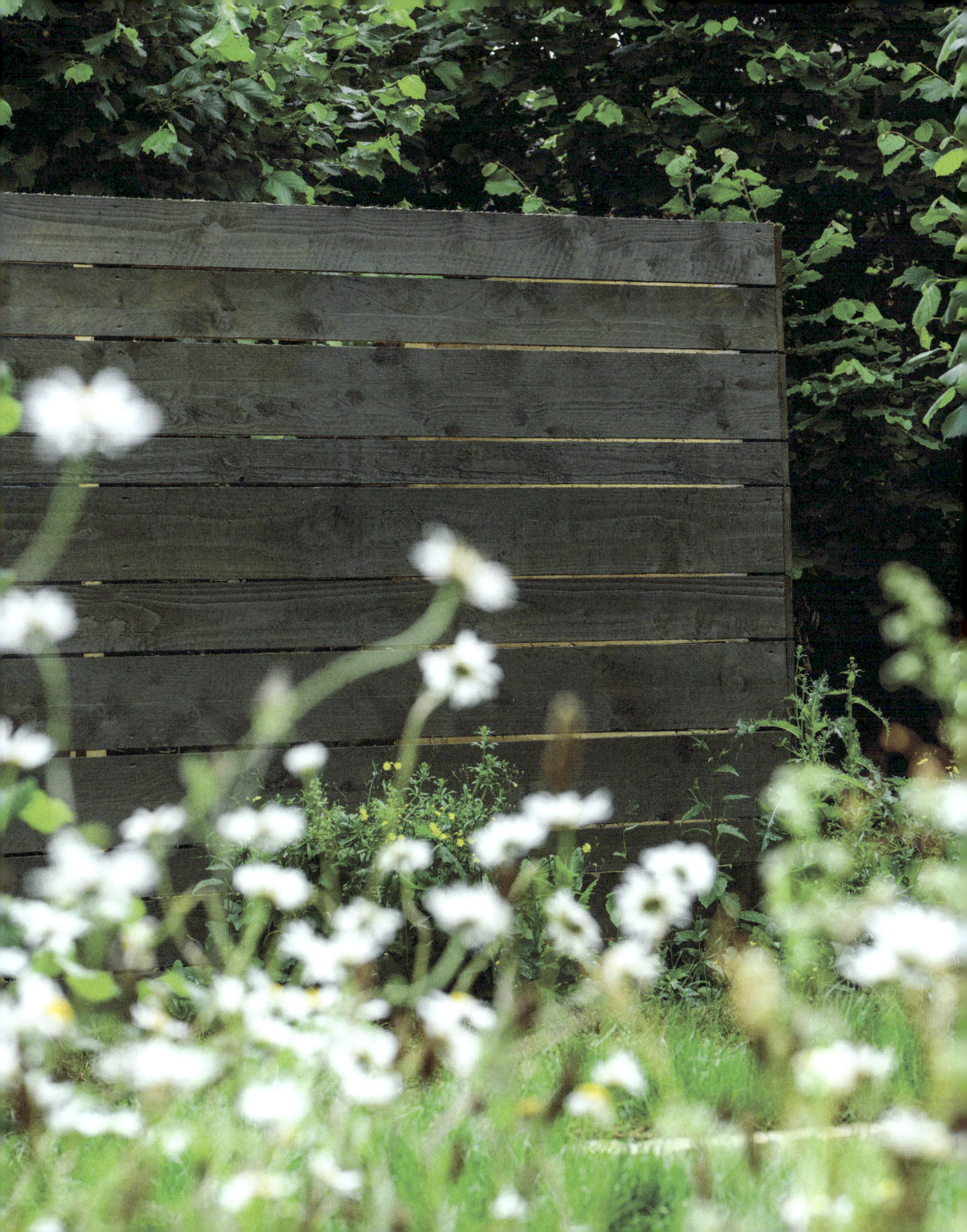

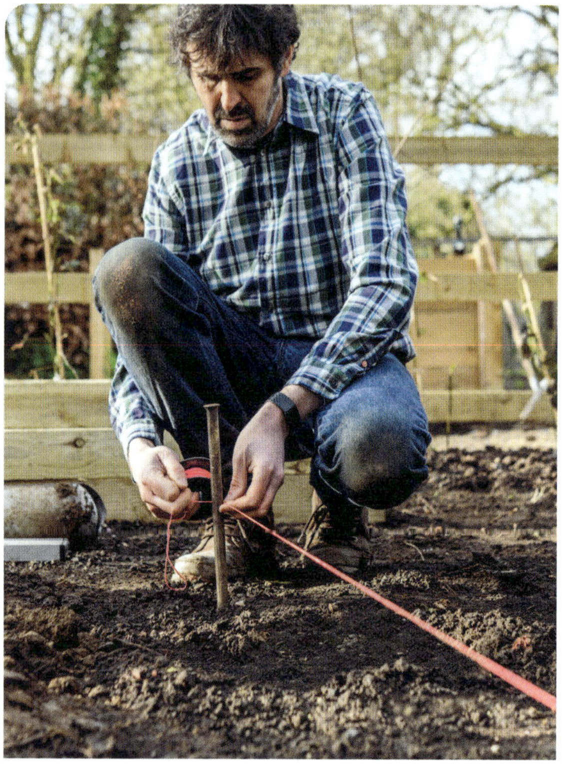

1 Den Standort der Wand festlegen. Areal jäten und einebnen. Den Verlauf der Wand mit einer gespannten Schnur markieren – die Pflöcke müssen jenseits des Punktes eingeschlagen werden, an dem die Endpfosten stehen. Soll die Wand senkrecht zum Haus stehen, mit der 3-4-5-Methode arbeiten (S. 240).

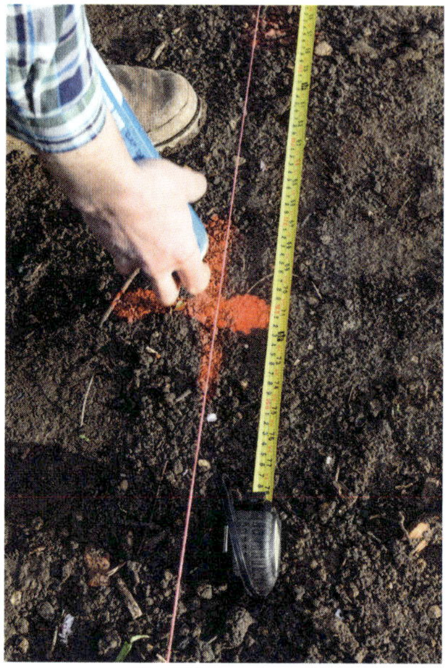

2 Den Standort der Pfosten mit Sand oder Sprühkreide markieren. Ich setze meine in 1,8 m Abstand.

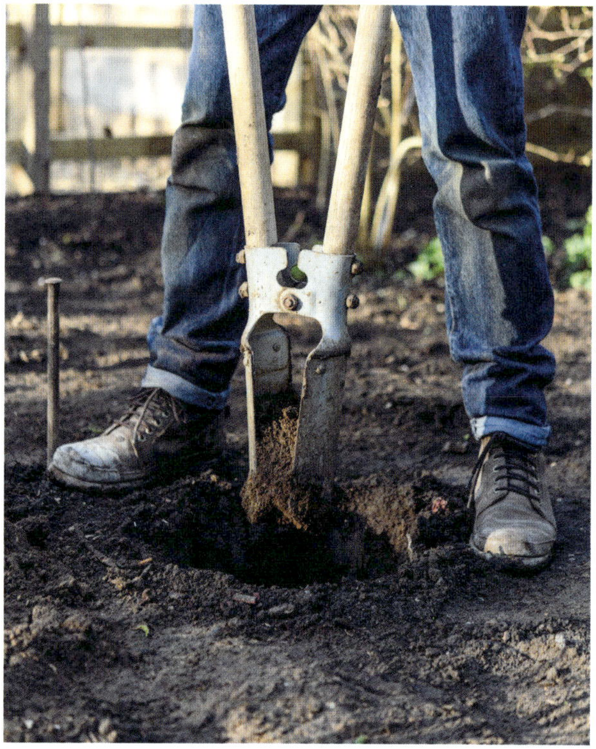

3 Mit einer Erdlochschaufel bzw. einem Spaten die Pfostenlöcher ausheben. Nicht zu große Löcher graben – für meine Pfosten habe ich sie 30 × 30 cm breit und 70 cm tief gegraben. Da ich schwere Bretter verwende, habe ich die Pfosten tiefer versenkt als sonst.

Ein sicherer Pfosten

Heben Sie nicht alle Pfostenlöcher auf einmal aus. Die Maße können sich leicht verschieben, sodass man letztendlich zweimal graben muss. Graben Sie immer nur zwei oder drei Löcher auf einmal.

» Jede Begrenzung hat gewaltige Auswirkungen auf die ganze Atmosphäre und den generellen Stil eines Gartens. «

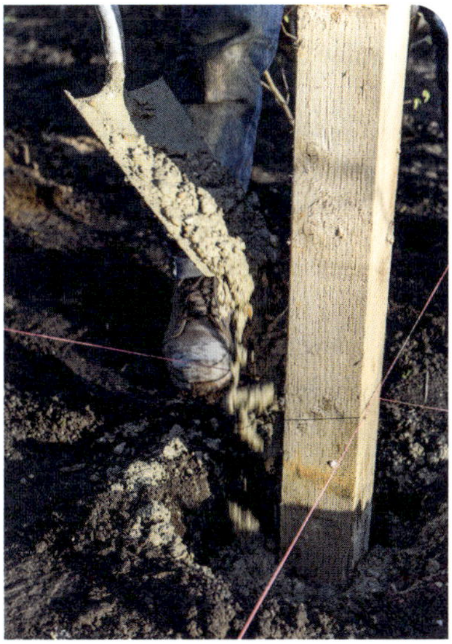

5 Beton anmischen oder Fertigbeton verwenden. Um den Pfosten herum Beton ins Loch füllen und mit einem Stück Holz feststampfen, damit keine Lufteinschlüsse bleiben. Mit einer Wasserwaage den Pfosten exakt senkrecht und an der Schnur ausrichten.

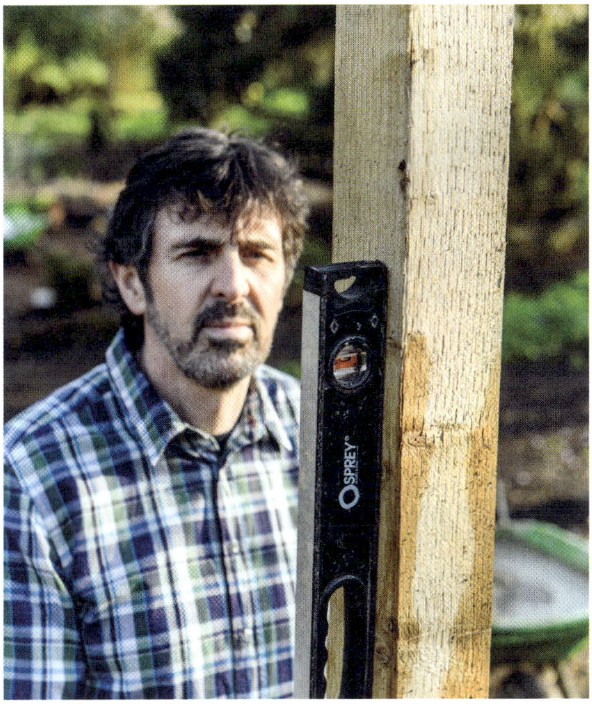

4 Den ersten Pfosten im Loch versenken und mithilfe der Schnur und einer Wasserwaage exakt senkrecht ausrichten. Evtl. 1,8 m vom oberen Ende einen Strich ziehen, um zu sehen, wie tief er versenkt werden muss. Zum Schluss über die oberen Enden eine Latte legen und sie exakt auf gleiche Höhe ausrichten.

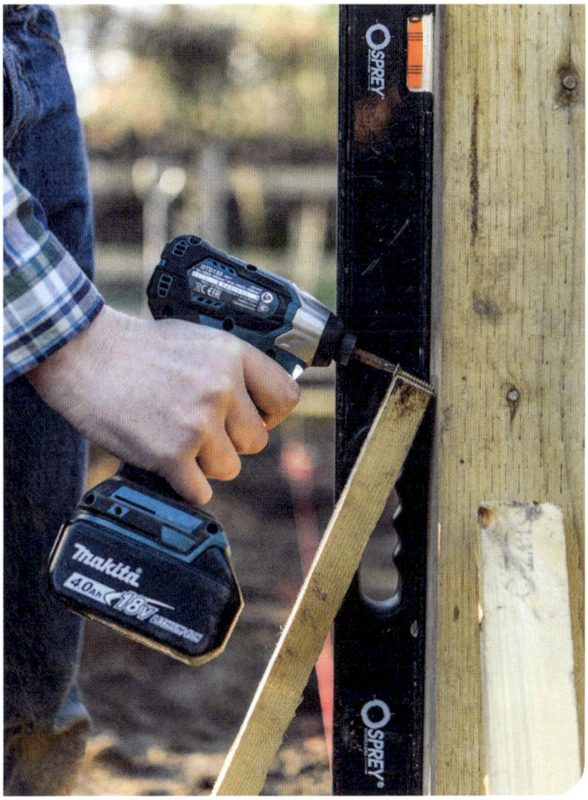

6 Stützhölzer am Pfosten festschrauben, damit er fest steht, bis der Beton ausgehärtet ist. Auch die übrigen Pfosten exakt senkrecht aufstellen und ihr oberes Ende so ausrichten, dass alle exakt gleich hoch sind. Den Beton 12–48 Stunden aushärten lassen.

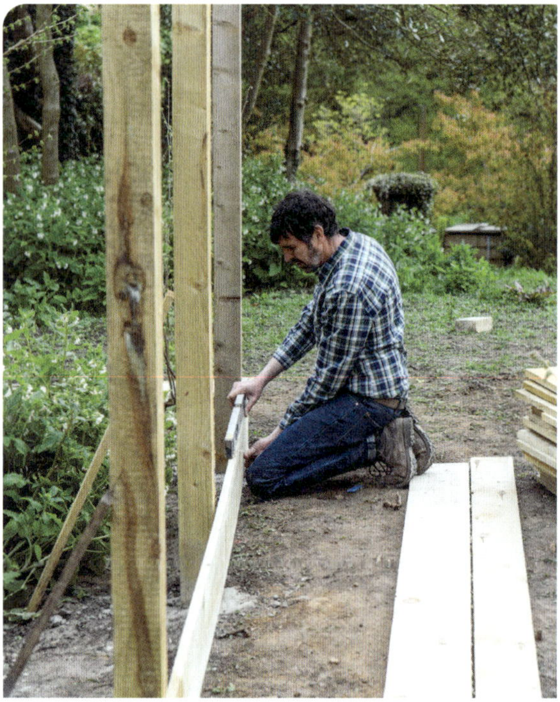

7 Das erste Brett zwischen zwei Pfosten befestigen. Mit der Wasserwaage waagrecht ausrichten. Ich habe das unterste Brett 5 cm über dem Boden befestigt und auf Steinblöcke gelegt – sie tragen es, während ich es festschraube.

8 Bretter mit je 2 Schrauben an jedem Ende anschrauben. Ich habe eine vertikale Linie über die Bretter gezogen – so weiß ich, wo die Schrauben sitzen sollen. Fliesenabstandhalter zwischen die Bretter stecken, damit die Lücke überall gleich groß ist. Die Lücken werfen eine schöne Schattenlinie und lassen das Holz arbeiten.

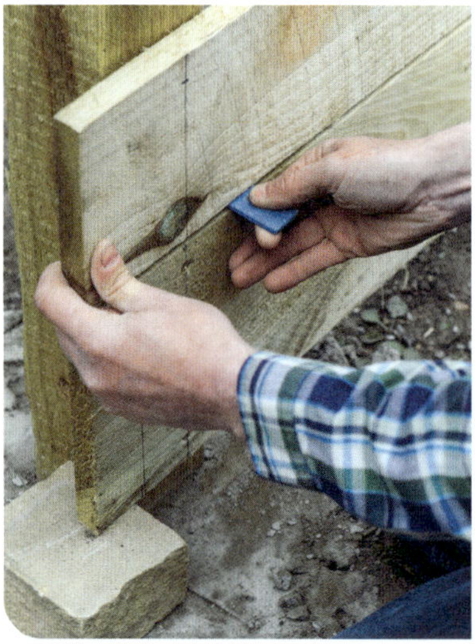

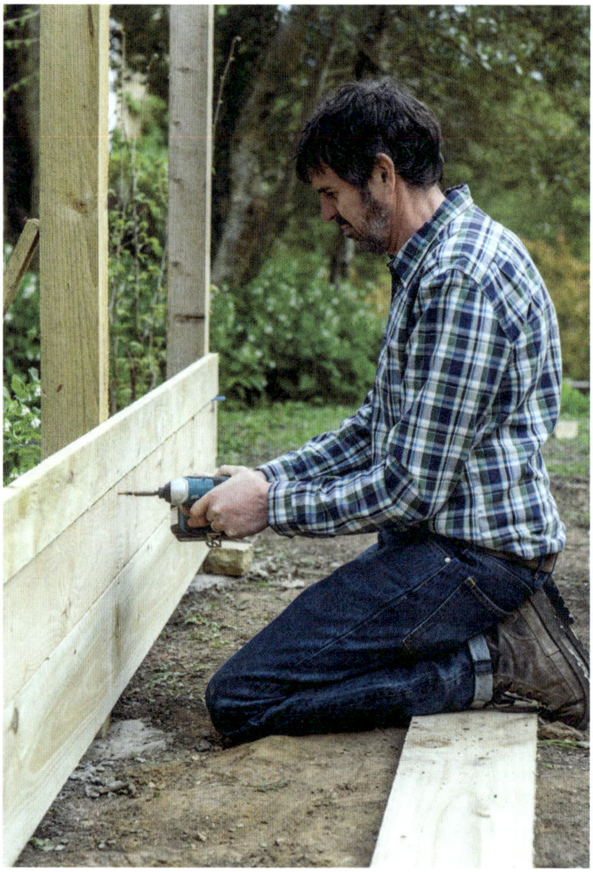

9 Weitere Bretter anschrauben und immer wieder mit der Wasserwaage prüfen, ob sie exakt waagrecht sind. Ggf. zwischendurch etwas justieren. Ich lasse die Bretter an einem Ende über den Pfosten hinausstehen, um ihn zu kaschieren. Beim Konstruieren einer Ecke die Bretter immer so anbringen, dass das geschnittene Stirnende überdeckt wird und die schöne Seite nach außen zeigt.

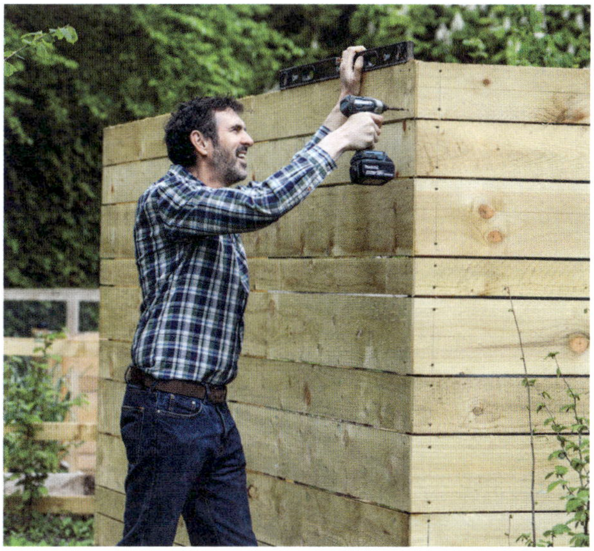

10 Bei Bedarf kann eine weitere Wand in rechtem Winkel zur ersten angebracht werden. Ich bringe die Schrauben gern in einer exakt vertikalen Linie an, weil das schöner aussieht.

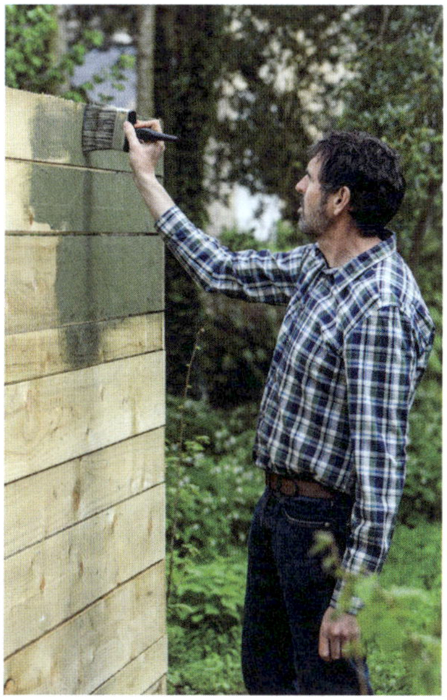

11 Die gesamte Holzfläche in Augenschein nehmen und raue Stellen oder Unebenheiten mit einem Schleifpapier glätten. Mit einem breiten Malerpinsel zwei Anstriche auftragen. Die Farbe lässt die Wand mit der Umgebung verschmelzen. Je nachdem, welche Oberfläche man wünscht, kann man das Holz auch ankohlen.

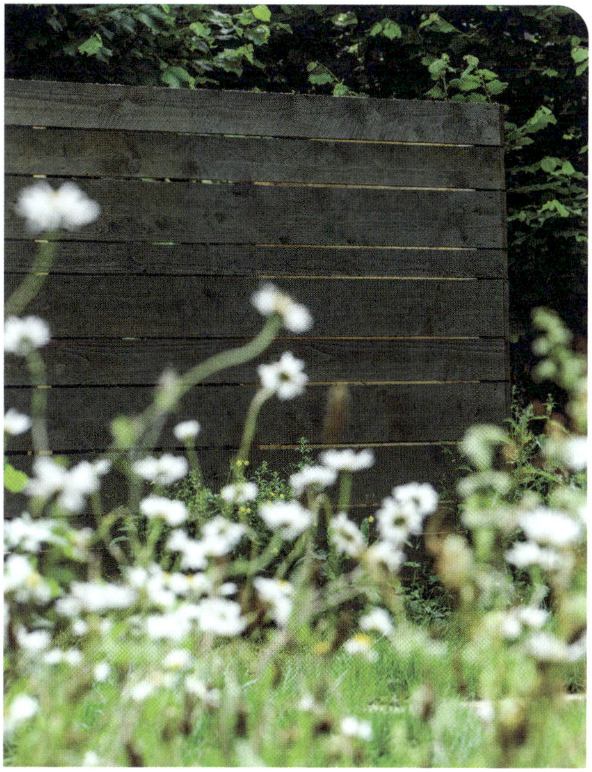

12 Zum Schluss zurücktreten und alles noch einmal prüfen. Ggf. muss hie und da Farbe nachgebessert werden, damit die Wand möglichst dekorativ aussieht.

Ankohlen

Statt das Holz zu lackieren oder lasieren, kann man es auch ankohlen – entweder ein bisschen, bis es braun ist, oder so stark, dass es Risse bildet. Die Methode des Ankohlens bietet sich für verschiedenste Projekte an; siehe etwa S. 77 und 87.

FEUERSTELLE

Ich mag Feuerstellen und habe im Lauf der Jahre schon viele errichtet. Sie erinnern mich an meine Kindheit, als ich mit Kumpels um ein Lagerfeuer gesessen und die einfachen Freuden des Lebens genossen habe. Feuer hat etwas Urtümliches – es zieht Menschen magisch an und prägt die Atmosphäre eines ganzen Gartens.

SIE BRAUCHEN

- Steine oder alte Ziegel
- Holzpflöcke
- Plastikrohr oder -pflanztopf mit etwa 15 cm Durchmesser
- Kies
- Beton (1 Teil Zement, 8 Teile Zuschlagstoff) oder Fertigbeton
- kleine bis mittelgroße Kalksteinblöcke oder ein anderer hitzebeständiger Stein
- Mörtel (1 Teil weißer Zement, 4 Teile feiner Sand)
- Weichmacher

Werkzeug

- Maßband
- Winkelmaß
- Sprühkreide
- Pflöcke und Schnur
- Spaten
- Fäustel
- Wasserwaage
- Messer
- Betonmischer oder Mischwanne
- Gießkanne oder Gartenschlauch
- Brett zum Feststampfen oder Betonpatsche
- Schutzbrille
- Breitmeißel
- Maurerkelle und Drahtbürste

Wer eine Feuerstelle im Garten hat, verbringt gleich viel mehr Zeit dort, vor allem wenn es dunkel wird oder noch ein bisschen kalt ist. Legen Sie Ihre Feuerstelle an einem geschützten Platz an, wo man bequem sitzen kann. Die hier vorgeschlagene Version ist ganz einfach zu bauen. Sie besteht aus einem 80 × 80 cm großen Quadrat und ist 30 cm tief. Man kann sie auch aus gebrannten Ziegeln oder als Mauer aus Steinen anlegen. Ich habe Kalkstein verwendet, weil er in meiner Heimatregion und auch in meinem Garten vorkommt. Versuchen Sie Materialien zu verwenden, die Sie schon an anderer Stelle eingesetzt haben, um einen Bezug zu schaffen.

NÜTZLICHE TIPPS

- Die Feuerstelle soll nützlich und schön zugleich sein. Man kann sie beliebig groß konstruieren, doch sollte man vorab wissen, wofür man sie einsetzen möchte – ob zum Rösten von Marshmallows, für einen Grillrost oder Drehgrill oder nur als wärmende Feuerstelle. Es gibt zahlreiche Gestaltungsmöglichkeiten, aber wenn Sie etwas darauf zubereiten möchten, erkundigen Sie sich vorher am besten, in welcher Größe Grillroste und andere Ausrüstung erhältlich sind.
- Wählen Sie nach Möglichkeit einen Platz mit schöner Aussicht, etwa auf den Sonnenuntergang. Auch das Grundstücksende eignet sich als Ort für die Feuerstelle.

EXPERTENWISSEN

- **Die Feuerstelle muss nicht quadratisch sein, sie kann auch rund oder rechteckig angelegt werden. Allerdings sollte die Form zu Ihrem Garten passen.**
- **Die hier vorgeschlagene Feuerstelle ist 80 × 80 cm groß. So kann die Luft gut zirkulieren und das Feuer so am Brennen halten. Ich habe in das Betonfundament ein Rohr als Drainage eingearbeitet.**

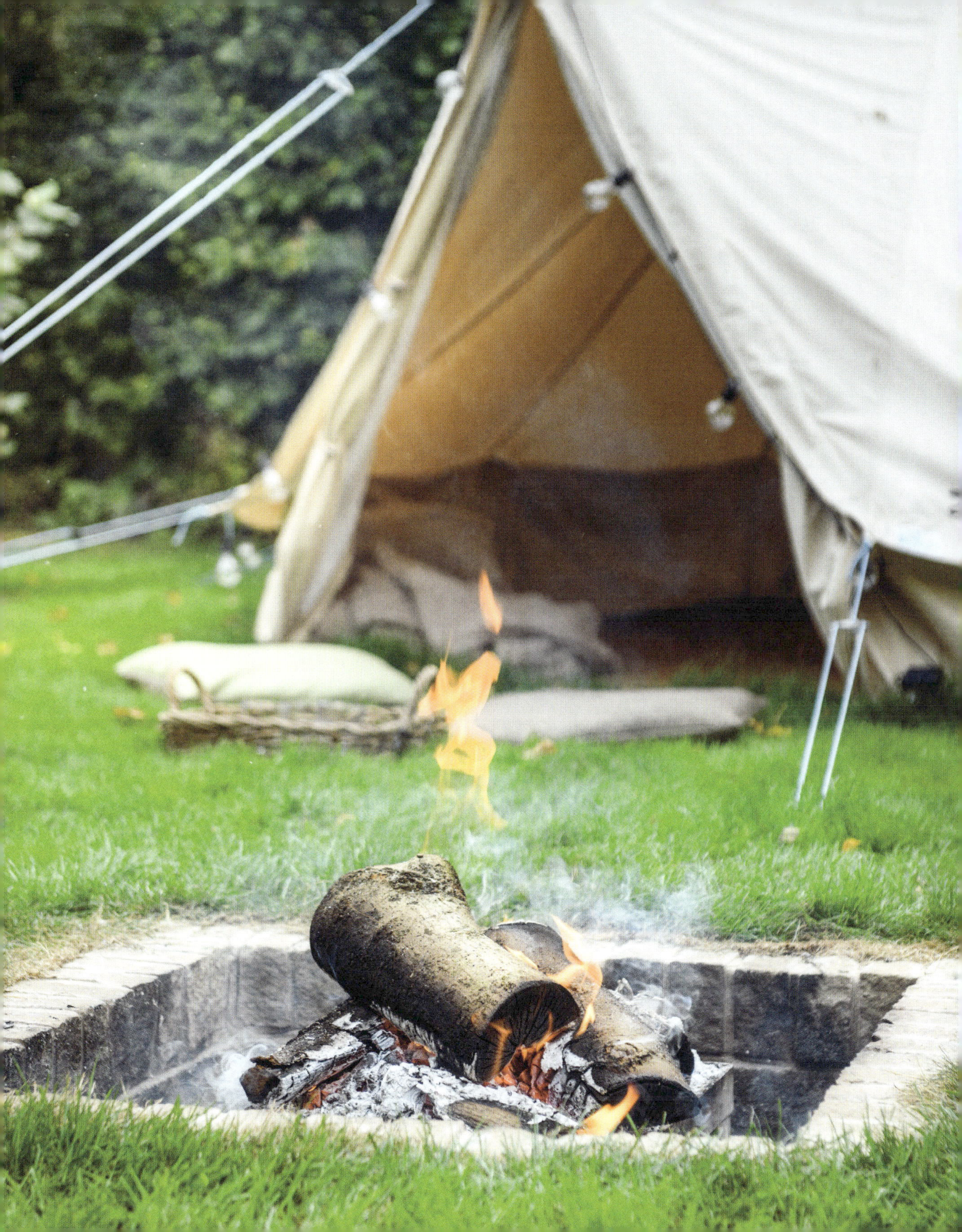

FEUERSTELLE VON OBEN UND IM QUERSCHNITT

Die Feuerstelle schließt ebenerdig ab und hat in der Mitte eine Drainage. Als Boden habe ich ein Betonfundament gegossen. Die Einfassung besteht aus drei Lagen Stein einschließlich einer 10 cm hohen und 12 cm breiten Abdeckschicht.

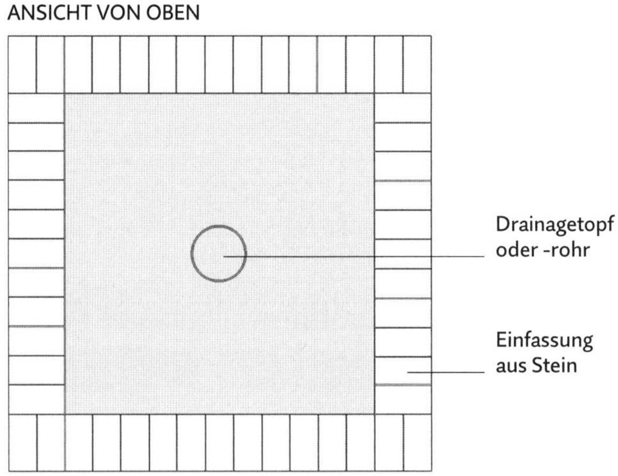

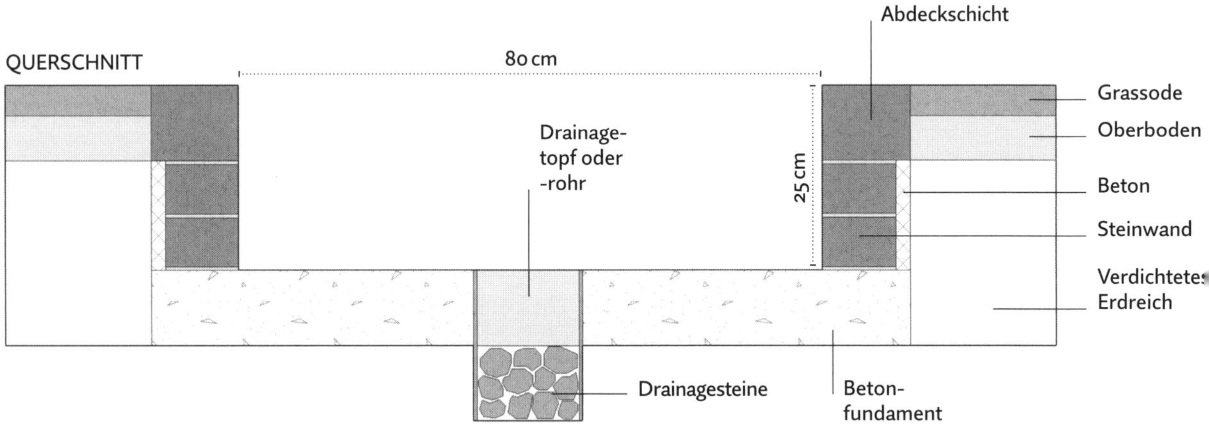

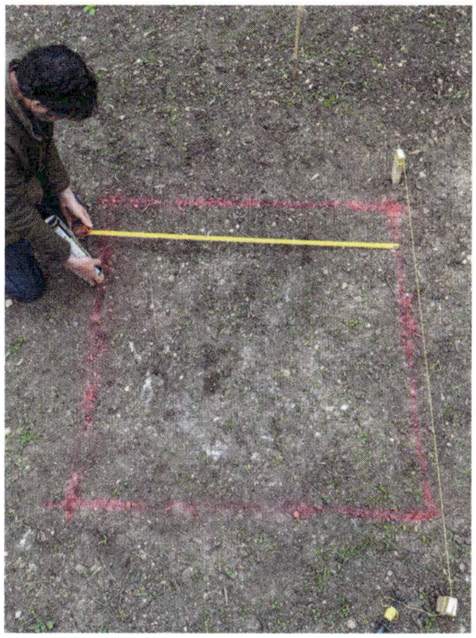

1 Einen windgeschützten Platz für die Feuerstelle suchen. Standort mit einem Maßband und einem Winkelmaß ausmessen, mit Sprühkreide markieren und mit Pflöcken und einer Schnur abstecken.

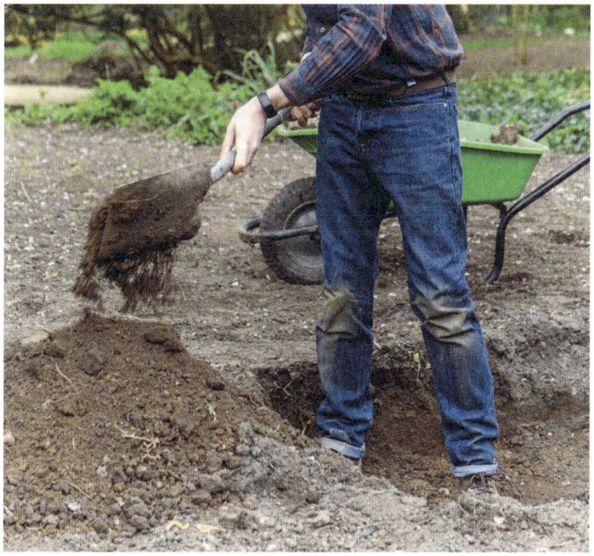

2 Den markierten Bereich etwa 45 cm tief ausheben. Stets mehr ausheben, als nötig ist – etwa 10 cm zu jeder Seite sollten reichen. Dann den Boden gut festtreten.

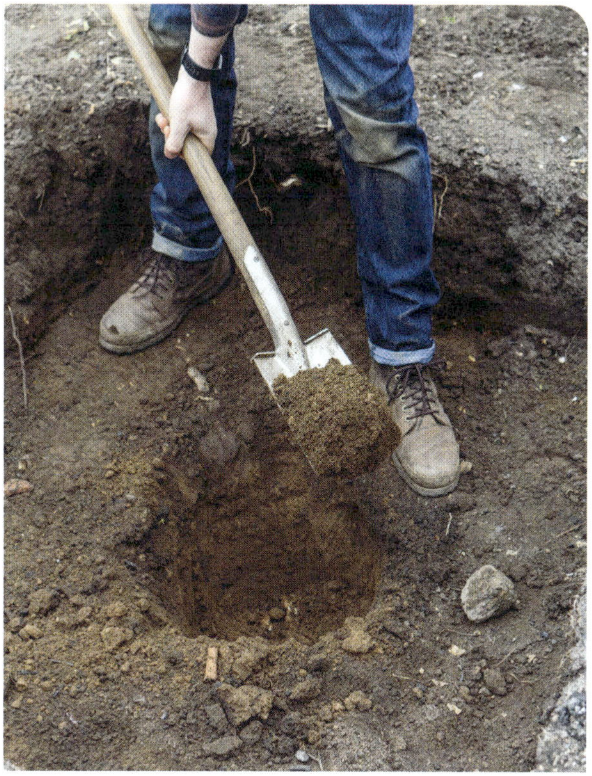

3 In der Mitte der Grube ein weiteres etwa 40 cm tiefes Loch mit rund 30 cm Durchmesser für das Drainagerohr bzw. den Topf ausheben.

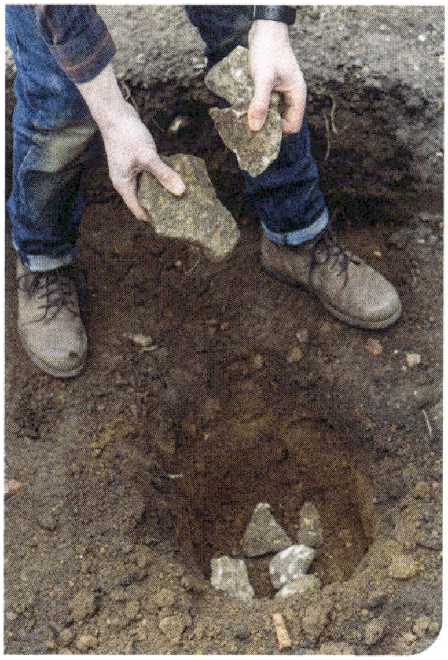

4 Das Loch teilweise mit Steinen oder alten Ziegeln wieder füllen, aber nur so weit, dass noch etwas Kies und das Rohr bzw. der Topf hineinpassen.

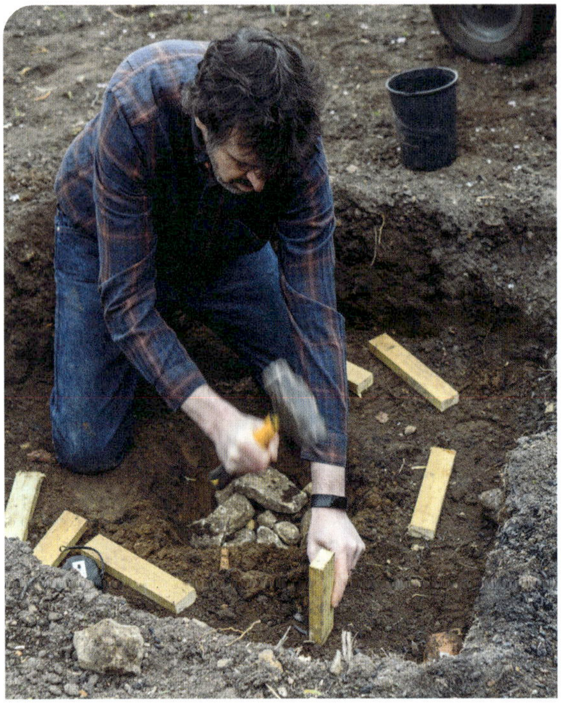

5 Holzpflöcke in den Boden schlagen, um die Höhe des Betonfundaments zu markieren. Das Fundament sollte 10 cm dick sein. Für den Rand einschließlich Fugen lässt man noch ungefähr 25 cm Abstand nach oben.

»Wer eine Feuerstelle hat, kann sich abends wesentlich länger draußen aufhalten, vor allem wenn die Nächte etwas kühl sind. Wichtig ist, dass sie einen geschützten, bequemen Platz bekommt.«

6 Mit Maßband und Wasserwaage prüfen, ob alle Pflöcke auf derselben Höhe stehen.

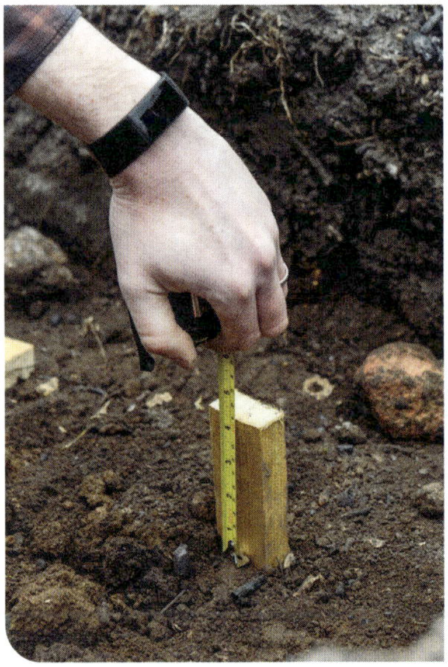

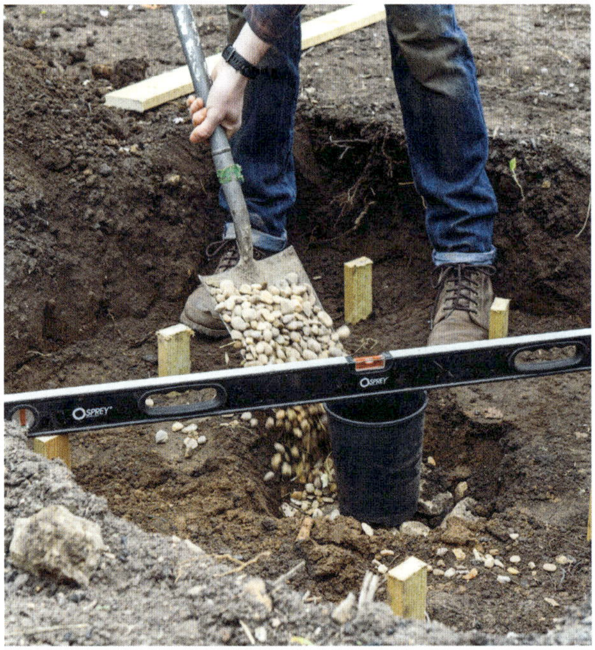

7 Wird ein Topf als Drainage verwendet, seinen Boden mit einem Messer wegschneiden, in die Mitte des Lochs stellen und etwas Kies dazuschaufeln, um ihn zu fixieren. Den oberen Topfrand mit einer Wasserwaage exakt auf die Höhe der Pflöcke ausrichten.

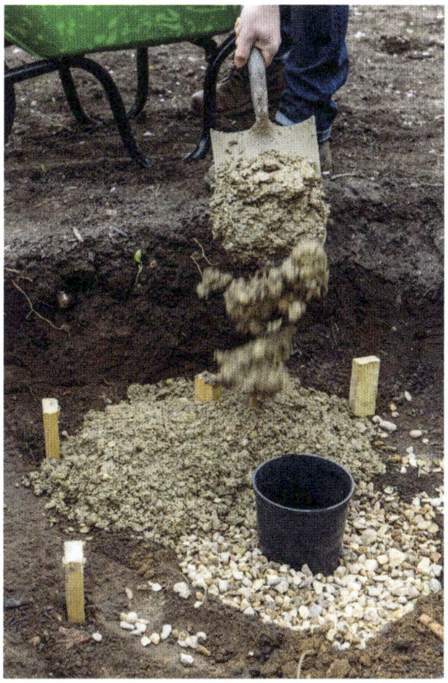

8 Den Beton in einem Mischer, einer Wanne oder einem Schubkarren mischen, bis er zäh, aber nicht flüssig ist. Er darf nicht zu trocken sein, sonst lässt er sich nicht mehr gut einebnen. Den Beton in das Loch schaufeln und gleichmäßig darin verteilen.

AUF NUMMER SICHER

Tragen Sie beim Bearbeiten der Steine mit dem Meißel eine Schutzbrille.

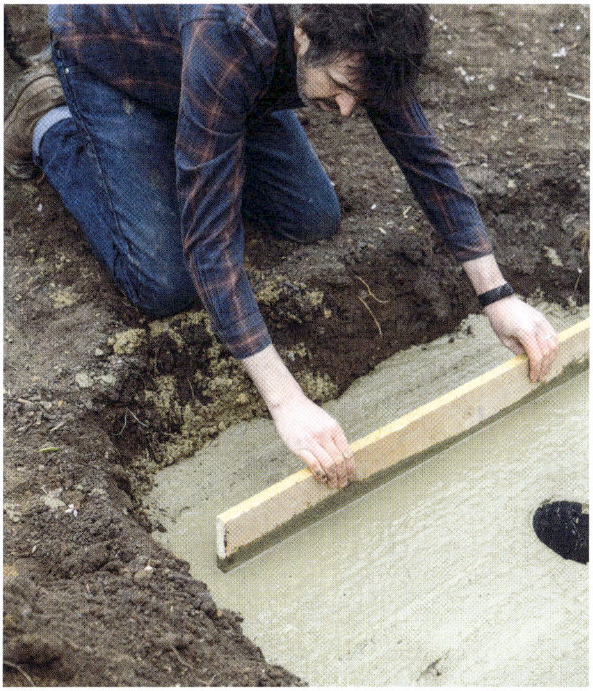

9 Sobald der Beton grob eingeebnet ist, seine Oberfläche mit einer Holzlatte, die etwas kürzer als der Durchmesser der Grube ist, exakt einebnen. Die Oberfläche muss mit der Oberkante der Pflöcke abschließen. 24 Stunden aushärten lassen.

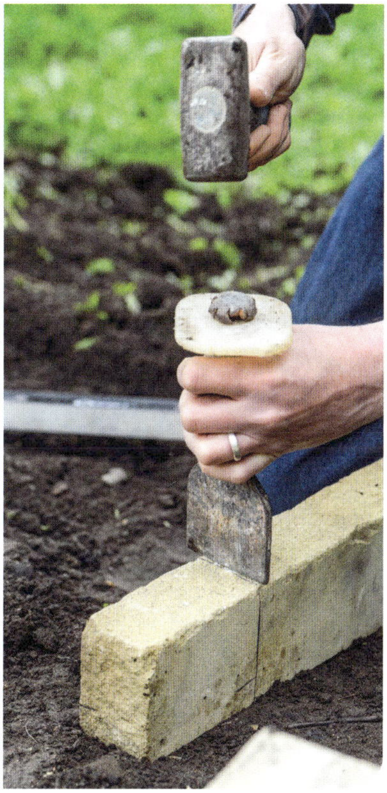

10 Wenn Steine geschnitten werden müssen, die Steine auf allen vier Seiten mit einem Stift und Winkelmaß markieren und auf den Boden legen. Den Meißel auf die Linie stellen und mit dem Fäustel kräftig daraufschlagen. Drehen und die anderen Seiten ebenso bearbeiten. Danach sollte der Stein entlang der eingezeichneten Linie brechen.

11 Auf allen vier Seiten eine Schnur spannen und mit der 3-4-5-Methode (S. 240) ausrichten. Beim Verlegen der Steine Zeit lassen. Die erste Lage auf ein Mörtelbett aus 1 Teil weißem Zement und 4 Teilen feinem Sand sowie etwas Weichmacher verlegen. Mit dem Verlegen an einer Ecke beginnen. Die Steine müssen sowohl senkrecht als auch waagrecht exakt bündig zueinander liegen.

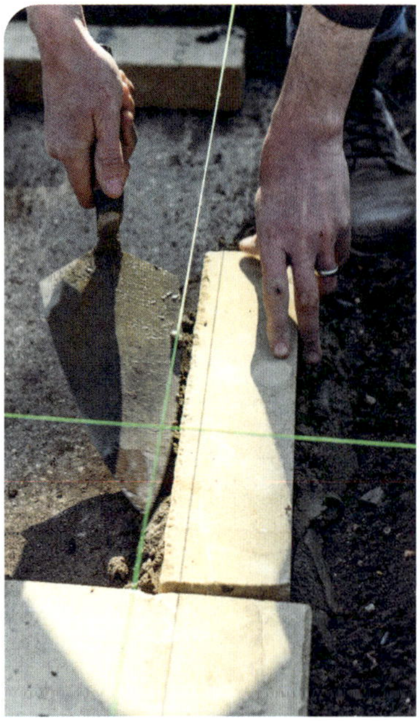

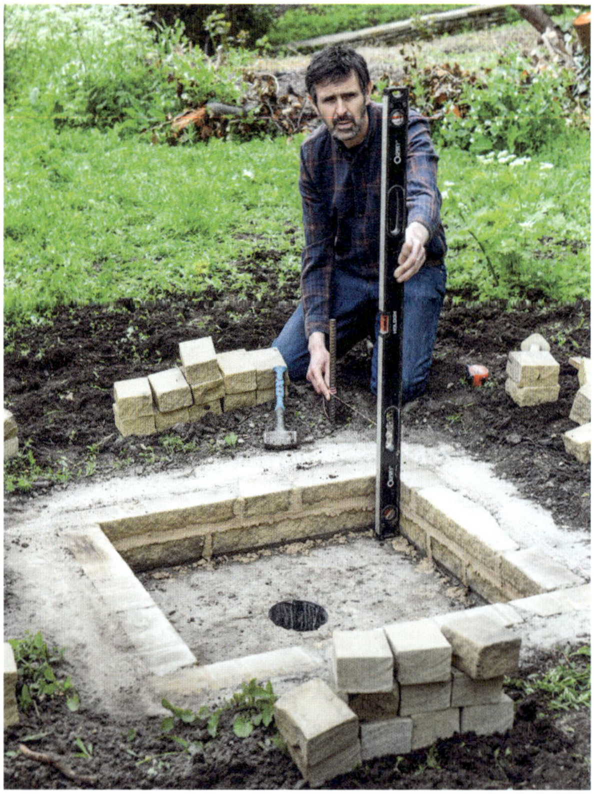

13 Beim Verlegen der zweiten Steinschicht immer wieder prüfen, ob die Steine sowohl senkrecht als auch waagrecht exakt ausgerichtet sind.

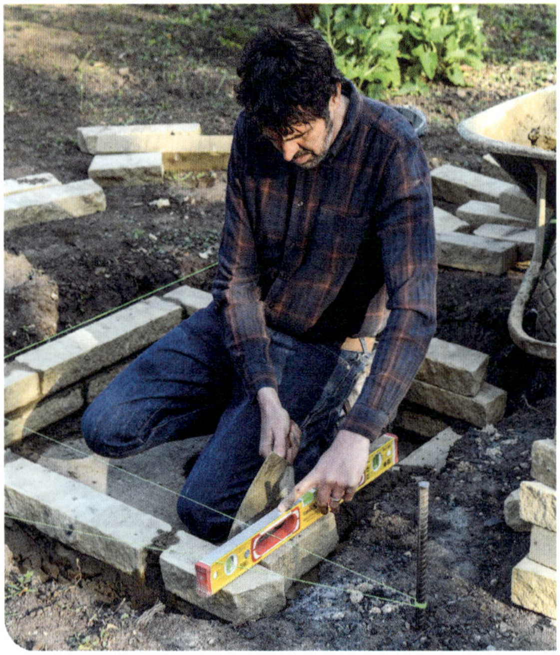

12 Die Fugen sukzessive während des Verlegens mit dem Mörtel füllen. Ich beginne die Steine meist an den Ecken zuerst zu verlegen und richte sie exakt aus, bevor ich die Steine dazwischen verlege.

14 Nach dem Verlegen der zweiten Schicht noch die dritte und letzte Abdeckschicht aus geschnittenen und hochkant gestellten Steinen verlegen. Das schützt die Steine darunter und sorgt für einen schönen Abschluss. Die Steine mit Meißel und Hammer zuschneiden. Hier habe ich 10 cm hohe und 12 cm breite Steine verwendet.

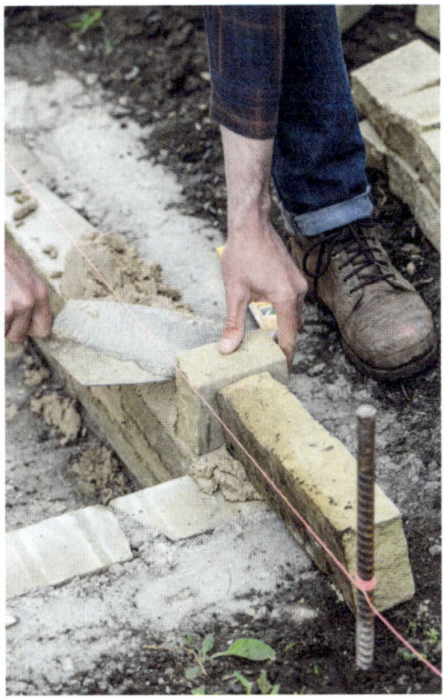

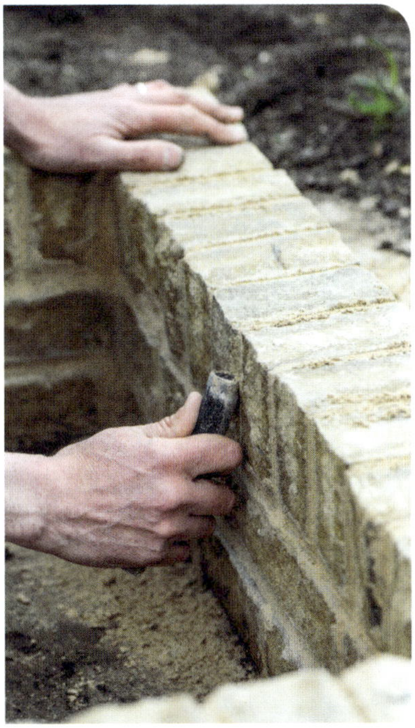

16 Die Abdeckschicht verfugen, solange der Mörtel noch feucht ist. Ich verwende ein Stück alten Gartenschlauch und eine alte Fugenkelle. Nach dem Verfugen den Steinrand mit einer Drahtbürste säubern und 24 Stunden aushärten lassen.

15 Nach dem Verlegen der Abdeckschicht die Rückwand der Steineinfassung schräg zementieren, um ihr noch mehr Stabilität zu geben. Diese Zementstütze wird später von Erde bedeckt und ist dann nicht mehr zu sehen.

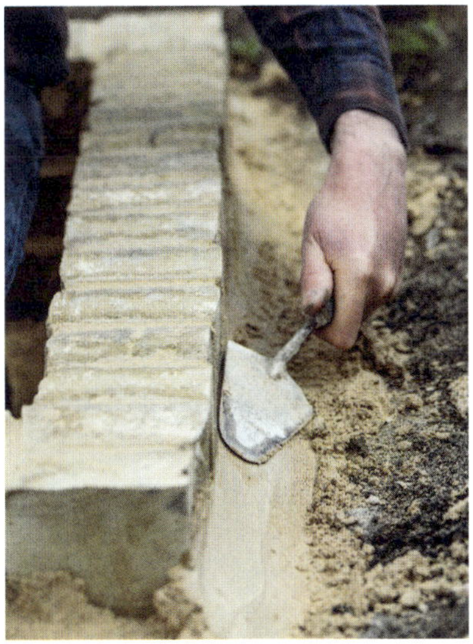

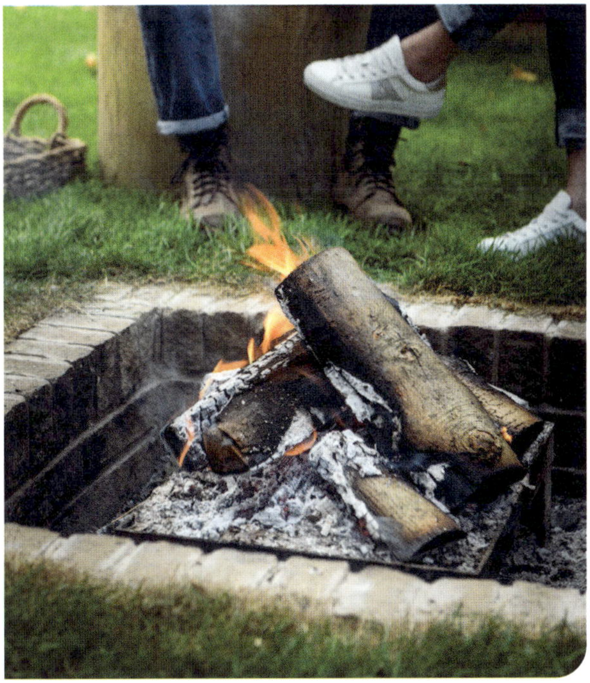

17 Zum Schluss außen herum bis zur Oberkante des Rands Oberboden einfüllen und Rasensoden darauflegen.

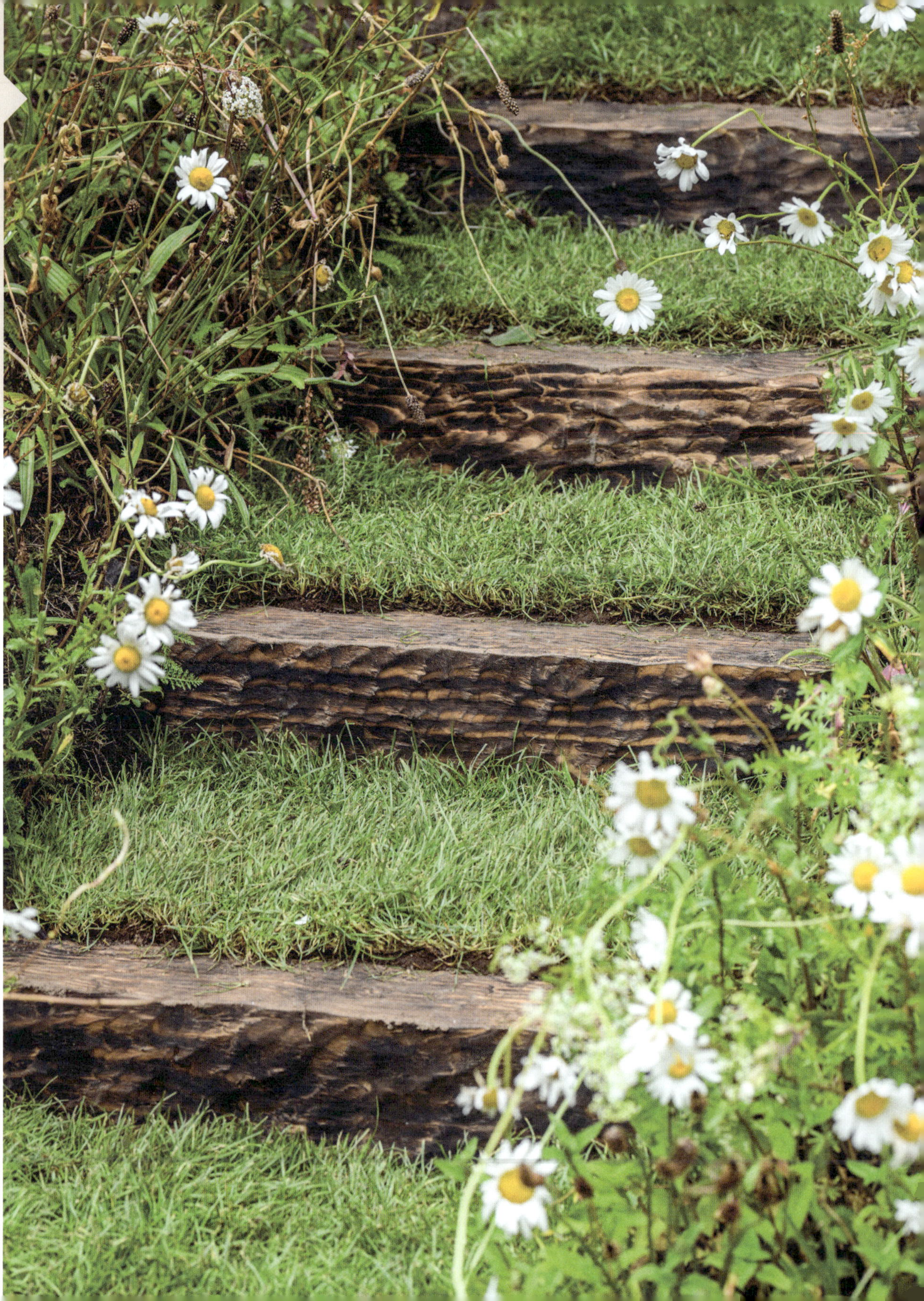

BALKENSTUFEN

Ich habe in meinem Leben schon viele Treppen mit Balkenstufen gesehen und wollte etwas konstruieren, das ein bisschen interessanter aussieht. Die Stufen selbst bestehen aus Balken, die Trittflächen aus einfachem Rasen. Solche Treppen sind ideal für naturbelassene, nicht allzu stark frequentierte Gartenbereiche.

SIE BRAUCHEN

Die benötigten Mengen können Sie mit den Anleitungen auf S. 200 und 244–245 errechnen:

- Lärchenbalken, 20 × 10 cm, auf 60 cm Länge zugeschnitten
- Stützpflöcke, 10 × 5 cm, imprägniert, auf etwa 50 cm Länge zugeschnitten
- 100-mm-Holzschrauben (2 pro Stützpflock)
- Beton (1 Teil Zement, 8 Teile Zuschlagstoff) oder Fertigbeton
- Oberboden und Grassoden

Werkzeug

- Pflöcke und Spannschnur
- Messpfosten, länger als der Höhenunterschied zwischen oberster und unterster Stufe
- lange Wasserwaage
- Maßband und Stift
- Zimmermannswinkel
- Säge
- Dechsel oder Hohlbeitel, 5 cm
- Lötlampe
- Schaufel
- Eimer oder Mischwanne
- Maurerkelle
- Fäustel
- Brett zum Feststampfen von Beton
- Holz zum Messen der Stufenhöhe
- Akkubohrer/-schrauber
- scharfes Messer
- Rechen

Die Treppe ist unaufdringlich und eignet sich vor allem für wildere Gartenecken. Ich habe sie etwas auffälliger gestaltet, indem ich zu beiden Seiten Wildblumensoden verlegt und Stücke aus dem Holz gehackt habe, um ihm eine grobe Textur zu geben. Außerdem habe ich die Oberfläche angekohlt, sodass ihr Farbspektrum von Schwarz über Braun zu einer natürlichen Holzfarbe reicht, was schön mit dem Grün des Rasens kontrastiert. Meine Treppe besteht aus fünf Balkenstufen, doch je nach Hanghöhe können es auch mehr oder weniger sein.

NÜTZLICHE TIPPS

- Das Ankohlen versiegelt und schützt das Holz, sorgt für ein ansprechendes Aussehen und ist ganz einfach durchzuführen. Sie brauchen dafür nur eine kleine Lötlampe und einen großräumigen Platz im Freien. Am besten üben Sie das Ankohlen vorher an einem Stück Holzabfall. In Japan habe ich Hölzer gesehen, die fast schon zu Holzkohle verbrannt waren und Risse hatten, doch reicht auch ein Ankohlen der Oberfläche, um ihnen den Glanz zu nehmen.
- Wie lang die Stützpfosten sein sollen, hängt vom Boden ab. Ist er weich, sollten sie länger sein, damit man sie tief ins Erdreich treiben kann. Ist er hart, bekommt man sie eventuell gar nicht tief hinein.

EXPERTENWISSEN

- **Wege und Treppen sind in erster Linie dazu da, von A nach B zu kommen. Aber indem man sie schmaler anlegt, kann man das Schritttempo derer, die darauf gehen, verlangsamen, damit sie beim Bummel durch den Garten achtsamer werden.**
- **Oberstes Gebot beim Anlegen von Stufen: messen, messen und wieder messen.**
- **Statt Grassoden kann man auch Rindenmulch, Kies, Pflasterplatten oder Ziegel nehmen. Passen Sie einfach den Belag an Ihren Bedarf an.**

STUFEN BERECHNEN

Zunächst müssen Sie berechnen, wie viele Stufen Sie brauchen, um den Hang problemlos hinauf- oder hinabgehen zu können. Dazu messen Sie zunächst, wie lang die gesamte Treppe ist, also ihre horizontale Ausdehnung. Dazu legen Sie je einen Punkt am oberen und unteren Ende fest. Dann messen Sie die vertikale Höhe der Treppe von der untersten bis zur obersten Stufe. Diese vertikale Höhe teilen Sie durch die Stufenhöhe – das Ergebnis ergibt die Zahl der Stufen. Als Stufenhöhe sind 15–20 cm empfehlenswert. Nun teilen Sie die horizontale Länge der Treppe durch die Zahl der Stufen, um die Tiefe des Auftritts zu ermitteln. Ich arbeite mit einer Mindesttiefe von 30 cm. Ganz gleich, welche Maße Sie nehmen, alle Stufen müssen gleich hoch sein, sonst besteht Stolpergefahr.

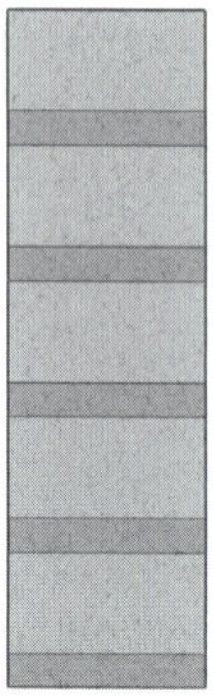

ANSICHT VON OBEN

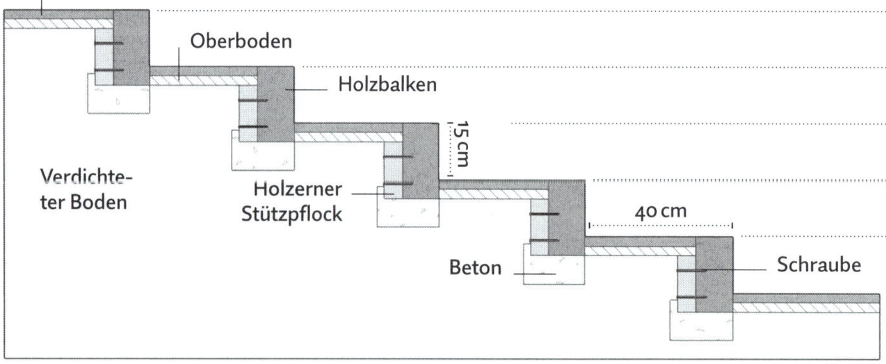

QUERSCHNITT

1 Das Areal vorbereiten. Dazu mit einer zwischen Pflöcken gespannten Schnur den Verlauf der Treppe markieren. Die Pflöcke vor der ersten und hinter der letzten geplanten Stufe einschlagen, sonst müssen sie während der Arbeiten versetzt werden. Schnur gut spannen.

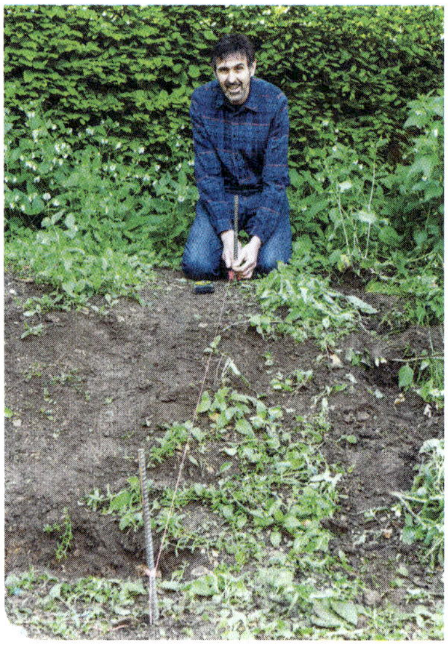

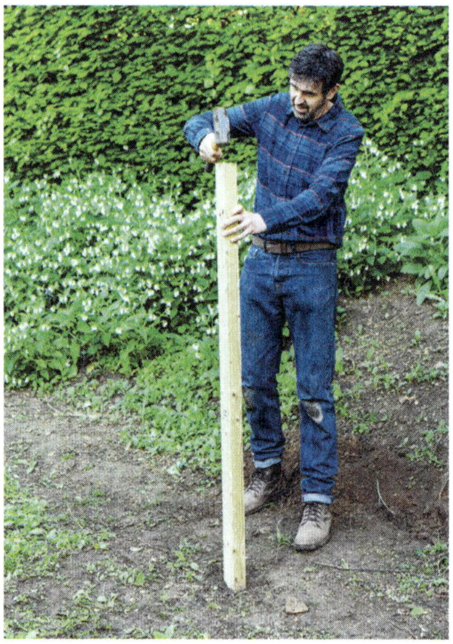

2 Einen »Messpfosten« am Fuß des Hangs einschlagen, um damit die Stufenhöhe zu markieren, auszurechnen und ggf. zu justieren. Der Pfosten wird während der Arbeit als Maß noch gute Dienste leisten.

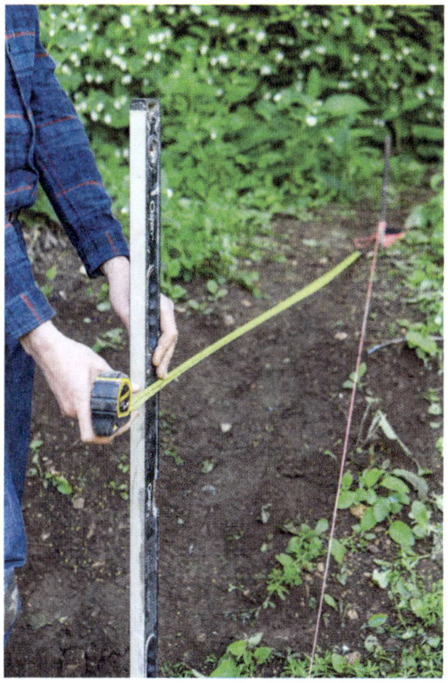

3 Eine Wasserwaage vertikal dort aufstellen, wo die erste Stufe geplant ist, und mit einem Maßband die horizontale Entfernung zwischen oberem und unterem Ende des Hangs ausmessen. So lassen sich Zahl und Größe der Stufen errechnen.

Die Treppe ist für einen wenig benutzten Gartenbereich gedacht. Würde sie stärker frequentiert, würde ich wohl Rinde als Trittflächenbelag wählen.

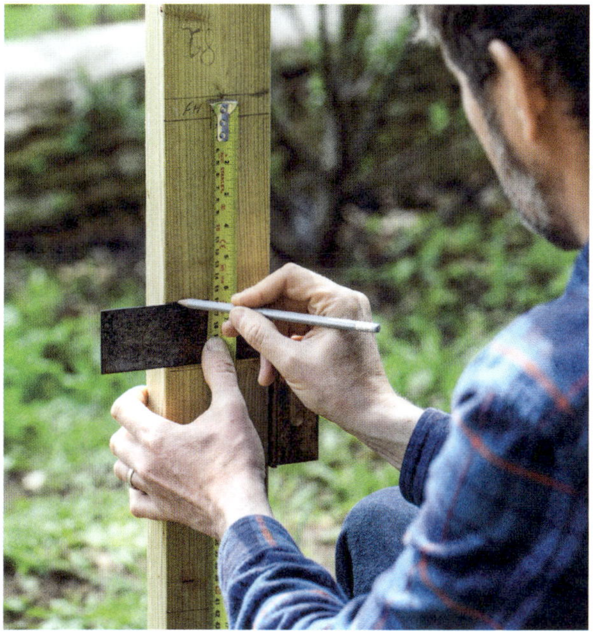

4 Auf dem Messpfosten die vertikale Höhe des Hangs markieren. Um die Zahl der Stufen zu errechnen, die vertikale Höhe durch die Stufenhöhe teilen. Ich kalkuliere in der Regel mit etwa 15 cm pro Stufe und gehe nie höher als 22 cm. Am Messpfosten die Stufenhöhe und Gesamtzahl der Stufen anzeichnen. Als Nächstes die horizontale Länge der Treppe durch die Zahl der Stufen teilen, um die Tiefe der Trittfläche zu ermitteln. Die Trittfläche sollte nicht kürzer als 30 cm ausfallen, darf aber tiefer sein, wenn genug Platz ist.

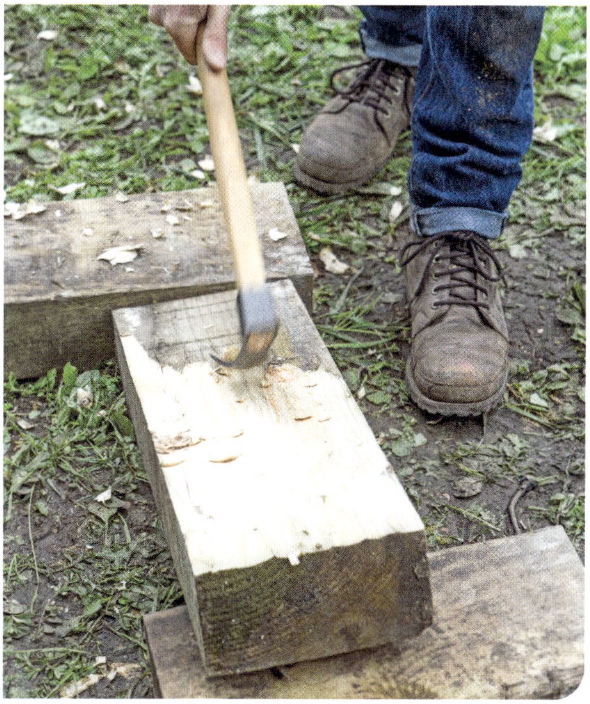

5 Mit einem Zimmermannswinkel und einem Stift die Balken markieren und mit einer Handsäge auf die passende Länge zuschneiden. Ich habe meine Stufen 60 cm lang geschnitten. Die exponierten Flächen der Stufenbalken (d. h. die Vorder- und Oberseite) mit etwas Textur und Farbe aufwerten. Dazu mit einer Dechsel schmale Holzstücke heraushauen; alternativ kann man auch einen großen Beitel verwenden. Wie stark Sie die Fläche texturieren, ist ganz allein Ihre Sache, aber sie sollte eben sein.

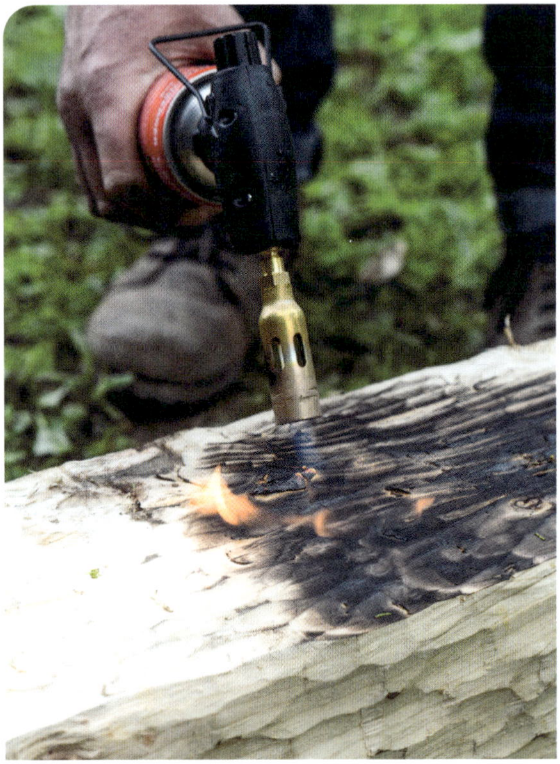

6 Die Balken mit einer Lötlampe ankohlen, damit sie etwas Farbe bekommen. Wie stark Sie das Holz ankohlen, ist Geschmackssache, aber üben Sie vorher mit einem Stück Abfallholz, um zu sehen, wie das Holz auf das Ankohlen reagiert. Lassen Sie sich Zeit und bearbeiten Sie das Holz nur dort, wo Sie draußen viel Platz um sich herum haben.

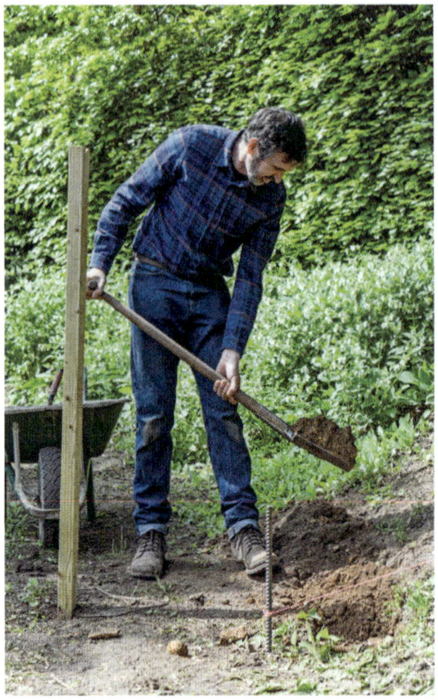

7 Die Grube für den ersten Balken so tief ausheben, wie er hoch ist, und noch 5 cm für den Beton dazurechnen.

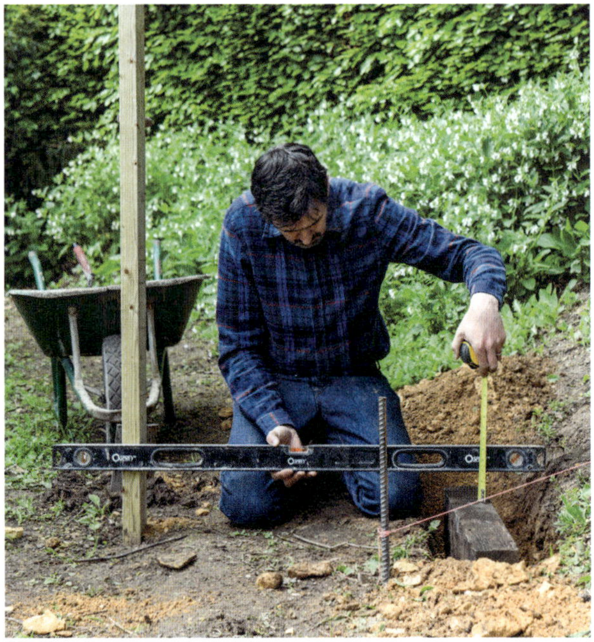

8 Den Balken in das Loch legen und mit einer an den Messpfosten angelegten Wasserwaage die Höhe der ersten Stufe ausmessen. 5 cm für das Betonfundament dazurechnen.

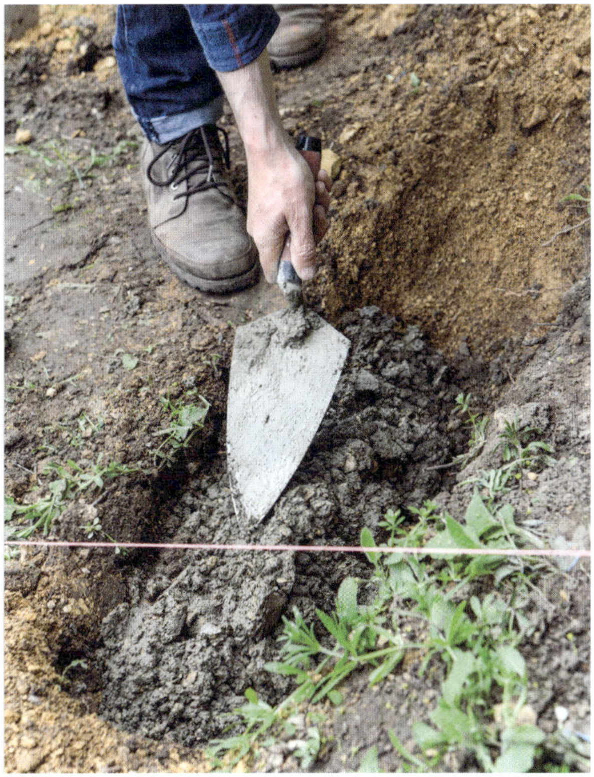

9 Den Balken aus dem Loch holen. Beton mischen oder Fertigbeton verwenden und etwa 7 cm hoch einfüllen. Mit der Kelle grob einebnen. So haben Sie genug Tiefe, um den Balken noch etwas festzuklopfen.

10 Die Stützpflöcke aus 5 × 10 cm dicken Latten zuschneiden. Meine sind 50 cm lang, doch Sie können sie auch länger zuschneiden, je nachdem, wie weich Ihr Boden ist. Wichtig ist, dass Sie sie so weit in den Boden schlagen, dass sie fest und stabil sitzen.

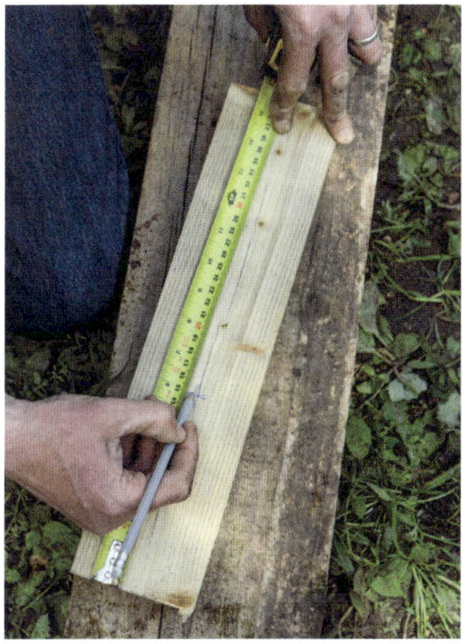

» Während der Arbeit immer darauf achten, dass die Schnur straff gespannt ist, damit die Stufen parallel verlaufen. «

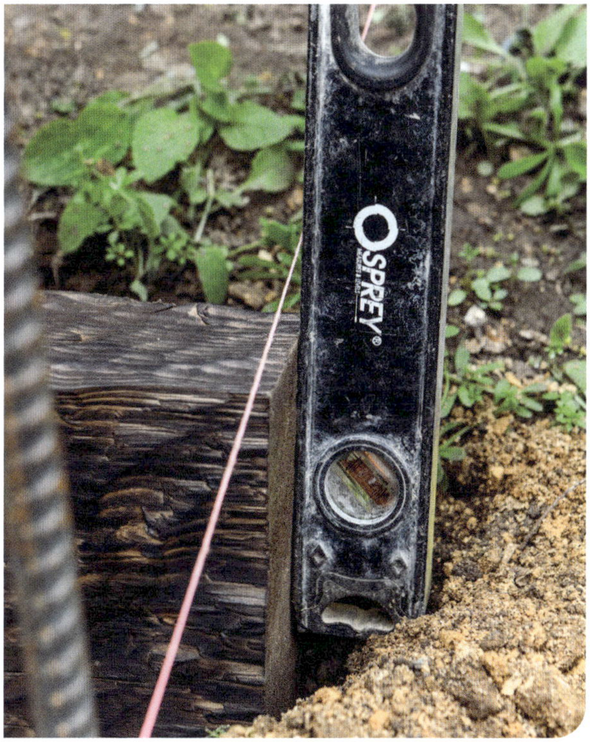

11 Den ersten Stufenbalken auf den Beton setzen und mit einem Hammer auf die richtige Höhe klopfen. Mit einer Wasserwaage exakt senk- und waagrecht und im rechten Winkel zur Schnur ausrichten.

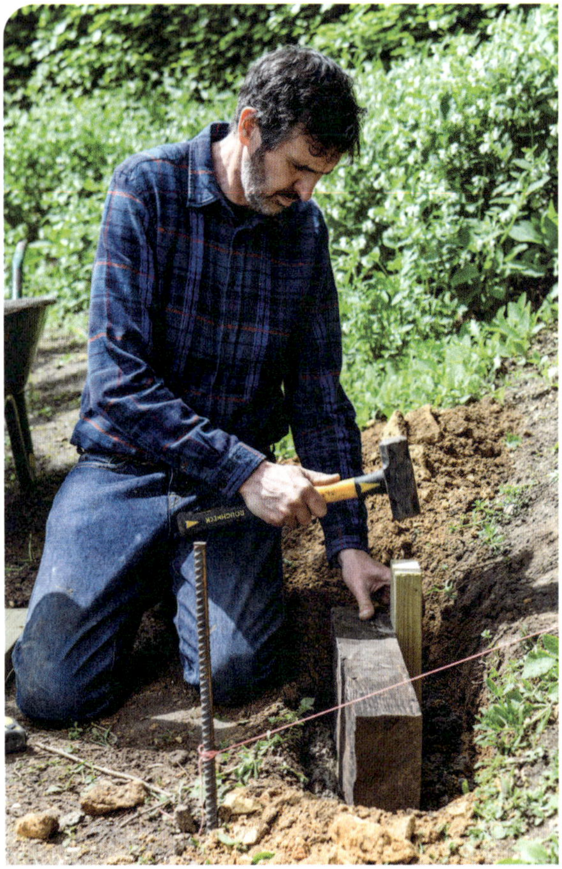

12 Solange der Beton noch feucht ist, zwei Stützpflöcke so tief einschlagen, dass sie nicht mehr wackeln, sondern sehr fest sitzen. Sie sollten im Augenblick noch über die Trittfläche hinausstehen.

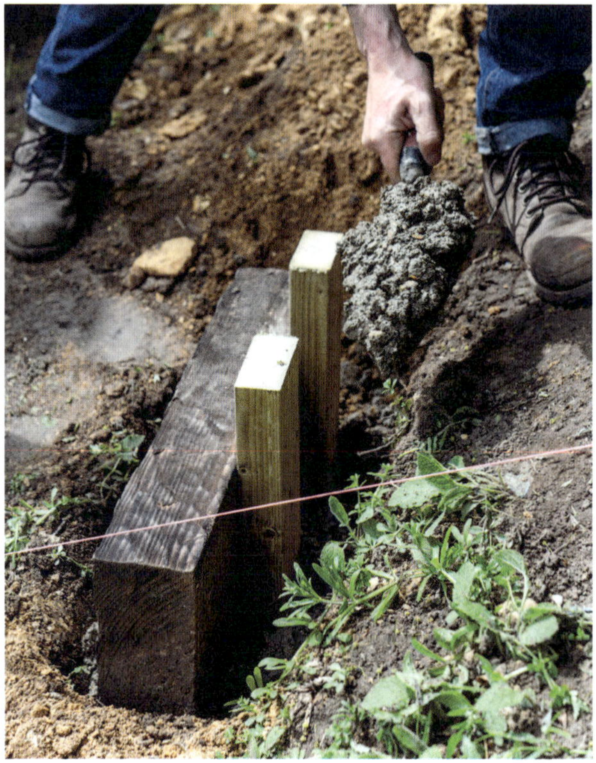

13 Mit der Handschaufel mehr Beton einfüllen, um die Stützpflöcke zu fixieren.

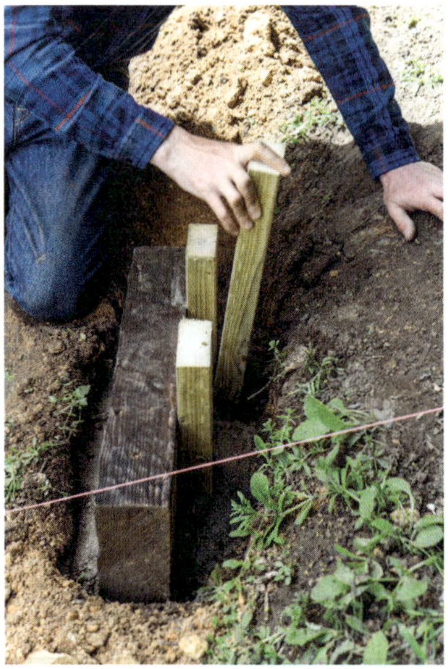

14 Mit einem Stück Holz den Beton feststampfen und gleichzeitig Lufteinschlüsse herausdrücken. 24 Stunden aushärten lassen. Statt jedes Mal 24 Stunden zu warten, kann man auch alle Stufenbalken verlegen, sie zunächst nur mit Pflöcken fixieren und erst zum Schluss den Beton hinter alle Stufen auf einmal einfüllen.

Wenn Sie die Stützpflöcke jetzt schon so weit einschlagen, dass sie mit den Balken abschließen, beschädigen Sie garantiert die Trittfläche. Lassen Sie sie deshalb erst einmal überstehen. Sobald der Beton hart ist, können Sie sie mit einer Säge von hinten kürzen.

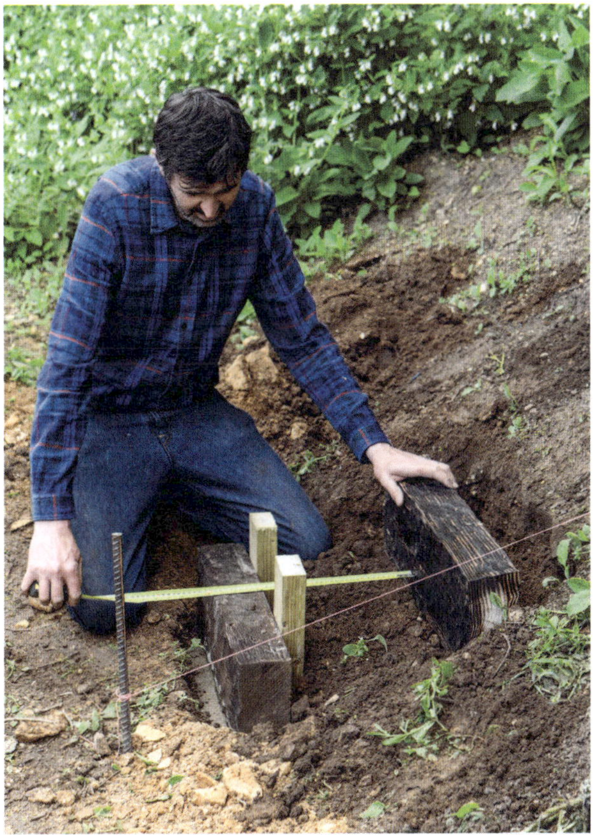

15 Das Erdreich hinter der ersten Stufe ausheben. Mit einem Maßband die Position des nächsten Balkens unter Berücksichtigung der Tiefe der Trittfläche ausmessen.

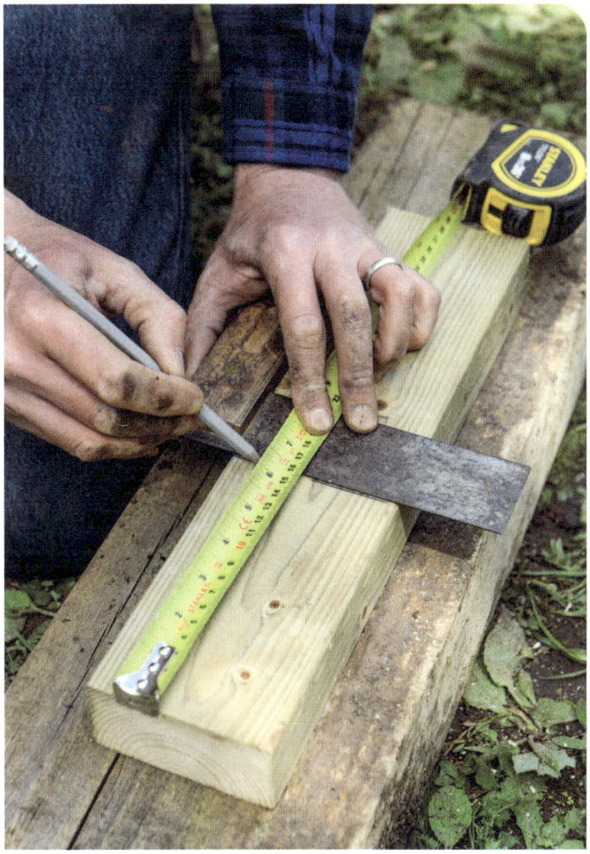

16 Beim Anlegen der Stufen tut man sich mit dem Ausmessen leichter, wenn man ein Stück Holz so zuschneidet, dass es so lang ist wie die Stufe hoch, und damit jedes Mal die Stufenhöhe ausmisst. Prüfen Sie die Maße immer mehrfach und arbeiten Sie mit einer Wasserwaage. Orientieren Sie sich dabei an den Markierungen am Messpfosten.

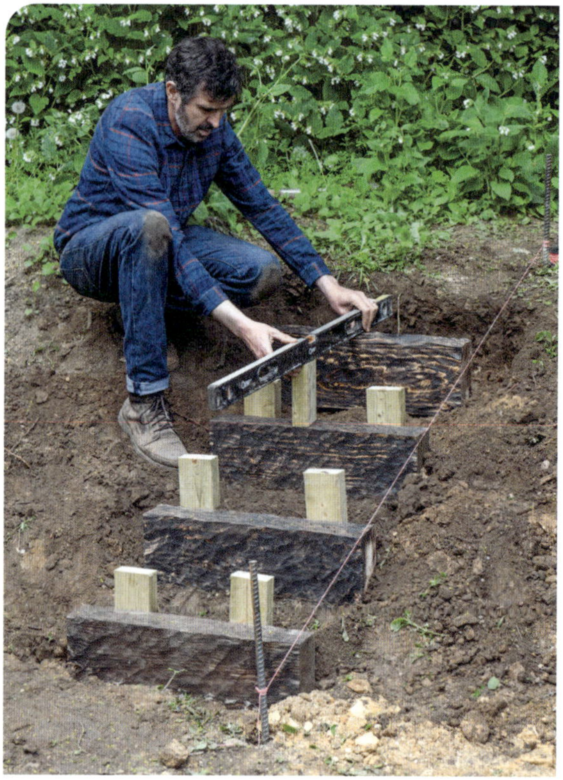

17 Das in Schritt 16 zugeschnittene Holzstück zum Ausmessen der Stufenhöhe verwenden und die restlichen Stufen verlegen. Dazu das Stück auf die vorherige Stufe stellen und die nächste Stufe mithilfe der Wasserwaage ausrichten.

18 Nachdem alle Stufen gesetzt und mit Beton fixiert sind, in jeden Stützpflock zwei Löcher vorbohren und die Balken mit 100-mm-Schrauben daran befestigen. Erde über den Beton räumen, um ihn zu kaschieren.

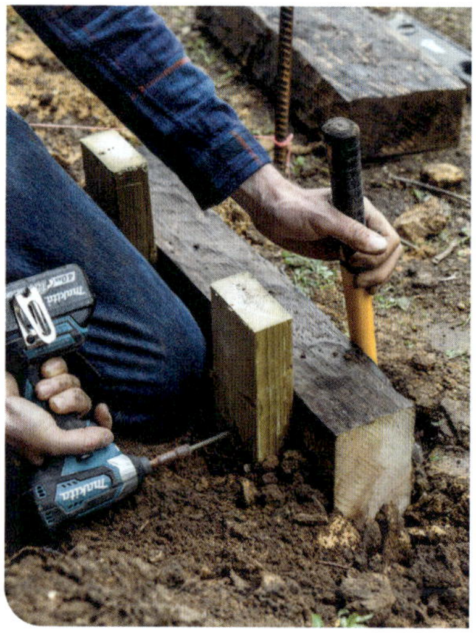

Höher und höher

Sobald die ersten beiden Stufen gesetzt sind, läuft es immer gleich ab: ausmessen, Balken setzen, Stützpflöcke einschlagen usw. – so lange, bis die letzte Stufe gesetzt ist.

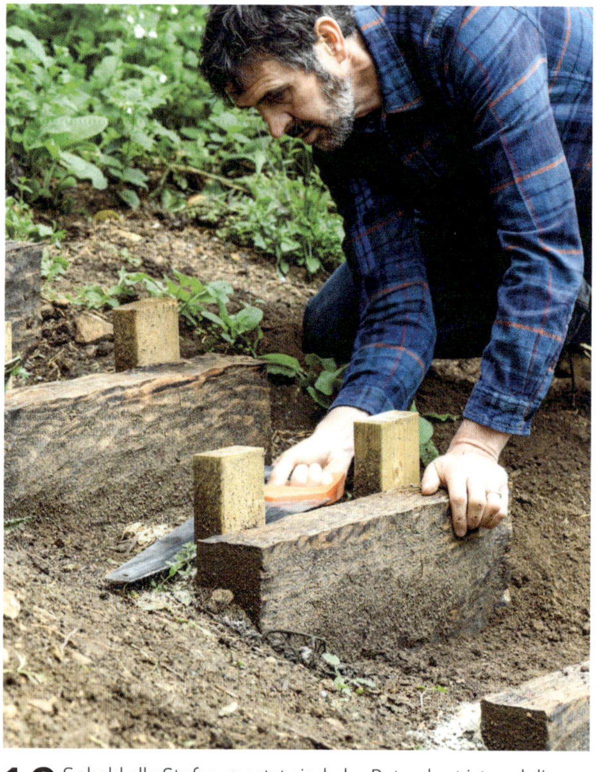

19 Sobald alle Stufen gesetzt sind, der Beton hart ist und die Balken gut festgeschraubt sind, mit einer Säge die überstehenden Stützpflöcke 4–5 cm unterhalb der Oberkante der Balken absägen. So werden sie von der Trittfläche aus Grassoden verdeckt.

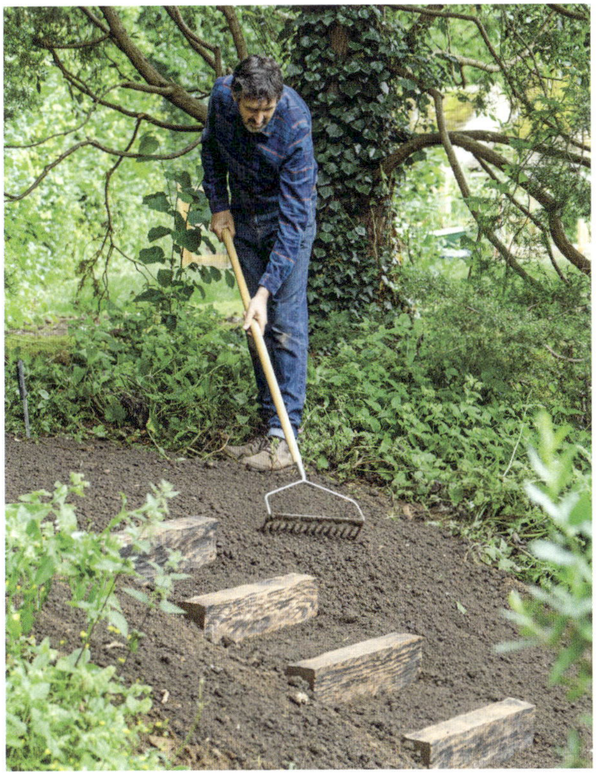

20 Erde auf den Trittflächen und neben der Treppe verteilen. Festdrücken und harken. Die Erde auf den Trittflächen kann so hoch sein wie der Balken davor – sie wird sich noch etwas setzen.

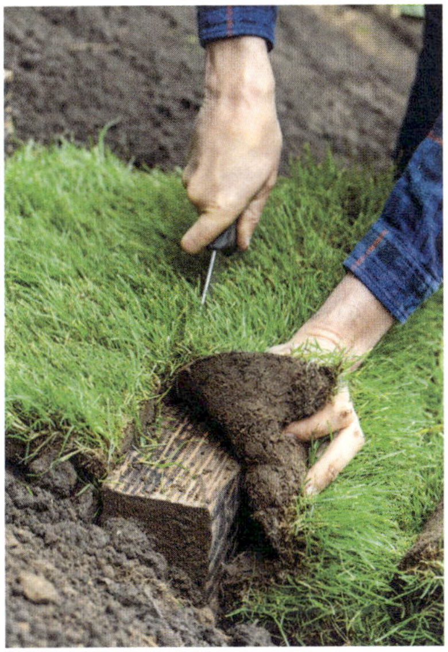

21 Grassoden auf jede Trittfläche legen und mit einem Messer zuschneiden; dabei die innere Kante des Balkens davor als Führung verwenden. Die horizontale Fläche des Balkens und die Grassode bilden die Trittfläche.

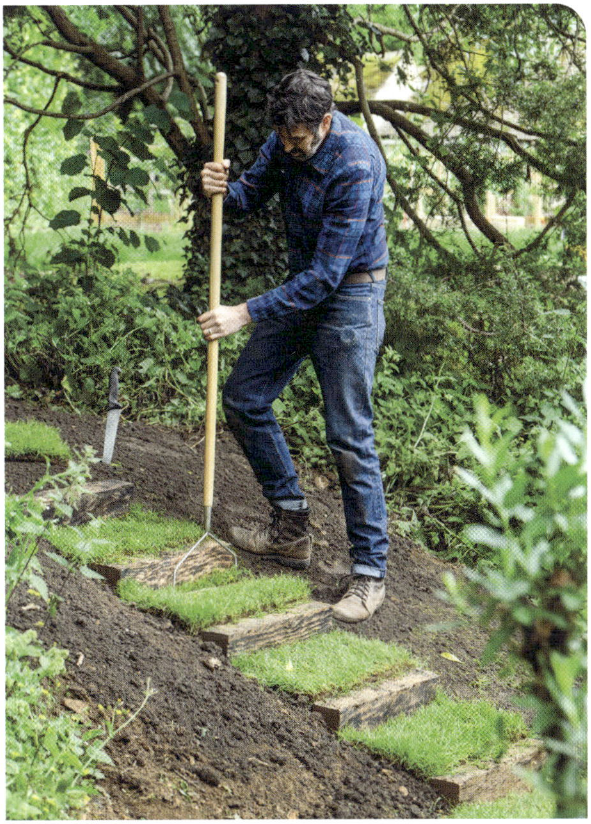

22 Mit dem Rücken eines flachen Rechens die Soden festdrücken. In den folgenden Wochen die Soden immer wieder wässern, damit das Gras gut anwächst. Statt die Trittflächen mit Fertigrasensoden zu begrünen, kann man das Gras auch ansäen.

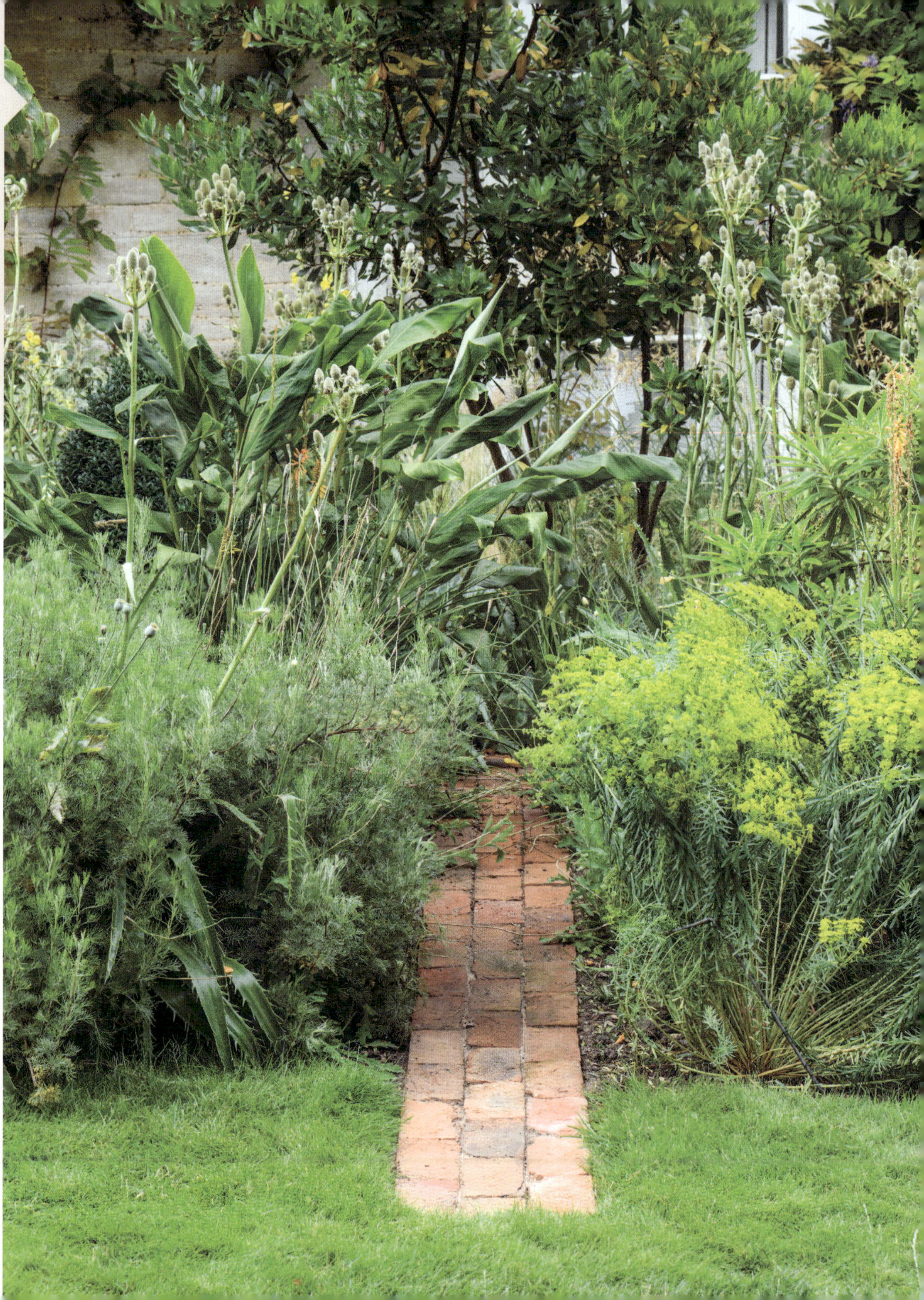

ERNTEPFADE

Bei diesen Erntepfaden habe ich mich von den Wildwechseln in der Natur inspirieren lassen. Wenn man in Wiesen, Wäldern und Feldern genau hinsieht, erkennt man viele schmale Trampelpfade, die Rehe, Füchse und andere Wildtiere hinterlassen.

SIE BRAUCHEN

Hinweise zur Berechnung der Mengen auf S. 244–245:

- Kies oder Schotter (Körnung 50 mm bis sehr fein)
- Mörtel (1 Teil Zement auf 6 Teile Sand)
- Ziegel als Bodenbelag
- Fugensand

Werkzeug

- Maßband
- Schnur und Pflöcke
- Zimmermannswinkel
- Rasenkantenstecher oder Spaten
- Holzpflöcke
- Wasserwaage
- Schubkarren
- Schaufel
- Rechen
- Rüttelplatte oder Holzblock
- Maurerkelle
- Steinsäge oder Winkelschneider mit Diamantscheibe
- Metalllineal und scharfkantiges Werkzeug
- Ziegelschneidmaschine/Scharriereisen
- Handschuhe und Schutzbrille
- Staubmaske
- Plastikfolie oder Karton
- weiche Bürste oder Besen

Erntepfade leisten gute Dienste, wenn man einen weitläufigen Gemüsegarten, Hochbeete mit einer Hecke dahinter oder große Blumenbeete hat. Für solche Bereiche braucht man schmale Wege, von denen aus man ernten, schneiden, wässern und jäten kann. Ich integriere sie gern auch als Arbeitswege in Schaugärten. Sie sehen nicht nur dekorativ aus, sondern sind überaus nützlich, denn man gelangt auf ihnen in Rabatten, ohne Schmutz überallhin zu schleppen.

NÜTZLICHE TIPPS

- Ich habe Ziegel als Belag verwendet, aber man kann auch Natursteinstreifen, Kies mit Holzeinfassung oder einfach nur Rindenmulch auf Schotter nehmen. Statt Schotter lässt sich auch ein Betonfundament verlegen.
- Normalerweise verfuge ich meine Pfade nicht fest, doch auch das ist möglich. Der Vorteil der Festverfugung: Es wächst kein Unkraut in den Ritzen. Der Nachteil: Es bildet sich nicht so schnell Moos, das für ein natürliches Aussehen sorgt.
- Ich habe drei Ziegelreihen im Läuferverband verlegt. Dadurch wird der Pfad etwa 30 cm breit. Die Breite lässt sich natürlich variieren und nach Belieben festlegen.

EXPERTEN*WISSEN*

- **Die Pfade bilden eine einfache Verbindung von A nach B. Weil sie schmal sind, zwingen sie dazu, langsamer zu gehen, sich mit dem Garten zu beschäftigen und die Pflanzen zu genießen.**
- **Man kann sie nutzen, um einen Garten aus verschiedenen Blickwinkeln zu betrachten und Räume zu verbinden. Ich verknüpfe damit oft einen Weg mit einem anderen oder einem Stück Rasen.**
- **Überlegen Sie bei der Planung, ob die Pfade Ihnen nicht auch gute Dienste beim Ernten, Pflücken oder der allgemeinen Gartenpflege leisten können.**

QUERSCHNITT

Der Pfad braucht einen guten Unterbau. Nach dem Ausheben des Erdreichs auf die passende Tiefe kommt ein Fundament aus Schotter in die Grube. Dieses Fundament muss verdichtet werden. Auf den Schotter kommt Mörtel, der schließlich die Ziegel trägt.

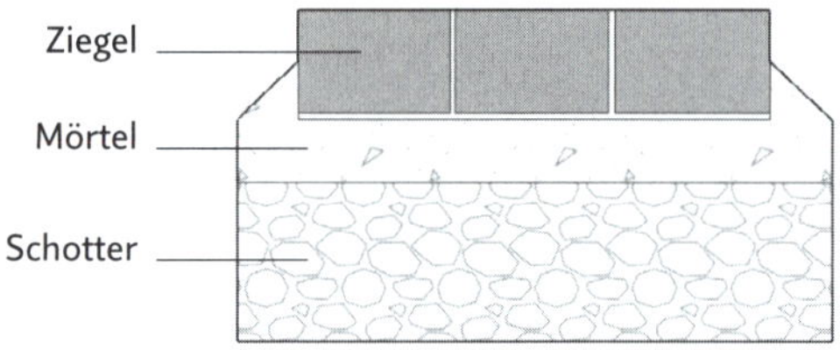

QUERSCHNITT

VON OBEN

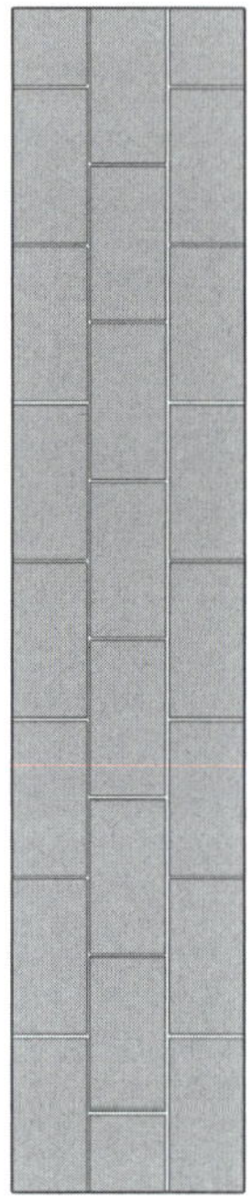

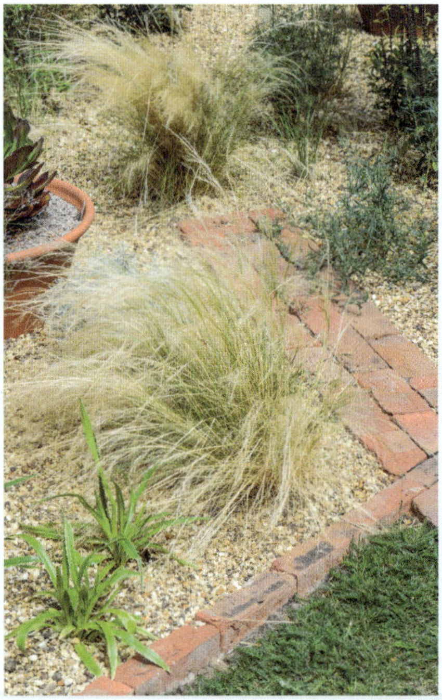

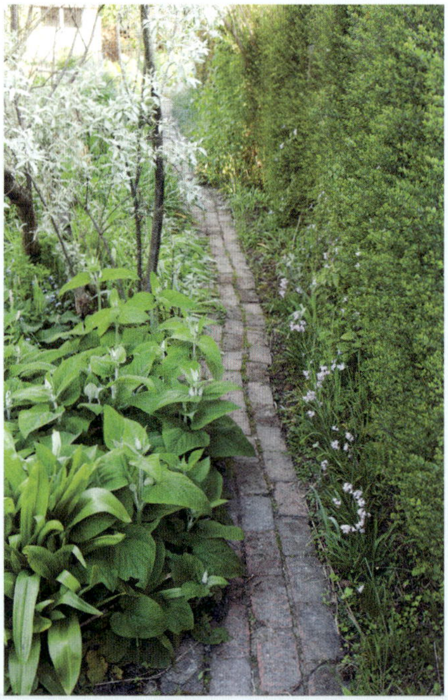

Es gibt viele Möglichkeiten, Erntepfade im Garten kreativ zu nutzen, entweder um unterschiedliche Bereiche zu verbinden oder das Wässern und Pflegen der Pflanzungen zu erleichtern.

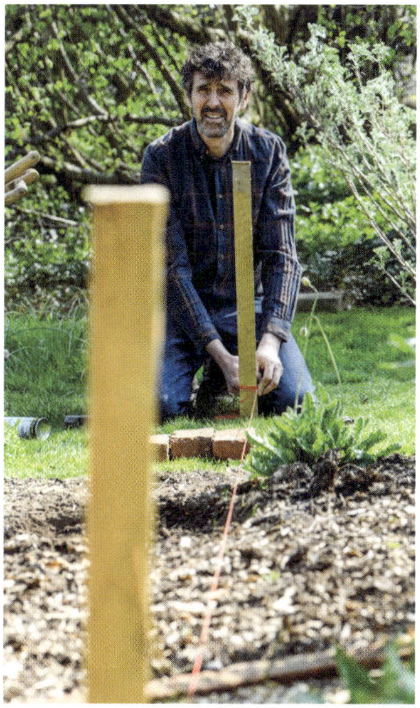

1 Den Verlauf des Erntepfads festlegen, ausmessen und die Ränder mit einer Schnur markieren. Die Pflöcke sollten außerhalb des Bereichs sein, der ausgehoben werden muss. Der Pfad ist 30 cm bzw. drei Ziegel breit. Alle rechten Winkel mit dem Zimmermannswinkel oder der 3-4-5-Methode (S. 240) überprüfen.

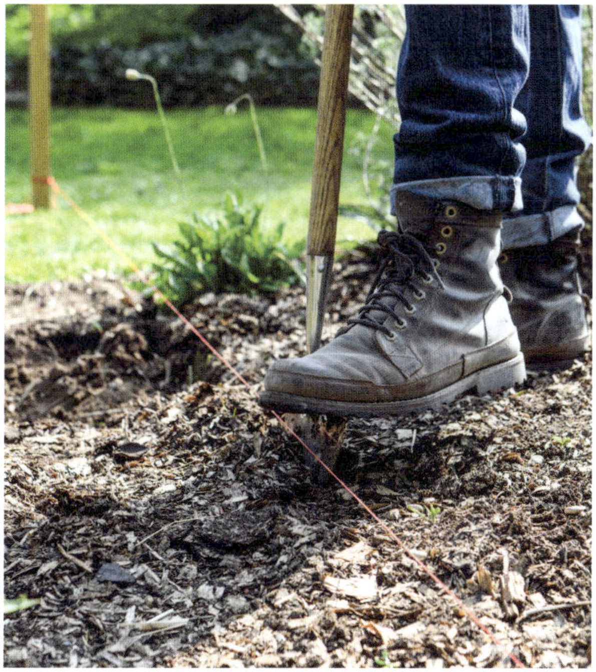

2 Mit einem Rasenkantenstecher oder Spaten den Rand des Pfads markieren.

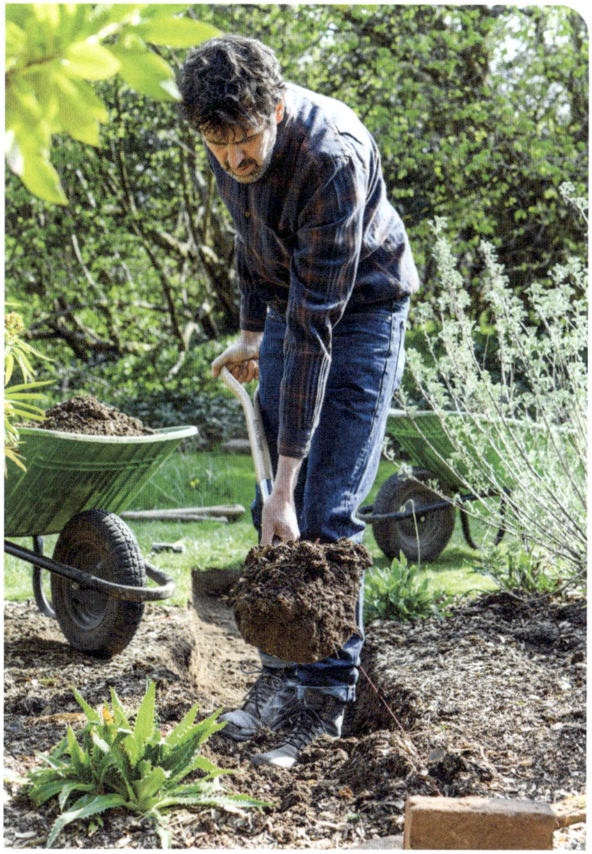

3 Ein etwa 20 cm tiefes Bett ausheben – für eine Schicht Schotter (10 cm) und Mörtel (4 cm) sowie die Ziegel (6 cm).

Platz machen

Es lohnt sich, das Bett geringfügig größer auszuheben, als es mit der Schnur markiert wurde. So bleibt etwas mehr Platz zum Arbeiten.

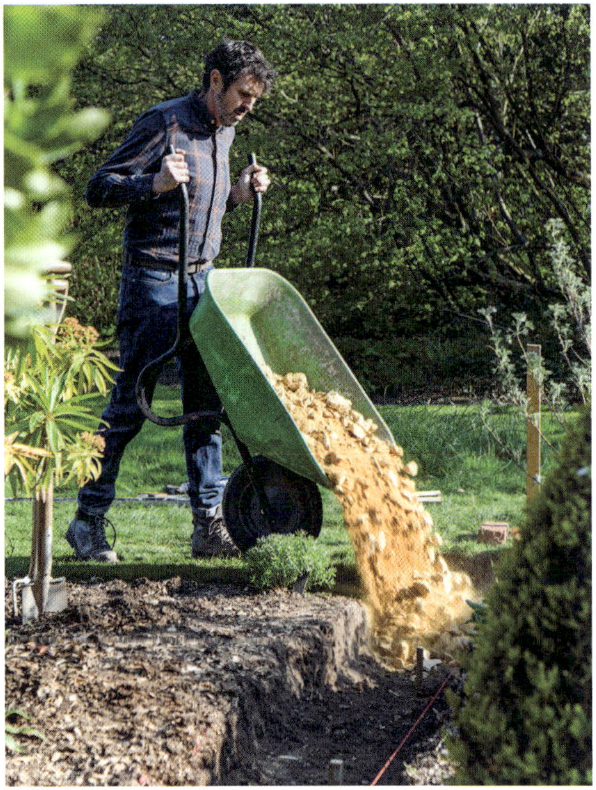

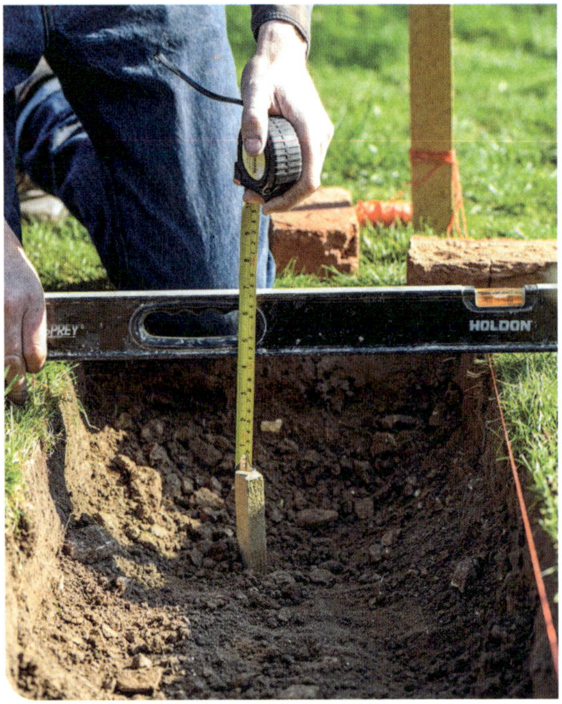

5 Mit einem Schubkarren die Grube etwa 10 cm hoch mit Schotter füllen. Als Anhaltspunkt dienen die gespannte Schnur und die zuvor in den Boden der Grube eingeschlagenen Pflöcke.

4 Nach dem Ausheben auf die passende Tiefe den Boden in der Grube festtreten. Holzpflöcke einschlagen, um die 10 cm, die die Schotterschicht hoch sein soll, zu markieren. In der Grube entlang des Pfads verteilt noch weitere Pflöcke einschlagen und mit der Wasserwaage ausrichten. Bei so schmalen Wegen ist es nicht nötig, ein Gefälle anzulegen, damit das Wasser ablaufen kann. Bei breiteren Wegen dagegen sollte man 2 cm Gefälle auf 1 m einplanen.

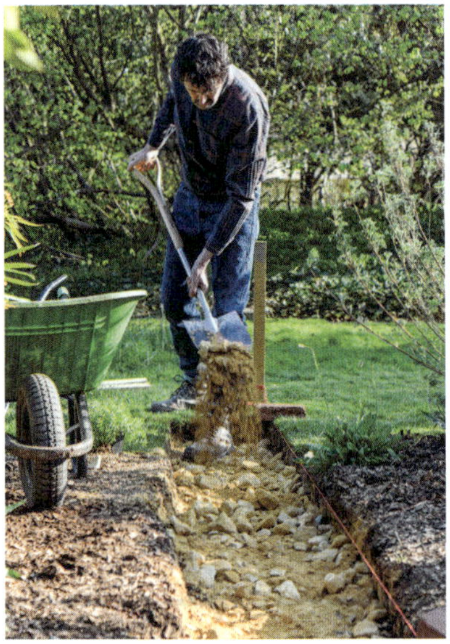

6 Zuerst mit einer Schaufel, dann mit einem Rechen den Schotter einebnen.

Richtschnur

Nach dem Verlegen der ersten Reihe kann man die gespannte Schnur etwas versetzen, um auch für die zweite und dritte Reihe eine Orientierung zu haben.

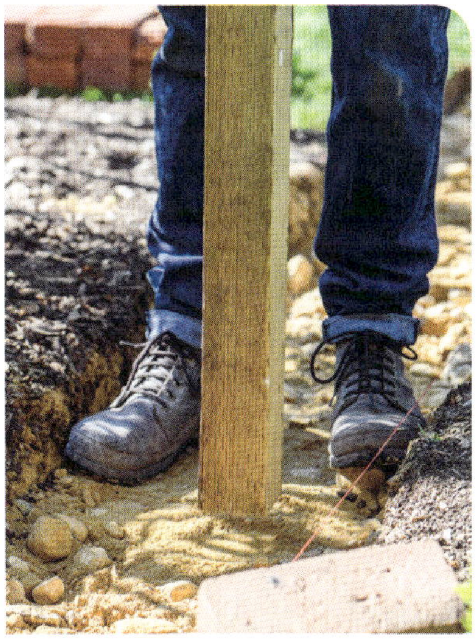

8 Sie können auch eine Rüttelplatte oder einen Holzpfosten zum Feststampfen verwenden.

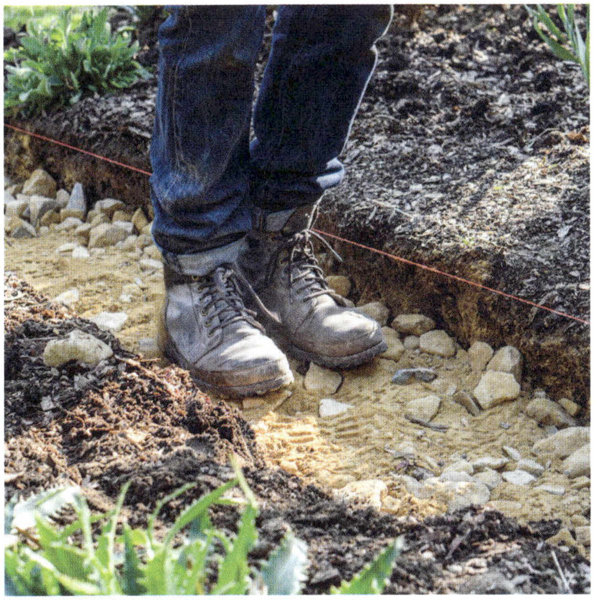

7 Nach dem Einebnen den Schotter etwa auf Höhe der oberen Pflockenden mit den Füßen feststampfen.

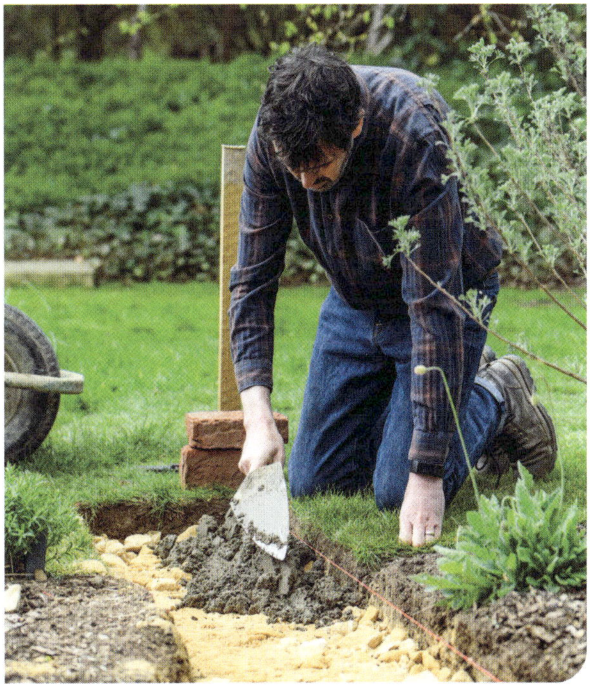

9 Prüfen, ob die gespannte Schnur straff ist und den korrekten Verlauf hat. Aus Zement und feinem Sand den Mörtel mischen und als Fundament auf dem Schotter verteilen. Das Mörtelbett muss mindestens 1 cm zu hoch sein, damit man die Ziegel durch Festklopfen auf die endgültige, passende Höhe bringen kann.

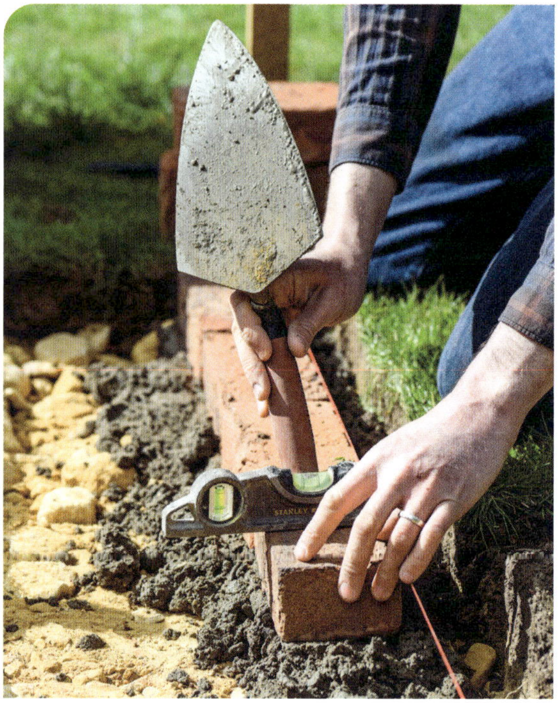

10 Die erste Ziegelreihe entlang der Schnur verlegen. Mit dem Stiel der Schaufel in die optimale Position klopfen; dabei mithilfe einer Wasserwaage an der Schnur ausrichten. Dicht aneinanderlegen, sodass nur minimale Fugen bleiben.

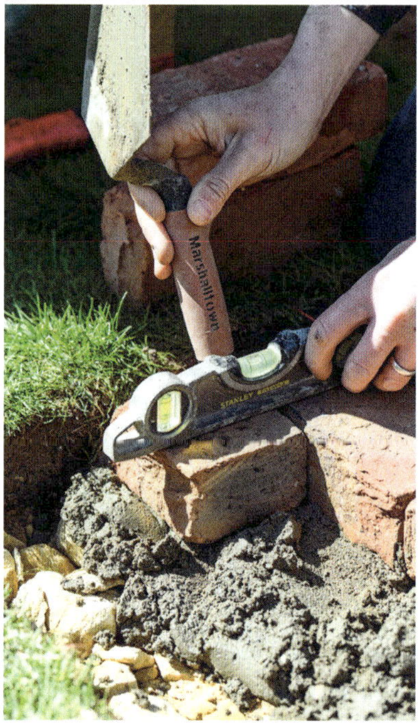

12 Die mittlere Reihe verlegen; mit einem halben Ziegel beginnen. Diese zweite Reihe mit einer Wasserwaage exakt bündig zur ersten ausrichten. Prüfen, ob die Schnur noch waagrecht gespannt ist.

11 Die mittlere Reihe mit einem halben Ziegel zu beginnen und zu beenden, sorgt für einen versetzten Verlauf der Reihen. Dazu einen Ziegel mit einer Steinsäge oder einem Winkelschneider halbieren oder mit einem scharfkantigen Werkzeug eine Linie ziehen und mit einem Scharriereisen trennen.

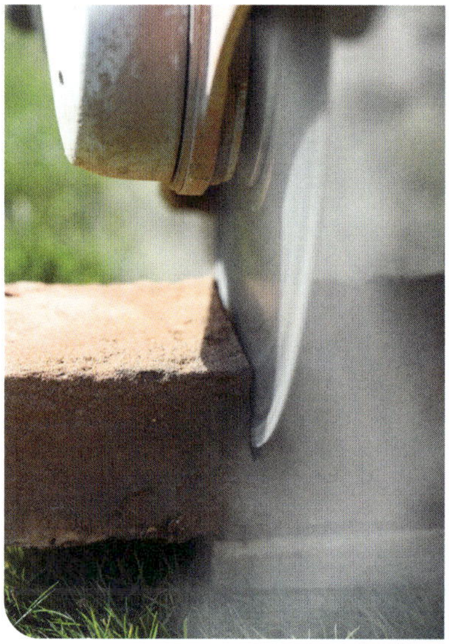

Ziegel schneiden

Beim Schneiden von Ziegeln sollte Sicherheit oberstes Gebot sein. Klemmen Sie den Ziegel gut ein und tragen Sie Schutzbrille, Staubmaske und Handschuhe.

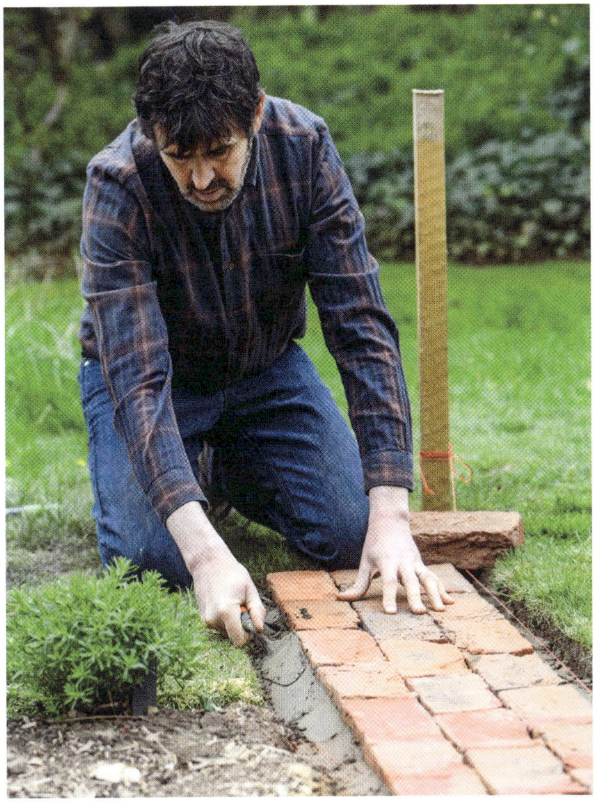

13 Nach dem Verlegen der mittleren Reihe, die mit einem halben Ziegel abschließt, die dritte Reihe ebenso wie die erste verlegen. Wenn alle Reihen verlegt und in die passende Position geklopft sind, das Niveau noch einmal prüfen. Mit der Kelle an beiden Seiten eine keilförmige Rampe aus Mörtel bilden.

14 Den Pfad mit einer Folie oder Karton abdecken und den Mörtel ein paar Tage aushärten lassen. Danach Fugensand in alle Fugen kehren. So kann sich mit der Zeit ein Moosbewuchs in den Fugen bilden.

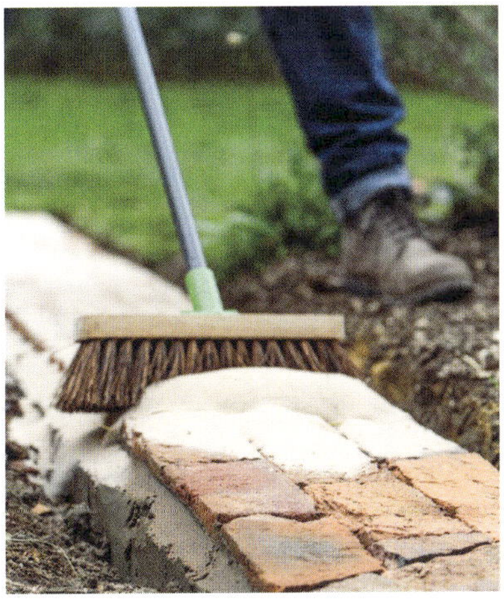

Wetter

Wenn Sie den Pfad bei nasser Witterung verlegen, sollten Sie eine Folie griffbereit haben, um ihn bei Bedarf abzudecken. Verlegen Sie die Ziegel nie bei Frost auf Mörtel.

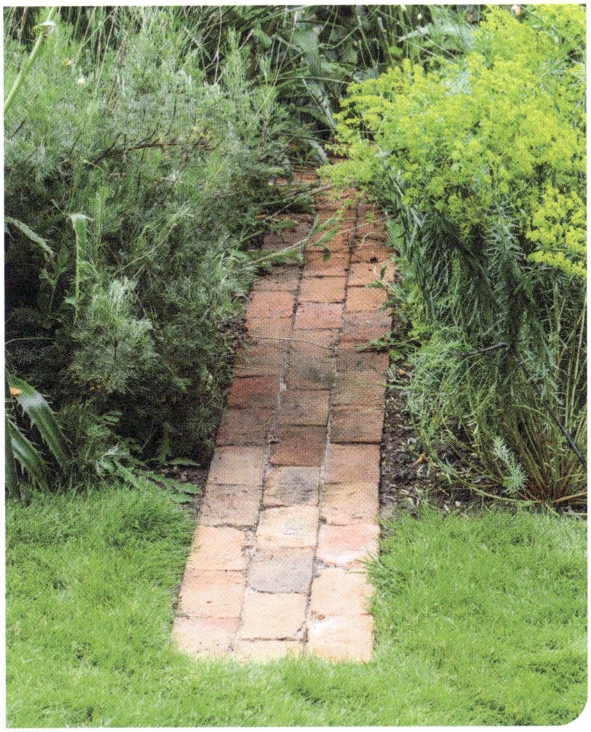

15 Ich habe meinen Erntepfad durch eine Rabatte hindurch verlegt, damit ich darin leichter gießen und arbeiten kann.

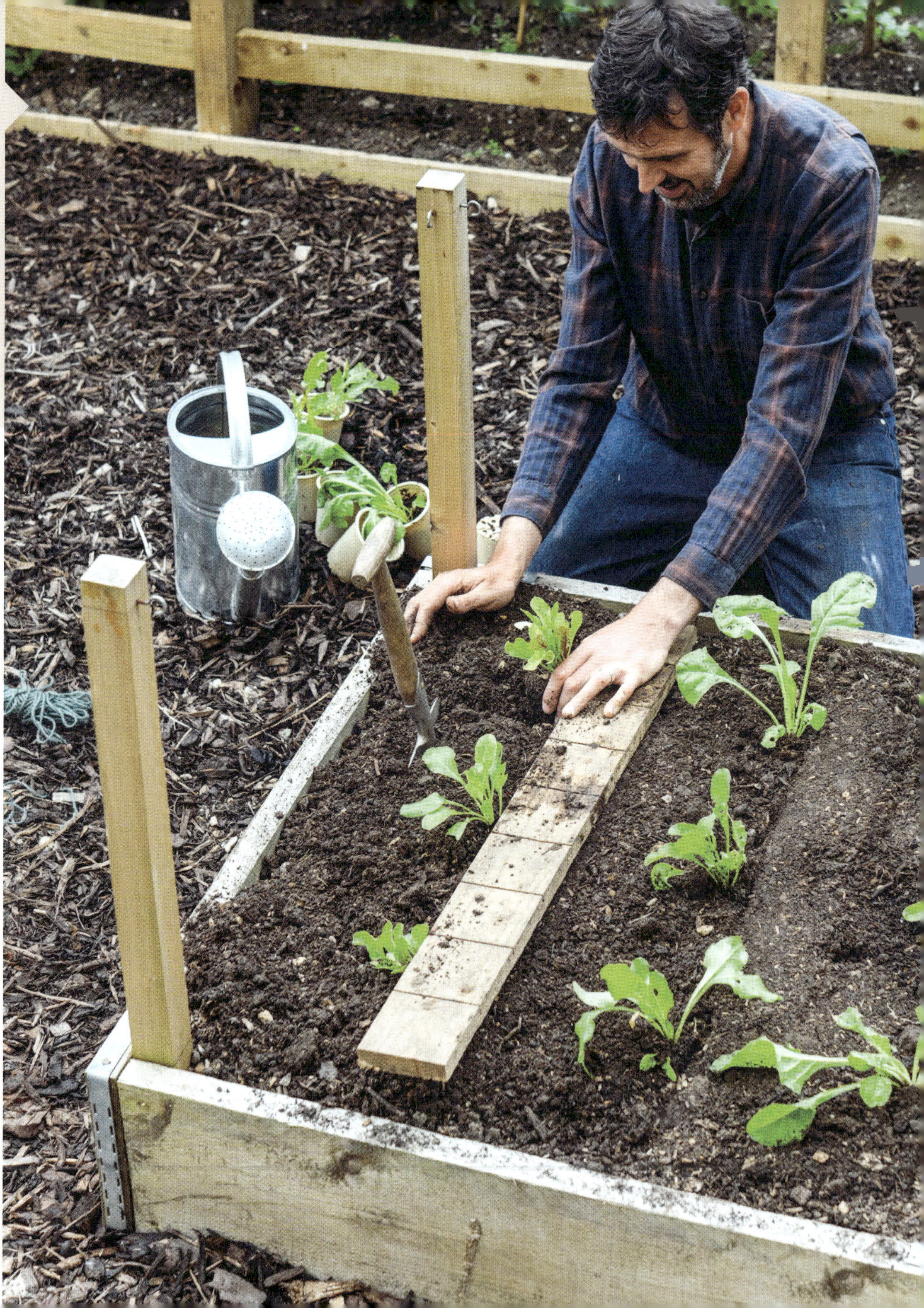

HOCHBEETE

Hoch- bzw. Rahmenbeete eignen sich sehr gut für den Anbau von Obst und Gemüse in kleinen Gärten, denn mit ihnen bleibt alles sauber und ordentlich. Erste Wahl sind sie außerdem auf Grundstücken mit schlechtem Boden, da man den Pflanzen auf kleinstem Raum bestes Erdreich und maßgeschneiderte Bedingungen bieten kann.

SIE BRAUCHEN

- Holzpfosten, 5 × 5 cm Durchmesser, auf 1 m zugeschnitten (davon werden 15 cm im Boden versenkt), imprägniert
- Gerüstbretter, 22 cm breit, 4 cm dick, auf 1 m zugeschnitten, mit intaktem Metallende
- evtl. Beton (1 Teil Zement, 8 Teile Zuschlagstoff)
- 80-mm-Schrauben
- Oberboden und Bodenverbesserer
- 8 Ösenschrauben
- Schnur oder dünner Draht

Werkzeug

- Maßband
- Maurerwinkel
- Sprühkreide oder Schnur und Pflöcke
- Arbeitsbank
- Wasserwaage
- Stift
- Zimmermannswinkel
- Handsäge
- Spaten
- Schaufel
- Akkuschrauber/-bohrer
- 5- oder 6-mm-Bohrer
- Fäustel
- evtl. Mischwanne oder Betonmischer

Der Bau von Hochbeeten ist eine relativ unkomplizierte Angelegenheit. Man misst die Pfosten und Seitenbretter aus, schneidet sie zu und schraubt schließlich alles in rechtem Winkel sowie waagrecht und senkrecht ausgerichtet zusammen. Wer mag, kann die Innenseite dieser Beete außerdem mit schwarzer Plastikfolie auskleiden. Das obere Ende der Pfosten kann man lassen, wie es ist (wie ich hier), es aber auch abrunden oder mit Endstücken verzieren. Dieses Beet ist 1 m × 1 m × 85 cm groß und 15 cm im Boden versenkt.

NÜTZLICHE TIPPS

- Sie können die Beete so lang und breit zimmern, wie es Ihnen passt. Vergessen Sie aber nicht, dass Sie von allen Seiten Zugang dazu haben müssen. Die Beete sollten nicht breiter als 1,2 m sein, damit man noch bequem bis zur Mitte reicht.
- Ich habe die Eckpfosten hoch gelassen, damit ich Drahtgitter oder Vlies darüberlegen kann. Außerdem eignen sich hohe Pfosten für Gemüse, das eine Stütze braucht. Aber Sie können sie auch abschneiden.
- Ist der Gartenboden minderwertig, heben Sie die Grube 20 cm tief aus. Da die Bretter ebenfalls 20 cm hoch sind, können Sie so insgesamt 40 cm Erde einfüllen, am besten einen 70:30-Mix aus Oberboden und gut verrottetem Kompost oder Stallmist.

***EXPERTEN**WISSEN*

- **Wie hoch die Seiten werden sollen, hängt auch davon ab, wie viel Sie ausgeben wollen, wie gut der Boden unter dem Beet ist und wie leicht Sie sich über die Ränder beugen können. Normalerweise reichen 30 cm, da die Wurzeln ja noch in das Erdreich darunter vorstoßen können.**
- **Manche Gerüstbretter sind imprägniert, andere nicht. Ich verwende meistens behandeltes Holz, weil es länger hält, doch kann man auch unbehandeltes Holz wie Lärche kaufen. Es hat ebenfalls eine gute Haltbarkeit, ist aber relativ teuer.**

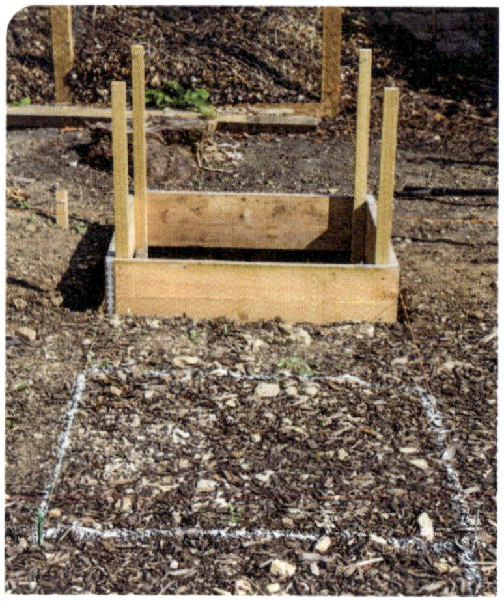

1 Das Areal freiräumen, jäten und lockern, sodass Wasser gut versickern kann. Mit einem Maßband und einem Winkel (oder der 3-4-5-Methode, siehe S. 240) das Beet ausmessen und seinen Standort mit Sprühkreide anzeichnen oder einer Schnur markieren.

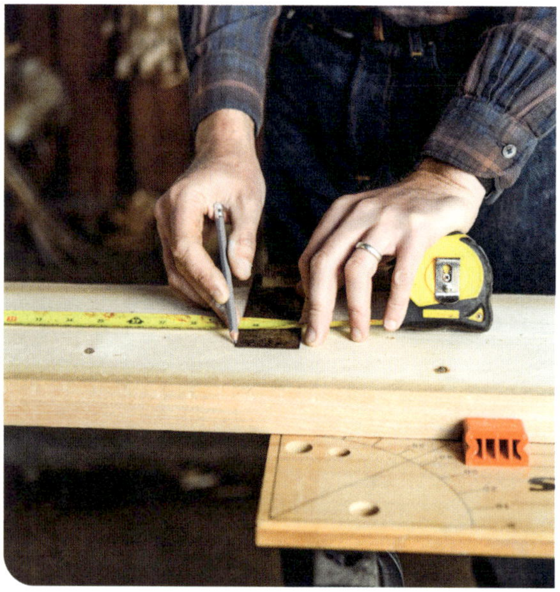

2 Mit Zimmermannswinkel, Maßband und Stift die Brettlänge markieren und die Bretter zuschneiden. In jeder Ecke muss ein geschnittenes und ein metallverkleidetes Ende zusammenstoßen. Zudem müssen die Kanten gerade sein.

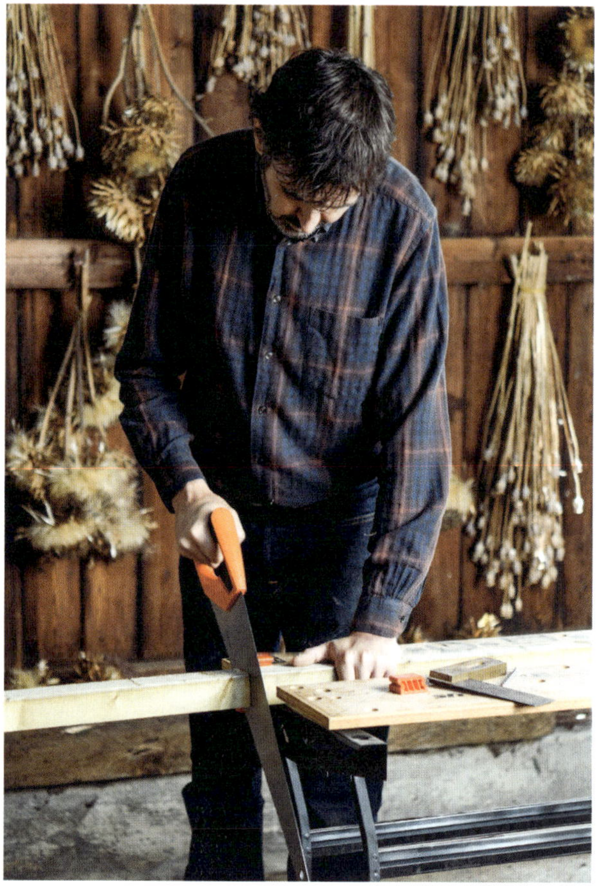

3 Die vier Pfosten für jede Ecke abmessen, anzeichnen und auf 1 m zuschneiden.

Gerüstbretter

Die Metallverkleidung am Ende von Gerüstbrettern verhindert, dass das Holz splittert, und sieht außerdem gut aus. Bleibt ein solches Ende übrig, sollte man es aufheben – es kann im Garten noch gute Dienste leisten.

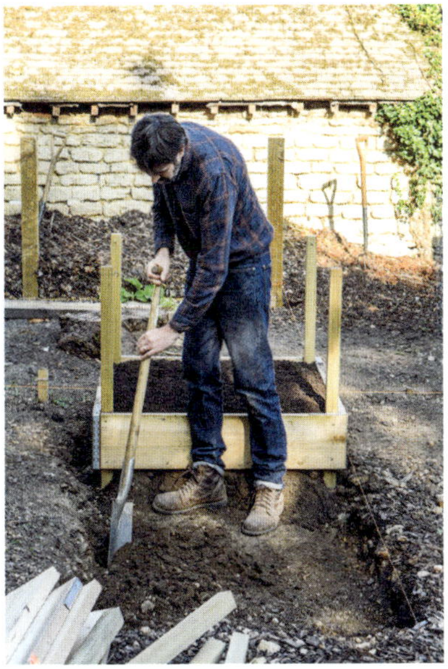

4 Die markierte Grube ausheben; in den Ecken sollte sie für die Pfosten etwa 15 cm tief sein. Dieses Hochbeet ist etwa 1 × 1 m groß. Soll es länger als 1,8 m werden, braucht man zusätzliche Pfosten in der Mitte.

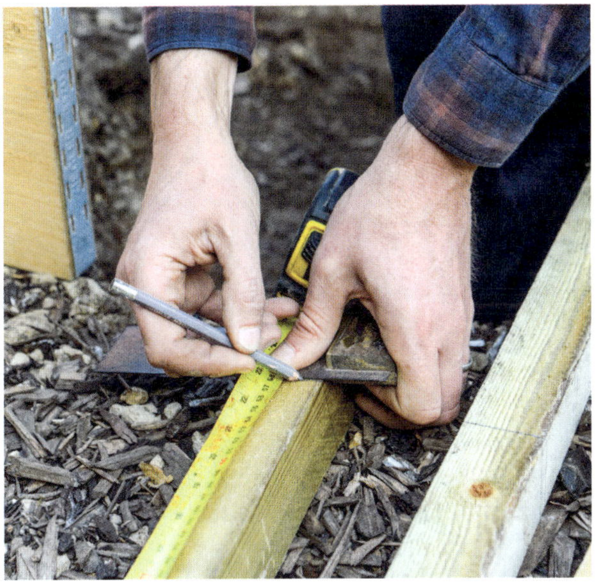

5 15 cm vor dem Ende jedes Pfostens einen Strich ziehen. Er zeigt, wie tief der Pfosten im Boden versenkt werden muss. Die Unterkante der Bretter verläuft später knapp über dieser Linie.

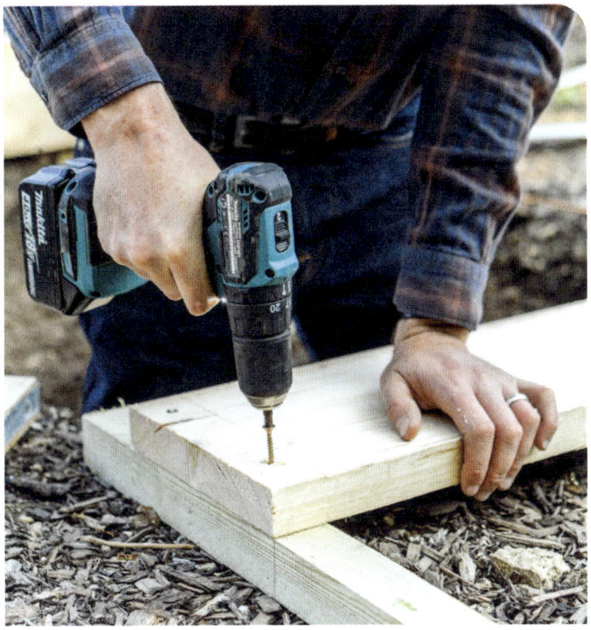

6 Die Gerüstbretter mit dem gesägten Ende an den vier Pfosten befestigen. Bretter am Strich bei 15 cm (Schritt 5) anlegen. Das Ende an der Pfostenkante ausrichten. Löcher in die Bretter bohren und Bretter an die Pfosten schrauben.

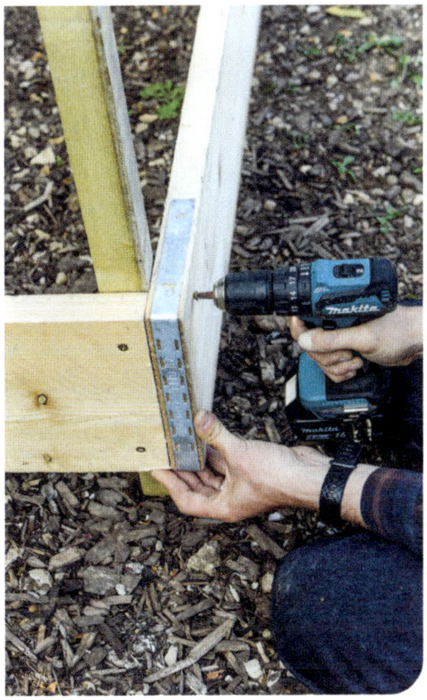

7 Ich schraube zuerst alle vier Bretter an die Pfosten, bevor ich alles aufrecht stelle und die mit Metall verkleideten Enden anschraube. 3 cm unterhalb der Oberkante und oberhalb der Unterkante Löcher bohren und Bretter anschrauben. Darauf achten, dass alle Ecken rechtwinklig sind. Bretter ebenso an die übrigen drei Pfosten anschrauben. Das Metallende muss jeweils das gesägte Ende des Bretts daneben verdecken.

Hohe Pfosten haben einen weiteren Vorteil: Man kann nicht versehentlich einen Gartenschlauch über das Beet ziehen. Zudem kann man sich daran abstützen, wenn man aufsteht.

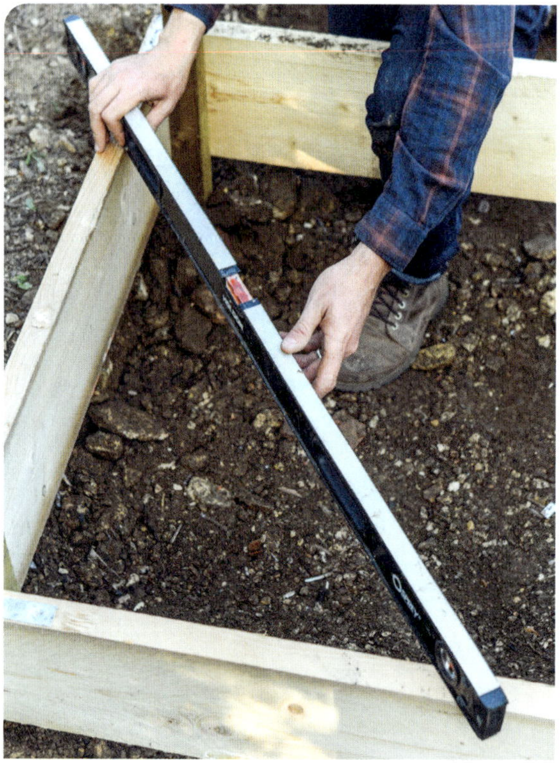

8 Sobald alle vier Ecken zusammengeschraubt sind, das Hochbeet an seinem Standort so aufstellen, dass die Pfosten 15 cm ins Erdreich ragen. Mit einem Fäustel festklopfen, mit einer Wasserwaage prüfen, ob alles waagrecht ist, und ggf. justieren. Erde um die Pfosten häufeln und die Pfosten durch Feststampfen der Erde fixieren, aber darauf achten, dass das Holz dabei nicht beschädigt wird. Wer sie in ein Betonfundament packen möchte, sollte das jetzt tun.

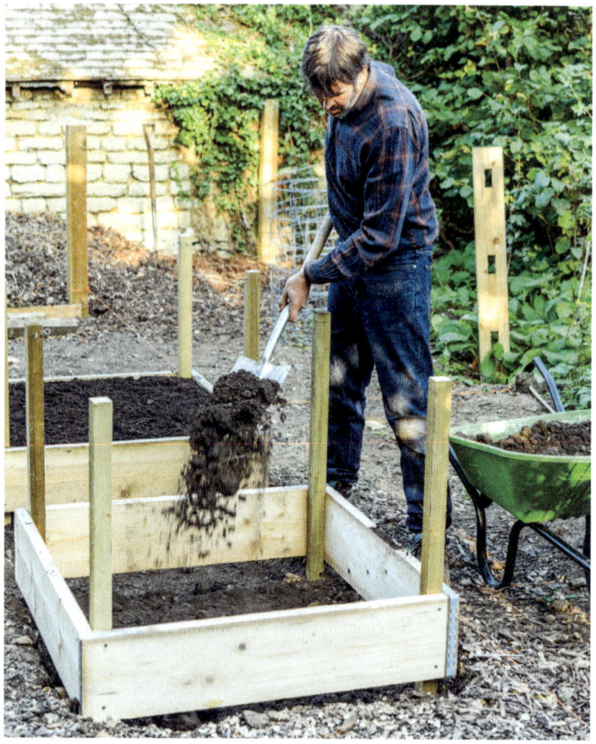

9 Das Hochbeet mit einer Mischung aus 70 Prozent Oberboden und 30 Prozent organischem Material füllen. Man kann Oberboden kaufen, aber wenn Ihre Gartenerde gut genug ist, können Sie auch sie verwenden. Als organische Substanz nehme ich oft gut verrotteten Pferdemist, doch gibt es viele Alternativen.

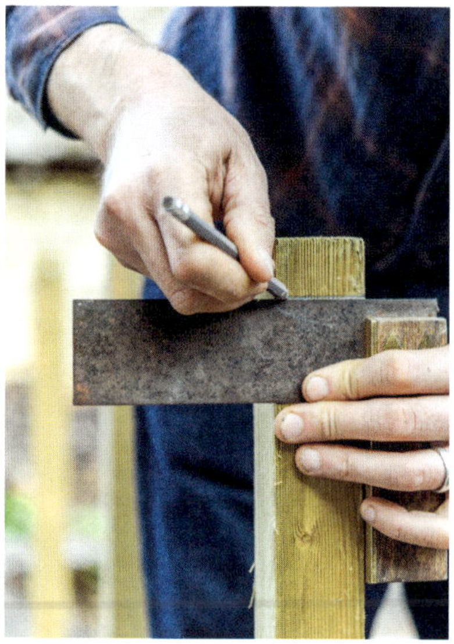

10 An den Außenseiten der vier Pfosten 5 cm unterhalb des oberen Endes eine Linie ziehen. Auf jeder Linie ein Loch in die Mitte des Pfostens bohren, also insgesamt acht Löcher in vier Pfosten. In sie kommen die Ösenschrauben.

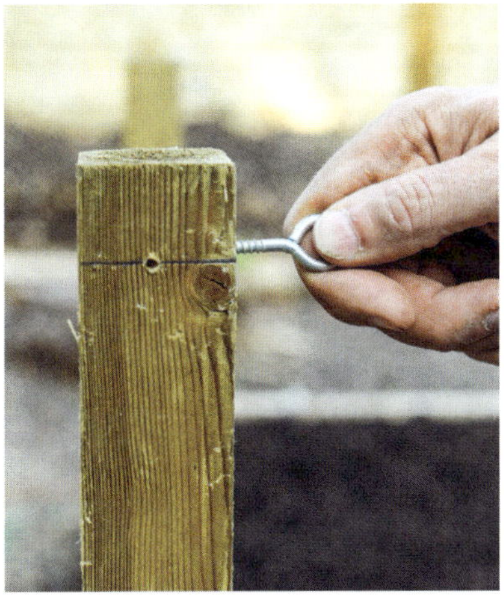

11 Ösenschrauben in die Löcher drehen, sodass je eine an den zwei zum nächsten Pfosten schauenden Seiten sitzt.

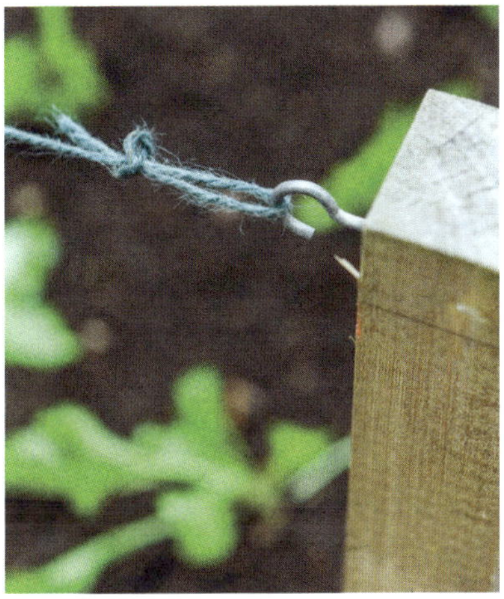

12 Dünnen Draht oder eine Schnur durch die Ösen fädeln und festbinden. Die gespannten Drähte oder Schnüre sind dazu da, ein über das Beet gelegtes Vlies oder Netz zu halten, das die Pflanzen vor Frost bzw. Schädlingen schützt.

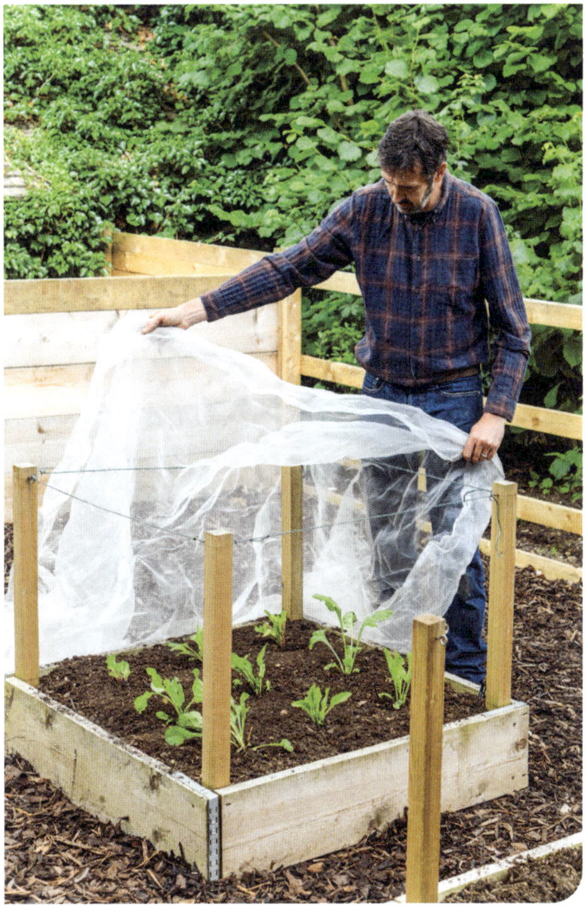

13 Zu den großen Vorzügen von Rahmenbeeten gehört, dass sie sich schneller erwärmen als Bodenbeete und deshalb vor allem für Frühjahrspflanzungen geeignet sind. Wer einmal ein Rahmenbeet gebaut hat, wird sich weitere anschaffen wollen.

Holzschutz

Man kann das verwendete Holz natürlich altern lassen, es aber auch durch Ankohlen oder Behandlung mit einem Holzschutzmittel witterungsbeständiger machen.

KOMPOSTER

Ein eigener Komposter spart Geld und ist gut für den Garten, da er Mulch und Bodenverbesserer liefert. Vor allem aber tut man mit ihm der Umwelt etwas Gutes, denn er recycelt Abfälle aus Küche und Garten. Zugleich macht es einen Riesenspaß zu sehen, wie aus der Zersetzung von Resten neues Leben entsteht.

SIE BRAUCHEN

- 4 witterungsbeständige Holzpfosten, 1,3 m lang, 10 × 10 cm
- 6 witterungsbeständige Dachlatten, 1 m lang, 3,8 × 2,5 cm
- 4 witterungsbeständige Dachlatten, 97,5 cm lang, 3,5 × 2,5 cm
- 27 witterungsbeständige Seitenbretter, 1 m lang, 10 × 2,5 cm
- 9 witterungsbeständige Frontbretter, 97,5 cm lang, 10 × 2,5 cm
- etwa 8 Eimer Beton (1 Teil Zement, 8 Teile Zuschlagstoff) oder Fertigbeton
- 50-mm-Holzschrauben
- 40-mm-Holzschrauben

Werkzeug

- Arbeitsbank, Schraubstock oder Schraubzwingen
- Maßband und Stift
- Säge
- Akkubohrer/-schrauber
- Schnur und Pflöcke oder Sprühkreide
- Zeichendreieck
- Spaten oder Erdlochausheber und Schaufel
- Wasserwaage
- 4-mm-Bohrer
- Mischwanne oder Betonmischer
- Dachlatten zum Abstützen

Eigentlich wäre es am besten, zwei, drei Komposter in einer Reihe aufzustellen. Aber wenn man nur Platz für einen hat, dann ist dieser hier ideal. Man positioniert ihn auf nackter Erde, nicht nur um der Drainage willen, sondern auch, damit Mikroorganismen aus dem Boden in den Kompost gelangen. Die Konstruktion ist etwa 1 m hoch, breit und tief. Drei Seiten sind fest, doch an der vorderen Seite habe ich mit Latten eine Führung an den Pfosten angebracht, damit man die Bretter abnehmen und wieder hineinstecken kann. Mit diesem kleinen Projekt kann man seine handwerklichen Fertigkeiten verbessern.

NÜTZLICHE TIPPS

- Der ideale Standort für einen Komposter mag direkt neben der Tür in den Garten sein, aber sonderlich schön ist er dort nicht. Besser, man versteckt ihn, etwa hinter einem Schuppen oder einer Garage, wo man ihn gut mit dem Schubkarren erreicht. Außerdem sollten relativ gleichmäßige Bedingungen herrschen, etwa Halbschatten. Nicht empfehlenswert ist ein sehr dunkler und trockener Platz, denn dort zersetzt sich das Material zu langsam.
- Bis Kompost optimal reif ist, können zwei Jahre vergehen. Mit etwas Erfahrung hat man ihn aber schon nach 12 Monaten so weit. Fertig ist er, wenn er dunkelbraun ist und sich krümelig anfühlt.

EXPERTENWISSEN

- **In einen Komposter kommt je zur Hälfte grünes Material (Obst-, Gemüse- und andere grüne Pflanzenreste) und braune Stoffe (vertrocknetes Laub, Karton und kleine Zweige). Ich passe den Mix immer beim Wenden an. Die Zersetzung läuft schneller ab, wenn man nur kleine Stücke hineinwirft.**
- **Decken Sie den Komposter mit Karton ab, damit er warm bleibt, und wenden Sie ihn regelmäßig. Das belüftet und lockert ihn. Außerdem sieht man bei der Gelegenheit, ob die Mischung passt.**

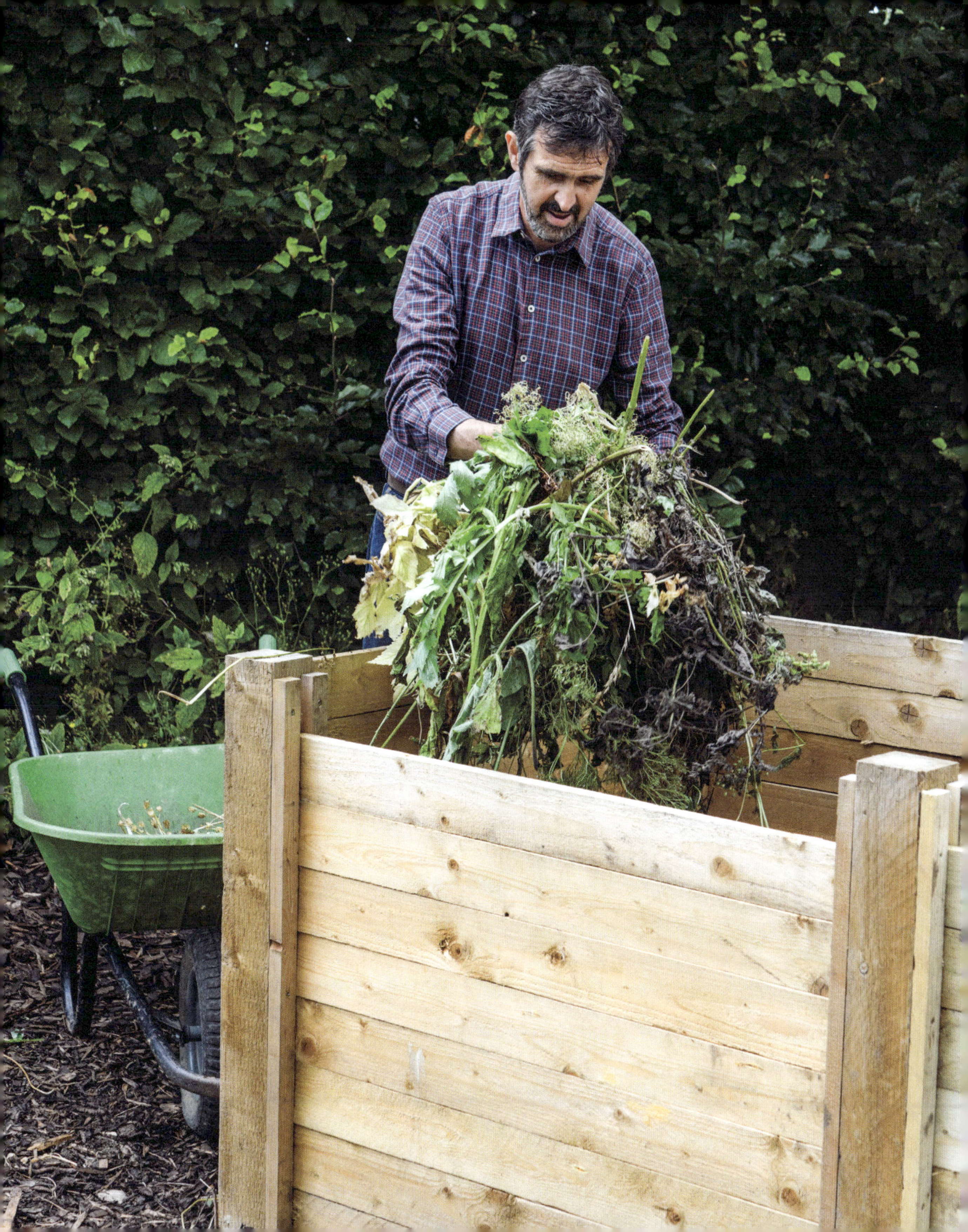

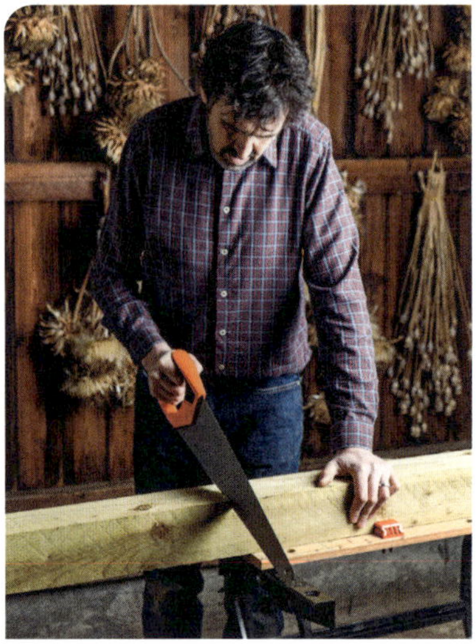

1 Zunächst das gesamte Holz zuschneiden, am besten auf einer Arbeitsbank. So kann man den Komposter anschließend wie einen Bausatz zusammenfügen. Als Erstes vier 1,3 m lange Holzpfosten zuschneiden.

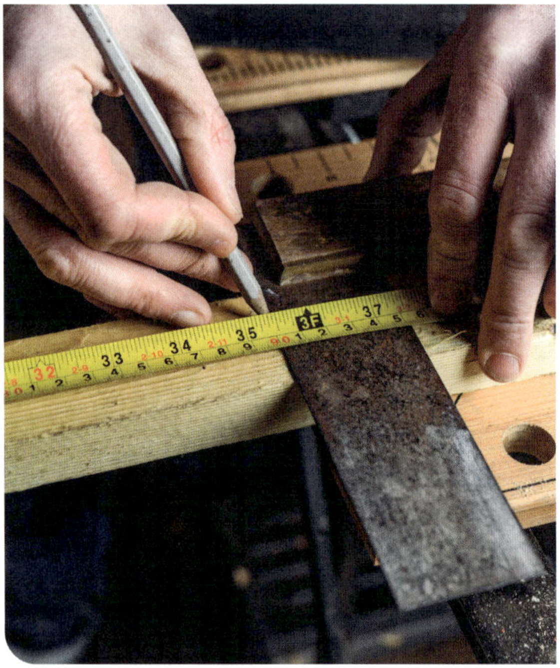

2 6 Dachlatten auf 1 m zuschneiden. Sie sollen die Bretter auf drei Seiten stützen. Außerdem 4 Dachlatten auf 97,5 cm zuschneiden. Sie dienen als Halterung für die herausnehmbaren Bretter an der Vorderseite des Komposters.

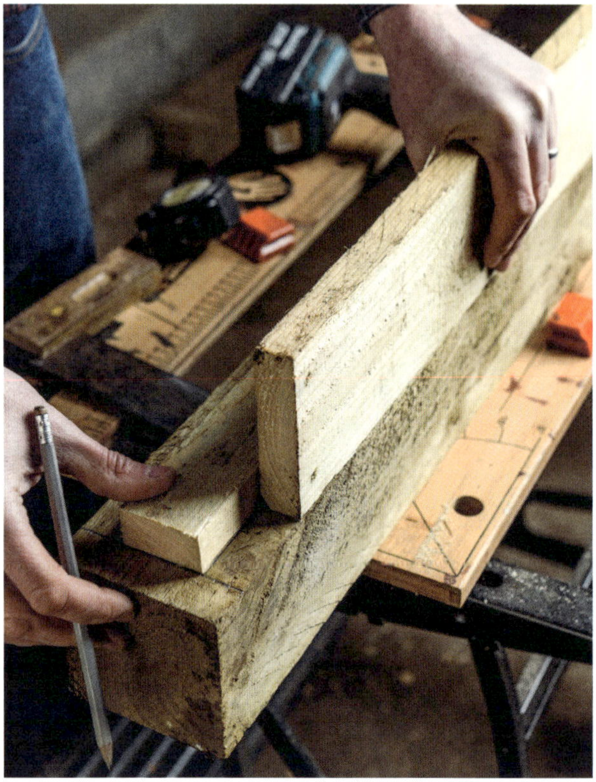

3 Die Latten an der Längsseite der Pfosten anschrauben; sie dienen später zum Befestigen der seitlichen und hinteren Bretter. Damit sie in der richtigen Position liegen, ein Brett bündig mit der Kante auf einen Pfosten stellen und die Latte dahinter anlegen. Dann die Lage der Latte mit einem Stift anzeichnen. Zum oberen Ende des Pfostens 15 cm und zum unteren Ende 25 cm Abstand halten (das untere Ende kommt in den Boden).

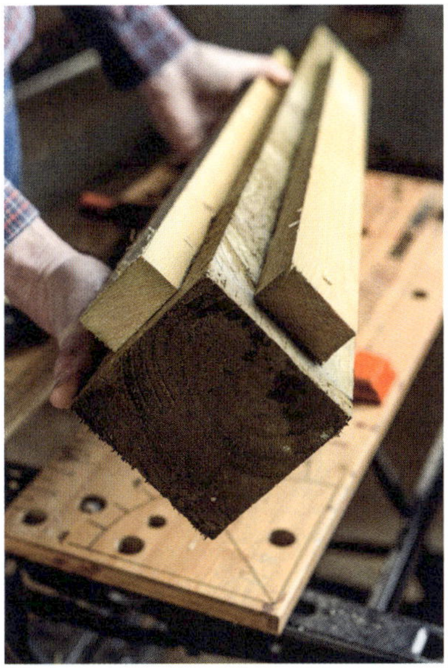

4 Für die beiden hinteren Balken des Komposters werden je zwei Latten und für die vorderen je eine Latte gebraucht. In die Latten über die ganze Länge verteilt 3 oder 4 Löcher bohren. Latten mit 50-mm-Schrauben an den Pfosten befestigen.

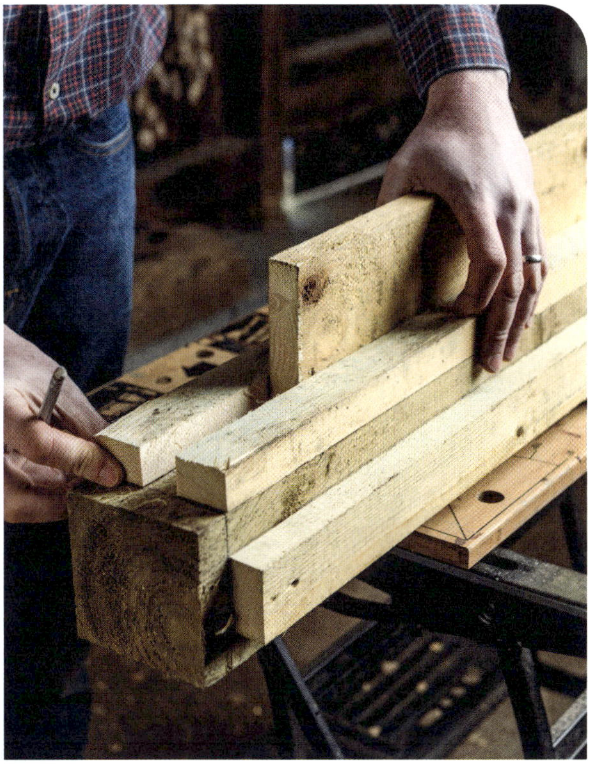

6 Die Führung für die Bretter der Vorderwand konstruieren, um sie abnehmen zu können. Die vorderen Bretter sind 2,5 cm kürzer als die seitlichen und hinteren, damit sie leicht in die Führung rutschen und sich wieder herausnehmen lassen. Den Pfosten auf die Arbeitsbank legen. Eine Latte bündig mit der Pfostenkante auf die Außenseite und die andere 3 cm daneben legen. Ein Brett dazwischenstellen, um sicher zu sein, dass es leicht in die Führung passt. Über die Länge der Latten verteilt 3 oder 4 Löcher bohren und die Latten mit 50-mm-Schrauben am Pfosten befestigen.

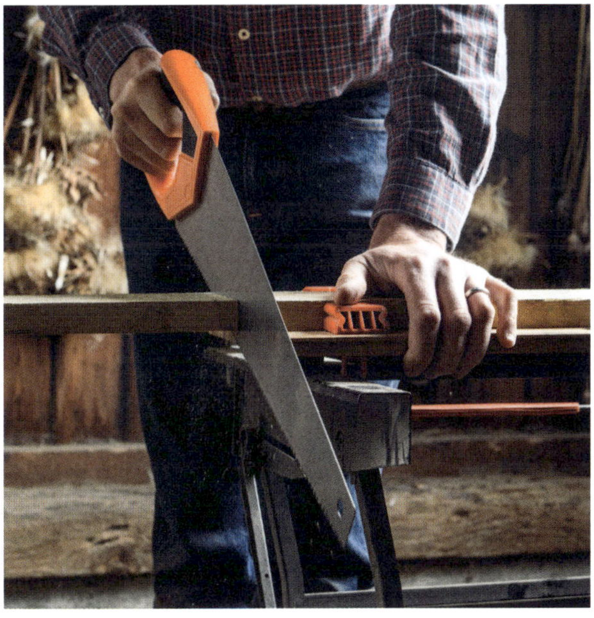

5 27 Bretter für die hintere und die beiden Seitenwände des Komposters auf 1 m zuschneiden. Dann die 9 Bretter für die abnehmbare vordere Wand auf 97,5 cm zuschneiden.

Rechter Winkel

Mit der 3-4-5-Methode (S. 240) sicherstellen, dass alle Ecken des Komposters im rechten Winkel sind.

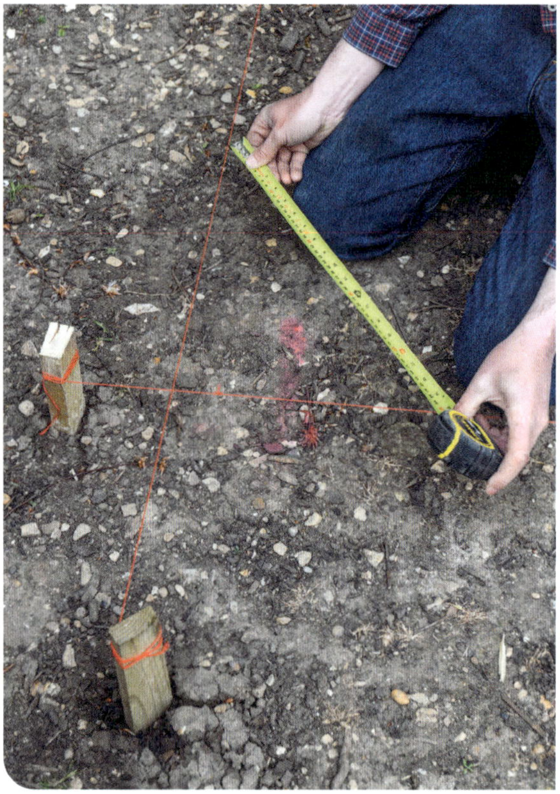

7 Der Standort des Komposters muss annähernd eben und frei von mehrjährigem Unkraut sein. Die Kantenlänge von 1 m mit Pflöcken und gespannten Schnüren exakt markieren. Dabei die Pflöcke etwa 35 cm weiter stecken, um gut arbeiten zu können. Dann in jeder Ecke des mit Schnüren markierten Quadrats je ein 30 cm tiefes und 30 × 30 cm großes Loch für die Pfosten ausheben.

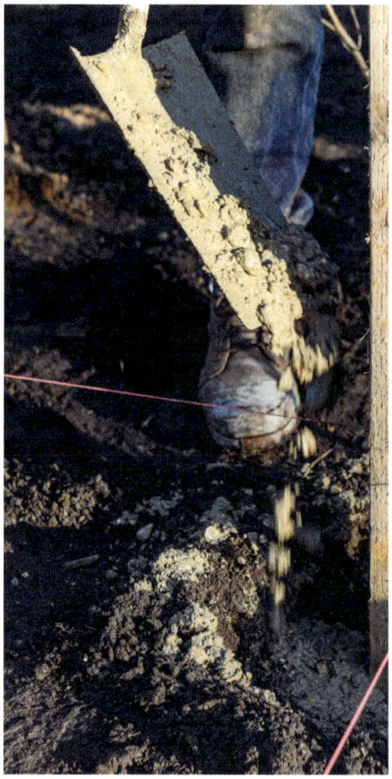

8 Beton mischen oder Fertigbeton vorbereiten. Den ersten Pfosten in sein Loch stellen und mit einer Wasserwaage exakt senkrecht ausrichten. Auf exakte Abstände achten, denn später müssen die Bretter genau zwischen die Pfosten passen. Den Pfosten festhalten und dabei das Pfostenloch bis knapp unter Bodenniveau mit Beton füllen. Erneut prüfen, ob der Pfosten exakt senkrecht steht und an den Schnüren ausgerichtet ist. Dann Beton feststampfen, um Lufteinschlüsse herauszupressen.

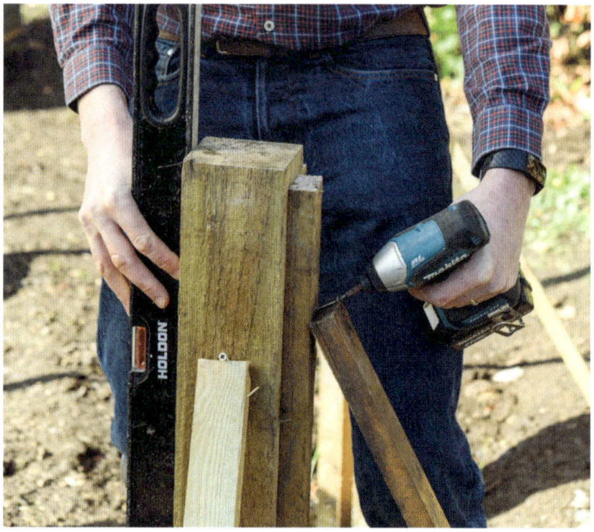

9 Sobald der Pfosten exakt senkrecht steht, muss er fixiert werden, bis der Beton hart ist. Dazu zwei Latten in den Boden schlagen und schräg am Pfosten anschrauben. Am oberen Ende dieses Pfostens werden später die anderen Pfosten ausgerichtet.

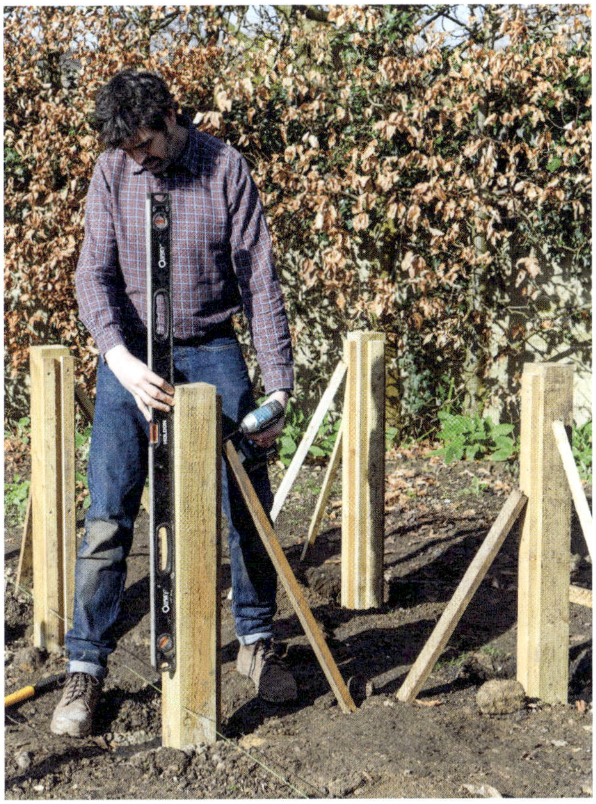

10 Die anderen drei Pfosten auf die gleiche Weise aufstellen. Sie müssen exakt 1 m Abstand zueinander haben, im rechten Winkel stehen und die gleiche Höhe haben. Alle zeitweilig mit Latten stützen und immer wieder die Maße prüfen. Man sollte sich Zeit nehmen und genau arbeiten, denn später lässt sich nichts mehr verändern. Beton 24 Stunden aushärten lassen, bevor die Stützlatten entfernt werden.

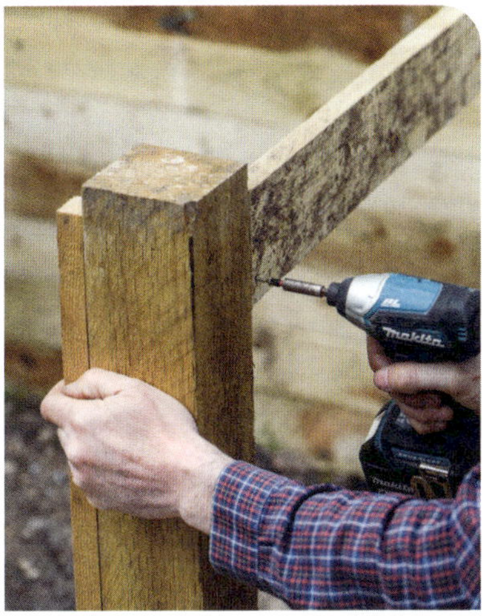

11 Am Ende jedes Bretts zwei Löcher für die seitlichen Wände und die hintere Wand vorbohren. Die Bretter mit 40-mm-Schrauben an die Latten anschrauben; dabei oben anfangen. Mit der Wasserwaage prüfen, ob die Bretter waagrecht stehen, denn oft sind sie nicht vollkommen gerade. Ggf. justieren.

Der Komposter sollte an einem Platz stehen, der gut mit einem Schubkarren erreichbar und weder zu dunkel noch zu trocken ist, damit der Zersetzungsprozess nicht zu langsam abläuft.

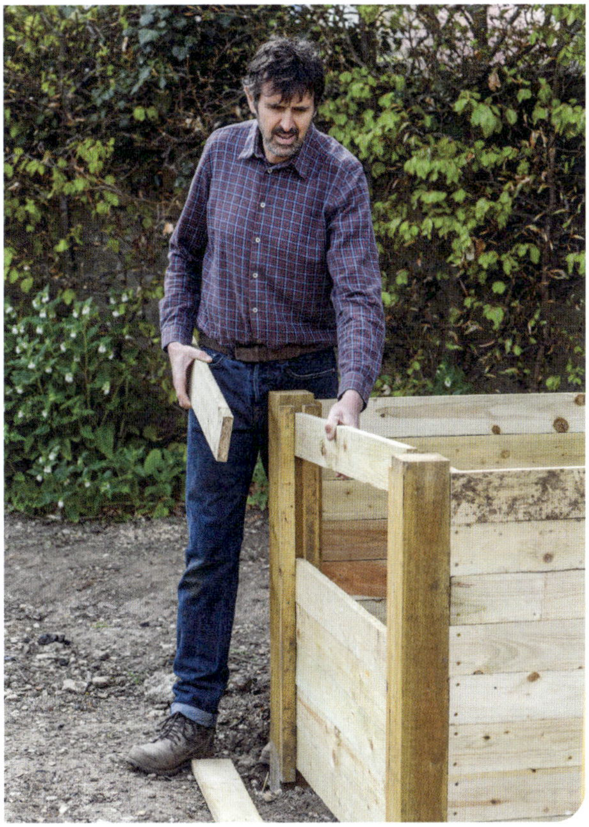

12 Zum Schluss die 97,5 cm langen Bretter in die Führung aus zwei Latten an der Vorderseite stecken. Die Bretter sind 2,5 cm kürzer als die anderen und sollten leicht hineinrutschen.

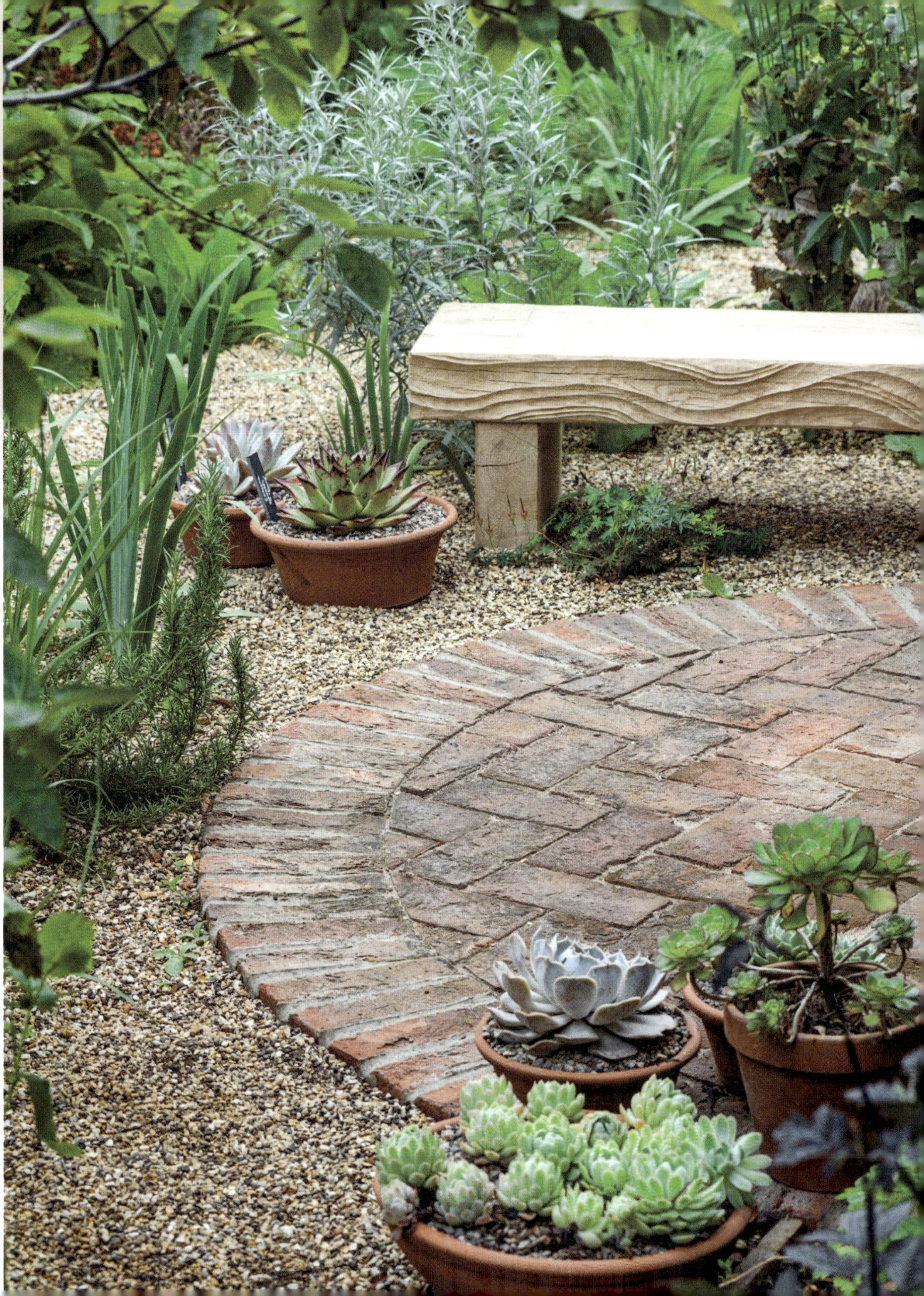

ZIEGELKREIS

Kreise entfalten im Garten eine dynamische Wirkung. Legt man mehrere an, können sie den Raum rhythmisch gliedern. Dieser Ziegelkreis ist ein Gartenelement, das man gerne aufsucht. Man kann ihn auch größer gestalten und als Terrasse in einem Rasen oder inmitten einer Pflanzung platzieren. Hier habe ich ihn in den Kiesgarten integriert.

SIE BRAUCHEN

Zur Berechnung der Mengen siehe S. 244–245:

- Schotter
- Mörtel (1 Teil Zement, 6 Teile Sand)
- Pflasterziegel
- Fugenmörtel (1 Teil Zement auf 6 Teile hellen Feinsand)
- Bausand für das Fundament
- Fugensand

Werkzeug

- Maßband
- Pflöcke und Schnur oder Sprühkreide
- Schaufel oder Spaten
- Fäustel
- Holzpflöcke
- Stift
- Rechen
- Handramme oder Rüttelplatte
- Wasserwaage
- Maurerkelle und Fugenkelle
- Gummihammer
- Gartenschlauch
- weiche Bürsten und Besen
- Abzieh- bzw. Richtlatte, 10 × 2 cm
- Handsäge
- Steinsäge oder Winkelschneider mit Diamantscheibe
- Handschuhe, Staubmaske, Schutzbrille
- evtl. Hartfaserplatte
- Holzblock

Am Anfang steht die Standortfrage. Ich lege Ziegelkreise gern in Pflanzungen oder an Rasenrändern an, wo sie teilweise in angrenzende Pflanzungen hineinragen und man sich deshalb vom Garten förmlich umschlossen fühlt. Diese Version hier hat nur 2 m Durchmesser und eignet sich daher nicht unbedingt als Hauptterrasse, dafür umso mehr als Sitzplatz mit Aussicht. Soll ein Tisch mit Stühlen Platz haben, muss er mindestens 3 m groß sein. Runde Formen lassen sich einfach anlegen, weil man alles an einem einzigen Punkt in der Mitte ausrichten kann.

NÜTZLICHE TIPPS

- Bei der Auswahl der Materialien sollte man sich am restlichen Garten und der Architektur des Hauses orientieren. Die Tonziegel hier sind warm und einladend, reflektieren aber kein Licht. In dunkleren Bereichen ist eventuell ein hellerer Belag ratsam.
- Legen Sie den Ziegelkreis nicht zu nah an einer Rückwand oder einem Zaun an, da sich sonst unschön geformte Pflanzungen ergeben können. Als Faustregel gilt: Im Zweifelsfall alles etwas großzügiger planen. Überlegen Sie gut, wie Formen im Garten zusammenwirken und ob sie miteinander harmonieren.

EXPERTENWISSEN

- **Bei der Verlegung runder Flächen tut man sich leichter, wenn die Ziegel kleiner sind, weil geschwungene Formen damit gleichmäßiger und Fugen kleiner ausfallen.**
- **Um die Fläche und benötigten Materialien zu errechnen, müssen Sie auf etwas mathematisches Schulwissen zurückgreifen und die Formel Pi × Radius im Quadrat (πr^2) anwenden. Einfacher geht es, wenn man ein Quadrat über den Kreis zeichnet, den Durchmesser errechnet und mit 2 multipliziert. So kann man sicher sein, genug Material zu haben.**

QUERSCHNITT

Der Ziegelkreis wird auf einem Bett aus Schotter und Sand verlegt. Für die Einfassung braucht man zusätzlich ein Mörtelfundament über dem Schotter. Je nach Größe des Kreises muss eventuell eine leichte Neigung mit einberechnet werden, damit Regenwasser ablaufen kann. Wie das geht, erfahren Sie auf S. 241.

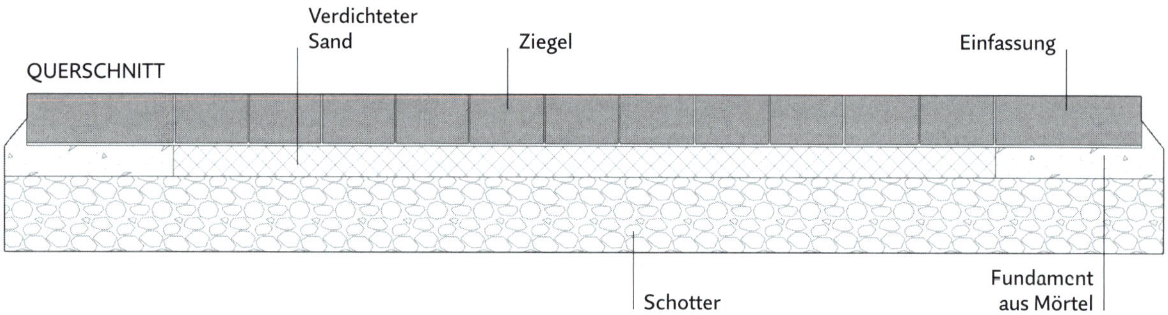

VERLEGMUSTER

Sobald das Muster feststeht, verlegen Sie ein paar Ziegel provisorisch am anvisierten Standort. So sehen Sie, ob Ihnen die Wirkung des Musters zusagt und es zur Umgebung passt.

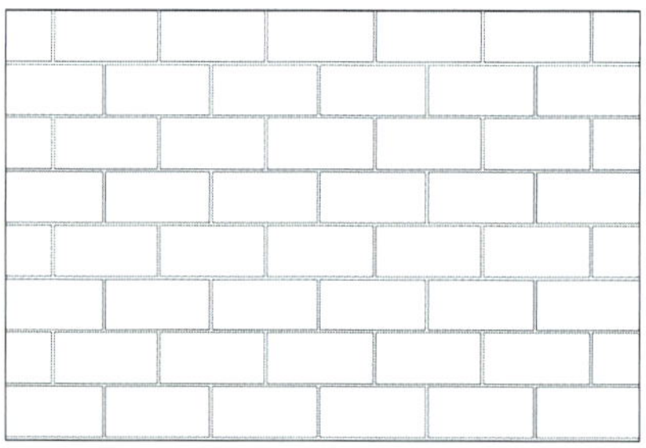
Läuferverband

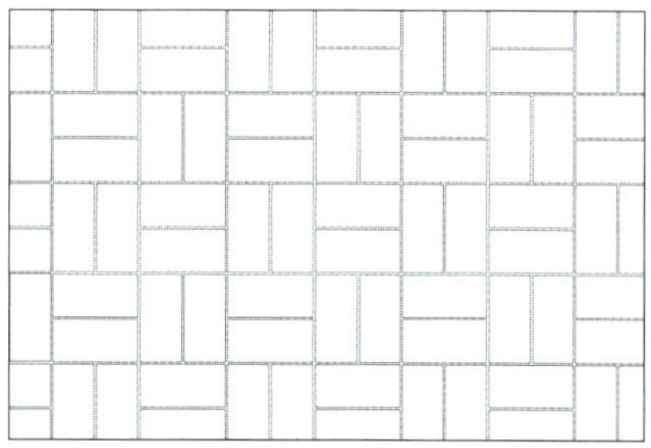
Parkett- oder Blockverband

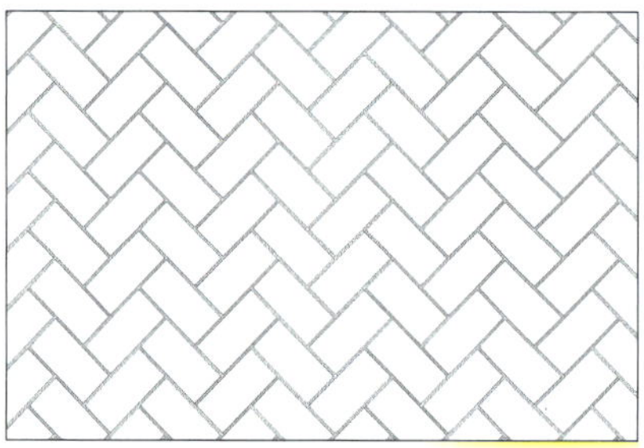
Fischgrätverband

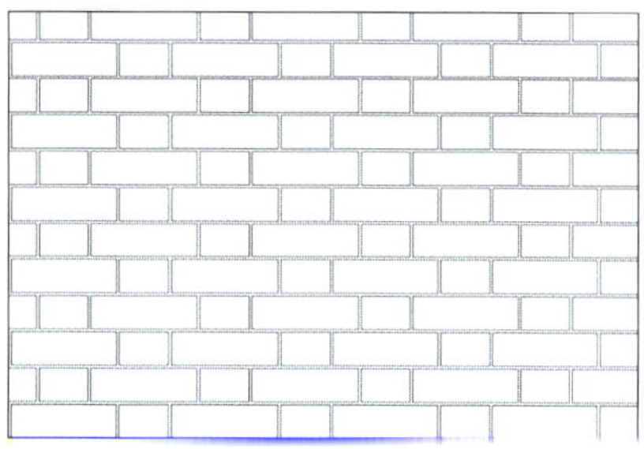
Flämischer Verband

Auswahl der Ziegel

Verlegen Sie nur Ziegel, die sich als Bodenbelag eignen. Stil und Farbe sollten zur angestrebten Ästhetik passen.

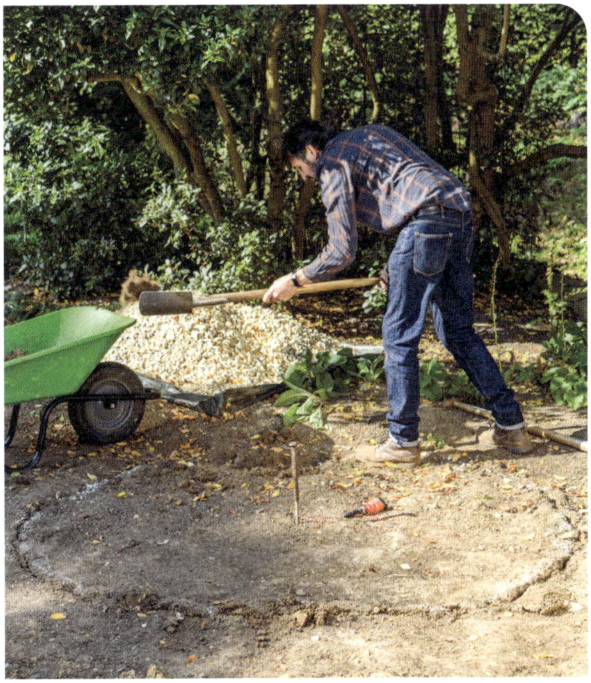

2 Kreisfläche etwas tiefer als 20 cm ausheben, damit die verschiedenen Schichten (siehe Schritt 4) Platz haben. Die ausgehobene Grube sollte geringfügig mehr als 2 m Durchmesser haben, denn so bleibt für alle Fälle etwas Spielraum.

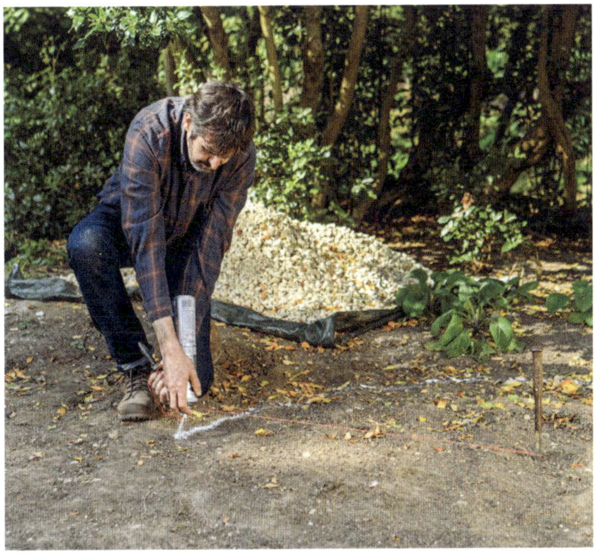

1 Standort auswählen und Größe sowie Position des Kreises markieren. Dazu einen Pflock in die Mitte schlagen, eine Schnur daran befestigen und den Kreis mit Sprühkreide markieren. Meine Version hat 2 m Durchmesser, doch können Sie den Kreis auch 3 m groß anlegen.

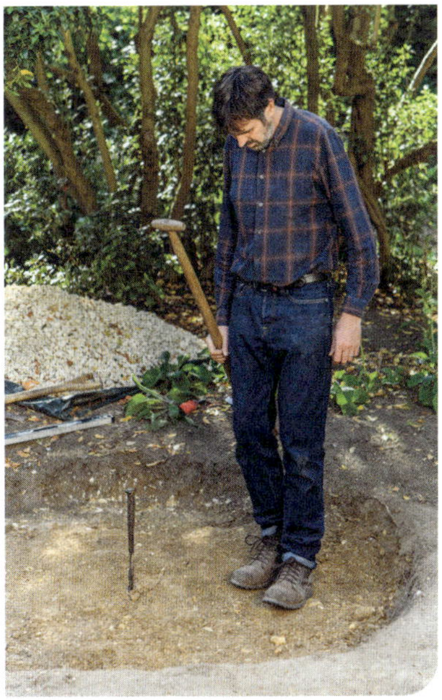

3 Den Boden im Kreis überall festtreten, damit keine weichen Stellen mehr vorhanden sind, die sich absenken könnten. Reicht das Festtreten nicht, kann man auch mit einem 10 × 10 cm dicken Pfosten alles feststampfen.

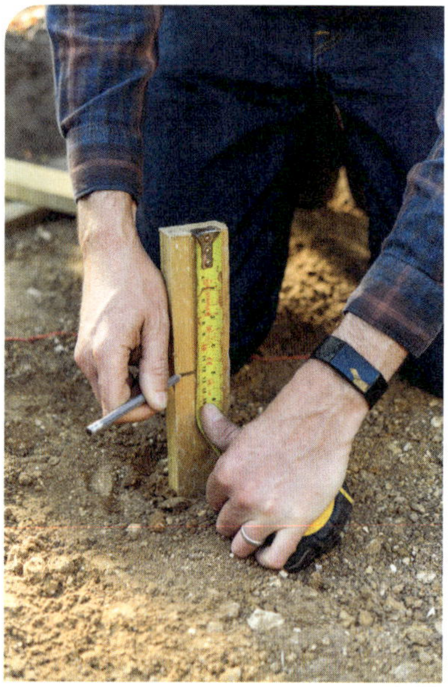

4 Im gesamten Kreis Pflöcke einschlagen und daran die Höhe der Schotterschicht (10 cm), der Sandschicht (4 cm) und des Ziegelbelags (hier rund 6 cm) anzeichnen.

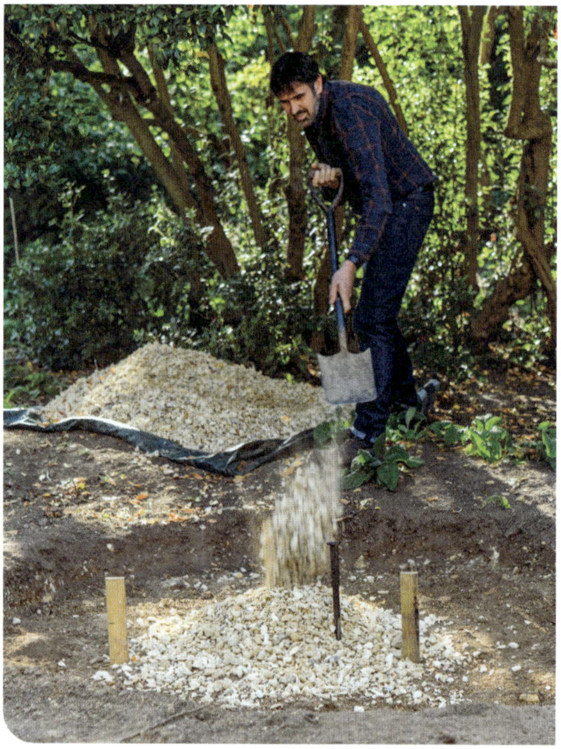

5 Eine 10 cm dicke Schicht Schotter in die ausgehobene Grube füllen. Gleichmäßig mit dem Rechen verteilen und mit einer Handramme oder Rüttelplatte feststampfen. Dabei prüfen, ob die Pflöcke noch in der korrekten Höhe stehen.

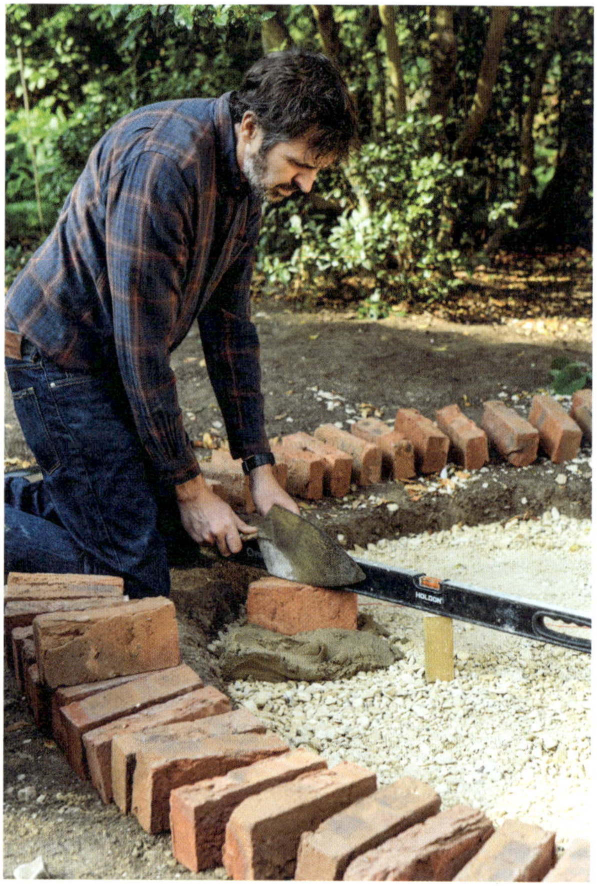

6 Mithilfe des Pflocks, der beim Markieren des Umrisses in der Kreismitte eingeschlagen wurde, und der Wasserwaage den ersten Ziegel verlegen. Die Schnur dazu nach außen spannen – sie muss über die Mitte des Ziegels verlaufen. Wo die Schnur genau 2 m lang ist, einen Knoten binden oder eine andere Markierung anbringen, um ein Maß für den Kreisrand zu haben. Den Mörtel mischen und für die äußerste Reihe etwa 4 cm dick auf den Schotter auftragen. Den ersten Ziegel hochkant daraufsetzen; die Markierung bzw. den Knoten in der Schnur als Maß verwenden und Ziegel mithilfe der Wasserwaage waagrecht ausrichten.

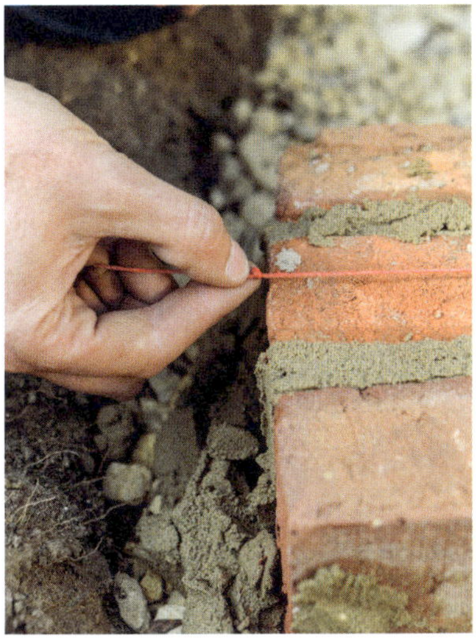

7 Den Ziegel mit einem Gummihammer in das Mörtelfundament klopfen. Weitere Ziegel am Kreisrand entlang verlegen und immer wieder mit der Schnur die Position überprüfen. Ggf. eine Seite der Ziegel mit Mörtel bestreichen, das hält sie zusammen. Erweist sich das als schwierig, kann man die Fugen auch zum Schluss mit Mörtel schließen.

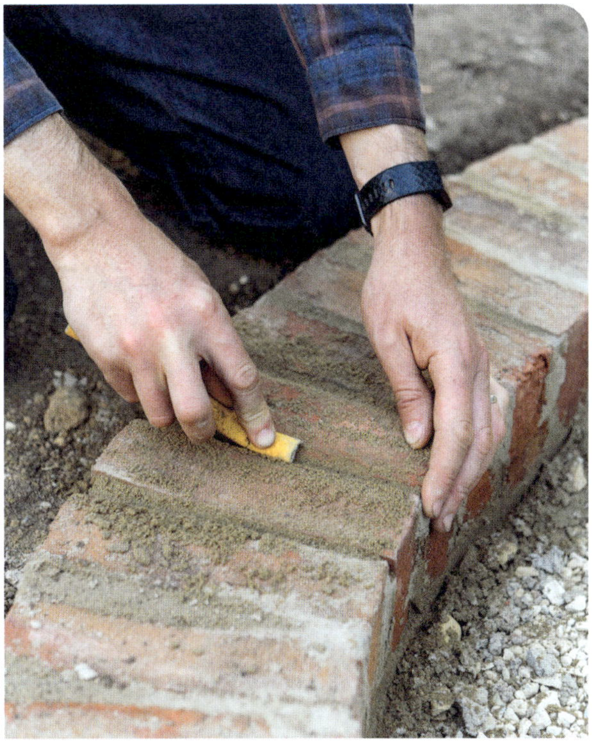

9 Sobald die Einfassung verlegt ist, Zement und Feinsand (1:6) mischen, die Zwischenräume damit nass verfugen und mit einem Schlauchstück glätten. Falls die Ziegel nicht schon beim Verlegen mit Mörtel bestrichen wurden, die Mischung davor in die Fugen drücken. Wenn die Fugen schon beim Verlegen der Ziegel geschlossen wurden, ist es sinnvoll, den Mörtel alle paar Stunden anzufeuchten, damit er nicht zu stark austrocknet. Gestaltet sich das schwierig, kann man den Mörtel und das Fugenmaterial auch einarbeiten, nachdem alle Ziegel verlegt sind (Schritt 18).

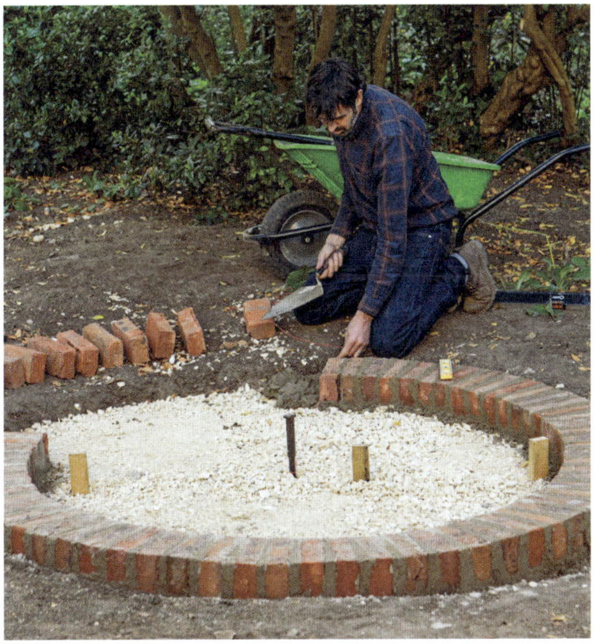

8 Nach und nach die gesamte Ziegeleinfassung verlegen und immer auf gleichmäßig große Fugen achten. Konstant die Höhe prüfen und die Ziegel an den Pflöcken ausrichten. Außerdem die Schnur stets so spannen, dass sie durch die Ziegelmitte verläuft. Da die Ziegel hochkant verlegt werden, kann man sie dichter aneinanderlegen, sodass die Fugen schmäler ausfallen.

Wetter

Ideale Wetterbedingungen für das Verlegen herrschen an einem bewölkten, aber trockenen Tag. Decken Sie die Fläche nachts ab, um den Mörtel zu schützen. Ist es heiß, muss man die Fläche eventuell anfeuchten.

10 Überschüssigen Fugenmörtel wegbürsten. Mit einer Kelle den Rand nacharbeiten und Mörtel am äußeren Rand zu einer »Rampe« anhäufeln, aber nicht bis nach oben, damit man ihn später nicht sieht. Einfassung mit Folie oder Karton abdecken, um sie zu schützen, und 24–48 Stunden lang aushärten lassen.

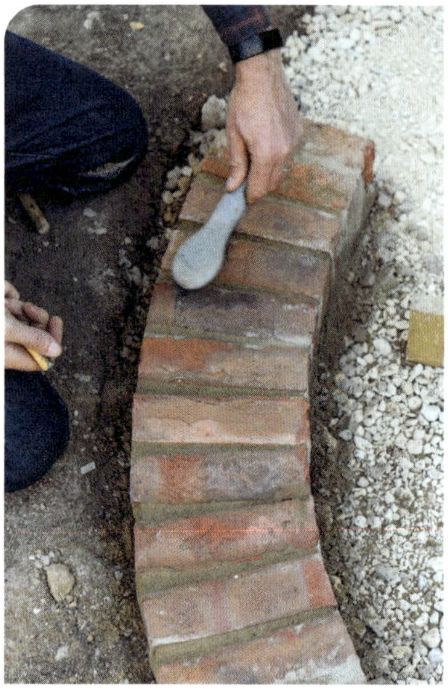

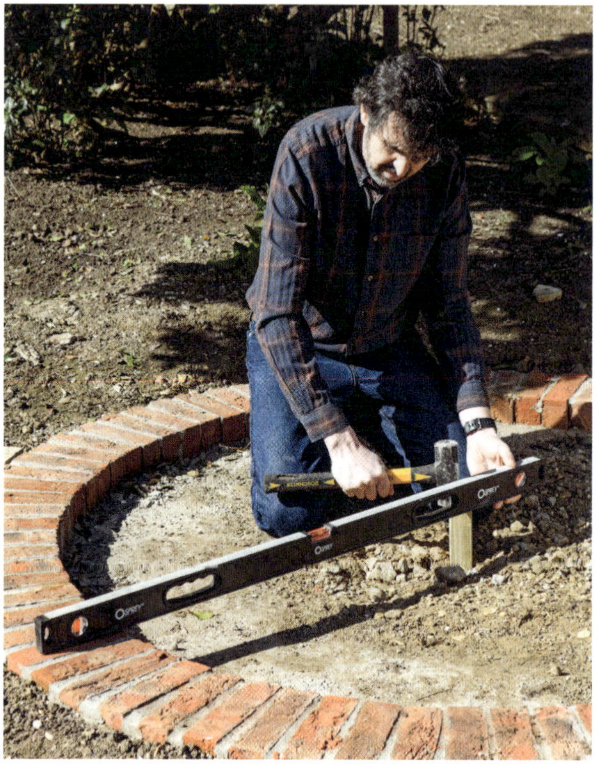

12 Den Pflock in der Mitte 1 cm höher setzen als den Ziegelrand; mit einer Wasserwaage horizontal ausrichten. Sie brauchen den mittleren Pflock für die Abziehlatte, die wie ein Uhrzeiger im Kreis gezogen wird, um den Sand auf die passende Höhe zu bringen. Dadurch, dass die Mitte geringfügig höher ist, läuft Wasser ab und sammelt sich nicht in der Kreismitte zu einer Pfütze.

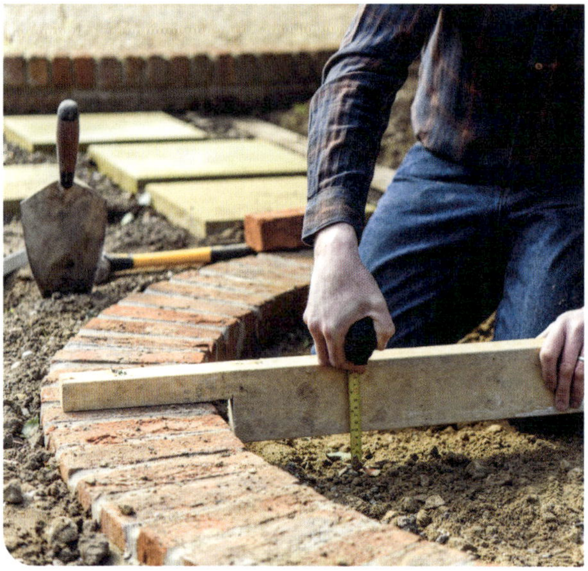

11 Aus einem Stück Holz eine Abzieh- bzw. Richtlatte schneiden; sie sollte etwas mehr als die Hälfte des Radius lang sein. Beide Enden L-förmig zuschneiden. Die vertikale Seite des L sollte mindestens 5 mm kürzer sein, als die Ziegel hoch sind, damit die inneren Ziegel nach dem Abziehen 5 mm höher sitzen als der Rand. Nach dem Zuschneiden der Latte prüfen, ob für die Sandschicht im Inneren des Kreises tatsächlich 4 cm Platz ist.

Verlegmuster

Es gibt unzählige Verlegmuster für Bodenziegel, etwa den Fischgrät-, Parkett- und Läuferverband.

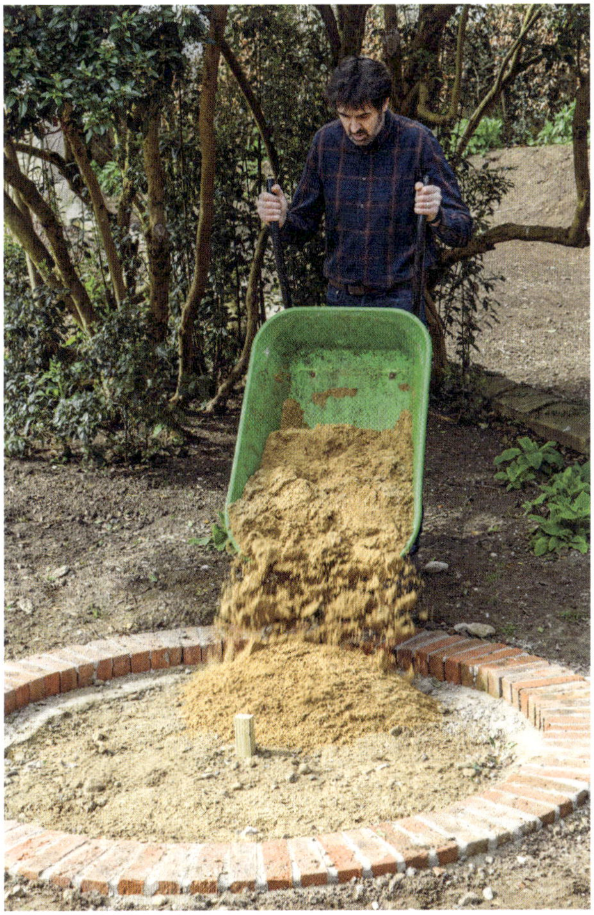

13 Eine Lage Sand auf den Schotter im Kreis füllen und gleichmäßig verteilen. Mit einem Rechen oder einer Schaufel einebnen. Die Lage sollte etwas höher sein als nötig, damit beim Abziehen noch etwas bleibt, um Lücken und Löcher zu füllen. Zum Schluss sollte die Sandschicht mindestens 4 cm dick sein, aber beim Verlegen dürfen die Ziegel geringfügig zu hoch stehen. Wenn sie in Schritt 19 festgestampft werden, setzen sie sich noch etwas.

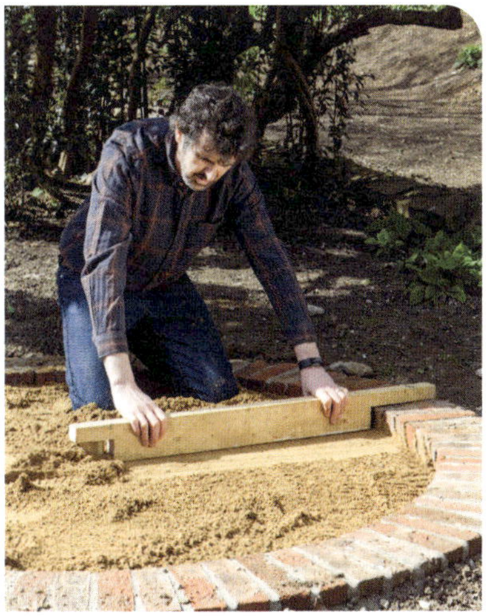

14 Sobald der Sand gleichmäßig verteilt ist, die Abziehlatte wie einen Schwenkarm um den Mittelpflock ziehen, rückwärts arbeiten und den Sand einebnen. Eine Handschaufel bereithalten, um ggf. Löcher mit Sand zu füllen.

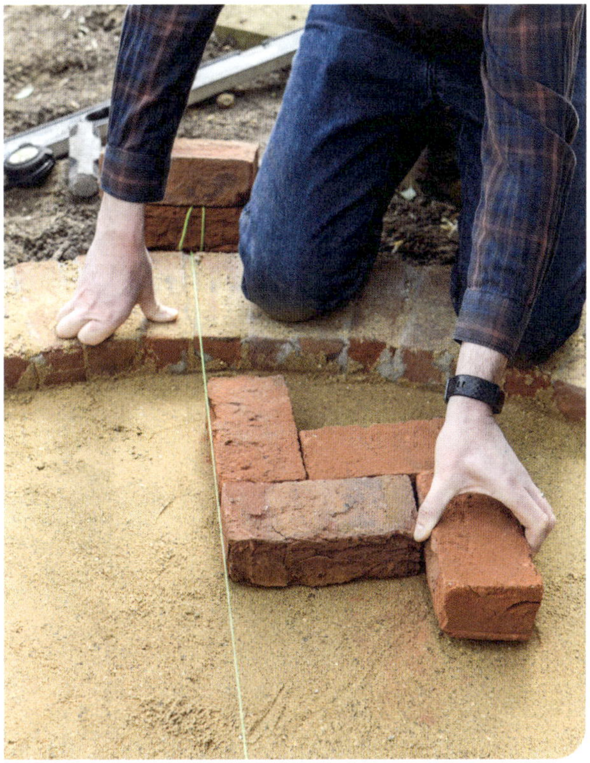

15 Eine Schnur über die Mitte spannen, damit die Ziegel exakt lotrecht zur Mitte liegen. So entsteht eine Linie als Anhaltspunkt. Die Ziegel möglichst eng aneinander auf den Sand legen. Ich habe mich hier für einen Fischgrätverband entschieden, doch gibt es viele andere Verlegmuster. Man kann die Kreismitte auch einfach nur mit Kies oder Pflastersteinen füllen – Ihr Geschmack entscheidet. Nehmen Sie sich Zeit und treten Sie nicht auf den Sand.

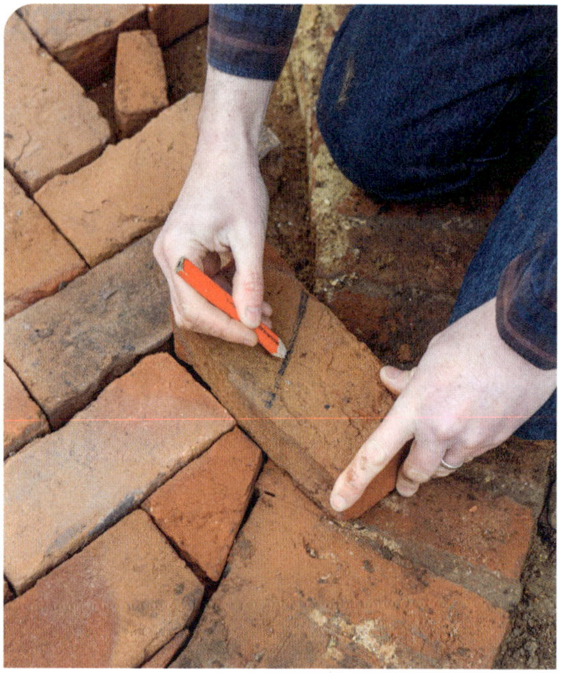

16 Sobald die Mitte mit ganzen Ziegeln gefüllt ist, bleiben noch Lücken am Rand. Sie müssen mit geschnittenen Ziegeln geschlossen werden. Dazu die Ziegel darauflegen und die Form der Lücke darauf anzeichnen.

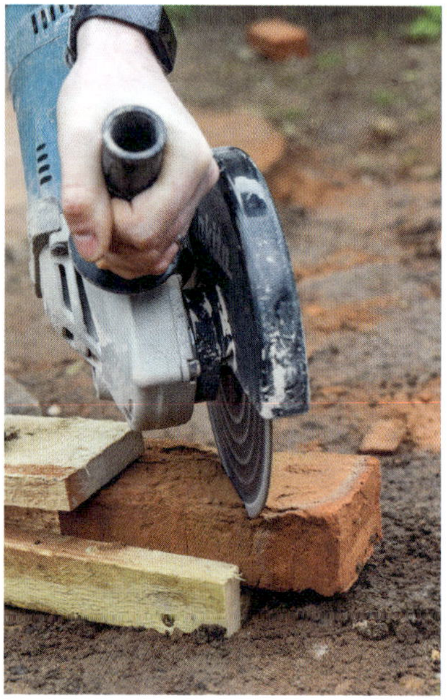

17 Mit einer Steinsäge oder einem Winkelschneider mit Diamantscheibe entlang der markierten Linie schneiden. Dabei Ziegel mit Holzstücken fixieren. Alle weiteren Ziegel ebenso zuschneiden und in die Lücken klopfen.

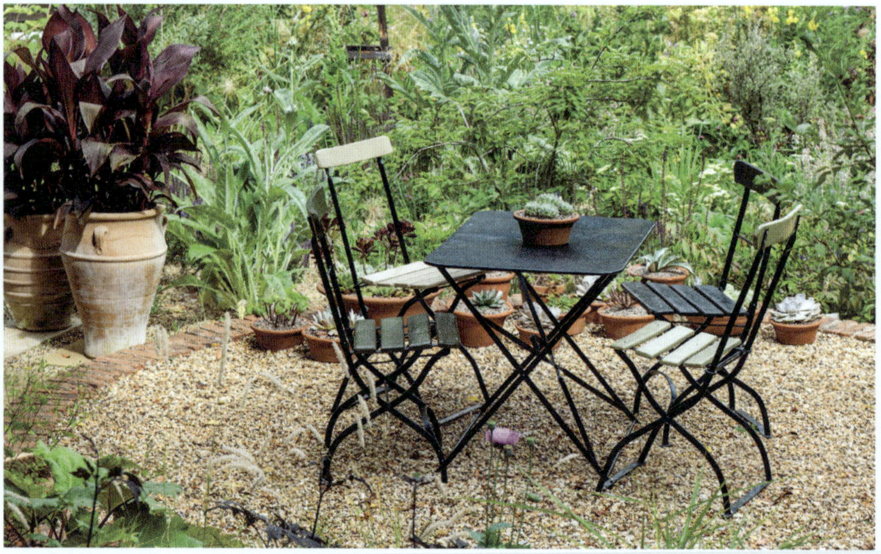

Dieser Ziegelkreis ist mit etwa 3 m Durchmesser etwas größer. Er wurde statt mit Ziegeln mit Kies gefüllt. Eine gut eingewachsene Pflanzung säumt den Kreis. Hier lassen sich sehr gut ein Tisch und Stühle aufstellen.

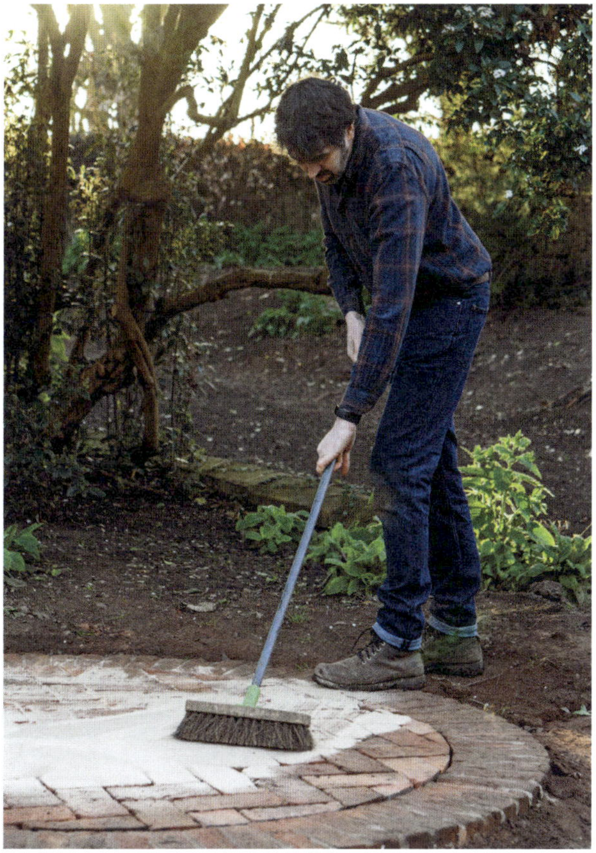

18 Sobald alle Ziegel verlegt sind, Fugensand auf die Fläche streuen und mit einem weichen Besen in die Lücken zwischen den Ziegeln kehren. Der Sand setzt sich in den nächsten Wochen und muss eventuell nachgefüllt werden.

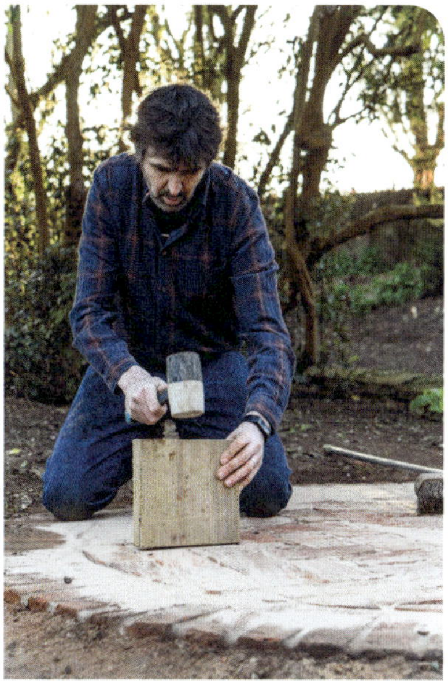

19 Ich verwende zum Feststampfen der Ziegel einen Holzblock und einen Gummihammer, mit dem ich über die Oberfläche gehe. Man kann auch mit einer Rüttelplatte arbeiten, muss vorher aber die Fläche mit einer Hartfaserplatte abdecken. Nach dem Feststampfen sollte die Mitte eben mit der Einfassung abschließen. Ich lasse etwas Sand auf der Oberfläche, damit er sich mit der Zeit in die Fugen einarbeitet.

» *Kleine Ziegelflächen locken Spaziergänger in das Grün, vor allem wenn sie dicht mit Pflanzen gesäumt sind oder eine schöne Aussicht bieten.* «

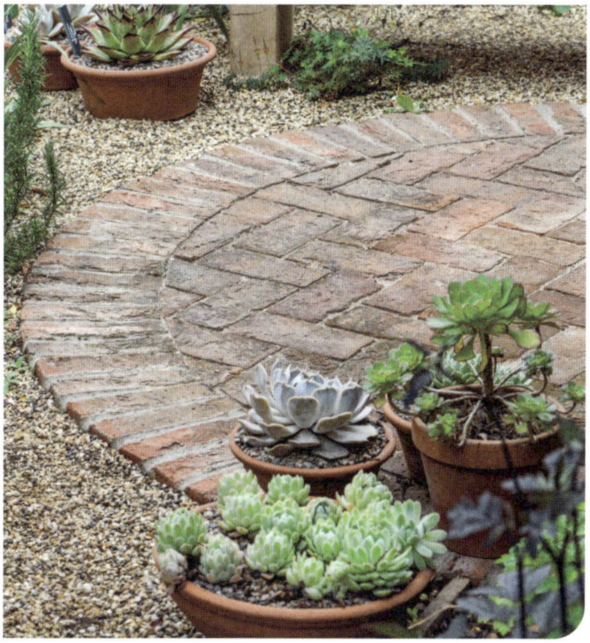

20 Dieser Ziegelkreis sieht in der großen Kiesfläche sehr gut aus. Man kann darauf eine Feuerschale, Töpfe oder eine kleine Sitzgelegenheit aufstellen.

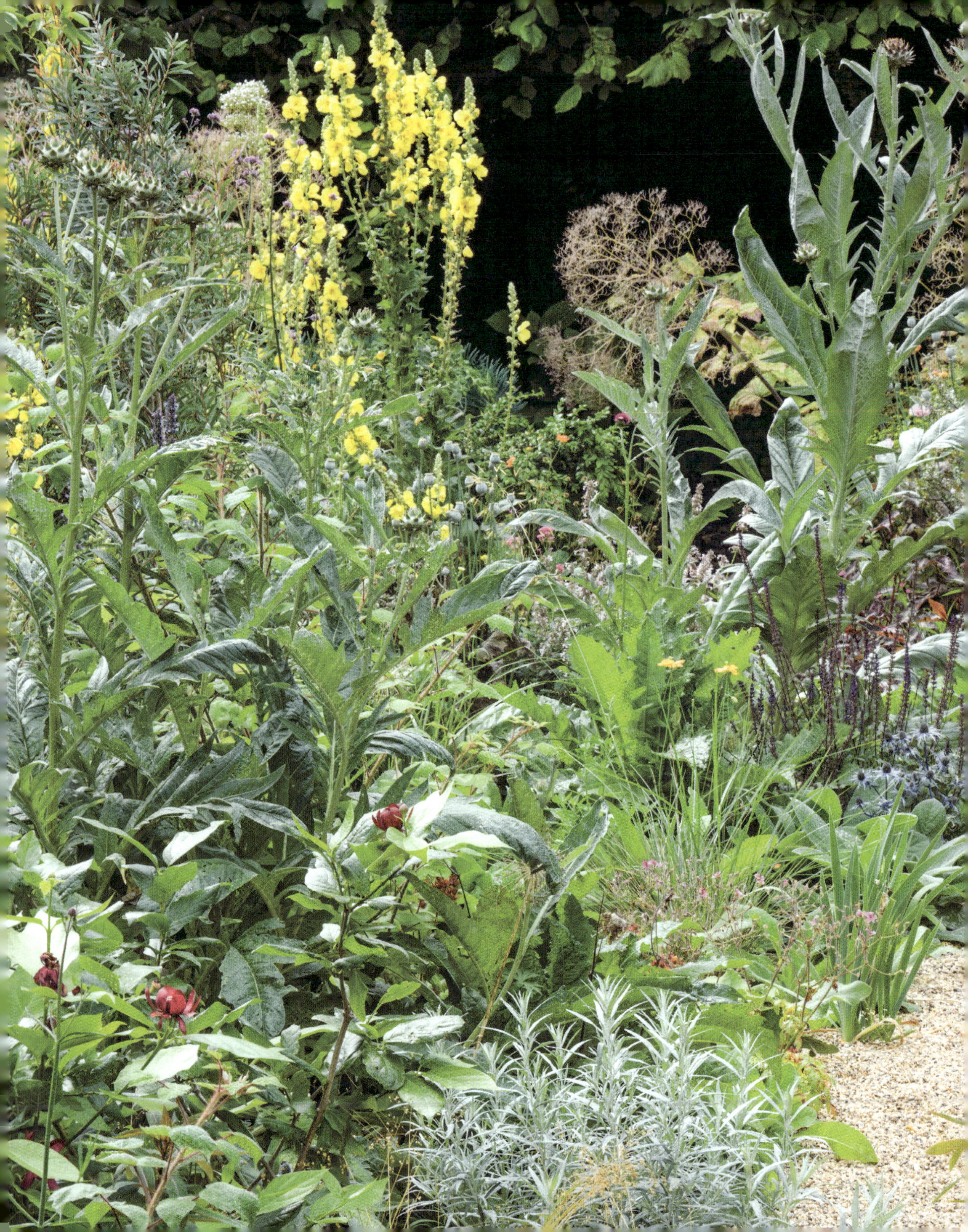

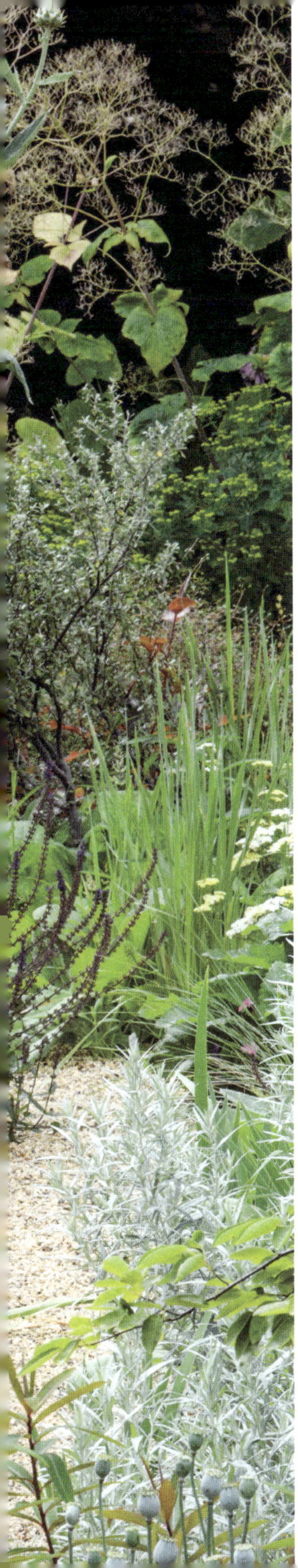

NÜTZLICHE INFORMATIONEN

FLÄCHEN MARKIEREN UND HÖHEN FESTLEGEN

Ein entscheidender Arbeitsschritt bei Bauprojekten ist das exakte Ausmessen und Markieren von Flächen, ganz gleich, ob etwas von einem Plan übertragen oder direkt vor Ort markiert wird. Viele schrecken davor zurück, weil sie glauben, das nicht zu können. Doch es hört sich schwieriger an, als es ist.

DEN STANDORT MARKIEREN

Muss Erde ausgehoben werden, etwa weil man ein Fundament braucht, kann man Pflöcke einschlagen und daran die Höhe der jeweiligen Schichten anzeichnen, also beispielsweise den Schotter, den Mörtel, den Bodenbelag, den Kies, die Ziegel usw. Will man eine Fläche mit einem leichten Gefälle anlegen, damit Regenwasser gut ablaufen kann, muss auch das in die Berechnungen mit einbezogen werden (siehe gegenüber).

3-4-5-METHODE

Zu den schwierigsten Aufgaben bei Bauprojekten gehört es, genaue Winkel hinzubekommen. Ein exakter 90-Grad-Winkel lässt sich beispielsweise mit der 3-4-5-Methode errechnen. Dieses simple Verfahren basiert auf einer Theorie des griechischen Mathematikers Pythagoras. Er fand heraus, dass bei einem rechtwinkeligen Dreieck die Seiten im Verhältnis 3 auf einer, 4 auf der anderen und 5 auf der längsten Seite zueinander stehen. Wenn man also mit Pflöcken und einer gespannten Schnur ein Dreieck bildet, dessen Seiten z. B. 30 cm, 40 cm und 50 cm (oder ein Vielfaches dieser Werte) lang sind, dann bekommt man zwischen den beiden kürzeren Seiten einen exakten rechten Winkel.

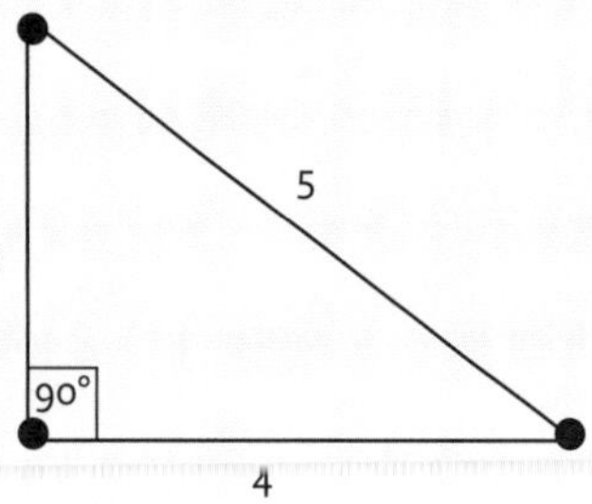

1 Die Fläche mit zwischen Pflöcken gespannten Schnüren oder Sprühkreide ungefähr markieren. Wird eine rechteckige Form benötigt, mit einem Winkelmaß oder der 3-4-5-Methode (siehe unten links) prüfen, ob die rechten Winkel exakt 90 Grad betragen. Ich markiere die Fläche in der Regel rund 20 cm größer, damit ich ein bisschen mehr Platz zum Arbeiten habe.

2 Die Fläche mit einem Spaten oder Minibagger ausheben. Ich grabe je nach Projekt und verwendetem Material meistens 15–20 cm tief, doch kann die Tiefe variieren. Anschließend den Boden der ausgehobenen Fläche einebnen und festtreten. Findet man weiche Stellen, in denen man einsinkt, weiter nach unten graben, bis man auf eine harte Schicht trifft.

3 Die ersten Pflöcke am Rand der Fläche einschlagen; sie müssen alle in der Höhe stehen, in der auch die fertige Oberfläche einmal verlaufen soll. Dann weitere Pflöcke über die ausgehobene Fläche verteilt einschlagen; mit einer Wasserwaage prüfen, ob alle in der korrekten Höhe stehen. Soll eine leicht geneigte Fläche entstehen, damit Regenwasser ablaufen kann, muss wie auf der Seite gegenüber verfahren werden.

4 Von der endgültigen Höhe der fertigen Fläche ausgehend nach unten messen, wo sich später die Oberfläche der Schotter-, Mörtel-, Pflaster- und Kiesschicht bzw. des Ziegelbelags usw. befinden soll, und jede mit einem Stift an den Pflöcken anzeichnen. Die Schotterschicht sollte mindestens 10 cm hoch sein. Die Maße genau einhalten.

ANLEGEN EINES **GEFÄLLES**

Schrägt man eine Pflaster- oder Ziegelfläche etwas ab, kann Regenwasser leichter ablaufen, sodass keine Pfützen entstehen und sich auch Moos nicht so leicht festsetzt. Rauere bzw. stärker texturierte Oberflächen brauchen ein stärkeres Gefälle als glatte Beläge.

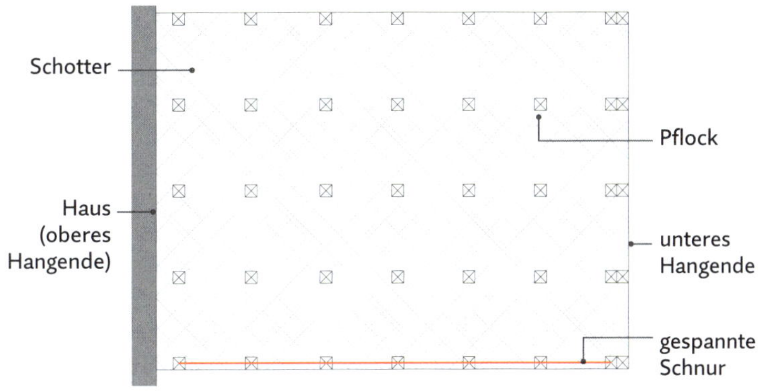

SCHRÄGE FLÄCHE: ANSICHT VON OBEN

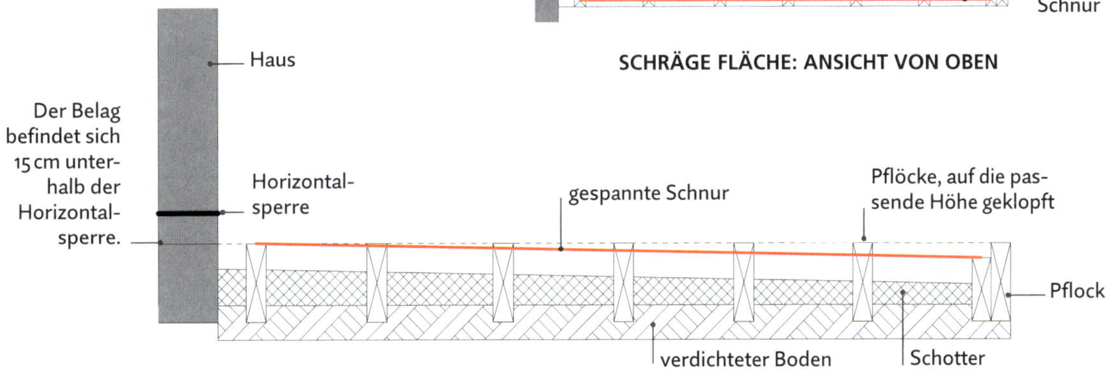

SCHRÄGE FLÄCHE: QUERSCHNITT

Beim Kauf von Materialien wird oft das empfohlene Gefälle auf der Verpackung angegeben. Wenn nicht, fragen Sie den Baustoffhändler. Das Gefälle, auch Neigung oder Schräge genannt, wird im Bauwesen meist in Prozent oder als Verhältnis angegeben. Ein Gefälle von zehn Prozent entspricht beispielsweise einem Höhenunterschied von zehn Metern auf 100 Meter. Wer in einer regenreichen Gegend wohnt, sollte ein geringfügig stärkeres Gefälle anlegen.

Nach dem Ausheben setzt man am Rand Pflöcke auf die Höhe, auf der später die Oberfläche verlaufen soll. Grenzt die Fläche an ein Haus, muss sie sich 15 cm unterhalb der Horizontalsperre befinden, erkennbar an der schwarzen Folie am Mauersockel.

Bei einer Terrasse ist ein Gefälle von 1–2 Prozent üblich. Ist die Terrasse 2 m lang, ergibt das bei einem Gefälle von 1 Prozent einen Höhenunterschied von 2 cm, bei 2 Prozent einen Höhenunterschied von 4 cm. Ganz wichtig: Das Gefälle muss sich nach außen hin neigen, der oberste Punkt sich also am Haus befinden.

1 Zunächst Pflöcke in geraden, an der Hauswand beginnenden und von ihr weg verlaufenden Linien einschlagen. Zum Schluss verläuft am Ende des Hangs eine Reihe parallel zum Haus. Das obere Ende der Pflöcke sollte sich auf Höhe des späteren Belags befinden.

2 Mit einem Stift an dem Pflock, der vom Haus am weitesten, also 2 m weit entfernt ist, einen Strich 2 cm unterhalb des oberen Endes ziehen (was einem Gefälle von 1 Prozent entspricht). Das Gefälle muss auf der ganzen Terrasse gleichmäßig sein.

3 Neben den Pflöcken am unteren Ende weitere Pflöcke einschlagen, die aber 2 cm tiefer sitzen, also auf Höhe des Strichs an den Pflöcken daneben.

4 Von einem Pflock am Haus zu einem tiefer sitzenden Pflock am unteren Ende der Terrasse eine Schnur im rechten Winkel zur Hauswand spannen. Alle Pflöcke zwischen oberstem und unterstem Pflock exakt auf die Höhe der gespannten Schnur bringen.

5 Mit jeder Pflockreihe so verfahren. Mit einer Wasserwaage prüfen, ob die parallel zum Haus verlaufenden Pflockreihen auf gleicher Höhe sind. An den Pflöcken die Höhe des Schotters markieren; dazu vom oberen Pflockende nach unten messen.

Bei komplexeren Unebenheiten im Garten kann man auch Kreuzlinienlaser mieten. Sie sind nicht schwer zu bedienen und ermöglichen genaue Messungen. Man stellt sie auf einen festen Platz und misst das Gelände von dort.

SIE BRAUCHEN

- Maßband
- Pflöcke und Schnur oder Sprühkreide
- Fäustel
- Zimmermannswinkel (oder mit der 3-4-5-Methode arbeiten)
- kleine und große Wasserwaage
- Spaten
- Schaufel
- evtl. Minibagger
- evtl. Rasenkantenstecher
- Schubkarren
- reichlich Holzpflöcke/-latten zum Markieren der Höhen
- Rechen
- Rüttelplatte, Stampfer oder Handramme
- evtl. Eisenstange
- Handschuhe
- Schutzbrille
- Staubmaske
- Erste-Hilfe-Kasten

EIN GUTER **UNTERBAU**

Sobald man Unterbauten bzw. Fundamente anlegen kann, hat man ein Know-how, das einem bei allen möglichen Projekten gute Dienste leistet. Eine ordentliche Tragschicht ist bei Pflaster-, Kies- und Ziegelflächen sowie Wegen entscheidend. Lassen Sie sich bei der Anlage Zeit, denn unzureichende Konstruktionen führen oft dazu, dass Beläge oder Wände sich verziehen und irgendwann Risse bekommen.

Für einen guten Unterbau hebt man den lockeren Oberboden aus, bis man auf festeren Unterboden trifft. Die Grube muss mit Schotter gefüllt werden, den man verdichtet und mit einer Lage Sand sowie eventuell noch einer Mörtelschicht bedeckt. Für Ziegelmauern braucht man eine 30–60 cm dicke Betonschicht als Fundament.

PLANUNG

Wer nach Plan arbeitet, muss nach dem Übertragen der Maße auf den Boden nachsehen, ob alles seine Richtigkeit hat. Oft ist das die letzte Gelegenheit, etwas zu verändern. Deshalb sollte man überprüfen, ob die Fläche für den anvisierten Zweck ausreichend groß ist und die Materialien dafür geeignet sind. Muss ein Gefälle mit einberechnet werden, damit Regenwasser ablaufen kann, sollte man das ebenfalls in diesem Stadium einplanen (siehe S. 241).

Um herauszufinden, wie tief man graben muss, addiert man bei einem festen Belag – ob Ziegel oder Platten – die Höhe des Unterbaus bzw. Fundaments, des Schotters, des Mörtels und des Belags selbst. Bei Kies oder Rindenmulch addiert man lediglich die Höhe des Schotters und der obersten Lage. Für eine niedrige Ziegelmauer brauchen Sie ein Fundament aus Beton. Wie Sie das benötigte Material errechnen, erfahren Sie auf S. 244–245.

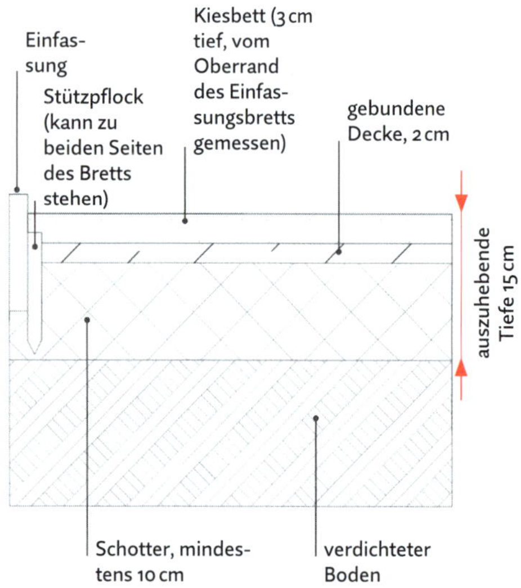

KIESWEG MIT EINER EINFASSUNG AUS BRETTERN

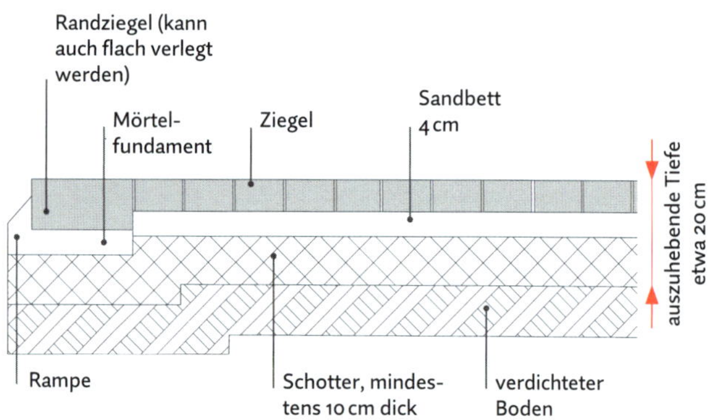

ZIEGELPFLASTER

MATERIAL

Errechnen Sie die benötigten Mengen an Schotter, Sand und Zement (siehe S. 244–245) auf der Grundlage Ihres Plan, falls vorhanden. Ich kalkuliere immer 10 Prozent Überschuss mit ein, doch hängt das auch vom Material ab – fragen Sie Ihren Baustoffhändler, wie viel sinnvoll ist. Ratsam ist es auch, einen guten Vorrat an Holzpflöcken und Latten für die Markierung von Höhen bereitzuhalten.

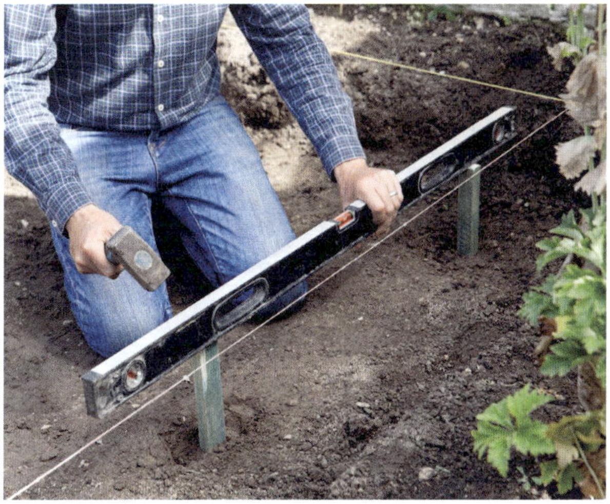

1 In einem letzten Durchgang prüfen, ob alle Pflöcke in der korrekten Höhe stehen. Wer zum ersten Mal solche Konstruktionen durchführt, sollte mit vielen Pflöcken arbeiten, um reichlich Bezugspunkte zu haben.

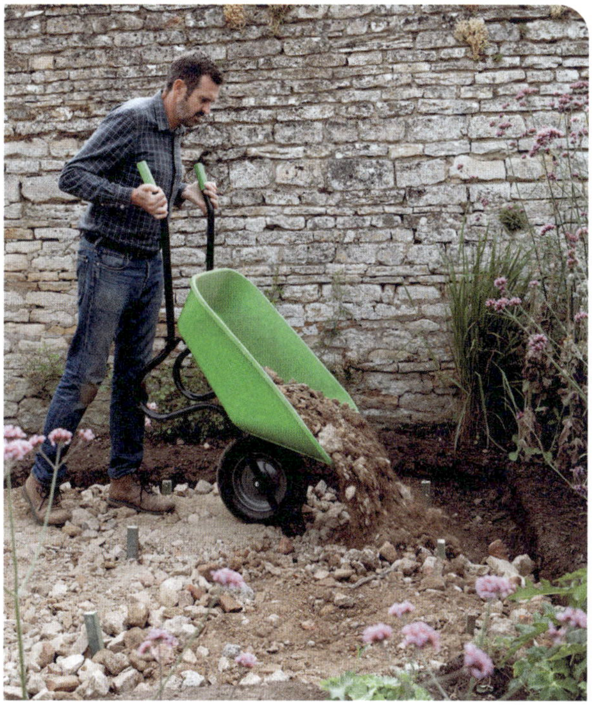

2 Schotter in die Grube kippen; die Pflöcke als Maßstab nehmen. Schotter möglichst gleichmäßig verteilen.

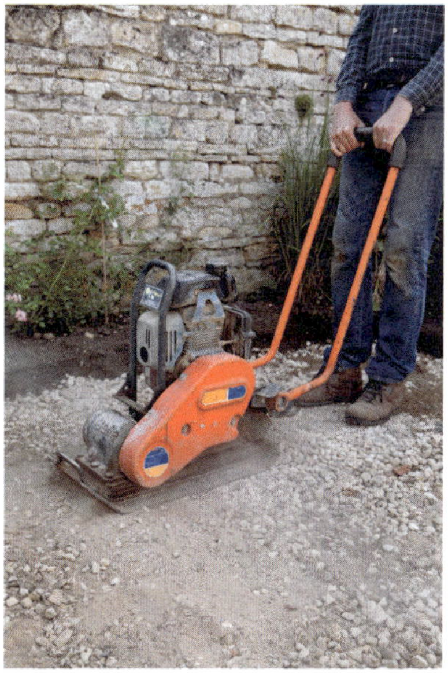

3 Den Schotter eben harken und mit einer Handramme oder Rüttelplatte verdichten, sodass eine feste, ebene, waagrechte Fläche entsteht; dabei um die Pflöcke herum arbeiten. Pflöcke im Boden lassen, da sie als Maß für weitere Schichten gebraucht werden. Falls sich Kuhlen bilden, Schotter nachfüllen und verdichten. Dann die nächste Schicht auftragen, z. B. Sand, Kies oder Mörtel.

MENGEN BERECHNEN

Bevor Sie ein Projekt in Angriff nehmen, sollten Sie genau wissen, welche Mengen an Baumaterialien Sie brauchen. Messen Sie dazu das Areal exakt aus und nutzen Sie für die Berechnung die nachfolgenden Tipps und Formeln.

Tipp Die Kalkulationen in diesem Kapitel ergeben nur ungefähre Mengen. Um zu erfahren, wie viel Material Sie genau benötigen, wenden Sie sich an Ihren Baustoffhändler. Bei Bestellungen über das Internet sollten Sie die Mengen mit einem Online-Rechner errechnen.

Umrechnung

Bei der Umrechnung von Millimeter zu Meter gilt:

1 m = 1000 mm

1 m² = 1 000 000 mm²

ZIEGEL FÜR WEGE ODER ZIEGELKREISE

Mit diesen einfachen Formeln berechnen Sie die Anzahl der Ziegel für einen Weg, eine Terrasse oder einen Ziegelkreis. Auch die meisten Baustoffhändler können Ihnen sagen, wie viel Ziegel Sie pro Quadratmeter brauchen.

Als Erstes errechnet man die zu befestigende Fläche, indem man die Breite mit der Länge multipliziert und so die Flächengröße in Quadratmeter (m²) erhält. Als Nächstes rechnet man aus, wie viel Fläche ein Ziegel in Anspruch nimmt (Breite × Länge).

Dann teilt man die Fläche des Areals durch die Fläche eines Ziegels und addiert 10 Prozent Verschnitt dazu. So erhält man die Gesamtzahl der benötigten Ziegel.

Beispiel 1: Erntepfad

Die Fläche beträgt 0,3 m × 5 m = 1,5 m².
Ein Ziegelstein hat eine Fläche von 0,215 m × 0,1025 m = 0,02204 m².
Die Zahl der benötigten Ziegel für 1,5 m² beträgt 1,5 m²:0,02204 m² = ca. 68, aufgerundet auf 70.
Hinzu kommen 10 Prozent (7 Ziegel) Verschnitt, also werden 70 + 7 = 77 Ziegel insgesamt benötigt.

Beispiel 2: Ziegelkreis

Das benötigte Material für einen Ziegelkreis errechnet man, indem man zunächst den Flächeninhalt mit der Formel Pi × Radius im Quadrat (πr^2) errechnet. Einfacher ist es jedoch, die Fläche eines Quadrats zu errechnen, dessen Länge und Breite dem Kreisdurchmesser entspricht.

Der Kreisdurchmesser beträgt 2 m. Die Fläche eines 2 m × 2 m großen Quadrats beträgt 4 m².
Ein Ziegel hat eine Fläche von 0,215 m × 0,1025 m = 0,02204 m².
Für 4 m² werden also 4 m²:0,02204 mm² = 181 Ziegel benötigt, aufgerundet auf 190.
Hinzu kommen 10 Prozent (19 Ziegel) Verschnitt. 190 + 19 ergibt eine Gesamtmenge von 209 Ziegeln.

SCHOTTER, KIES UND BAUSAND

Da es bei diesen Materialien um Fläche und Tiefe geht, muss mit Kubikeinheiten gearbeitet werden, um das Volumen zu berechnen. Volumen = Breite × Länge × Tiefe.

Beispiel
Eine Terrasse ist 3 m × 4 m = 12 m². Um die benötigte Menge an Schotter, Kies oder Sand für eine 0,1 m dicke Schicht zu erhalten, rechnet man Fläche mal Tiefe, also 12 m² × 0,1 m = 1,2 Kubikmeter (m³).

MÖRTELBETT FÜR BELÄGE

Ich rechne grob mit 8–10 Säcken Zement auf 1 m², doch hängt die Menge natürlich von der Mischung ab (1:10; 1:8 usw.). Die Sand- und Zementmenge errechnen Sie, indem Sie das Gesamtvolumen durch die Summe der Verhältniszahlen teilen und für jedes Material wieder mit der zugehörigen Verhältniszahl multiplizieren.

Beispiel
Die Terrasse ist 3 m × 4 m = 12 m². Für eine 0,04 m (4 cm) dicke Schicht Mörtel wird die Fläche mit der Tiefe multipliziert:
12 m² × 0,04 m = 0,48 m³.

Nun brauchen Sie die Zement- und Sandmengen unter Berücksichtigung des Mischverhältnisses. Für eine **1:6-Mischung** von Zement zu Sand teilen Sie also das Gesamtvolumen durch 7 (6 + 1):
0,48 m³:7 = 0,0686 m³.
1 Teil Zement ist 0,0686 m³ und 6 Teile Sand sind 6 × 0,0686 m³ = 0,412 m³.

RUNDTEICH

Die Materialien lassen sich am leichtesten errechnen, wenn man einfach mit einem Quadrat arbeitet, dessen Kantenlängen dem Durchmesser des Rundteichs entsprechen. Für Folie und Vlies rechne ich auf jeder Seite noch einmal 0,5–1 m als Überstand dazu.

Addieren Sie zur Länge des Quadrats die doppelte Höchsttiefe des Teichs plus den Überstand. Dann addieren Sie die doppelte Höchsttiefe zur Breite des Quadrats plus den Überstand. Die Gesamtlänge multiplizieren Sie mit der Gesamtbreite, um die benötigte Größe der Folie und des Vlieses zu erhalten.

Beispiel
Der Teich hat 3 m Durchmesser und ist maximal 1 m tief. Rechnen Sie auf jeder Seite 1 m als Überstand dazu.
Länge: 3 m + (2 × 1 m) + 2 m = 7 m
Breite: 3 m + (2 × 1 m) + 2 m = 7 m
Folie und Schutzvlies müssen also 7 m × 7 m = 49 m² groß sein.

Bei Kieseln rechnet man 20 kg pro 0,4 m². Teilen Sie die Teichfläche durch 0,4, um die Zahl der 20-kg-Einheiten zu erhalten. Das ist nur eine grobe Rechnung, denn wie viel Kiesel Sie tatsächlich brauchen, hängt auch davon ab, wie hoch die Kieselschicht ausfallen soll.

Beispiel
Der Teich hat 3 m Durchmesser. Die Fläche beträgt also 3 m × 3 m = 9 m².
9 m²:0,4 m² = 22,5, aufgerundet auf 23.
Sie brauchen 23 20-kg-Einheiten Kiesel (oder 460 kg insgesamt) .

FUNDAMENT FÜR PFOSTEN

Um auszurechnen, wie viel Beton Sie brauchen, müssen Sie den Inhalt jedes Pfostenlochs errechnen, also Breite × Länge × Tiefe. Dieses Volumen multiplizieren Sie mit der Zahl der Löcher bzw. Pfosten, die Sie eingeplant haben.

Beispiel
Sie brauchen 10 Pfosten. Jedes Pfostenloch ist 0,3 m × 0,3 m × 0,6 m = 0,054 m³.
Die benötigte Betonmenge beläuft sich auf 10 × 0,054 m³ = 0,54 m³.

GLOSSAR

ABZIEHEN
Durch Abziehen ebnet man eine Schicht, etwa aus Sand, ein. Das geschieht meist mit einem passend zugeschnittenen Abziehbrett, das über die Oberfläche gezogen wird, um sie zu glätten.

BAULICHE ELEMENTE
Damit sind im Gegensatz zur Bepflanzung alle künstlich geschaffenen Elemente in einem Garten oder einer Landschaft gemeint. Zu den baulichen Elementen zählen Pflasterflächen, Einfahrten, Wege, Treppen und Wände aus festen Materialien wie Stein, Holz, Ziegel, Beton, Stahl oder Kies.

BETON
Beton besteht aus Wasser, Zuschlagstoffen und Zement – in welchen Anteilen, hängt vom jeweiligen Verwendungszweck ab. In der Regel braucht man Beton für Fundamente unter Wänden und um Pfosten zu verankern, er kann aber auch für dekorative Zwecke eingesetzt werden.

DACHLATTE *siehe* **LATTE**

FUGENSAND
Dabei handelt es sich um einen sauberen, feinen, trockenen Sand, der in die Fugen einer befestigten Fläche aus Pflastersteinen oder Ziegeln gekehrt wird.

FUNDAMENT
Ein Fundament ist eine feste, haltbare Tragfläche unter Gebäuden, Ziegelmauern oder Treppen. Sie sorgt dafür, dass die baulichen Elemente stabil bleiben. In der Regel wird für ein Fundament eine Grube ausgehoben, die man mit Beton füllt, diesen einebnet, feststampft, um Lufteinschlüsse zu entfernen, und anschließend mindestens 24 Stunden lang, in der Regel aber noch länger aushärten lässt.

GRASSODE
Als Sode bezeichnet man die Grasnarbe mit einer dünnen Schicht Erde, die von den Wurzeln unter dem Gras zusammengehalten wird. Soden können als Rasenziegel oder Roll- bzw. Fertigrasen gekauft und verlegt werden.

HECKE
Eine Hecke ist eine Reihe dicht gepflanzter, immergrüner oder sommergrüner Sträucher oder Bäume, die zusammen eine Barriere bilden.

KIES
Im Bauwesen bezeichnet man als Kies einen Zuschlagstoff oder Schüttmaterial für Unterbauten mit einer Korngröße von ca. 2–60 mm. Er besteht im Gegensatz zu Schotter aus abgerundeten Steinen. Kies wird als Zuschlagstoff für Beton, Tragflächen von Wegen und Terrassen oder als Wegbelag verwendet.

KLETTERPFLANZE
Unter diesem Begriff werden alle Pflanzen zusammengefasst, die sich einer Stütze bedienen, um nach oben zu wachsen. Manche halten sich mit Ranken oder Haftwurzeln fest, andere winden sich um eine Stütze oder müssen angebunden werden, etwa an ein Klettergitter.
Siehe auch **Rambler-Rosen**

LATTE
Latten sind gerade, längliche, schmale Holzstücke mit rechteckigem Querschnitt. Sie dienen als Befestigung oder zur Verstärkung eines Rahmens. Kommen sie auf Dächern zum Einsatz, nennt man sie Dachlatten.

MASSSTAB
Bei der Gartenplanung arbeitet man mit Maßstäben, um die tatsächlichen Dimensionen auf eine Größe zu reduzieren, die auf einen Bogen Papier passt. So können Gartenarchitekten den ganzen Raum mit allen Größenverhältnissen planen und auch die benötigten Mengen errechnen. Normalerweise wird der Maßstab als Verhältniszahl angegeben, also beispielsweise 1:50 oder 1:100.

MEHRJÄHRIGE
Mehrjährige sind Pflanzen, die länger als zwei Jahre leben. Manche sind relativ kurzlebig, andere können Jahrzehnte oder gar Jahrhunderte alt werden. Zu den Mehrjährigen zählen Stauden und Gehölze. Stauden haben

krautige, nicht oder kaum verholzende Triebe und ziehen meistens im Winter ein, sterben also bis auf die Wurzeln ab, die unterirdisch die kalte Jahreszeit überleben. Im Frühjahr treiben sie neu aus. Gehölze, also Bäume und Sträucher, behalten ihre oberirdischen Triebe das ganze Jahr. Manche sind immergrün, tragen ihr Laub also ganzjährig, andere sind sommergrün und werfen es in der kalten Jahreszeit ab.

MÖRTEL
Mörtel ist eine Mischung aus Zement, Sand und Wasser. Er dient dazu, Ziegel und andere Mauersteine fest zu verbinden und Pflasterbeläge zu tragen. Zudem wird er zum Verputzen von Wänden eingesetzt. Im Unterschied zu Beton ist der Zuschlagstoff bei Mörtel wesentlich feinkörniger und besteht in der Regel aus Sand.

NASSVERFUGEN
Das Füllen von Fugen zwischen Pflasterziegeln oder -steinen mit feuchtem Mörtel zum dauerhaften, sauberen Versiegeln der Lücken wird als Nassverfugen bezeichnet. Beim trockenen Verfugen wird nur Material, meist Fugensand, in die Lücken gekehrt.

PFLASTERSTEIN
Dabei handelt es sich in der Regel um kleine rechteckige Steine, die als Beläge für Straßen und Wege dienen.

RAMBLER-ROSEN
Als Rambler-Rosen bezeichnet man eine bestimmte Gruppe wüchsiger, kletternder Rosen. Manche werden bis zu 6 m hoch und brauchen eine tragfähige Stütze. Sie blühen im Allgemeinen nur einmal im Frühsommer und unterscheiden sich damit von manchen Kletterrosen, die fast den ganzen Sommer bis in den Herbst hinein blühen.

SAND
Sand ist ein wichtiges mineralisches Material. Es wird im Bauwesen als Zuschlagstoff, etwa für Mörtel, oder als Unterbau für Bodenbeläge eingesetzt und dort meist als Bausand bezeichnet. Im Gartenbau verwendeter Sand wird meist als Gartensand bezeichnet. In Substraten verbessert er die Durchlässigkeit. *Siehe auch* **Fugensand**

SAUERSTOFFGEBER
Sauerstoffgeber sind Wasserpflanzen, die tagsüber Sauerstoff produzieren und an das Wasser abgeben. Sie dienen Tieren als Lebensraum und halten das Wasser in einem Teich klar, sauber und sauerstoffreich. *Siehe auch* **Wasserpflanzen**

SCHOTTER
Schotter ist ein Zuschlagstoff oder Material für Unterbauten von Wegen und Terrassen. Er besteht aus Gestein größerer und kleinerer Körnung, in der Regel zwischen 30 und 60 Millimeter. Der Anteil von Schotter in Beton kann je nach Verwendungszweck bei 1:6 bis 1:12 liegen.

STAMPFEN
Das Verdichten von Beton wird landläufig Stampfen oder Feststampfen genannt. Durch Stampfen presst man Luft aus dem Gemisch und sorgt dafür, dass sich die einzelnen Bestandteile dichter aneinander anlagern, was die Festigkeit erhöht.

UFERPFLANZE *siehe* **WASSERPFLANZEN**

UNTERWASSERPFLANZE *siehe* **WASSERPFLANZEN**

WASSERPFLANZEN
Wasserpflanzen sind Pflanzen, die sich an Wasser, ob Salz- oder Süßwasser, als Lebensraum angepasst haben. Man unterscheidet mehrere Formen von Wasserpflanzen, je nachdem, in welcher Tiefe sie wachsen. Uferpflanzen bevorzugen seichtes Wasser in der Nähe von Gewässerrändern. Unterwasserpflanzen gedeihen im tiefen Wasser, meist in der Teichmitte. Schwimmpflanzen wiederum schwimmen auf der Wasseroberfläche. Viele Wasserpflanzen reichern das Wasser mit Sauerstoff an, sodass es sich für Wassertiere als Lebensraum eignet. *Siehe auch* **Sauerstoffgeber**

ZUSCHLAGSTOFFE
Zuschlagstoffe sind loses Material, das man mit Zement mischt, um Beton bzw. Mörtel zu erhalten. Typische Zuschlagstoffe sind Sand, Kies und Schotter. *Siehe auch* **Beton, Kies, Mörtel, Sand und Schotter**

REGISTER

Kursiv gedruckte Seitenzahlen beziehen sich auf Abbildungen.

T

U

V

W

BEZUGSQUELLEN

Hier ist eine alles andere als vollständige Liste von Bezugsquellen, bei denen Sie Material für die in diesem Buch beschriebenen Projekte bestellen können. Sicher haben Sie bereits renommierte Händler oder Versandhäuser, von denen Sie Ihre Pflanzen und Materialien beziehen. Kaufen Sie nach Möglichkeit regional bzw. von örtlichen Anbietern, da die Umweltbilanz dabei in der Regel besser ausfällt.

PFLANZEN

Bakker
Kremerbergweg 1
D-22926 Ahrensburg
Tel.: +49 (0)4102 49 91 11
www.bakker.com
www.bakker.at
www.bakker-schweiz.com

Baldur-Garten
Albert-Einstein-Allee 4–6
D-64625 Bensheim
Tel.: +49 (0)6251 10 33 99
www.baldur-garten.de

Baumschule Horstmann
Schäferkoppel 3
D-25560 Schenefeld
Tel.: +49 (0)4892 899 34 00
www.baumschule-horstmann.de

Dehner
Donauwörther Str. 3–5
D-86641 Rain
Tel.: +49 (0)9090 78 97 89
www.dehner.de

Lubera
Deutschland:
Im Vieh 8
D-26160 Bad Zwischenahn
Tel.: +49 (0)4403 984 75 90
Schweiz:
Lagerstrasse
CH-9470 Buchs
Tel.: +41 (0)81 756 30 33

LEINÖLFARBE

www.dictum.com
www.leinoelpro.de
www.leinölladen.de
www.leinoelfarbe.at
www.ecovos.ch
www.linseedpaint.com

PFLANZTÖPFE

www.gartentraum.de
www.antiques-atlas.com
www.vivanno.de
www.terracotta-und-marmor.de
www.obi.de
www.hornbach.de
www.pflanzentopf.at
www.whichfordpottery.com

GARTENMÖBEL

www.gartenmoebel.de
www.wayfair.de
www.keessmit.de
www.gardanio.de
www.artelia.de
www.moebel-garten.at
www. denova-gartenmoebel.ch

PAUL SMITH

www.paulsmith.com

GARTENTEICHE

www.teichpoint.de
www.teichbau-garten.com
www.shop-teichbau.de
www.axels-gartenwelt.com
www.watergardeningdirect.com
https://teichcenter.at

GRASSODEN

www.rollrasenshop.de
www.rollrasenversand.de
https://schwab-rollrasen.de
https://shop.glaeser-green.de
www.rollrasen.de
https://fertigrasen-mayer.at
www.sellana.ch
www.greenland-rollrasen.ch
www.rolawn.co.uk

WERKZEUG

www.manufactum.de
www.krumpholz1799.de
www.bloomling.de
www.bloomling.at
www.classichandtools.com
www.manufactum.ch

BAUSTOFFE FÜR DEN GARTEN

www.baustoffshop.de
www.kemmler.de
www.wuerth-hochenburger.de/at/ch

DANK UND BILDNACHWEIS

VON ADAM

Ich danke allen. Dieses Buch ist wesentlich umfangreicher geworden, als ich dachte, und ohne einige großartige Menschen um mich herum hätte ich vieles nicht geschafft. Wo also soll ich anfangen, wenn es ums Bedanken geht? Vielleicht bei meinen Freunden Dave alias Boat-maker, Will, David, Luke, Shane und Dan, weil sie mir zur Hand gingen und mit mir gelacht haben, wenn mir gar nicht mehr zum Lachen war. Abbie Jade, Polly, Sally und Cob für die Hilfe im Büro, Juliet, weil du mir einige Flausen ausgetrieben hast, sowie Ruth und Barbara, weil sie alles übernommen haben, worin ich nicht gut bin. Jason, mein Freund, du lichtest alles hervorragend ab. Und dir, Mrs. Frost, danke ich, weil du einfach nur du bist.

P.S. Alle, die ich vergessen habe: Sorry.

VOM VERLAG

DK dankt Adams gesamtem Team einschließlich Abbie Frost und Polly Hindmarch für ihre Hilfe hinter den Kulissen. Dank auch an Jason Ingram für die Fotos, Adam Brackenbury für die Retusche, Simon Maughan für die Textdurchsicht, Eloise Grohs für das Design, Jane Simmonds für das Lektorat und Vanessa Bird für das Register.

BILDNACHWEIS

Der Verlag dankt folgenden Personen und Institutionen für ihre freundliche Genehmigung zum Abdruck der Fotos: (Abkürzungen: o = oben, u = unten, m = Mitte, l = links, r = rechts, g = ganz)

18 »Cocoon« von Alison Crowther, Schnitzkunst (Detail). Foto: Jacqui Hurst (ur). **19 Alamy Stock Photo:** Den Reader / Country Calm (um). **GAP Photos:** Robert Mabic (ul). **Getty Images:** Arterra / Universal Images Group (gol). **21 Dorling Kindersley:** Peter Anderson (ml). **Dreamstime.com:** Rosendo Francisco Estevez Rodriguez (gor). **160 Jason Ingram** (ul). **210 GAP Photos:** Abigail Rex (ur). **Zeichnungen: 72, 82, 104, 122, 156, 172, 192, 200, 210, 230, 241, 242 Adam Frost.**

Cover: Dorling Kindersley: Jason Ingram

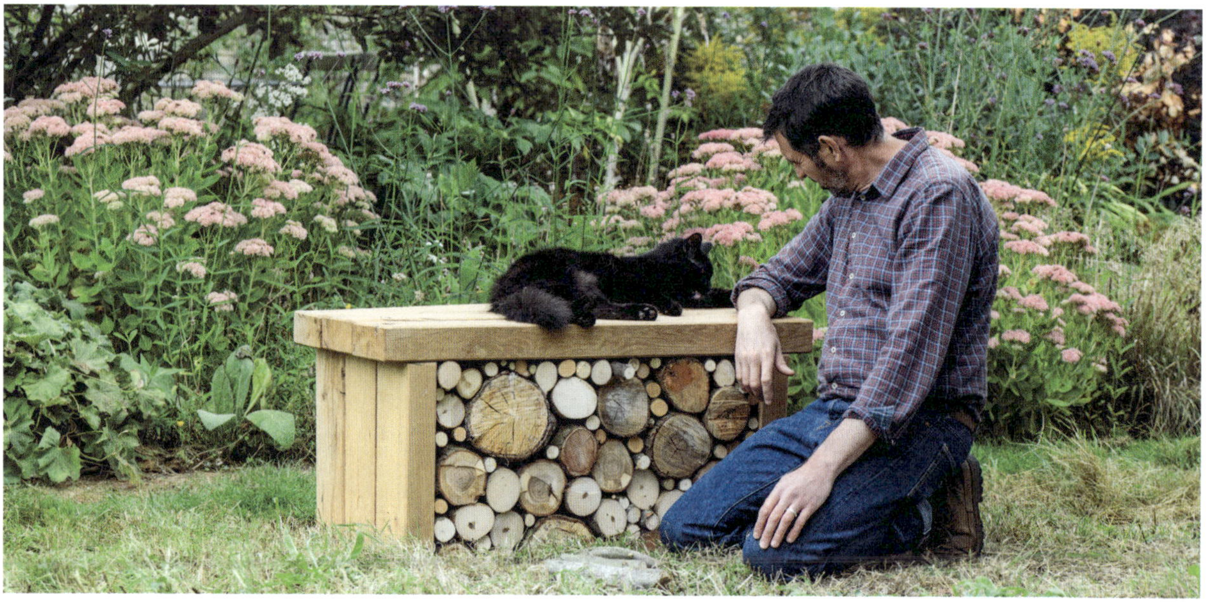

Royal Horticultural Society
Lektorat
Rae Spencer-Jones, Simon Maughan, Tom Howard

DK London
Lektorat
Katie Cowan, Juliet Roberts, Dawn Titmus, Ruth O'Rourke

Fachberatung
Chris Young

Gestaltung und Bildredaktion
Maxine Pedliham, Vanessa Hamilton, Barbara Zuniga, Heather Blagden, Marianne Markham

Umschlaggestaltung
Jasmin Lennie, Amy Cox

Herstellung
David Almond, Luca Bazzoli

Fotos Jason Ingram

Für die deutsche Ausgabe:
Verlagsleitung Monika Schlitzer
Programmleitung Heike Faßbender
Redaktionsleitung Dr. Kerstin Schlieker
Projektbetreuung Manuela Stern
Herstellungsleitung Dorothee Whittaker
Herstellungskoordination Claudia Rode
Herstellung und Umschlaggestaltung Inga Reinke

Titel der englischen Originalausgabe:
The Creative Gardener

Übersetzung Reinhard Ferstl
Lektorat Corina Steffl

ISBN 978-3-8310-4621-8

Druck und Bindung TBB, a.s., Slowakei

MIX
Papier | Fördert gute Waldnutzung
FSC® C018179

www.dk-verlag.de

»Dieses Buch ist für Greg. Danke für deine Zeit.«

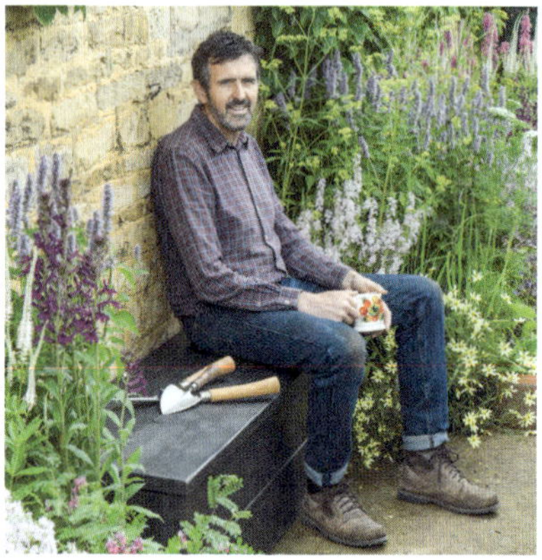

ÜBER DEN AUTOR

Adam Frost ist ein vielfach preisgekrönter Gartenarchitekt. Auf der weltberühmten Chelsea Flower Show der Royal Horticultural Society (RHS) hat er für seine Entwürfe bereits sieben Goldmedaillen erhalten. Ferner moderiert er die BBC-Reihe *Gardeners' World* und berichtet für den britischen Sender regelmäßig von den RHS Flower Shows.

Adam Frost begann seine Karriere mit 16 Jahren als Gärtnerlehrling im North Devon Parks Department. Anschließend ging er zurück nach London, um dort eine Ausbildung zum Landschaftsgärtner zu machen. Später arbeitete er für den großen, inzwischen verstorbenen Gartenexperten Geoff Hamilton, schloss eine Ausbildung zum Landschaftsarchitekten ab und gründete 1996 sein eigenes Unternehmen für Garten- und Landschaftsgestaltung. Seither entwirft er auf der ganzen Welt Gärten. 2017 gründete er in seiner Heimat, der Grafschaft Lincolnshire, die Adam Frost Garden School, wo er Kurse für Hobbygärtner anbietet.

Adam ist RHS-Botschafter. Besonders am Herzen liegt ihm, die nächste Generation von Gartenliebhabern heranzuziehen und den Berufen im Garten- und Landschaftsbau zu größerem Ansehen zu verhelfen.

Adam und seine Frau Sulina leben mit ihren vier Kindern, zwei Pferden, zwei Hunden, drei Schafen, Ash und einem über 20 000 Quadratmeter großen Garten in einem malerischen Dorf in der Grafschaft Lincolnshire.

Noch mehr Spaß und Lesefreude

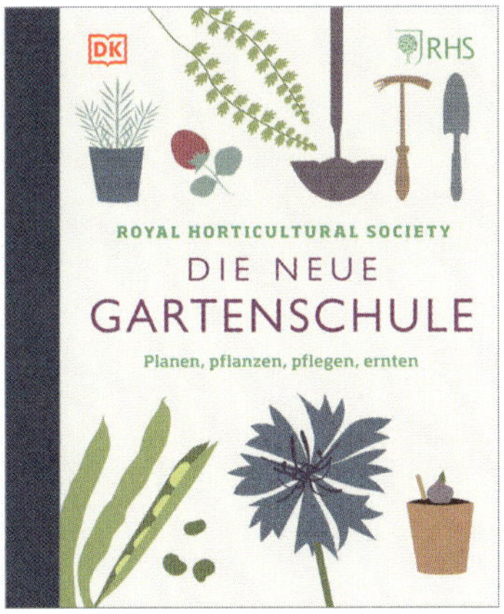

ISBN 978-3-8310-4620-1

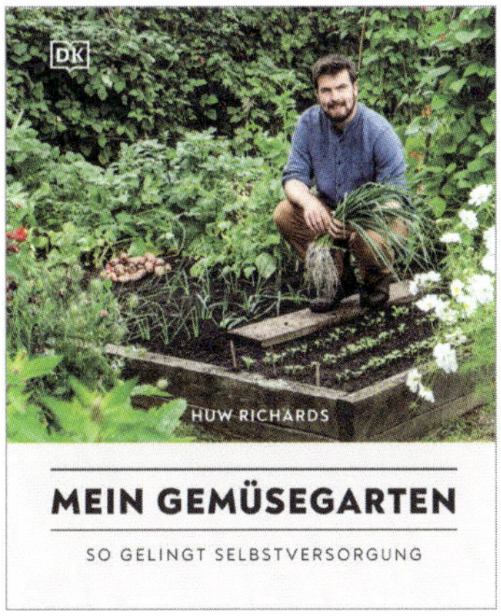

ISBN 978-3-8310-4622-5

ISBN 978-3-8310-4624-9

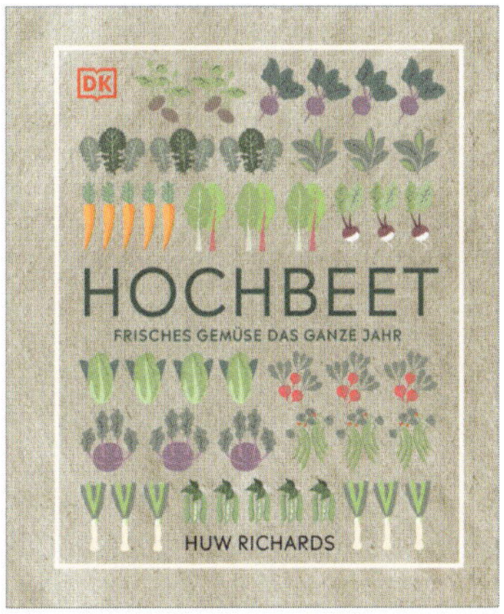

ISBN 978-3-8310-3900-5

www.dk-verlag.de